E 5195

Paris
1861

Blanc de Saint-Bonnet, Antoine

L'Infaillibilité...

L'INFAILLIBILITÉ

PAR

B. SAINT-BONNET

PARIS

E. DENTU, LIBRAIRE-ÉDITEUR — GAUME FRÈRES ET J. DUPREY
Palais-Royal, galerie d'Orléans, 13.   Libraires-éditeurs, rue Cassette, 4.

1861

L'INFAILLIBILITÉ

Paris. — Typographie de Firmin Didot frères, imprimeurs de l'Institut, rue Jacob, 56.

L'INFAILLIBILITÉ

PAR L'AUTEUR

DE

LA RESTAURATION FRANÇAISE

PARIS

E. DENTU, LIBRAIRE-ÉDITEUR | GAUME FRÈRES ET J. DUPREY
Palais-Royal, galerie d'Orléans, 13 | Libraires-éditeurs, rue Cassette, 4

1861

Tous droits réservés

LETTRE DU R. P. MODENA, SECRÉTAIRE

DE

LA SACRÉE CONGRÉGATION DE L'INDEX,

TRANSMISE A L'AUTEUR DE CE LIVRE

PAR

Mgr FRANSONI, ARCHEVÊQUE DE TURIN .*..

Monsieur et cher ami,

Je reçois du Révérendissime Père Modena, secrétaire de la Sacrée Congrégation de l'Index, une lettre précieuse où je lis ce qui suit :

« Je m'empresse et me fais un honneur de répondre de tout mon pouvoir au désir de Votre Excellence Révérendissime, et de favoriser d'un témoignage qui ait autorité M. Blanc de Saint-Bonnet, l'auteur remarquable du livre intitulé : L'Infaillibilité.

« J'en ai confié et chaleureusement recommandé l'examen à un savant Théologien, également versé dans les doctrines de la philosophie ancienne et de la philosophie moderne, possédant en outre une connaissance parfaite de la langue française. Voici en peu de mots son jugement impartial, que j'aime à vous transmettre textuellement :

.*. Note des Éditeurs. Nous sommes heureux de placer, en tête de cet ouvrage, le témoignage presque exceptionnel qui en constate à la fois l'importance et la solidité. Ce document, que Monseigneur l'Archevêque de Turin a daigné lui-même traduire, est la plus haute recommandation que puisse recevoir une œuvre de cette nature.

« Ayant examiné le livre de l'INFAILLIBILITÉ
« avec toute l'attention possible, j'éprouve comme
« un devoir d'attester que, non-seulement je n'y
« ai découvert aucune erreur, ni aucun défaut
« au sujet de la Foi, mais que, sous ce rapport,
« je n'y ai trouvé que matière aux plus hauts
« éloges. L'ouvrage, à mon avis, ferait honneur
« à quelque théologien que ce fût : et d'autant
« plus qu'il est écrit de manière à intéresser et à
« convaincre même les gens du monde.

« Arrivant à démontrer l'infaillibilité du Sou-
« verain Pontife, l'auteur déploie la Thèse catho-
« lique avec tous les arguments intrinsèques et
« extrinsèques, théologiques et philosophiques
« présentés jusqu'à nos jours : mais en y ajou-
« tant souvent de son propre fonds des raisons
« et des réflexions qui dénotent en lui une saga-
« cité rare et une intelligence tout à fait hors
« ligne.

« Rome, 22 mai 1860. »

J'ai hâte de vous faire part d'un Document qui vous fera autant de plaisir qu'à moi-même; et, vous en félicitant de tout mon cœur, je vous prie, Monsieur, d'agréer l'expression de la considération la plus distinguée de

Votre très-dévoué et affectionné serviteur,

† LOUIS, Archevêque de Turin.

Le 10 juin 1860.

AVANT-PROPOS.

L'Europe se précipite vers une crise nouvelle, personne ne peut plus le nier. Des principes qu'on se flattait de contenir, inondent maintenant les États, et menacent les Sociétés modernes d'une dissolution. Il est naturel de porter nos regards vers les lois qui les ont fondées, de chercher dans ces lois les chances de salut qu'elles peuvent offrir.

Le Christianisme opéra une révolution dans le monde, il substitua l'Église à l'État en ce qui concerne notre âme. Il mit la force morale à la place de la contrainte politique : et c'est ce qu'on nomme la Civilisation moderne. Les hommes veulent à cette heure substituer l'État à l'Église. Ils veulent remplacer l'ordre moral par l'ordre politique : et c'est ce qu'on appelle la Révolution.

Le Christ délivrait l'homme, la conscience recevait le sceptre du monde. Ici, rien ne pénètre dans l'ordre politique, qui ne découle de l'ordre moral, c'est-à-dire de la conscience. Mais dans le fait nouveau, rien ne pénétrera au sein de l'ordre moral, qui ne dérive de l'ordre politique, c'est-à-dire de la contrainte. Les Princes avaient les peuples, ils veulent avoir les âmes : de là on les appelle souverains absolus.

Mais Jésus-Christ étant venu racheter l'homme, on ne ravira plus sa liberté, on détruira le monde.

Les hommes ont-ils bien conscience de la révolution qu'ils veulent accomplir? Laisseront-ils périr le droit d'où la logique et d'où l'histoire ont fait découler tous les droits? Laisseront-ils la force reconquérir la conscience, le droit de l'homme prendre la place du droit de Dieu? Si l'homme est libre, il ne doit obéir qu'à Dieu, de qui toute justice et toute autorité découlent; si l'homme est libre, il a droit à la vérité...

La question de la vérité est au fond de toutes les autres. La pensée et la loi, le droit, la Société entière ne sont en peine que d'un fait, ne cherchent éternellement qu'une chose, la vérité. Il faut une raison dernière : si elle n'est pas morale, elle sera politique, ainsi que dans l'Antiquité. Ce qui ne se fera plus par la Foi, se fera par la loi. Otez l'Infaillibilité, les tyrans la remplacent.

Les libertés, les lois, les dynasties, la Civilisation entière ne peut avoir qu'un point d'appui en dehors de la force, à savoir la force morale, la force de la vérité. La question de nos droits, de notre conscience, la question de la vérité est au fond de tous nos problèmes, et constitue la base de notre inviolabilité... La confusion arrive au comble : il faut qu'une affirmation se pose en face de la Révolution ! Cette affirmation ne peut être donnée que par la vérité, et la vérité elle-même que par l'Infaillibilité.

Dès qu'on ôte à la Société le moyen de reconnaître la justice et la vérité, le Pouvoir, aussi bien que l'esprit de l'homme, n'a plus de règle que sa propre pensée : dès lors, sur la terre, plus de souveraineté de droit ; dès lors, plus d'obligation d'obéir, l'ordre social devient logiquement impossible. L'Infaillibilité est le pivot de toutes les questions chez les hommes : c'est le point d'appui dont parlait Archimède... Il faut qu'on sache où est la vérité, autrement on ignore où est le droit, où est la loi, où sont les mœurs, où est la Société, et les hommes en cherchent les principes à travers des révolutions et des déchirements sans fin.

Quatre droits tenaient debout l'Europe : l'Infaillibilité, la royauté, l'hérédité, et la propriété. Quatre erreurs les ont successivement ébranlés : le gallicanisme, le libéralisme, le républicanisme, et le socialisme. Le gallicanisme, en attribuant les droits du Saint-Père aux membres du Concile et aux rois ; le libéralisme, en attribuant ceux du Roi aux assemblées et à la foule ; le républicanisme, en renversant, au nom de droits prétendus innés, les droits acquis, issus du mérite de l'homme ; et le socialisme, en distribuant le capital à ceux qui n'en ont point créé. Car celui-là vint renverser l'hérédité morale dans l'Aristocratie, qui n'est que le développement social de la famille, et celui-ci, convertir en droit public le droit essentiellement personnel de la propriété, qui est la royauté de l'individu.

C'est d'en haut qu'est parti le mal. Une fois la cognée dans l'arbre, elle suivra le fil du bois...

Le gallicanisme fut l'erreur des classes les plus élevées, le libéralisme fut celle des classes intermédiaires, et le socialisme, celle des classes inférieures : chacun s'est emparé du droit qui confinait au sien. Frappé à la racine, le tronc s'est incliné, et la foule s'est précipitée sur les branches. Comment rétablir la propriété sans rétablir l'hérédité? l'hérédité, sans rétablir la Royauté? la Royauté, sans rétablir l'Infaillibilité, qui est la royauté de Dieu? Si le mal est venu d'en haut, c'est d'en haut qu'on doit le bannir! Les droits se tiennent; le champ du laboureur et le trône du roi, l'épargne du manœuvre et les fonds du banquier, le palais comme la chaumière n'ont que le même fondement : rien ne repose que sur le droit, rien n'est garanti que par Dieu. En défendant le Droit chrétien, c'est l'homme, c'est notre Civilisation que le Pape défend à cette heure. En brisant son pouvoir, l'Europe briserait son droit, elle s'abdiquerait elle-même.

Le gallicanisme fut le protestantisme des trônes, le schisme fut la révolution des Rois. On entama le droit de Dieu, on vit tomber dès lors le droit qui se rapporte à l'homme. Mais le trouble où les événements surprennent la plupart des hommes explique leur imprévoyance. Ils croyaient ne poursuivre qu'un fait; ils s'aperçoivent qu'ils ont poursuivi le Principe, et que la destruction arrive jusqu'à eux. C'est l'Église, c'est le cœur de la Civilisation qui est atteint, c'est l'homme que l'on va renverser... Que les classes qui fondèrent la Société, cet édifice auguste de l'obéissance, songent à la relever aujourd'hui sur sa PIERRE angulaire, sur la pierre posée par Jésus-Christ !

L'homme n'obéit qu'à deux lois, qui se suppléent toujours, celle de la conscience ou celle de la force : et même avant le Christianisme il ne connut que la seconde, celle dans laquelle il retombe dès que l'autre s'évanouit. Il faudra s'asseoir, en définitive, sur la morale ou sur la force; mais si l'on choisit la première, il faut bien la prendre à sa Source! La logique ne connaît pas les transactions; chassée d'un terme, elle va se replacer dans l'autre... Voyez, cherchez, il n'existe que ces deux lois; et quand il s'agit de fonder un édifice comme celui de notre Civilisation, il faut traverser les terres mouvantes, il faut arriver sur le Roc. Et qu'est-ce, d'ailleurs, que l'Église, sinon le droit de Dieu introduit chez les hommes? et la Révolution, sinon le droit de l'homme affranchi du contrôle de Dieu? Et qu'est-ce qu'un tel droit, sinon le retour à la barbarie?

L'obéissance, comme la loi, ne peut descendre que de Dieu : il importe dès lors que le lien, que le droit divin soit visible. Dès que le souverain le brise, il perd autant qu'il est en lui le droit de commander, la conscience le devoir d'obéir; du même coup s'évanouissent aux yeux des hommes le Pouvoir et l'obéissance. Ne sont-ce pas nos lois, et les peuples sont-ils des mystiques parce qu'ils suivent la conscience qu'on leur fait? Le principe a fléchi, et les Empires se sont affaissés : *conturbatæ sunt gentes, et inclinata sunt regna...* On a coupé l'obéissance à sa racine, et la moindre secousse a fait tomber les Rois. Quelques hommes, à Naples, ont renversé ces jours derniers une nation de neuf millions d'âmes. Il y a treize ans, des insurgés à peine plus nombreux renversèrent en quelques heures le plus puissant État; le lendemain trente-six millions de Français se mettaient à leurs pieds. Immédiatement le même fait éclate à Vienne et retentit jusqu'à Berlin... Qu'est-ce que l'Europe? qu'est-ce que cette société faite de main d'hommes, et que l'homme revient démolir?

L'ordre moral n'est pas seul ébranlé, l'ordre matériel présente des symptômes graves. Les États de l'Europe émettent aujourd'hui des emprunts qui absorbent les ressources recueillies par l'épargne de leurs populations. De semblables ressources suffiront-elles toujours? Par suite de nos mœurs, l'épargne ira en diminuant, et par l'effet de nos doctrines, les dépenses publiques vont aller en croissant : combien de temps marchera-t-on dans cette voie? D'une part, affaissement de l'ordre moral, sur lequel s'appuyait l'ordre politique; de l'autre, épuisement des ressources employées à le soutenir, la Société marche donc vers l'époque où elle ne fera plus ses frais... La question qui s'ouvre est bien simple : La Société a-t-elle toujours autant coûté? et lorsqu'elle coûtait moins, quelle force parvenait à la maintenir? C'est cette force que je veux indiquer.

Après ce prélèvement, ce qui subsiste de l'épargne des classes supérieures se transforme en papier dans leurs mains, pour redescendre en salaire sur la foule. Mais le salaire se dissipant à mesure, si un événement vient détruire le papier, nous aurons donc le sort économique de l'Espagne? Elle mit sa richesse dans l'or, comme nous mettons la nôtre dans l'industrie de luxe et dans l'agiotage; le jour où l'or fut écoulé, il ne resta à ce pays que ses terres abandonnées; et sa population fut réduite aux limites de ses subsistances. Le luxe et le papier dessèchent en ce moment chez nous les Aristocraties. Les classes qui créent encore du capital, le voient se transformer en capital fictif, et disparaître dans les consommations improductives. La Civilisation moderne, jusqu'à ce jour, mit au contraire tous ses efforts à retenir ce fluide précieux dans le sol, dans la propriété, dans les antiques réservoirs des Aristocraties. Car la population repose sur la production, la production sur le capital, le capital sur la propriété, la propriété sur la rente, qui en est le mobile, et sur la rente enfin reposent les arts, les sciences, les lois, notre Civilisation entière. C'est par le capital, par la puissance du capital, qu'elle a pu remplacer l'Esclavage. La Civilisation n'existerait pas sans la rente : si on l'abolissait, la Société rentrerait dans la barbarie; mais vouloir affaiblir la rente [1], c'est vouloir s'y précipiter. La Société fut-elle toujours réduite à la nécessité de dévorer son capital pour prolonger son existence? Si les classes qui gouvernent avaient toujours été soumises à cette épreuve, seraient-elles arrivées jusqu'à nous? Lorsque les foules n'entraînaient point ces sacrifices, quelle loi les élevait dans la paix? C'est encore cette loi que je veux indiquer.

L'Europe se retrouve non en présence d'une invasion, mais de la dissolution même; le Christianisme se retrouve non en présence d'une hérésie, mais de la négation absolue, c'est-à-dire dans un état plus effrayant pour le monde que celui où il l'a trouvé... C'est le droit qui va disparaître, c'est tout ce qu'a si péniblement construit le travail sacré de l'histoire. L'Europe n'est ni luthérienne, ni calviniste, ni musulmane, l'Europe est sans principes. Voilà pourquoi elle ne fait rien pour la vérité; pourquoi elle se laisse

---

1. La rente, ou le *revenu*, c'est-à-dire ce qui *revient* au capital lorsque tout salaire est payé. Il faut du pain constitué par une rente pour qu'un homme puisse faire autre chose que gagner du pain. Si l'on veut réfléchir, un médecin, par exemple, coûte à sa famille de vingt-cinq à trente mille francs, un savant quarante, un magistrat soixante, un homme d'État plus encore, etc....

arracher cette pierre sacrée, cette pierre miraculeuse qui soutient tout, les droits, les lois, les mœurs, dans cette voûte immense de l'édifice européen.

On a perdu plus d'un principe pour en arriver là! C'est pourquoi nous devons remonter vers celui d'où les autres dérivent, et sur lequel doit se fixer notre pensée. Comme si l'époque avait le temps de méditer, j'ai mis le plus grand nombre de ces pages à établir ce point initial. Les conséquences viennent toujours; elles forment ici la dernière partie. A quoi servirait d'exposer de nouveau toutes les conséquences, — qu'on n'a perdues qu'en perdant le Principe, — si l'on ne fixe ce Principe même, d'où elles doivent découler?

Il n'existe au fond qu'un principe, dont tous les autres ne sont que des applications; mais ces diverses applications ne sauraient jamais être opposées; en les séparant on les brise comme la branche que l'on enlève au tronc. L'unité d'un Principe pour l'homme se lit dans l'unité de sa raison. L'âme n'a qu'une loi : n'en cherchez pas une seconde pour l'asservir. Ne cherchons que l'application de cette noble loi à nos sociétés civiles, et d'abord, pour que cette âme immortelle n'obéisse en définitive qu'à Dieu, et ensuite, pour que le bien opéré dans la vie morale soit autant d'opéré pour la loi, autant d'accompli pour la Politique.

C'est la hauteur des vues qui a manqué aux hommes. Ils n'aperçoivent plus que leurs intérêts mêmes se rattachent à la morale et à la politique, la morale et la politique à la Théologie, que dès lors il nous faut la Foi. Dans nos philosophies étroites, nous avons pris quelques idées pour des doctrines, et nos abstractions pour des lois. Hors de la tradition des hommes, l'intelligence individuelle ne saurait aller loin : c'est notre esprit, non la doctrine, qui a été pulvérisé par l'analyse! Sans cette tradition, qui nous élève et nous complète par le sens commun, il n'y a que les esprits tout à fait supérieurs qui puissent embrasser l'ensemble, surtout le lier au sommet. Il n'y aurait pas d'éducation, et pas de Société, si l'homme pouvait grandir par le moi, et se former à chaque époque par des idées individuelles.

L'Église, avons-nous dit, est attaquée; c'est la notion de l'Église qu'il faut rétablir dans sa force. Ici, la raison donnera la démonstration rationnelle de l'Infaillibilité, l'Infaillibilité celle de la Société moderne... La Foi dans ma raison répand tant de lumières, la raison dans ma foi a mis tant de clarté, que peut-être il en sortira ici une étincelle. Trois parties dans ce livre; la première me semble s'adresser au rationalisme, la seconde au protestantisme, et la troisième au schisme; enfin la Conclusion concerne le libéralisme. Ce sont les quatre erreurs qui, lambeau par lambeau nous enlevant le Christianisme, ont fait la place à la Révolution.

La Révolution est la dernière barbarie, celle qui détruit les germes que la première enveloppait. Le signe du retour de la barbarie n'est pas seulement dans l'anarchie, qui pénètre parmi les âmes, mais dans la rareté, mais dans l'impopularité des idées élevées... Il semble que nous avons connu une époque où les idées étaient estimées chez les hommes en raison de leur élévation !

Il est temps! Que les nations décident si elles veulent revenir vers l'Église, qui les a affranchies, ou marcher vers le despotisme, qui les engloutira.

Enivrées par l'orgueil, elles ne voient que rêves de bonheur et d'émancipation, alors qu'on les dépouille et qu'on les conduit à la mort.

Cercle fatal! la France périt par l'oubli des principes, et, constamment enchaînée à ce qui se montre à la surface, elle fuit le chemin qui remonte aux principes! C'est ainsi qu'on devient la proie des événements... Celui-là seul est libre qui vit dans les causes morales, dans la cause des mœurs, dans la cause des lois. Là se tient le secret d'une époque, le nœud de l'avenir.

Mais parmi tant d'esprits qui se déclarent indépendants, où est l'homme assez fort pour entendre la vérité? Que dis-je, où est celui qui veut réellement un principe? Dans ces limbes funestes où nous jette la confusion, les âmes fuient comme des ombres que recouvre le manteau du mensonge. Vérité! vérité! qu'as-tu fait pour causer tant d'effroi, pour soulever des haines chez les hommes? Même parmi ceux qui t'appellent, s'il faut te confesser tout entière, le plus intrépide s'arrête, et le plus fier songe à sa popularité...

19 mars 1861.

I.

Au moment où les hommes prétendent décider des droits du Saint-Siége, où ils ébranlent le respect dû au plus ancien et au plus auguste des Trônes, je veux en montrer les bases profondes. Je veux aller à la racine du Pouvoir dans lequel ont été déposés le germe et la raison d'être des Pouvoirs de l'Europe ; je veux découvrir la PIERRE sur laquelle, en construisant l'Église, Dieu a placé la Société moderne.

II.

Les sociétés modernes reposent sur la liberté des enfants de Dieu. La somme des vérités admises et des vertus pratiquées y forme ce qu'on appelle les mœurs ; et des mœurs naissent les lois et les institutions, qui ramènent à leur niveau ce qui leur serait inférieur. Tout est spirituel dans ce mécanisme admirable ; car si les lois procèdent des mœurs, celles-ci, à leur tour, procèdent des consciences, ou des croyances établies. Au fond, la Société entière est mue par la vérité.

Le système de notre civilisation roule sur l'Infaillibilité sans la voir. Les lois, disons-nous, reposent sur les mœurs, les mœurs sur les consciences, les consciences sur les devoirs, et les devoirs sur l'Autorité spirituelle qui les éclaire et les prescrit... Sans l'Infaillibilité, les croyances, les mœurs, les lois et les institutions s'affaisseraient successivement ; la Société moderne disparaîtrait. Comme les hautes vertus, les grandes vérités échappent au regard de la foule, qui en jouit sans le savoir.

Mais à force de s'éloigner de la vérité, les hommes la perdent de vue, et s'enfoncent eux-mêmes dans la nuit. L'orgueil intérieur, continuant d'obscurcir la pensée, leur ôte maintenant le sens de ces idées premières auxquelles tout se rattache pour eux sur la terre. Leur raison s'affaiblit. Ils sortent du néant, ignorent comment ils tiennent au cercle miraculeux de l'existence, et ils oublient que rien ne subsiste en ce monde que par une racine vivante en Dieu! S'ils n'avaient pas tout reçu, on comprendrait que les hommes voulussent tout tirer d'eux-mêmes. Déjà ils croient que c'est sur leurs lumières, sur leur propre industrie, que la Société est assise. Ils marchent à une catastrophe certaine. Les axiomes et les droits s'en vont. Ceux qui font aujourd'hui des lois, qui désirent retrouver des croyances, fonder une autorité positive, et rasseoir les nations dans la paix, devraient pourtant se demander sur quoi cet ensemble repose. Les idées les plus graves manquent à l'époque ; la Révolution, à force de nous préoccuper de ses rêves, nous a fait oublier toutes les grandes choses.

On se préoccupe de la Société ; mais elle existe entre des êtres raisonnables, et l'Église en fait les trois quarts ; les gouvernements font le reste. On ne saurait restreindre l'Église sans accroître la force, qui vient la remplacer. On ne veut donc pas se rappeler que l'homme est un être libre, que ses actes résultent de sa volonté, sa volonté de sa conscience, sa conscience de la vérité? Diminuer les croyances, c'est diminuer l'homme même et le remplacer par la loi. Cette substitution est ce que l'on nomme le despotisme, et c'est ce dont nous menacent les temps où nous voulons entrer.

Ou la Foi ou la loi. Dans un siècle où tout le monde raisonne, il y a nécessité manifeste de fixer la base des raisonnements. La Politique ne peut tout faire, et ce serait remplacer l'homme. Le moyen de la décharger, de rendre aux hommes la source de leurs déterminations, ne peut sortir que de leurs consciences. Jusqu'à ce jour, les institutions et les lois nous sont venues des mœurs, les mœurs de nos croyances, et l'homme restait libre jusqu'au bout de sa voie. Prenez garde qu'on ne renverse aujourd'hui cette marche sacrée ; que, de même que dans l'Antiquité, tout vous arrive de l'État !

L'époque se préoccupe à bon droit de la liberté. Et ce serait en restreindre encore le domaine que de restreindre la Foi. Déjà ce qui ne s'opère plus naturellement, par l'action des croyances, s'exécute à force de lois et d'argent ; le despotisme augmente chez les hommes [1]. Ils devraient voir que, par suite d'une erreur redoutable, on s'efforce de substituer l'État à l'Eglise, c'est-à-dire de renverser par la base leur civilisation. Il y a longtemps qu'on est dans cette voie. L'homme est rempli, l'homme est la proie de pensées qui l'entraînent à la servitude; dans l'illusion qui l'opprime, il nomme affranchissement l'abaissement et l'esclavage, et esclavage son affranchissement.... Qu'il échappe aux filets du mensonge, et qu'il apprenne ici son droit! La liberté est dans le fait qui consiste à n'obéir qu'à Dieu : tout est libre dans l'empire des âmes, et leur soumission est toujours leur amour. L'homme ne grandit que dans la lumière. Il n'y aurait point de liberté ici-bas si Dieu n'y maintenait la vérité. Ce n'est pas l'ordre politique, mais l'ordre moral qu'il faut étendre et accomplir...

Les hommes ne se félicitent pas assez d'avoir l'Église sur la terre, c'est-à-dire d'avoir Jésus-Christ parmi eux : parmi eux Celui qui les a retirés de l'esclavage antique et leur a procuré leur civilisation. Du moins, ils n'en paraissent point assez sûrs; ils penseraient bien autrement! L'idée qu'on se forme vulgairement de l'Église est celle d'une société qui s'ajoute à l'État, et d'un ensemble qui, en définitive, se constituerait moins par sa vie propre que par une prudente séparation de l'erreur. L'Église n'est point une excroissance, elle est une racine ; elle n'est pas non plus une unité collective, mais une unité organique; c'est un arbre réel qui

---

1. Depuis le protestantisme en Europe, ce n'est que par le despotisme qu'on est parvenu à gouverner.

prend sa séve dans le Verbe éternel, dont elle est un prolongement.

L'Église est sur la terre le Corps vivant, organisé de Jésus-Christ, comme on le voit dès qu'on approche le regard. Et S. Paul ne la nomme immédiatement un Corps, le Corps de Jésus-Christ, que pour éloigner de nous, dès le début, l'idée d'une simple agglomération. Enfin l'Église ne représente point Jésus-Christ comme des députés représentent un prince; elle le présente lui-même, dans sa lumière et sa grâce, dans toute son autorité. Jésus-Christ vit en elle, l'Église est sa continuation, sa permanente incarnation chez les hommes. Là est sa sublime réalité.

III.

Aujourd'hui, les hommes rejettent l'étude de l'Église comme un objet trop écarté de la pensée et des centres habituels de l'évidence. Ils pensent que l'Église a des manières de se démontrer qui lui sont particulières et qui échappent à l'évidence naturelle. La certitude qui la concerne est bien effectivement au-dessus de toute certitude, puisqu'au lieu de passer par notre âme, elle sort immédiatement de Dieu. Mais un tel sentiment ne fait que voiler en eux la torpeur de l'esprit ou l'ironie d'un doute amer. Préoccupés de la nature, les hommes laissent s'éteindre en leur âme les plus hautes lumières. Quoique, prise au point de vue de son existence et de ses miraculeuses lois, la nature soit aussi une merveille assurément toute divine, la simplicité et le bon sens qui en caractérisent les faits sont les seuls points qui les frappent à cette heure. Ils ne veulent plus être dérangés de leurs habitudes scientifiques. Il faut que tout leur paraisse simple, naturel, même la Gloire éternelle que Dieu promet à leur néant ! Puisqu'il est besoin de le dire, sous ce point de vue même, l'Église brille au sein de ce monde comme une merveille de simplicité, et sa doctrine, parmi toutes, comme un chef-d'œuvre de bon sens.

Certes ! il faut se garder d'expliquer rationnellement les miracles ; « la philosophie de l'histoire, comme le dit notre savant dom Guéranger, est impuissante à *expliquer* le christianisme sur la terre, » dès lors l'établissement et le maintien parmi nous de l'Église. Mais autre chose est l'établissement de cette miraculeuse Église, autre chose est l'exposé de son plan quand elle est établie. Personne n'expliquera comment se fit le monde, et quelques lois naturelles nous montrent comment il est fait. Si l'existence de l'Église échappe évidemment aux lois de la nature, elle offre néanmoins, dans sa constitution, une simplicité qui frappe encore le regard ébloui par ses clartés surnaturelles. Dieu sait agir par-dessus la nature sans en perdre de vue les admirables lois. Bien que dans sa source, bien que dans son but, dans ses pouvoirs et dans la manière dont s'y maintient la Foi, comme dans son établissement en ce monde, l'Église soit toute surnaturelle, elle y est aussi ce qui possède le plus de sens, ce qu'il y a de plus naturel. Et, quant à ceux qui rejettent tout miracle ici-bas, qu'ils ferment d'abord les yeux à leur propre existence !

D'ailleurs, concevons-nous bien que la vérité, le principe qui vient combattre le cœur même de l'homme, le condamner, extirper ses passions, ait réussi à s'introduire sur la terre ; à y fonder sous nos yeux un règne qui voit tous les autres finir ? Quoi ! sans le concours de l'homme, une génération sans fin, une dynastie indestructible ! Les merveilles, de même que les lois, échappent à l'ignorance. Oui, concevez-vous que la vérité unie à l'humilité, à la pénitence, à la chasteté, à la charité, à la vertu divine, en un mot, ait recruté parmi nous une légion immortelle ? Que cette légion se maintienne toujours nombreuse et sans mélange, toujours sacrée, toujours comblée de respects et de persécutions, toujours réparant ses pertes, comme en ce jour, par des recrues en quelque sorte plus nobles, c'est là une merveille qu'on n'expliquera point en disant que notre humanité est avide de jouissances, de droits de l'homme et de toutes les libertés possibles. Si l'on ne sait ouvrir les yeux au miracle historique de l'établissement de l'Église, il faut bien qu'ils restent ouverts au miracle de sa permanence !

Mais le fait se passe tout entier sous nos yeux. Il y a un miracle aujourd'hui en France, c'est son Clergé. Au milieu de la décadence des caractères et des mœurs, de l'impatience du joug, de cette folie croissante des opinions, de l'insubordination, de l'anarchie universelles ; par un siècle dans la soif de l'or, dans l'amour effréné des plaisirs, dans la fureur de l'ambition et de toutes les libertés de l'orgueil, il se recrute, tous les jours de plus en plus forte, une semblable masse d'hommes dans la soif de Dieu, l'amour de la pénitence, de l'abnégation, de la pauvreté et de la soumission, doués à la fois de toutes les vertus supérieures que le siècle rejette, hélas ! aussi bien par faiblesse que par entêtement! Sur ce clavier immense, à peine une ou deux notes qui sortent de l'harmonie universelle! Et, quand le passé continue de crouler, quand grossit le courant de la Révolution, quand elle embrase tous les désirs, qu'elle a parlé à tous les esprits, c'est dans un pareil moment que la France reproduit un Clergé comme jamais peut-être elle n'a vu le semblable, sous le rapport de la parfaite conformité à la Foi et de la soumission au Centre! Je déclare qu'il se fait sous nos yeux un miracle; la France de 1789, avec ses prêtres admirables qui allaient, d'une part, verser leur sang sur l'échafaud, et de l'autre, sur toute l'Europe, l'exemple de leurs vertus, n'avait pas un Clergé comme celui qu'elle possède en ce jour. Mais ceci se rattache à une autre merveille, à un plan divin dont je ne me permets point de parler. Ma voix ici peut se taire, les temps sans doute sont sur le point de s'accomplir... Je dis seulement que Dieu a préparé entièrement l'avenir. Les hommes sont plus que jamais incapables de l'atteindre; leur propre logique les mènerait à leur ruine.

IV.

La question de l'Église, ou du bonheur d'avoir la vérité présente sur la terre, se rattache plus étroitement qu'on ne le pense à notre situation. C'est au sein des croyances que l'homme engendre ses pensées et que ses convictions se forment. Il n'est plus possible de guérir politiquement les maux de l'ordre politique; on épuise le cercle sans en sortir. Tant que les hommes jugeront de même, ils agiront de même inévitablement.

Tant qu'ils se considéreront comme les sources de la vérité, ils se croiront les maîtres absolus de leurs actes. On ne pourra rien sur eux qu'on ne remonte dans les croyances prendre l'erreur à sa racine ; car tout provint d'une seule erreur. Au lieu de partir du fait de la Chute, le dix-huitième siècle a dit : *L'homme est né bon, et la société le déprave.* L'homme trouva bon, effectivement, le principe qui le relève et rejette ses torts sur autrui... Mais ce fut un renversement absolu de l'ordre théologique et de l'ordre social. Si l'homme est bon, si la Société le déprave, il fallait bien immédiatement détruire cette société, pour voir reparaître l'homme ; refouler l'enseignement de l'Église, pour laisser revenir la vérité ! Les idées fausses sont naturelles à la foule, l'ordre naturel étant insuffisant pour nous expliquer l'homme.

C'est pourquoi l'étude et l'expérience nous montrent la vanité de toutes ces idées politiques, religieuses, économiques, qui, au premier aspect, semblent si évidentes. Cette fausse position où se trouve la pensée est une source perpétuelle d'illusions pour l'ignorance. Il faut se placer au faîte des destinées de l'homme pour le comprendre, pour découvrir jusqu'ici-bas ses conditions d'existence et de développement. Une créature surnaturelle ne peut vivre et s'organiser dans un ordre exclusivement naturel. Les véritables principes ne sont connus que de la Foi. Il y a des points qu'il faut reconnaître avant tout. Il faut sentir que Dieu conduit les âmes, et à plus forte raison les nations. Nous ne sommes pas des orphelins abandonnés sur la terre. Si Dieu, par une attention admirable, s'y tient caché à nos regards, s'il n'est visible qu'à la Foi, c'est pour fixer dans notre cœur un mérite éternel, et lui ouvrir dans l'Infini une Gloire inappréciable ici-bas. On ne rétablira pas l'autorité dans les États que l'Église et sa doctrine ne soient rétablies dans les âmes.

Il faut ce temps de grande ignorance sur les vérités qu'il importe le plus aux hommes de connaître, pour qu'un laïque puisse les leur rappeler avec sa faible voix ! La sincérité de ma pensée sera ma plus grande science. Si j'ai manqué souvent l'occasion de m'instruire, jamais je n'ai perdu celle de réfléchir. Frappé dès ma jeunesse des perplexités de ce siècle, j'ai voulu pénétrer dans les plus hautes thèses, et descendre dans les profondeurs de la métaphysique, ayant à cœur de me rendre moi-même compte de l'homme et de la Création. Et j'avoue que tous les jours je suis plus étonné de voir des hommes de mérite s'attacher aux théories laissées par la Révolution. Ses vues reposent sur une ignorance absolue de la nature humaine. D'ailleurs, c'est repousser du même coup toute l'histoire que de vouloir constituer les nations en sens inverse des lois qui les ont établies et conservées jusqu'à ce jour. Toutes ces idées philosophiques ne sont pas même des idées philosophiques ; vues pauvres, fragmentaires, humiliantes, intéressées, conséquemment contradictoires... On ne s'inquiète plus de mener la logique à son terme.

Au reste, il n'y a plus d'idées philosophiques dans le monde ; elles sont parties avec les idées théologiques dont vivaient autrefois en France les plus nobles esprits. L'esprit humain s'affaisse depuis qu'il n'est plus rattaché aux grandes autorités. Il se traîne dans des théories communes, privées de toute profondeur, de toute possibilité, qui restent l'appât du vulgaire et des pensées appauvries par le départ des croyances. On oublie le tout. On perd complétement de vue la beauté immense du plan divin, l'Infini, ses lois éternelles, les conditions d'un être éclos dans sa bonté lorsque lui seul devait exister, les merveilleuses voies et les vicissitudes d'une pareille créature, l'admirable mission de son Réparateur; quoi! enfin, l'être, la lumière, le mérite dans l'homme, dans ce qui n'était pas, le christianisme lui faisant l'application des lois mêmes de l'Infini, l'Église construisant la sainteté dans notre âme pour la rendre apte à la Félicité.... Ailleurs j'essayerai de suivre par la pensée quelques anneaux de cette chaîne étincelante. Aujourd'hui je veux seulement saisir un point, celui qui me semble s'être effacé le premier au sein de nos convictions troublées, l'Infaillibilité donnée par Jésus à l'Église..... Ceci n'est pas un Traité, mais un sentier; je jette une planche au lieu d'un pont, pour ceux qui cherchent à passer sur la rive. Je m'adresse aux hommes de sens que le XVIIIe siècle a empêchés de naître ou de se former au sein de la vérité. Dieu, qui connaît ma faiblesse, ôtera de devant moi ces cœurs ossifiés, devenus semblables à l'oreille pour laquelle il n'y a pas de son. Les apôtres seuls marchent armés de la divine Grâce. Je n'ai pour moi que la logique et la droiture de ma pensée.

L'INFAILLIBILITÉ.

PREMIÈRE PARTIE.

CHAPITRE I.

DE L'EXISTENCE.

L'homme est porté à une si grande distance du néant, et son esprit est si éloigné de concevoir l'être, qu'il ne songe ni à l'un ni à l'autre. Il ne réfléchit point au fait inouï qui le met en relation avec l'Infini. Il faudrait concevoir l'être pour concevoir le néant. Le néant est infiniment néant. Il a fallu une puissance infinie, et un désir infini de nous avoir, pour amener l'homme de l'absence éternelle à la réalité de l'existence.

S'il y a quelque chose de surprenant pour l'homme, n'est-ce pas d'exister ? Se sentir, lui qui n'était pas ! Car, s'il est un point au-dessus des doutes, c'est qu'il y eut un temps où il n'était pas, c'est qu'il a commencé par un autre que lui, puisqu'il n'était pas. Sa pensée ne peut s'ouvrir sans embrasser en même temps les deux merveilles, lui, et celui par lequel il est.

Quoi! ce qui n'était pas, est; et ce qui est ainsi, c'est moi; et je le sais et le sens : c'est sur moi que porte cet acte de l'Infini! O merveille! qu'en dehors de l'Infini il y ait quelque chose! O merveille! que ce soit moi-même qui sois, lorsqu'il a voulu qu'il y ait quelque chose, et que je sente que je suis lorsque je suis! Cependant, celui qui est de la sorte est si peu à la hauteur de cette existence, qu'à peine il songe au prodige par lequel il l'a. L'inouï, la merveille de l'être en lui ne le frappe point; sa vie lui semble une chose ordinaire, en quelque sorte naturelle. Il ne réfléchit ni à sa fragilité ni à l'énormité du résultat qui doit suivre.

Qu'il y songe; ce possesseur d'un moment se trouve devant l'Éternité... Homme, c'est l'Infini qui te demande!

Tu as commencé à exister sans le vouloir, tu n'as pu te donner la vie, tu ne la peux conserver une seconde de plus. Voilà le fil qui te suspend sur l'abîme, et par lequel il faut remonter dans la Gloire et la Félicité ineffables... Celui qui danse et rit au bout de ce fil est un fou. Mais, comme il sent parfaitement ce que veut faire un Dieu si bon, c'est un méchant qui fuit la lumière.

O vie, ô créature extraordinaire! tout à coup te vient l'être avec la pensée, et tu ne réfléchis pas que tu es; tu ne songes point à ce qui va résulter d'un fait aussi prodigieux! O existence, comment ne t'effrayes-tu pas de toi-même!

CHAP. II.

PORTÉE DE L'EXISTENCE.

Éternité... Néant... l'homme, à qui Dieu vient offrir ses propres destinées éternelles... O merveille de l'existence ! ô responsabilité incommensurable !

Je ne puis me considérer sans être inondé d'effroi et de reconnaissance. Comment voir sans frissonner l'abîme où je me trouve : ce peu de durée de ma vie au milieu de l'éternité qui la précède et qui la suit ? Dans cette immensité des temps, pourquoi aujourd'hui plutôt que demain, plutôt que jamais ? Pourquoi moi plutôt qu'un autre ? Pourquoi quelqu'un plutôt que rien, et que ce quelqu'un soit toujours moi ?...

Qui l'a voulu, qui m'a destiné ce point dans la durée éternelle ? Au milieu de la série incalculable de tous les êtres possibles, quel motif de me préférer ? Oui, sans entrer dans une foi sans bornes, comment penser à Celui qui a désiré que ce fût moi, et m'a destiné cette place au sein de l'infinie immensité des choses ? Foi qui est toute ma raison, et par laquelle je remonte en droite certitude vers Celui de qui je tiens cet être. Raison qui est toute ma foi, et par laquelle j'atteins les vérités que ma nature m'eût toujours dérobées, si elles ne m'eussent été apportées comme mon existence même. Ma foi ne saurait tarir, elle est égale à la réalité de mon existence ; et ma raison ne saurait chanceler, elle est égale à ma foi. Que peuvent-elles me demander, ne suis-je pas démontré ?

Quelle joie ! mon Dieu, que je vous remercie de retrouver tous les jours à mon réveil cette vie que je n'avais ni prévue ni méritée, cette vie qui m'arrive chaque matin comme du Ciel pour susciter ma volonté, tout mon cœur, vers la source des DONS ineffables ! Pardonnez aux hommes, qui ignorent ce qu'ils font en dissipant le temps ! le temps, ce trésor dont la moindre parcelle peut acheter l'Éternité... cette goutte tombée du Ciel dans le néant, comme la graine qui reproduit un arbre entier... cette fleur que me jette la divine Bonté... ce sentier où Dieu est au bout ! Pour cette coupe remplie d'une liberté embrasée par la Grâce, pour cette joie, cette immortalité à moi, ah ! pour cette concession inouïe sur l'Éternité, mon Dieu, vous ne me demandez qu'une chose, et c'est mon cœur... A celui qui ravit mon admiration, ne saurais-je donner mon cœur ?

Où est le doute ? L'Éternité a décrété ma présence, j'appartiens à un plan divin. La merveille de l'existence conclut à une destinée infinie. Plus rien ne m'étonne, ni la vérité qui m'appelle, ni le devoir qui me conduit, ni cette liberté qui me fait à la ressemblance de Dieu, ni cette Grâce qui la lève de l'abîme et la porte vers l'Infini ! Je suis non-seulement appelé à l'être, mais à concourir à la Gloire, à la perfection de mon être, par l'accomplissement de ma Loi.

CHAP. III.

DE LA LOI, OU DE L'ACTION DE L'INFINI.

Montesquieu commence son grand ouvrage par ces mots : Tous les êtres ont leur loi. Mais il n'en dit point la raison, et il n'explique point ce que sont les lois pour les êtres.

Les êtres qui appartiennent à la Création ne sont point nécessaires. Leur existence est subordonnée à l'Être qui, seul, est essentiel et nécessaire. Si, n'étant point nécessaires, ils existent, c'est qu'ils reçoivent leurs conditions d'existence. Si elles leur étaient retirées, ces êtres disparaîtraient. Ces conditions d'existence les maintiennent dans de certaines manières d'être constantes et invariables. S'ils s'en échappaient un instant, ils perdraient instantanément l'être. Cette puissance qui maintient un être dans de certaines manières d'être constantes et invariables, est ce qu'on appelle sa Loi.

La Loi d'un être est ce qui renferme ses conditions d'existence. C'est la définition la plus profonde de la Loi, et là se trouve sa raison d'être.

En nous-mêmes, nous ne sommes que du néant; Dieu ne nous conserve l'être qu'en continuant de nous le donner. L'Absolu, seul, vit par lui-même, comme tout vit et subsiste par lui. Et l'homme n'étant point par essence, c'est par la loi que l'Absolu se le rattache. La Loi n'est que la permanente action de l'Infini. De là ses caractères.

Toute loi est donc constante et invariable, puisque si elle manquait un instant au créé, le néant reprendrait son cours. Aussi, la constance d'un fait est-elle le caractère auquel on reconnaît la Loi. La science ne la découvre, au milieu des phénomènes, qu'à ce signe de l'Absolu. Enfin, les lois se lient entre elles, car ce sont les volontés mêmes de Dieu, et leur ensemble est le réseau qui nous retient sur le néant. Quand nous parlons de la Loi, nous parlons d'une chose divine...

Tous les êtres reposent ainsi sur leurs lois. De là cette question : tel être a-t-il une loi, revenant à celle-ci : tel être a-t-il l'existence ? Car, s'il existe, c'est qu'il possède toutes les conditions de son existence ; et, s'il possède ces conditions, c'est qu'une puissance les lui maintient d'une manière constante et invariable, c'est qu'en un mot il a sa Loi. Les lois sont nos sources dans l'être. Demander si l'homme a sa loi, c'est demander s'il existe.

Mais, doué d'un corps et d'une âme, l'homme a deux lois. La loi qui renferme les conditions d'existence de son corps, faisant partie de la nature, marche toute seule avec elle ; la loi qui renferme les conditions d'existence de son âme, s'adressant à l'être libre, ne peut que lui être enseignée. Aussi, de toute nécessité, faut-il qu'elle lui soit enseignée ! De ce que la Loi, dans cet ordre, doit respecter la liberté, il ne s'ensuit pas que la liberté doive rester sans Loi, se séparer de l'existence, se détacher de l'Infini. Aux êtres bruts, la Loi est fatalement imposée ; aux êtres libres, il faut qu'elle soit infailliblement proposée... Dieu impose sa Loi à la nature, et il la propose à l'homme.

Mais il faut qu'il la lui propose de manière que l'homme ne puisse s'y tromper. C'est sur ce point que repose le succès de la Création.

CHAP. IV.

COMME ÊTRE LIBRE, L'HOMME DOIT CONNAÎTRE SA LOI.

La première condition d'un être qui a le pouvoir d'agir de lui-même est la connaissance de la vérité. La liberté suppose aussitôt la lumière. Puissance de réaliser sa loi, la liberté n'est qu'un nom si elle ne possède la certitude de sa loi. Que la vérité s'obscurcisse, et la liberté disparaît. Dieu n'a pas créé la liberté sans en créer la base.

Aussi, dans notre propre sein, à côté de la causalité, plaça-t-il immédiatement la raison. La logique de la création descend ici en droite ligne : déclarer que l'humanité est libre, c'est proclamer qu'elle ne saurait être un instant privée du vrai [1]. Si, par un motif ou par un autre, la liberté vient à ignorer son but, embarrassée de sa puissance, elle devient son propre instrument de mort.

L'homme a droit à la vérité. Appelé à devenir le fruit de ses œuvres, il faut qu'elles lui soient manifestement désignées. La lumière ne peut vaciller sans que la liberté ne chancelle, et que l'homme ne soit ébranlé

---

1. Les théologiens reconnaissent une ignorance invincible; mais alors, il n'y a pas culpabilité.

sur son fondement. La liberté est le moyen entre le fini et l'Absolu ; de là, dans ses nécessités, elle suit une logique absolue. Ce n'est point un demi-jour, une tremblante certitude qu'il faut à un pouvoir déjà lui-même si dangereux. Suspendu sur l'abîme, l'homme n'a que le fil de sa loi pour traverser à l'Infini. La liberté suppose la certitude absolue.

Que l'homme le sache ou qu'il l'oublie, au sein de l'être sa position est inouïe. Jamais pouvoir plus étendu que celui de la liberté, mais aussi, jamais plus terrible. Tous les êtres sont assis dans l'existence sur l'irrésistibilité de leur loi ; aucun d'eux ne la tient dans ses mains. Le néant reste ouvert sous la grandeur de l'homme : avec la liberté, il faut se sauver ou se perdre... pour l'Infini ! Sur une telle alternative, l'âme restera-t-elle exposée à errer ?

En créant la liberté, Dieu en créa la garantie. A quoi bon ce pouvoir d'accomplir de soi-même sa loi, si on ne lui montre cette loi ? A quoi bon cette loi, si elle ne s'offre à nos yeux avec un caractère certain ? C'est la première des questions, et qui ne saurait être en question sans y remettre l'être moral même. Dieu ne peut, sans contradiction, lui retirer la condition de la loi pour laquelle il le crée. Supposer que l'auteur des êtres n'ait pas célestement garanti le moyen qui les mène au but de leur être, serait abolir la raison. Notre liberté repose sur l'infaillibilité. Sinon la loi et la liberté ne sauraient exister ensemble ; les deux plus grands mots de la terre perdraient leur sens l'un par l'autre, et la Création avec eux.

Il y a là quelque grande vérité... Je me sens attiré

et suis bien résolu de n'écouter que la logique. J'irai où elle ira! Et que ceux qui s'attendent à la voir se plier aux caprices des hommes ne tournent pas un feuillet de plus.

Comme la création, l'homme ne doit obéir qu'à Dieu. Trouvons la souveraineté absolue; il n'y en a pas d'autre.

CHAP. V.

PAS DE LOI SANS LÉGITIMITÉ.

L'homme a droit à la certitude absolue[1]. Si l'homme était soumis à une loi douteuse, mise en dehors de l'obligation légitime, la liberté serait violée. Notre dignité n'est garantie que par la Légitimité de la loi. Les hommes l'ont toujours compris. Depuis les premiers jours du monde, le genre humain n'a combattu que pour la légitime obéissance.

De nos jours, un historien célèbre a été frappé de ce fait. Il a montré que sous toutes les vicissitudes de la souveraineté, comme sous tous les mouvements de l'his-

---

1. A la *certitude* absolue, puisque la Foi repose sur Dieu, mais non à l'*évidence* absolue, puisque l'homme serait privé du mérite. Assez de lumière dans la Foi pour réveiller le goût du bien en notre âme, et assez de mystère pour en justifier le mérite. *Non crederem nisi viderem esse credendum*, dit saint Augustin.

Quant au mot *droit*, entendons-nous; Dieu nous pouvait borner à l'ordre naturel...

toire, l'homme ne s'est montré en peine que d'une chose : la légitimité de la loi. Ce seul fait dans l'étendue des âges dépose de notre majesté. L'homme, a-t-il dit, a voulu que sur lui régnât un pouvoir qui eût à son obéissance un droit immuable et certain. Il a investi de cette souveraineté tantôt un homme, tantôt plusieurs. En grandissant, il a reconnu la vanité de ses idoles; mais, aussitôt, il a porté son adoration ailleurs. Il voulait une souveraineté constamment et parfaitement légitime. Il n'a pas cessé de la chercher ou de croire qu'enfin il l'avait trouvée : c'est l'histoire des sociétés humaines. Nulle réforme des idées qui n'ait mis en quelque lieu le dépôt de l'infaillibilité. Or, dans ce perpétuel effort vers une souveraineté qui ait tout droit sur l'homme, le genre humain ne poursuit-il qu'une chimère, n'est-il en proie qu'à une vaine idolâtrie? Si Dieu n'existait pas, jamais aucune idole n'eût reçu les adorations des hommes.

Les sociétés humaines, poursuit M. Guizot, ont donc un souverain pleinement légitime. Elles y croient invinciblement, elles aspirent sans cesse vers lui; elles veulent d'une volonté infatigable lui obéir, et n'obéir qu'à lui. Dès qu'une relation se forme entre deux hommes, dès qu'entre eux s'élève une question, cette question a sa véritable solution, cette relation, sa règle légitime. Or, les règles légitimes sont les lois de la souveraineté légitime, et c'est celles-là que poursuivent tous les travaux du genre humain. La certitude qu'il y a une vraie loi, et qu'à elle seule le sceptre légitime appartient, est l'apanage primitif et inaliénable de l'homme. Cette créature si grande se résignerait-elle à penser que cette vraie loi, que ce pouvoir légitime, le seul qui, aux yeux de sa raison, ait sur sa volonté un pouvoir indubitable, ne saurait descendre sur la terre sous quelque forme sensible?

Tel est l'aveu transmis par les faits mêmes de l'histoire. Quoiqu'ils soient dans le temps, notre éternelle loi éclate en eux. Mais, habituée à la vue relative, l'histoire est revenue sur elle-même et, par l'organe de son illustre écrivain, elle a aussitôt ajouté : « En tout, la « pensée de l'homme dépasse de beaucoup ce qu'elle est « capable d'accomplir. Que la connaissance de cette « vraie loi soit difficile, et la chance de l'erreur sur tous « les pas, je suis si loin de le contester que je m'en pré- « vaux maintenant pour nier ici-bas toute souveraineté « légitime. Alors, parmi les nécessités humaines, il en « est une absolue, partout présente, celle d'une souve- « raineté définitive et de fait, qui prononce en dernier « ressort. Ainsi l'ordonnent la condition de l'homme, la « brièveté de sa vie et l'urgence de ses besoins. Les « faits ont donc démenti ses croyances. Au reste, « l'homme étant de sa nature imparfait et sujet à l'er- « reur, il ne peut sortir du sein des hommes aucun « pouvoir infaillible et parfait, partant aucun pouvoir « pleinement investi de la souveraineté de droit. »

Où a-t-on pris une logique qui vient briser la pensée? C'est, effectivement, parce que les hommes sont de leur nature imparfaits et sujets à l'erreur, c'est parce qu'il ne peut sortir de leur sein aucune souveraineté infaillible et parfaite, que Dieu a dû lui-même la fonder et la maintenir. Quoi! de ce que l'homme ne saurait être sans une chose, cette chose n'existera pas? et les faits démentiront ses croyances? Mais les faits sont là depuis dix-huit cents ans pour les justifier... Pourquoi les faits, s'ils venaient démentir les croyances, et ruiner les axiomes fixés dans l'âme par sa plus grande faculté ? Pourquoi les faits s'ils venaient chasser les principes, auxquels ils doivent se conformer ? Dieu marche à un plan sublime, il n'a rien fait de ridicule.

C'est parce que la pensée de l'homme dépasse de beaucoup ce qu'elle est capable d'accomplir que l'homme, précisément, reçoit ce qu'elle ne saurait lui donner. C'est, enfin, parce que la connaissance de cette vraie Loi serait difficile, et la chance de l'erreur sur tous les pas, que Dieu se charge directement de la fournir. Ainsi l'ordonnent la condition de l'homme, la brièveté de sa vie et l'urgence de ses besoins [1]....

Point de liberté pour l'homme hors de sa Légitime loi. La loi pour l'homme est Légitime quand elle est la loi de son être ; et elle est la loi de son être quand c'est celle qui lui vient de Dieu.

CHAP. VI.

PAS DE LÉGITIMITÉ SANS INFAILLIBILITÉ.

L'homme ne doit obéir qu'à Dieu. Sans tomber de sa nature, il ne peut remettre sa liberté qu'à la loi de son être. Il n'est pas dans l'univers une existence qui

---

[1]. Le point de vue d'où la controverse protestante attaque aujourd'hui l'infaillibilité et la souveraineté, les établit philosophiquement toutes deux !

suive une autre loi que la sienne : l'homme serait-il privé de ce droit de la Création?

Et qui pourrait donner à l'homme une autre loi? L'homme, lui-même, ne pourrait se donner sa loi! La loi d'un être est ce qui renferme ses conditions d'existence. Dire qu'un être se donne sa loi, c'est dire qu'il s'est donné l'être. Il n'est pas plus possible de changer la loi de l'homme que de changer sa nature. Si Dieu ne manifestait sa volonté sur la terre [1], aucun homme n'aurait le droit de commander à un autre; bien mieux, aucun homme n'aurait le droit de se commander à lui-même.

Comme tout être, l'homme a droit de n'obéir qu'à sa loi; et, comme être libre, son devoir est de n'obéir qu'à elle, ou à toute loi dont l'accomplissement n'en soit qu'un plus parfait acquiescement. Soumise à une loi qui ne descendrait pas en ligne directe de Dieu, la nature humaine serait violée, poussée hors de son but. L'homme passerait sous une tyrannie immorale et pénible, sans avantage pour lui. Ne sortons pas des voies que Dieu a tracées. L'homme n'acquiert de mérite qu'en raison de son imputabilité, et son imputabilité ne saurait être qu'en raison de sa liberté. De même, il ne s'élève dans la sainteté qu'en proportion de la lumière.

Notre dignité n'est garantie que par l'Infaillibilité : elle est le droit de l'homme sur la terre. Si Dieu n'en maintient ici-bas l'indispensable prérogative, l'être

---

1. Dieu, il est vrai, pouvait s'en dispenser : car il ne faut pas dire que Dieu n'aurait pu faire autrement! Mais, ici, prenons acte de ce qu'il a fait, entrons dans ses voies éternelles.

moral n'existe plus. Point de liberté sans la vraie loi ; point de vraie loi sans infaillibilité qui la montre ; enfin point d'infaillibilité sans Dieu.

Si Dieu a rendu sa loi indispensable à l'homme, donc il la lui a rendue possible ; si elle ne reste possible que maintenue par un pouvoir légitime, donc il a fondé ce pouvoir ; et s'il ne peut être légitime aux yeux d'une créature intelligente et libre qu'ostensiblement garanti par une Autorité divine, donc Dieu lui confère cette souveraine et parfaite Autorité : sans quoi il n'eût pas créé ce pouvoir, sans quoi il n'eût pas créé cette loi, sans quoi il n'eût pas créé l'homme... Soumis à l'obligation morale, il doit pouvoir compter sur l'Infaillibilité.

Elle découle au plus haut degré du principe de l'inviolabilité personnelle, elle en est le couronnement !

La perfection de l'autorité fait la perfection de l'homme. Celui qui prétend se contenter, pour faire le bien, d'un commencement de lumière, d'une très-faible certitude, est grand menteur ou grand sot. Il faut un fond fixe dans l'homme pour asseoir cette ardente volonté et donner l'élan à ses actes. Si le saint semble n'attendre aucune preuve pour son esprit, c'est qu'il les a toutes en son cœur. L'ignorant qui fait le bien, sent par derrière lui le sens commun, puis la morale, puis, au fond de lui-même et de tout, un sentiment qui lui assure que le bien, en définitive, a raison [1]. Cette créature, toute humble qu'elle est, est très-noble.

Toute la création est dans l'homme ; l'homme, dans la liberté ; la liberté, dans la loi ; la loi, dans l'Infailli-

---

1. C'est pourquoi les masses, dont les sentiments sont plus difficilement faussés par les systèmes, s'attachent aux croyances.

bilité. Ne rompez pas la grande chaîne. Peut-il y avoir solution de l'Infini jusqu'à nous?

CHAP. VII.

L'INFAILLIBILITÉ N'EST QUE LA SOUVERAINETÉ SPIRITUELLE.

Au reste, l'Infaillibilité est à l'ordre spirituel ce que la souveraineté est à l'ordre temporel. Dans deux ordres divers, ces deux mots expriment cette puissance définitive, d'où dérivent toutes les autres puissances ; ce pouvoir qui gouverne et n'est pas gouverné, cette autorité qui juge et n'est point jugée.

Prise au point de vue du temps, l'Infaillibilité de l'Église n'est point, comme on l'a vulgairement cru, une prérogative particulière. Cette Infaillibilité est le droit commun à toutes les sociétés possibles appliqué à la Société spirituelle. Quand on dit que l'Église est infaillible, fait excellemment observer M. le comte de Maistre, on ne demande pour elle aucun privilége particulier. On demande qu'elle jouisse du droit de toutes les souverainetés, qui toutes agissent nécessairement comme infaillibles. Car tout gouvernement au fond est absolu ; du moment où l'on peut lui résister sous prétexte d'erreur ou d'injustice, il n'existe plus.

Comment des hommes préoccupés de politique n'ont-ils point reconnu le fait? Toute souveraineté agit nécessairement comme infaillible, ou n'est pas. Tout gouvernement, au fond, part de quelque chose d'inébranlable, que ce soit la volonté d'un seul, la constitution historique de la nation, ou les décisions momentanées de la foule. Toute autorité est absolue en soi; c'est-à-dire que tout pouvoir est entier, définitif, autrement il ne serait point. Il faut qu'il ait un fond pour que tout sursis s'arrête, et que, étant cause, de lui émanent des *arrêts*. Nécessité inévitable dans le temps comme au delà. Il faut un point Absolu; il faut une cause des causes, elle-même sans cause. Dans toute force, il faut arriver à une puissance qui produise et ne soit point produite; dans toute pensée, à une notion qui explique et ne soit pas expliquée; dans toute juridiction, à un jugement qui juge en dernier ressort et ne puisse être jugé.

Comme on l'a également remarqué, dans l'ordre judiciaire, qui n'est qu'une pièce du pouvoir, ne voit-on pas qu'il faut en venir à une puissance qui juge et n'est pas jugée, et, précisément, parce qu'elle prononce au nom de la puissance suprême? Qu'on s'y prenne comme on le voudra, toujours il faudra un pouvoir auquel on ne puisse dire : « Vous avez erré. » Qu'on donne à ce pouvoir souverain les noms divers que le temps apporte, qu'on l'admette ou qu'on le nie, qu'on le renverse ou qu'on l'érige, il est irrésistiblement là. Que son autorité vacille, un homme à l'instant se présente, la fixe avec sa volonté, et dépose de nouveau la souveraineté dans une autorité absolue. La Vérité serait-elle privée de la ressource que Dieu assure à la Justice sur la terre? La Vérité, vie de notre âme, souffrirait-elle l'intermittence?

La permanence seule fonde l'autorité.

Comme société spirituelle, l'Église possède donc sa propre souveraineté; souveraineté que sa Foi a posée dès le principe, sans attendre la preuve que lui apportèrent les faits. Ainsi que toute association, il faut qu'elle ait son unité; ainsi que toute société, qu'elle soit gouvernée; ainsi que toute souveraineté, qu'elle soit définitive, absolue, autrement elle ne gouvernerait point. Et jusque-là, l'Église ne fait que partager la loi commune à toute société, qui est de posséder la souveraineté qui lui est propre. Enfin, comme elle est une société spirituelle, en elle la Souveraineté est spirituelle. Et cette Souveraineté étant dans l'ordre de la vérité, s'appelle Infaillibilité pour être distinguée des autres suprématies.

L'Infaillibilité n'est que la Souveraineté spirituelle.

CHAP. VIII.

L'INFAILLIBILITÉ AU POINT DE VUE DU TEMPS.

Comme la vérité, l'Église est fille du Ciel, et son établissement un fait divin. Déjà, dans la nature, dès qu'on a franchi les faits, on arrive au miracle : au point où finit le créé, où Dieu, où la raison éternelle commence. Et, bien qu'à plus forte raison l'Église soit toute surnaturelle, je ne m'en prévaux point encore. L'ordre supérieur à la nature ne venant point détruire celui de la nature, mais l'accomplir, c'est cet ordre que j'observe et sur lequel je commence à m'établir.

L'Infaillibilité, disons-nous, n'est que la Souveraineté spirituelle. Dès lors, quand on ne saurait point qu'une Promesse divine, et toute spéciale, a été faite à l'Église, du moment qu'elle existe, elle n'en doit pas moins être considérée comme infaillible en son ordre, c'est-à-dire comme possédant son pouvoir propre. Quand on ne saurait point que Notre-Seigneur, lui remettant les Clefs de son Royaume, lui a promis d'être avec elle et en elle jusqu'à la fin, elle n'en subsisterait pas moins comme représentant, parmi les hommes, la Souveraineté spirituelle. Oui, quand il ne serait point reconnu que l'Église est fondée en droit divin, elle n'en resterait pas moins relativement infaillible, ou prise pour telle, comme dernier tribunal duquel on puisse appeler. Telle l'Infaillibilité au point de vue du temps. « Où il n'y a « point de loi, s'écrie Bossuet, la raison, qui est la « source des lois, en est une que Dieu impose à tous « les hommes. » L'Église a une raison d'être naturelle.

Je veux seulement rappeler ici que l'Église est de droit naturel, c'est-à-dire de nécessité humaine, avant d'être de Droit divin, c'est-à-dire de telle importance pour l'homme que Dieu ait dû formellement intervenir : de droit naturel, ou du fait de la raison, ne fût-elle pas de Droit divin, ou du fait de la révélation. Au reste, droit naturel et droit divin tirent d'une même source leur auguste autorité. Ils varient par la manière dont ils furent promulgués : l'un, dans la conscience et du fait de la création; l'autre, dans la parole et pour la sanctification. Seulement, le dernier est plus formel, puisqu'il ressort des paroles mêmes de Dieu et qu'il est tout interprété; plus sacré, puisque Dieu, en y revenant de la sorte, témoigne de son importance; doublement inviolable, puisqu'il porte les deux suprêmes sanctions. « Le droit naturel, dit S. Thomas, est contenu premièrement dans la Loi éternelle, et secondairement dans la raison humaine ; le droit divin, qui est surnaturel et positif, ne détruit pas le droit humain, qui vient de la raison naturelle. »

Mais, prise au point de vue absolu, l'Infaillibilité nous domine de plus haut, et son caractère également redevient absolu. Elle rentre dans toute la force de la notion qui dès l'abord s'est présentée ; elle fait partie de la pensée qui a conçu la Création, dont elle est la garantie et le salut, bien que Dieu ne nous dût rien dans le sublime ordre de choses. Ainsi, l'Église n'est pas infaillible uniquement parce que, au point de vue relatif où nous sommes, c'est son droit propre et sa nécessité. Ce n'est point seulement par une pensée de la plus haute sagesse que l'homme en société doit tenir pour indéfectible l'autorité morale définitive à laquelle il doit obéir. Car si cette autorité n'était pas infaillible en soi, absolument aussi bien que relativement, le fait lui-même disparaîtrait. Non-seulement en ce point l'homme eût montré plus de génie que Dieu ; mais, ce qui en soi n'est pas le vrai, dans la pratique n'est pas le bien.

L'existence d'une Cour suprême au sommet de la juridiction civile nous offrait tout à l'heure une comparaison. Mais, de ce tribunal élevé à celui de l'Église, voyez quelle est la distance ! En imposant un jugement, la Cour de cassation met un terme aux poursuites, terme si nécessaire aux parties. Elle leur apporte la paix dans la décision la meilleure que les hommes puissent donner. Les contestations s'éteignent, le bien public est procuré.

L'Église ne peut s'en tenir là. Comme elle prononce en matière de conscience et de Foi, il faut que l'homme emporte la conviction de n'avoir pas été trompé. Faillible, le tribunal de cassation atteint son but ; le tribunal de l'Église, qui fixe la croyance, ne saurait atteindre le sien s'il ne possède la certitude pour la porter dans les esprits. Ainsi l'Église, *à priori*, est infaillible. — Et le bon sens partout avoue qu'on ne saurait attribuer à aucune secte la même autorité qu'à l'Église. « Il y aura toujours, dit Bossuet, dans l'instruction que l'Église donnera à ses enfants quelque chose que nulle autre secte ne pourra ni n'osera dire. »

Retournons donc à la conception pure de l'Infaillibilité, et comme droit de l'homme ici-bas [1], puisqu'elle fait la valeur de sa liberté, et comme couronnement de l'inviolabilité humaine, puisque le salut de l'âme en dépend.

Celui qui tient pour infiniment précieuses et infiniment vénérées la liberté et la dignité de nos âmes, sent que les grandes questions sont là. Elles dominent la politique, elles dominent le droit, j'allais dire la justice, si elles ne témoignaient de toute celle dont Dieu veut bien user à notre égard. Ces nobles questions sont la lumière et la gloire des autres ; elles tiennent les hautes régions, et, comme les croyances, règnent sur nos esprits.

1. *Droit* et non *faculté* de l'homme, puisque c'est lui qui en a besoin. Nous ne parlons pas la langue de la Révolution. Enfin même remarque que précédemment : Dieu nous pouvait placer dans l'ordre naturel, où nous n'apportions aucun de ces droits. Mais il ne l'a pas fait...

CHAP. IX.

L'INFAILLIBILITÉ
AU POINT DE VUE DE L'ABSOLU.

En créant la liberté, Dieu ouvrit sur l'Infini les portes d'une destinée insondable. Un nouvel élément prenait place dans l'être, l'imputabilité! L'homme vient tenter ici-bas l'épreuve que l'ange a subie dans le Ciel. L'Absolu accomplissait l'existence : un être reçu par le temps va lui-même s'y frayer un chemin...

Don redoutable de l'existence, l'homme t'a-t-il bien accepté? Exister, ceindre la douleur ou la joie sur l'effrayante alternative d'une félicité ou d'un malheur infini. L'homme! fragilité entre deux gouffres... Qui pourra mesurer cette grandeur et ce péril? Ame libre, qui avait droit de t'accorder l'existence? Malheureux enfant, qui te tenait sur les fonts de la création, et y a répondu pour toi? Celui, il le faut bien! qui est prêt à se donner lui-même pour parer aux chances de l'effrayante liberté.

Exister! question terrible devant le pauvre cœur de l'homme... D'un côté, ma volonté, comme un enfant, est transportée de sa puissance; de l'autre, ma pensée frémit de la responsabilité. Si je suis libre, qui m'indiquera mon chemin? Si je suis libre, qui m'assurera de ma loi? Si je suis libre sur mes voies, qui me dira : La vérité est là! et me répondra de mon être? S'il faut un miracle perpétuel, je l'attends pour mettre l'homme à l'abri de la témérité des Cieux [1]. Témérité! Je rends grâce à la mienne de me conduire en un lieu d'où je découvre toute l'horreur de celui qui, reniant la Foi, repoussant la main maternelle de l'Église, fait de Dieu un infanticide, justifie l'ingratitude de l'impie et celle du blasphémateur!

Déjà nous l'avons compris. Si l'homme est libre, il a droit à la vérité. Étrange chose, s'il pouvait dire au Créateur : Tu m'as jeté sur cette terre sans te montrer! tu m'as prescrit d'aller au bien, sans le placer devant mes yeux! tu introduis la vérité dans mon esprit pêle-mêle avec mes sens, et sans la faire briller au dehors, afin que je la reconnaisse quand l'ignorance l'a cachée, quand le mensonge l'a niée, quand ma passion l'a renversée... Si Dieu m'appelle, il faut qu'il me dise où il est! Dieu attend le bien de l'homme, mais l'homme attend de Dieu le vrai.

La liberté, encore une fois, réclame une certitude absolue : de là, chez les hommes, une Institution d'infaillibilité. L'Évangile, au reste, prescrit à tous une foi inébranlable aux vérités qu'il apporte. Peut-il en être autrement? « Vous êtes réconciliés, nous dit S. Paul, pourvu que vous demeuriez fondés et affermis dans la Foi : *Si tamen permanetis in Fide fundati et stabiles.* » Rétablis dans la vérité, comment y demeurerions-nous fondés et affermis, emportés que nous

---

1. « Si je m'attribue quelque chose, dit S. Paul, je parle comme un « insensé. » Ainsi l'homme, s'il oubliait ici que, par le péché, il a tout perdu, et que, par la grâce, Dieu lui a tout rendu.

Mais il vient réclamer au nom de Jésus-Christ! A qui donc réclamer? A celui qui donnera tout, puisqu'il a commencé par lui donner son Fils.

sommes par les incertitudes de notre nature, livrés à notre faible et changeant examen? Ne faut-il pas un témoin infaillible du Texte, un juge infaillible de l'interprétation, et un ministre infaillible de l'application qu'on en fait aux hommes?

Toutes ces raisons se pressent. C'est le groupe d'axiomes d'où sortent les lois de ce monde. Le salut et la Gloire de l'homme dépendent de la vérité. Dieu fit les hommes libres, il leur a donc offert leur loi; il les fit sujets à errer, il s'est donc engagé à tenir la vérité sous leurs yeux. Et comme leur mérite vient de ce qu'ils sont libres et sujets à errer, il confie à son Église le soin de la leur enseigner : de là en elle l'Infaillibilité... Au jour de la création, l'homme fut mis en état de grâce et de vérité, dans la double vie de l'Infini. La fragilité de ce cœur venu du néant ne sut point porter l'une et l'autre. Il est tombé, il est entré dans l'ordre de sa triste science du bien et du mal, science qui double les alternatives d'une liberté dépouillée de toute avance, de toute provision divine : liberté qui, plus dangereuse et plus chancelante encore, demande que la vérité soit mise hors de ses atteintes, à l'abri de nouvelles vicissitudes. Si Dieu a conservé l'homme, et s'il l'a rétabli, il ne saurait lui refuser la condition de ce qu'il lui a rendu, de ce qu'il a réparé en lui.

Dieu a voulu une création qui fût libre, il en a voulu le moyen. Sans Infaillibilité ici-bas, tout être libre et moral peut méconnaître sa loi et refuser l'obéissance. L'orgueil prend le droit d'arguer contre Dieu. Sans Infaillibilité, aucun pouvoir n'est légitime, aucun devoir n'est sacré, nul ordre moral n'est possible. La liberté, la loi, l'obligation, la vérité, la dignité, tout droit de l'homme, tout, reste en suspens hors d'elle. Elle est la clef de voûte qu'attend le grand édifice, l'anneau par où la Création est suspendue à l'Infini.

CHAP. X.

L'ÉGLISE,
OU L'INSTITUTION DE L'INFAILLIBILITÉ.

Nous résumons. Dieu a créé des êtres libres, il leur a donc remis leur loi; libres, ils sont sujets à errer, il leur conserve donc la vérité : de là une institution d'infaillibilité pour la leur maintenir. La liberté dépend de la vérité, la vérité de l'infaillibilité, et l'infaillibilité de la présence de Dieu sur la terre. Le plan de la création arrive ici à Jésus-Christ... Sans l'intervention de Dieu, pas d'infaillibilité; sans infaillibilité, pas de vérité certaine; sans vérité certaine, pas de devoir établi, ce qui exclut, chez des êtres logiques, la possibilité du bien.

Ainsi a pensé tout un monde. Des philosophes ont cherché d'autres raisons pour appuyer la conscience, l'honneur, l'intérêt bien entendu, le stoïcisme, la philanthropie, etc. Ils préfèrent leurs idées, c'est bien; mais nous préférons le bon sens.

La vérité, la loi, la liberté, la dignité de l'homme, l'ordre moral en entier repose sur ce noble pouvoir. Il n'est pas une âme qui voulût obéir de plein gré si elle devait céder à une loi qui ne fût pas visiblement la sienne. Aussi, l'Infaillibilité doit avoir une voix, sinon chacun lui prêtera la sienne ; elle doit être interprétée, sinon chacun la percevra selon ses vues.

Pour venir jusqu'à l'homme, il ne faut pas que la vérité touche terre un instant. Mieux vaudrait que Dieu le laissât sans lui offrir la vérité, que de lui refuser le sûr moyen de la connaître. Son nom bientôt armerait le bras de l'erreur et masquerait celui du crime. La logique nous presse de toute façon. Il faut une Institution d'infaillibilité sur la terre ; la garantie de l'homme est là.

Si le Verbe était venu parmi les hommes sans revêtir un corps, peut-être, aussi, n'eût-il fondé qu'une Église invisible, comme les esprits. Mais la lumière invisible qu'elle eût transmise, se confondant avec celle de la raison, en eût repris les inconvénients. La nature humaine, fortifiée et éclairée pour un moment, fût retournée à ses écarts, et rien ne l'en eût avertie. Le Verbe, s'étant fait homme, a fondé une Église pour l'homme ; visible, douée d'un corps, parlant, agissant comme lui. « Croyons à Jésus-Christ qui est venu dans la chair et s'est fait homme, s'écrie S. Cyrille, pour que nous puissions *l'embrasser par la pensée*. Comme nous ne pouvions le voir tel qu'il est, ni jouir de lui, il s'est fait ce que nous sommes, afin que nous puissions aussi le posséder [1]. »

---

[1]. S. Cyrille ajoute : « Dieu s'est montré sur le mont Sinaï et le
« peuple n'a pu soutenir son éclat. L'expérience de notre faiblesse
« étant faite, Dieu a opéré ce que désirait l'homme : l'homme dési-
« rait entendre la Parole de la bouche d'un être fait comme lui. Les
« hommes, oubliant Dieu, s'étaient fabriqué des idoles à formes hu-

Une mission comme celle de Jésus-Christ ne pouvait être continuée d'une manière purement spirituelle. Ce que comprennent tous ceux qui connaissent le cœur humain. Il fallait que le Verbe fût autorité pour le temps. Il ne pouvait, en le quittant, le laisser vide de sa présence. Sauver l'homme pour le confier à lui-même, c'eût été l'abandonner. La rédemption rend son esprit à la lumière et sa volonté au bien ; reste à lui communiquer cette lumière et à lui faire pratiquer ce bien. Sur la terre, Jésus-Christ ne fit que fonder son œuvre ; elle n'y fut accomplie que vis-à-vis de son Père, dans l'Infini.

De l'Absolu, où éclate son règne en l'éternelle Joie, le Verbe opère dans le monde. Il ne se fait plus homme, mais fait descendre son esprit dans un homme, qui est aussi le fils et l'élu de son Père, le serviteur des serviteurs de Dieu ; et il lui donne pour frères et coopérateurs des hommes élus de Dieu comme lui, formant autour de cet axe une Église, avec laquelle Dieu sera jusqu'à la fin.

Cet homme miraculeux le représente sur la terre, mais efficacement, et par une Grâce d'état positive. Il est le Chef, il est la tête de l'Église, la pierre de l'édifice, le pasteur du troupeau, la Foi qui ne faillira point. Sa prérogative est la vérité, son caractère la sainteté, et tous les hommes, parce qu'ils sont des esprits, reconnaissant en lui leur père, l'ont salué du nom auguste de PAPE !

« maines : Dieu s'est fait homme véritablement, afin de détruire ce
« mensonge. »

Ici, rien ne vient blesser la raison, qui, impersonnelle dans sa source, mais sujette dans l'individu, remonte à son universalité première, et reçoit un organe digne d'elle pour la sauver des empreintes de la particularité. La Papauté est, en une sorte, le complément du système de la raison sur la terre.

Avec l'Église, la raison recouvre le trône. Pour ainsi dire ensevelie dans le paganisme, ressuscitée dans Jésus-Christ, depuis, toujours assaillie par les sens, tantôt comme raison spéculative, tantôt comme raison pratique, partout livrée à l'ignorance, à la foule, à la science, aux innombrables raisonnements, la raison ressaisit son sceptre et reçoit la couronne dans l'homme qui sourit à la terre entière. Assistée du Saint-Esprit, l'Église découvre dans son propre sein cet homme universel, et le présente à Dieu qui l'*ordonne*.

L'impersonnalité rationnelle conclut à l'Infaillibilité; l'individu, à l'universel; le relatif, à une réalité Absolue. Les innombrables raisons, errant dans l'espace et le temps, dispersées comme autant de pierres d'attente, se retrouvent édifiées au sein de l'éternelle lumière : la raison est accomplie et confiée à Dieu, mais d'une manière qui ne laisse rien à désirer.

Si l'Église est infaillible, ce n'est point par la puissance de la raison de chacun de ses membres, ni par la réunion de leurs raisons; si l'Église est infaillible, ce n'est point parce qu'elle est la raison générale; mais c'est, conformément à la Promesse, parce que Dieu est avec elle, qu'elle est la raison générale, c'est-à-dire infaillible, non tombée dans l'humanité, la pure procession de la raison éternelle. Aux yeux d'une haute sagesse, le miracle de la persévérance de la Papauté dans le vrai est un fait aussi naturel que celui de l'existence du monde.

Un miracle perpétuel n'est autre chose qu'une loi ; car toute loi n'est qu'un miracle perpétuel. — Le miracle est une intervention momentanée de Dieu, et la loi une intervention permanente... Il y a miracle lorsque Dieu, à la prière de Josué, arrête le soleil, et aussi, lorsqu'à la prière du monde, il fait graviter les soleils. Le miracle et la loi sont de la même main. Seulement, le premier tient à l'ordre surnaturel, et le second à celui de la nature ; l'un vient frapper nos sens d'étonnement, l'autre remplir notre âme d'une admiration continuelle. Mais ce miracle, qui paraît une dérogation aux lois de la nature, n'est que l'application d'une loi de la Nature éternelle, d'une volonté de Dieu envers nous, également constante et immuable. Le miracle est une vraie loi, la loi un véritable miracle. Non, les lois ne sont point naturelles, en la façon dont le prend le vulgaire, mais d'incessantes interventions divines. Et en ce sens élevé, que toute loi n'est qu'un miracle en permanence, un miracle en permanence n'est autre chose qu'une loi, loi de nature éternelle : ainsi la persévérance de la Papauté dans le vrai.

Notre nature appelle l'Infaillibilité par ses deux éléments : la liberté, qui, hors d'elle, perdrait toute garantie, et la raison, dont l'impersonnalité resterait sans effets. Au point de vue supérieur où nous sommes, l'impersonnalité de la raison conclut à une unité et à une infaillibilité qui, seules, répondent à l'unité et à l'universalité du vrai, qu'elle possède en puissance, et non en réalité.

L'homme cherche sa raison, la raison son impersonnalité, l'impersonnalité sa source divine. L'Église ne pourrait se refuser à l'Infaillibilité sans ôter une loi à la Création.

CHAP. XI.

L'ÉGLISE, CONCEPTION EXPLICATIVE.

Celui qui fait de la philosophie et celui qui n'en fait pas, celui qui marche dans la science et celui qui ne la connaît pas, se font la même illusion sur la pensée, sur la manière dont elle saisit la vérité. Pour toute la nature, ce que nous appelons loi, n'est que la conception explicative, dans notre esprit, d'une série de phénomènes. On sait tout ce que l'homme peut dire : il y a là une vérité; affinité, végétation, vitalité, etc. Et quant à cette vérité, Dieu seul la voit... Ainsi de tous les grands faits de ce monde. On les conclut, mais ils sont tous au delà de la science. L'illusion est de les croire en dedans. Chaque époque a ses abstractions, qui forment comme une toile sur sa pensée.

La raison est donnée à l'homme pour le conduire à la vérité, et non pour la lui livrer elle-même; pour le faire aboutir aux conceptions explicatives de l'ordre des choses visibles, et non pour l'introduire au sein de ces conceptions. Ce qui explique le visible est soi-même invisible. La loi, avec laquelle on connaît tout, est elle-même inconnue ; ce avec quoi on comprend, demeure pour nous un mystère.

Jamais on n'a touché de loi ; personne n'a vu l'affinité, ni l'attraction. La raison dit seulement : il faut que là soit une loi, une force constante qui attire les corps en raison de, etc. Et la science se rend ; sinon les faits restent inexplicables. La raison nous laisse sur les frontières du mystère ; elle y conduit, mais s'y arrête. Aussi bien que la substance, l'affinité, la vitalité, toutes les forces sont cachées sous leurs phénomènes. L'ordre entier des causes naturelles échappe aussi complétement à la raison qu'aux sens. Toute la fonction de celle-ci consiste à placer un fait invisible au-dessous du fait que l'on voit. Et l'on n'est dans la raison que lorsqu'on en suit la portée.

Ce que la raison ne peut faire dans l'ordre naturel, le pourrait-elle accomplir dans l'ordre surnaturel ? Franchira-t-elle le seuil, entrera-t-elle dans le mystère ? L'ordre surnaturel une fois révélé par Dieu (l'ordre naturel l'est par les sens), la raison s'aperçoit également qu'il est la conception explicative de l'ordre de choses que nous voyons.

Dans notre question, par exemple, elle déclare que, si l'homme est libre et responsable, il a droit à la vérité, à la certitude infaillible. Elle conduit ainsi à l'Infaillibilité, qu'elle ne saurait connaître, qu'elle ne saurait fournir. Elle ne peut pas plus la posséder qu'elle ne possède l'attraction, qu'elle n'a pu saisir la loi, ou la faire tomber sous nos sens. Et démontrant la nécessité de l'Infaillibilité sur la terre, la raison conduit logiquement à l'ordre invisible d'où cette Infaillibilité relève, mais elle reste sur la frontière. Et la pensée se rend ; car hors de là les grands faits ne s'expliquent plus. Enfin, quand, au lieu de la vérité, elle signale l'erreur dans notre âme et une pente au mal qui l'emporte sur le penchant au bien, la raison conclut, comme conception explicative, à un ordre de choses renfermant une chute et une réparation pour l'homme, à un ensemble de lois rendant compte de faits que ne peut plus expliquer l'ordre de la nature.

Et, de même, quand la métaphysique nous ouvre le grand problème, à savoir : qu'il est aussi impossible à une essence créée de s'élever, n'importe de quelle manière, vers l'Infini sans l'Infini lui-même, que de sortir en premier lieu du néant, la raison ne nous fournit point la notion d'un secours surnaturel, la notion de la grâce, mais la conclut en nous comme toute autre loi, par sa nécessité ; et, de la sorte, aboutit à la conception explicative du fait le plus important de la Création. On atteint la raison, on s'assied sur ses rives ; mais il faudrait la suivre jusqu'à son Océan... L'ordre surnaturel n'est que l'ordre des conceptions explicatives de l'ordre de la nature. L'Église a sa démonstration rationnelle comme les lois physiques elles-mêmes.

La raison n'est qu'une pierre d'attente. Elle demande sa conclusion éternelle. L'homme entier passe dans la transcendance.

Et dire que la raison n'arrive point là, c'est la détruire. Car elle arrive là sous peine d'absurdité, c'est-à-dire sous peine d'observer des faits sans vouloir y assigner de causes. Elle ignore ces causes, d'elle-même ne les sait découvrir ; mais sait que là se trouvent ces causes, aussitôt qu'elle est prévenue [1]. — Mais ce sont des mystères ! — Et nos lois ! croyons-nous autre chose que des mystères ? Ce sont les faits qui restent des mystères aussi longtemps qu'ils ne sont pas expliqués par ces mystères qu'on appelle les lois. — La raison n'arrive pas jusque-là. — Là, effectivement, se trouvent ses limites, et le commencement de la Foi. Les deux faits viennent se joindre et s'expliquer l'un par l'autre. On a parlé de leur accord ; je le crois bien ! ce sont deux ordres qui se suivent pour se compléter et s'accomplir. Après les sens, la raison qui les éclaire ; et après la raison, la Foi.

Ne dites plus que la croyance aux mystères suppose une foi aveugle et qu'elle ne s'appuie sur aucun motif raisonnable, puisque d'abord cette croyance repose sur le caractère divin du Révélateur, et qu'enfin ces mystères sont la raison dernière des faits que nous apercevons. Il n'y a rien dans l'homme de plus élevé en raison que la Foi. La Foi achève la traduction du monde.

Et quelle difficulté, ici, de voir sur les confins de la raison paraître effectivement l'Église, quand précisément elle existe ! quand elle brille par-dessus tous les événe-

---

[1]. Il faut qu'elle soit *prévenue*, c'est-à-dire appliquée à ces faits : elle-même, aussi, ne saurait arriver à l'ordre surnaturel sans l'ordre surnaturel lui-même. Il faut qu'elle soit redressée, c'est-à-dire ramenée aux choses éternelles : là, aussi, elle reprend sa marche et conclut. C'est ce qui a constitué la raison des peuples chrétiens. On croit l'Église, on croit par une foi rationnelle, *rationabile obsequium !*

« Comment la philosophie ne conclut-elle pas, s'écrie Dom Guéranger, que nos dogmes, loin d'être incompatibles avec la raison, l'élèvent à des hauteurs où elle ne monterait jamais sans eux ? » (*Du Naturalisme.*)

ments de ce monde ; quand on la trouve justement en possession de ce que la raison désire, de tout ce qu'elle a demandé ; rétablissant la liberté et la dignité perdues ; replaçant l'homme au sein de la vérité morale, civile, politique et esthétique même, et déclarant qu'elle apporte, dans leur substance, la Vérité et la Vie? — La raison peut-elle voir plus heureusement aboutir sa grande induction ? plus glorieusement combler ses *desiderata* sublimes ? La Foi n'est que le triomphe de la raison, son immortelle concordance.

Et si toutes les lois sont invisibles, au moins l'Église se voit !

Assurément, de même qu'elle ne peut nous donner l'attraction ou l'affinité, la raison ne saurait nous fournir l'Église ; mais elle nous dit, comme pour la nature : là doit être une loi, et une loi qui soit une, sainte, universelle comme la vérité, venant de Dieu comme elle. Et là, aussi, l'humanité la reconnaît. C'est ce qui établit la Foi dans le peuple. Il sait que la pensée qui le mène au plus fort du vrai, au plus abondant du bien, est la vraie : *in virtute spissiori, spississimo recti !*

Ici, j'arrive dans la force de l'induction. Ici, je passe dans la deuxième sphère, et serais en droit de me prévaloir du fait conclu pour déduire l'enchaînement théologique dans toute son étendue, dans toute son autorité. Je pourrais invoquer les prophéties qui annoncent le fait de l'Église, et, sans surprendre la raison, montrer historiquement Celui qui l'institue : surtout quand sa doctrine est un miracle de pensée, sa loi, un miracle de morale, se faisant jour par un miracle dans les cœurs, la charité, par un miracle sur la terre, la sainteté, et, au moment où Rome et les peuples s'en vont, par un miracle dans l'histoire, la Civilisation chrétienne. Enfin, je pourrais déduire et me dispenser de prouver. Mais je désire ne me prévaloir que faiblement des preuves supérieures, et n'entrer dans l'ordre surnaturel qu'à mesure que j'y serai porté par les faits. Je continue de mesurer mon vol à celui de la pensée du jour.

CHAP. XII.

L'ÉGLISE,
CONCORDANCE ET COMPLÉMENT DE LA RAISON.

Je ne me suis pas laissé le temps de le dire. La pensée, dans l'homme, conclut à une lumière certaine, éclatante, en même temps qu'à une vérité infinie.

La raison conclut à l'infaillibilité [1]. L'impersonnalité conclut à une unité, à une catholicité qui seules répondent à l'unité, à l'universalité du vrai ; unité, impersonnalité et catholicité que la raison ne possède ici-bas que comme en un mirage, et qu'elle voit à tout instant s'évanouir au sein de nos individualités fragiles et disséminées. Certes, il faut savoir comment notre âme est faite, mais aussi comment elle agit ; constater le vrai mis en elle, mais aussi ce qu'il en reste après nous !

1. Conclut, c'est-à-dire que, lorsqu'on lui révèle l'ordre surnaturel, elle passe d'autant plus volontiers de l'ordre naturel à celui-ci, qu'elle voit dans le premier des faits qu'elle ne s'explique plus.

Dieu tient en nous la raison, et, hors de nous, l'Église, afin que nos raisons, battues par l'erreur, se reconstruisent dans leur élément éternel. La raison qui, depuis quarante siècles, a fait toutes les tentatives pour se constituer dans d'innombrables philosophies, n'en est sortie qu'à ses dépens. Ici elle a laissé sa base, ici ses premiers éléments ; ici ses caractères, son autorité et son nom. En quelque système qu'on l'étudie, on l'y trouve incomplète ou dénaturée. Elle le sent bien à cette heure ; elle n'a été préservée dans toute son intégrité spéculative, comme dans son intégrité pratique, elle n'est restée vivante qu'au sein des peuples nés de l'Église, quelles qu'en aient été les sévérités. L'Église l'a conservée comme le sang, en en maintenant la pureté.

On parle bien de la raison, mais il la faut connaître. La raison, dans ses éléments, c'est l'idée du bien, l'idée du vrai et l'idée du beau. Elle dit donc de s'attacher à quelque chose de souverainement bien, de souverainement vrai, de souverainement beau!... L'impulsion est donnée! la Grâce arrive, et accomplit le mouvement. Le cœur humain va à la Foi parce qu'il y sent le bien, profond, pressé, surabondant[1]. Le vrai système est nécessairement le plus beau. Ici la logique du cœur et la logique de la raison se croisent au sein du genre humain dans les racines d'une foi invincible. Il croit, parce que là est la merveille, que la raison déborde ; *Credo quia absurdum !* Le plus grand élan du cœur doit rencontrer

---

1. A l'entrée des temps nouveaux, ceux qui avaient des sens ont suivi Mahomet ; ceux qui avaient de l'âme ont cru en Jésus-Christ ; ceux qui mouraient d'orgueil se sont attachés à Luther.

la lumière. La raison donne le vrai, et la Foi donne la vérité. La raison n'est qu'un soupir d'éternel amour emprisonné dans la logique. C'est l'idée de l'Infini en nous : quel trait de lumière sur l'homme !

Un être pourvu du secours d'En-Haut, doit y trouver sa destinée ! Un être dont l'esprit est doué de liberté, de responsabilité, un être rationnel, doit avoir une fin surnaturelle. Il fallait un but proportionné au fait inouï de l'existence, à celui de la venue de Jésus-Christ. Il est clair que la vie de l'homme ne peut être ni une vie matérielle, comme celle des animaux, ni une vie purement rationnelle, comme si le terme en était ici, mais une vie de Foi, puisqu'il ne saurait atteindre autrement l'Ordre des réalités éternelles : une vie de Foi, de cette foi, argument des choses invisibles, déposée dans la sainte espérance, attente de confiance, en la promesse de Dieu, de la souveraine béatitude dans le Ciel et de tous les moyens sur la terre pour y parvenir. Prendre la raison comme système, serait se fermer sur soi-même, raisonner sur nos fins d'après ce qu'elle en put savoir, n'espérer que ce qu'elle peut promettre, n'avoir d'autre secours ni d'autres engagements que les siens.

La transcendance est morale, aussi bien que métaphysique. Elle ne serait pas dans la faculté, si elle n'était pas dans l'essence.

(Le plan de Dieu est si beau, que l'esprit veut le déduire par voie de conclusions rationnelles, et voir une raison de nécessité où il n'existe qu'une raison de bonté et de convenance éternelles. Dieu pouvait nous laisser au néant, et Dieu pouvait nous borner à la nature.

Aucune nécessité ne l'obligeait de nous donner l'existence, et aucune ne l'obligeait de nous conduire à sa Gloire. Il n'y a pas plus de conclusion absolue de la pure existence à la Vie glorieuse, que du néant à l'existence. Or, si déjà la création n'est point nécessaire, mais libre et de pure bonté, à plus forte raison la Sanctification, l'introduction de l'homme dans l'Ordre surnaturel. Et, à conclure par nécessité de la vie naturelle à la vie surnaturelle, il y aurait une erreur qui dépasserait autant la première que l'Ordre surnaturel dépasse l'ordre de la nature, erreur antimétaphysique, si admirablement saisie et condamnée dans Baïus par l'Église. Les faits révélés par la lumière surnaturelle ne sauraient être le complément absolu des notions révélées par la lumière naturelle. Au fait, qui pourrait se flatter de posséder la raison d'Aristote ou celle de Platon ? Cependant leur raison n'a point conclu ces faits révélés, sans lesquels, à nos yeux illuminés par la Foi, la raison ne saurait plus aujourd'hui se comprendre, et nous paraît à nous frappée d'inconséquence. Car la raison, fortifiée et éclairée par la lumière surnaturelle, mène à tout autre résultat que la raison blessée et obscurcie par la Chute. Et si moi-même je parle si hardiment de concordance, de complément de la raison, c'est que la mienne se place sur la Foi pour le voir. C'est de là, seulement, que je découvre la sublime nécessité de convenance, l'ineffable couronnement du plan divin ! Enfermé dans la raison, comment verrais-je ce qui lui manque? Comment ma pensée cût-elle aperçu cette insuffisance, si elle ne se fût trouvée portée dans une raison supérieure ? Non, la raison n'a pas une échelle pour monter dans l'Ordre surnaturel; mais, lorsqu'elle y est introduite, elle reprend sa marche au milieu de ce domaine d'ontologie par excellence. Car Dieu ne saurait rien faire qui ne soit selon la raison éternelle; et l'Ordre révélé, qui ne pouvait sortir des nécessités de la raison naturelle, se déduit de la raison surnaturellement éclairée, et comme du point de vue d'où Dieu lui-même le déduit.)

On prend la raison pour une borne, au lieu d'en suivre la lumière. En présence des faits au-dessus de la nature, on s'écrie : Ma raison ne va point là! Effectivement! puisque c'est pour ce motif que nous est remise la Foi, qui vient la couronner et l'accomplir. Et si, du point de vue où nous sommes, la raison ne va pas jusque-là, tant pis pour elle; car, si cet ordre surnaturel n'existe point, les grandes données de la raison s'évanouissent, la bonté infinie et la miséricorde en Dieu, les mérites et la récompense, la perfection dans ses œuvres, leur éclat dans l'être qui les couronne, enfin un but proportionné au miracle de l'existence! Si l'ordre surnaturel n'existe pas, les faits renversent les lois que la raison a révélées, les jugements qui signalent le mal en l'homme, ses grandes humiliations, ses ignorances, ses éternelles défaites au sein d'une dignité, d'une vérité et d'une liberté qui devraient en définitive triompher de l'ignorance et du mal, toujours et sur toute la terre.

Au fait, ce monde et la raison hurlent de se trouver ensemble [1]! Si l'ordre surnaturel n'est pas, telle qu'elle

---

1. On pérore aisément sur les grandeurs de la raison; mais, lorsqu'il s'agit de sa signification ici-bas, la question, comme on le voit, perd de sa poésie.

est la Création est entachée, les trois nobles idées s'en vont, rien plus ne saurait s'expliquer, la thèse rationnelle est perdue. Si la raison ne va point là, elle n'est pas... Le scepticisme reprend la thèse, remet de nouveau le monde sur les chemins du hasard. La conscience n'a plus droit de parler. Pourquoi réclamer dans les faits au nom d'un Ordre au-dessus d'eux, lequel n'existerait point? Nier l'ordre surnaturel, c'est abolir la raison. La plupart des hommes, il est vrai, veulent paraître plutôt la posséder qu'en posséder la plénitude.

L'ignorant ne s'élève point aux lois que nous attestent les phénomènes; il ne sait pas monter des sens dans la raison, et le sceptique ne sait pas monter de la raison dans la Foi. Malheureusement la logique ne nous oblige point. Peu d'esprits en accomplissent le cercle[1]. Newton fut le premier qui arriva à l'attraction, et Ampère à l'identité des trois fluides. On montre la vérité, plutôt qu'on ne la prouve; elle est comme la beauté. Tout cela tient à l'étendue de l'esprit, qui va où il sent la lumière; comme, en morale, à l'étendue du cœur, qui va où il sent plus de bien. Au lieu de se borner par la raison, il faut en suivre la portée. Et à force de raisonner, l'homme devient plus petit que lui-même.

Condamner l'homme à la raison, c'est le réduire à la nature, qui redevient la conception explicative. Le

---

1. Pourquoi viendrait le philosophe, sinon pour suivre la donnée que le savant a oubliée dans les faits? Non, la raison ne peut aller où va la Foi, mais elle ouvre une induction que vient alors combler la Foi. Je parle de la raison guérie et avertie. Car comment la raison révélerait-elle à la raison sa propre insuffisance, et lui fournirait-elle les vérités qu'elle n'a point?

matérialisme remplacera toujours la Foi. Il faut que la raison trouve sa conception explicative au-dessus d'elle ou au-dessous; qu'elle achève sa donnée ou retombe dans le non-sens. Ou dans l'ordre supérieur à la nature, ou bien dans la nature : mais, alors, adieu les trois idées.

— Que la raison achève sa donnée! cependant les mystères n'entrent pas dans la raison! — Ni les lois dans l'expérience... Quoi de plus opposé aux lois physiques que ce que l'observation nous montre? La matière, inerte, divisible et tombant sous les sens; les lois, justement le contraire. Elles constituent un mystère qu'il faut admettre cependant! Ce n'est qu'en remontant que les sciences se fondent. Chacune va chercher son principe en celle qui lui est supérieure : la géographie dans l'astronomie, l'astronomie dans la mécanique, la mécanique dans les mathématiques, les mathématiques dans la métaphysique, et la métaphysique en Dieu. D'où s'étonner que le fait de l'Église soit au-dessus de la nature, quand tout ce qui vient expliquer la nature réside au-dessus d'elle?

Ce qui est au delà de la nature n'est point contraire à la nature, puisque ce sont ses lois. Ce qui est au delà de la raison n'est point contraire à la raison, puisque ce sont ses conclusions éternelles, les conceptions explicatives qui la confirment et l'achèvent.

CHAP. XIII.

JÉSUS-CHRIST
EST LA RAISON MÉTAPHYSIQUE DE CE MONDE.

De tous les faits, il faut passer à l'invisible. Le mystère n'est pas plus grand [1] dans l'ordre surnaturel que dans celui de la nature. Le tout est de savoir si l'on conclut. C'est ce que Pascal nous dirait.

Le problème posé, l'Église arrive par tous les courants de la logique. Elle descend des axiomes, elle est au plan de la Création.

Car, quant à trouver Celui qui l'a visiblement fondée, il suffit d'entrer dans l'histoire. Comment perdre le souvenir des prophéties qui l'annoncent, des miracles qui nous le présentent, des bienfaits qui nous le font voir, des prodiges qui lui ont succédé [2] ? Que Celui qui a fait tant d'hommes se soit fait homme pour paraître une fois parmi eux, leur dire le divin motif qui les fit créer, et ce qu'ils ont eux-mêmes à faire, est-ce donc si extravagant? Ah! qu'il est extravagant d'apporter la lumière au monde! la lumière qui fit éclore les saints

---

1. Il est plus élevé; mais c'est toujours Dieu qui opère.
2. Le premier des faits de l'histoire est bien celui de la promesse faite à nos pères du *Désiré des nations*, et le plus grand, celui de sa venue chez les hommes : VERBUM CARO FACTUM EST !

« Le Verbe divin reparaît dans le monde qu'il avait créé dans le commencement. Absorbé dans les choses terrestres, le Juif n'a pas su reconnaître le Seigneur qui a créé le monde » L'*Ann. litur.* par le R. P. Abbé de Solesme; lib. VII.

et les civilisations les plus nobles, les seules qui aient pu développer la nature humaine. Que cela semble extravagant à ceux qui veulent que Dieu les crée et les oublie, afin de ne devoir rien à personne, de demeurer les souverains de leur moi! Dieu peut-il s'occuper de nous? Créer le monde, soit! mais l'éclairer, mais le conduire? Combien il est plus judicieux de croire que Dieu nous crée sans nous connaître, sans nous aimer; plus savant de penser que l'humanité vit sans savoir son but, le monde n'importe précisément pourquoi, et le cœur humain pour lui seul!

La faiblesse de notre raison diminue notre foi. L'homme est si sot qu'il ne s'étonne point d'exister; comment s'étonnerait-il de ce qu'on fait pour son existence? Le fait même de la création lui échappe, comment songerait-il aux autres? Si l'homme réfléchissait, combien il serait surpris de lui-même! S'il faisait un pas dans sa raison, combien il serait étonné de se trouver dans l'être! Sentir ce que c'est que l'être, et le distinguer du néant, est le signe d'une raison supérieure. Les bêtes n'éprouvent pas le moindre étonnement d'exister. L'ignorant ne s'étonne de rien de ce qui ravit le savant : c'est l'admiration qui fait l'homme. Mais le savant [1] reste ignorant quand, après avoir parcouru

---

1. La science est peu fière. Elle ne laissera pas passer le plus petit phénomène sans en poursuivre la cause, le plus chétif objet sans en chercher le but; et elle voit passer l'homme, elle voit passer le monde, sans penser à sa cause, sans demander son but! La pensée trop faible de l'homme a disparu dans l'analyse. Je la nomme analyse; est-ce de la science que de ne pas savoir? Passe pour le monde physique; ici tout va sans nous. Mais le monde moral, si Dieu nous eût attendus pour nous en donner la lumière?..

les merveilles de l'être, il s'arrête, sans s'extasier de l'être... Les hommes devraient tous, en se voyant, se féliciter d'exister; ils feraient preuve à la fois de cœur et de philosophie. Penser à l'existence, à ce que comporte un tel fait, c'est le sublime de la pensée. La foi est le signe de la grandeur des esprits. Saisir d'ici-bas les réalités éternelles, le but qu'a en vue l'Infini, la vérité!

Mais la vérité est sainte; il faut l'aimer pour la reconnaître, il faut de l'âme pour l'aimer. De là, l'erreur si commune. Le moi nous arrête à chaque pas.

Les hommes apportent tous la mesure de leur pensée, et s'écrient : Voilà de la logique! Sans doute, c'est de la logique; vous parcourez votre cercle, mais, où placez-vous le compas? De la logique, chacun en a : mais la Logique? Avez-vous embrassé l'existence, et pénétré dans l'Infini? La science, pour s'établir, passe d'un cercle dans un autre; quand la physique s'est expliquée, il faut entrer dans la chimie; et, quand les affinités sont connues, il faut entrer dans la vie; etc. Le raisonnement arrive, mais la Logique ne s'arrête pas. Il faut qu'elle aille au but! Qui me dira si vous y êtes? Dans la science, dans la morale, dans la pensée, dans les perfections de l'âme, il faut toujours, toujours aller, car nous sortons du néant! La Logique n'est qu'un élan vers le meilleur.

— Quand la possédons-nous? — Quand tout demeure expliqué : nous, le mal, ce monde, l'Infini, son amour infini...

Une logique qui se dit arrivée... On parlera longtemps du siècle qui crut les choses fermées dans sa pensée, et n'a cessé de mépriser celles des siècles! De la science, et pour tout amoindrir ; de la logique, pour se borner. De la logique? Vous ne vous apercevez même pas du miracle de votre existence, vous n'avez même pas entrevu les *desiderata* de ce monde. Un fait, et point d'explication : ô philosophes! L'oubli, voilà votre manière de sortir du problème. De la logique ! dites une paralysie de la raison sur les idées supérieures. La vie, voilà ce qu'il faut expliquer ! Vous y entrez, y travaillez dans l'ignorance et la douleur ; y rencontrant des facultés et n'en retrouvant pas l'usage ; une nature qui nous repousse, une raison qui nous ment, un cœur qui nous met dans la peine ; un bien pour ne le pas aimer, le vrai pour ne le pas connaître... Enfin, vous êtes nés et vous mourrez sans le vouloir, sans le savoir, pauvres échappés au néant ! Répondez, que faites-vous là?... Cette vie ! un but, un but à une chose si grande, le mot de ce double mystère?... Les temps s'y sont usés, et le monde atteint six mille ans : JÉSUS-CHRIST EST LA RAISON MÉTAPHYSIQUE DE CE MONDE [1]... D'ailleurs, toute âme doit sentir qu'elle n'a aucun mérite intrinsèque, puisqu'elle sort du néant, puisqu'en elle il n'y avait rien de l'Infini ; que, dès lors, elle ne saurait être créée, ni prendre part un jour à l'Infini que par l'application qui lui est faite d'un Mérite infini, comme déjà était la grâce accordée à l'homme dans l'état d'innocence : JÉSUS-CHRIST EST LA RAISON MÉTAPHYSIQUE DE CE MONDE...

---

1. Celui qui entre en ce monde, et n'y voit qu'un hasard, est idiot. Celui qui y voit Dieu, et n'en tire pas une application à la création, est un esprit interrompu. Car il est des gens qui ne sont fous que sur un point ; et beaucoup d'hommes restent idiots sur les idées premières. De là, un enseignement.

Que dire aux ingrats de l'Infini? Tout misère et tout néant, ils ne songent même pas à la merveille de leur être!

Quelle logique te condamne, ô ma pensée, quand tu vas précisément au but de la pensée, à savoir, pourquoi Dieu m'a donné ma propre merveille, et m'a déposé en ce monde; à savoir, s'il a bien voulu me le révéler, me mettre lui-même au chemin que parcourra ma liberté? Science! qu'ai-je besoin de ta pensée? la mienne est une logique tout entière : d'où viens-tu, où vas-tu, ne te l'a-t-on pas dit?

Qu'il a fallu m'aimer pour m'élever à l'être : et l'on ne me l'aurait jamais dit! Ne le pouvant porter, cet être, tout couronné des dons d'En-Haut, et retombant par cette liberté dont je fis usage en enfant, Dieu est revenu me relever : et il ne me l'aurait pas dit! Il a fallu me guérir, ôter de moi le mal, la plaie que faisait le néant : et il ne me l'aurait pas dit! On m'a créé pour venir en partage à la Vie éternelle, jamais on ne m'en a prévenu!... Je suis las d'entendre les hommes quand mon âme entière se lève comme une logique, pour me montrer son Dieu. Je suis las d'entendre dire que l'Infini ne poursuit dans le monde qu'un but fini. J'ai une raison et des yeux : VERBUM CARO FACTUM EST.

Ou la raison, ou les faits; et la Foi est une croyance surnaturelle à des faits. Si vous quittez l'*à priori*, il faut retourner dans l'histoire; et si vous quittez l'histoire, il faut reprendre l'*à priori*. L'un ou l'autre, évidemment.

CHAP. XIV.

L'ÉGLISE EST LA VOIE, LA VÉRITÉ ET LA VIE.

Telle a été dès l'origine, depuis Platon et Aristote jusqu'à S. Thomas et Leibnitz, la marche de la raison vers toute vérité supérieure : prouver premièrement qu'elle est nécessaire, secondement qu'elle existe en effet. Ainsi s'est produite pour nous l'Infaillibilité... Et si notre raison se trouvait aujourd'hui assez affaiblie pour ne plus croire en elle-même, qu'y peut faire celui qui raisonne ?

Quiconque a sérieusement compris que l'homme est un être libre, a compris la nécessité d'une lumière en permanence sur la terre ; et, comme cette lumière ne saurait être douteuse, il y a compris la nécessité de l'Infaillibilité ; et, comme cette infaillibilité ne saurait subsister sans organe, il a compris la nécessité de l'Église ; et, comme cette Église pourrait se rompre, il a compris la nécessité du Pape, d'une seule racine à l'Église ; et, comme le Pape est la parole et la racine de l'Église, il a compris la nécessité de l'Infaillibilité du Pape même. Ce sont les anneaux d'une chaîne que tout métaphysicien doit sentir.

Accordez-moi l'homme, tout le catholicisme en découle... Mais j'entends l'homme, avec son âme libre !

Dans ce monde, enfin, à quoi faudrait-il croire? oui, à quoi faudrait-il croire, si on ne croyait en vous, ô Sauveur! Affirmation de tous les siècles et de tous les principes ; affirmation de la métaphysique, de la morale, de la science, de la Politique, de tous nos droits ; affirmation de la doctrine la plus élevée et la plus exacte qui se soit vue sur la terre, telle est la Foi : ce qu'il y a de plus noble et de plus croyable pour l'homme! Elle a pour elle la grandeur, elle a pour elle la sainteté. Elle a pour elle les âges, qu'elle a remplis d'admiration, les peuples qu'elle a imbibés d'héroïsme et de joies, par la vertu. « Elle possède! » suivant l'expression de Tertullien. Seule elle a souverainement comblé les âmes ; aucune pensée n'a pu s'élever auprès de la sienne, aucune inspirer un semblable amour. Pour la rejeter, il faudrait lui opposer l'évidence d'une doctrine contraire. Après six mille ans, l'évidence d'une doctrine contraire, vous ne l'aurez jamais.

Mais elle a le céleste inconvénient d'être ce qu'il y a de plus beau ; et si les hommes ne la possèdent par la croyance, ils ne l'atteindront point par le génie. La Foi est le soleil qui éclaire les cimes où ne peut arriver l'esprit[1].

---

1. Parmi les idées que vulgairement on se fait de la Foi, une partie est dénaturée, l'autre d'une trop grande sublimité pour venir à l'esprit autrement que par la croyance. C'est le mot de Pascal : avant de combattre la religion, il faut savoir quelle elle est ! L'homme reçoit la vérité comme l'être : la raison lui sert à la reconnaître et non à l'inventer. Le moindre individu pourra-t-il découvrir, embrasser le mystère de notre destinée? Avec son idée d'offrir une religion à choisir au jeune homme qui sort du collège, Rousseau nous préparait une génération d'hommes médiocres.

Voilà ce qui arrive lorsqu'un homme veut avoir plus d'esprit que la tradition, c'est-à-dire que tous les hommes !

Seulement quand on croit, le bien est là, il le faut accomplir ; or le méchant fuit la lumière...

Il faudrait n'avoir point pensé à ce monde, pour y attendre encore la vérité, et ne point reconnaître Celui qui vint nous dire :

« Comme mon Père, le Dieu vivant, m'a en-
« voyé, et comme je vis par mon Père, de
« même celui qui vit de ma chair vivra aussi par
« moi : c'est ici le pain qui est descendu du Ciel.
« Il n'en est pas de ce pain comme de la manne :
« vos pères ont mangé la manne, et ils sont
« morts ; mais celui qui mange de ce pain VIVRA
« ÉTERNELLEMENT... Je suis la Voie, la Vérité et
« la Vie. »

La Voie, c'est lui qui l'ouvre ; la Vérité, c'est cette Église ; la Vie, c'est ce sacrement de bonheur, ce fruit de Dieu, qu'elle nous tend de sa main sacrée...

CHAP. XV.

L'HOMME, OU L'ÊTRE ENSEIGNÉ, NE S'EXPLIQUE QUE PAR L'ÉGLISE.

La Foi ne s'affaiblit dans notre âme qu'avec la raison. Parce que l'homme ne réfléchit plus à la valeur de son être, il ne conçoit plus son néant, et parce qu'il ne conçoit plus son néant, il ne songe plus aux devoirs que lui impose le fait sacré de l'existence. Il ne s'inquiète pas plus de la substance que si c'était lui qui l'eût faite. N'est-il pas inouï que cet homme, qui se croit raisonnable, ne s'étonne pas à tout instant de se trouver dans l'être? Celui qui n'est point frappé de la merveille de son existence, n'est jamais entré dans sa raison.

Que d'hommes, avant Newton, virent des pommes tomber d'un arbre, sans songer que ce qu'ils nommaient leur poids était la force qui les attirait vers la terre! Autrement, chaque fois que le Globe opère un tour, il verserait ses mers et ses habitants dans l'abîme. Savoir, c'est suivre le sentier des causes, et c'est celui que prit Newton. L'idée de cause produit tout notre esprit; et sa vivacité met en nous le génie. Par l'idée de l'être, qui lui fait distinguer ce qui n'est pas de ce qui est, les effets de la cause, l'homme sent qu'ici-bas rien n'existe et rien n'arrive de soi-même, que l'Infini est la source de toutes les explications. Cette pensée le tient en éveil sur chaque phénomène et le presse d'en atteindre la cause. Enfin c'est par l'idée de cause, qui en soi est l'idée de l'être, qu'il a l'idée du néant; et c'est par l'idée du néant qu'il apprécie l'inexprimable valeur de l'être. Ces deux idées sont réciproques; elles forment les deux côtés de la raison, elles en complètent la lumière. Le soleil amène la clarté et l'ombre, sans laquelle il n'est pas de tableau. Ainsi l'idée de l'être ne s'affaiblit qu'avec l'idée du néant, et l'idée du néant qu'avec la raison même. Si l'Être n'était pas en vertu de lui-même, si on ne sentait au delà le néant, Dieu perdrait tout son prix, tous les faits seraient absolus, il n'y aurait rien à savoir, il faudrait nous enlever cette sublime idée de cause, qui est la marque que l'Être a mise en notre âme et comme la substance dont il a formé notre esprit. Celui qui laisse s'affaiblir en lui la distinction de l'être et du néant, voit sa raison baisser et sa pensée s'obscurcir; il n'assiste que d'un œil stupide et vain au spectacle de ce monde, toutes les questions s'effacent pour lui, il a perdu l'intelligence. Que l'homme garde dans leur éclat les deux faces de la raison, s'il veut conserver la lucidité intérieure et percevoir les grands problèmes.

La raison, dis-je, en nous donnant l'idée de l'être, nous donne celle du néant. Les deux idées viennent ensemble, et disparaissent de même quand notre raison s'affaiblit. On a perdu l'idée de l'être quand on n'a plus celle du néant. Or l'absence aujourd'hui de celle-ci maintient au fond des esprits une erreur qui reparaît déjà à la racine de toutes nos pensées. C'est là que j'en voulais venir. Oubliant le néant, nous perdons entièrement de vue l'immensité du don de l'existence. Nous la croyons une chose naturelle, une chose qui nous est inhérente, et n'y prenons pas plus garde que si nous l'avions par nous-mêmes. Cette pensée nous suit jusque dans l'ordre spirituel, où l'homme, croyant posséder naturellement quelque chose, ne songe pas plus à la Grâce, d'où lui vient la vie du Ciel, qu'il ne songe à son être. En tout on perd de vue le divin, c'est-à-dire le réel; et c'est dans cette infirmité métaphysique que l'on aborde l'histoire et la philosophie, la Politique et la Foi.

En religion, par exemple, on ne voit plus, dans le

succès de l'Évangile et l'établissement de l'Église, que l'application des lois ordinaires de l'histoire et des conditions de la nature humaine [1]. En politique, on considère les nations comme existant d'abord par elles-mêmes, et de là faisant leurs conditions à ceux que Dieu envoie pour les fonder et les conduire. On perd de vue que tout est divin ici-bas, même les lois naturelles, par lesquelles tout a été préparé. Enfin, on oublie complétement ce fait de la Chute, qui, s'il n'a pas remis l'homme au néant, du moins a suspendu sa vie morale, et le rend doublement tributaire. On sort ainsi de toute réalité. On ne s'aperçoit plus que la pente au mal, qui, dans l'homme, l'emporte ouvertement sur le désir du bien, l'a laissé naturellement en dehors de la vérité et de la justice intégrales, c'est-à-dire de la Foi et de la Société véritable ; que partout, hors de la grâce et de l'autorité, ces deux plus précieux biens de la terre, le genre humain retourne à l'état sauvage [2]. A force de perdre la pensée, on a perdu l'expérience. Au lieu de l'homme, on étudie un être imaginaire. Ignorant ses conditions réelles d'existence, on lui érige une science illusoire ; on le croit naturellement dans l'être, on le croit source de

1. Voir les admirables réflexions du R. P. dom Guéranger sur l'Église au IVe siècle.

2. Les théologiens distinguent trois états : celui de *pure nature*, celui de la *nature dans son intégrité*, celui de la *nature corrompue* ; et c'est dans ce dernier que nous naissons. On ne rétablira ni l'histoire ni la politique sans rentrer par la Théologie dans la métaphysique, et par la métaphysique dans la Théologie. Comment faire entendre deux hommes qui n'ont plus la même raison ? Car il y en a deux en quelque sorte aujourd'hui, celle qui repose sur les axiomes, et celle qui, par les sentiers du panthéisme, est redescendue dans l'absurde.

lumière, indépendant, juge de la vérité ; on le ramène, hélas ! vers ce néant qu'il ne voit plus.

L'homme est un être enseigné, comme il est un être créé. Pour posséder la substance, comme pour posséder la vérité, appartient-il à l'Infini? Sait-il, même, ce que c'est que la vérité?

Pour comprendre que l'homme est un être enseigné, je ne veux que l'expérience. Le peuple, ou plutôt le genre humain, absorbé par le travail, n'a ni le temps ni la puissance de se former d'autres idées que celles qu'il a d'abord reçues. En dehors du peuple, reste le petit nombre de ceux qu'on appelle *éclairés*. Mais éclairés par qui? Avant Jésus-Christ que pensaient les gens éclairés? Aujourd'hui que pensent-ils sous le Coran, ou dans la Chine? Reconstruiraient-ils leurs idées à l'aide de leur intelligence? Mais elle est elle-même, sous le nom d'éducation, un don de la société qui les a faits. L'homme est le fruit de la Société, il n'existe point en dehors. Néanmoins il considère comme siennes les premières idées qu'on lui donne ; le propre de l'orgueil est de s'attribuer ce qu'il reçoit. Les hommes sont fils de leur nation et de leur temps. Et ce n'est pas l'homme seulement qui se trouve enseigné, ajoute admirablement l'orateur de l'époque, ce sont les nations et les siècles; ils s'engendrent les uns les autres; ils héritent des traditions, des préjugés, du caractère et des passions. Seriez-vous ce que vous êtes, si vous étiez nés il y a six cents ans, ou même si vous apparteniez à une autre partie du globe? Pourquoi la France est-elle catholique? la Prusse protestante? et l'Asie musulmane? Un enseignement divers a prévalu chez ces peuples divers. Les nations et les siècles subissent le joug de l'autorité. On se glorifie même d'être de son siècle, c'est-à-dire *de subir les plus fortes idées de son temps!*

Si l'homme n'était un être enseigné, il communiquerait directement avec la Vérité : ses pensées seraient les mêmes par toute la terre. Loin de là; aucune nation, aucune école, aucune autorité humaine n'est parvenue à l'universalité. Où trouver ici-bas une bouche qui n'en contredise une autre et ne la convainque d'erreur? C'est le sort des philosophies... Ou la vérité n'est qu'un nom, et l'homme qu'un douloureux jouet, subissant de tous les esclavages le plus funeste, celui de l'intelligence (puisque partout elle vit dans la servitude des autorités individuelles); ou il y a sur la terre une Autorité divine pour l'affranchir, pour lui rendre la vérité.

A quel signe, dès lors, reconnaître l'Autorité libératrice? Au signe de la vérité, l'unité, l'universalité; au caractère que doit avoir la Parole de Dieu, l'infaillibilité. Car, s'il y a quelque chose de remarquable en ce monde, ajoute le célèbre prédicateur, c'est assurément ceci, qu'aucune autorité humaine n'a pu être catholique, c'est-à-dire franchir les bornes d'une école ou d'une nationalité. Toutes les religions, en dehors de l'Église, n'ont jamais été que nationales. Dès qu'un Empire se dissout, il se forme autant de sectes que de royaumes; et si, comme aux États-Unis, la nation n'est pas ramenée à une unité nationale, ces sectes vont se divisant sans fin.

L'unité seule de l'Église, unique sur la terre, est une preuve métaphysique de sa divinité. Pour faire échapper l'homme au joug des idées de l'homme, pour qu'il reprît la liberté de son esprit, il fallait une Autorité qui lui communiquât la pensée divine, par un enseignement divinement établi. La vérité étant le premier des biens (et nul ne se pouvant passer du bien sans lequel il n'en est pas d'autre), le premier des soins de Dieu dut être de rendre universelle son Église, afin qu'elle pût, comme le soleil, éclairer tout homme venant en ce monde [1] : *Lux vera quæ illuminat omnem hominem venientem…*

Telle est aussi, nous l'avons vu, la conclusion de cette raison, universelle par nature, mais que le philosophe retrouve captive et personnelle dans l'individu. Pas de lumière impersonnelle, ou elle possède une garantie et un établissement extérieur. Remarquons bien, ici, que la raison générale n'est en définitive qu'une idée générale ; personne n'a vu la raison générale, personne ne l'a entendue parler. La raison humaine n'existe positivement que dans l'individu. Ce qu'elle serait dans l'humanité, nul ne le sait, nul ne l'a vu. Or, ici, il ne faut pas à l'homme une abstraction réalisée, mais une réalité.

---

1. R. P. Lacordaire, *Conférences* de Notre-Dame ; année 1835.

CHAP. XVI.

L'ÉCRITURE, OU LA VÉRITÉ, NE S'EXPLIQUE QUE PAR L'ÉGLISE.

S'il existe *à priori* une Infaillibilité sur la terre, dix-huit cents ans de pratique disent expérimentalement où elle est. Au reste, l'Évangile est là pour rappeler la parole du Fils de l'homme, et celui à qui elle fut adressée... Il ne s'agit pas d'interpréter, mais de lire : « Tu es pierre; sur cette pierre je bâtirai mon Église. »

Il ne faut point oublier que l'Église, qui porte la vérité, est le prolongement du Verbe, la continuation de Jésus-Christ. Elle répète ce qu'il a dit pour que personne ne parle à sa place; elle réitère, continue sa Parole pour que chacun se taise devant elle; enfin, elle opère pour Lui depuis qu'il est assis à la droite de son Père. Indépendamment des dégradations subies par la raison dans l'intérieur de notre âme, les traditions antiques, suivant le même déclin, s'étaient obscurcies et altérées dans le genre humain. Elles avaient besoin d'être ostensiblement rétablies.

A quoi eût servi de replacer dans la main de l'homme ce qu'elle avait laissé tomber, la Vérité et la Vie? Il fallait encore lui conserver cette vie, et cette parole de vie donnée par Dieu, et qu'on nomme par excellence l'Écriture. Privée d'interprète, l'Écriture serait offerte à l'interprétation de tous, elle retomberait dans le domaine de la raison. Or, si l'Écriture admettait tous les sens, elle ne renfermerait aucun sens. Il faut qu'un seul sens sorte des Écritures, qu'un seul esprit ait droit de l'y puiser, enfin, que cet esprit soit le sien, exclusivement le sien. Dès lors, il est nécessaire que cet esprit découle de la même source que l'Écriture, que Dieu les inspire tous deux. Il faut une bouche infaillible pour expliquer l'infaillible Écriture.

Ces motifs, qu'une haute raison saisit immédiatement, ne tardèrent pas à ressortir de l'expérience. Les premiers hérésiarques attaquèrent de toutes manières les Écritures. Les Évangiles eux-mêmes furent successivement rejetés ; et des écrits supposés furent produits à la place de ceux des Apôtres. Si les choses eussent marché ainsi pendant quelque temps, l'obstination allant son cours, les peuples enfermés dans l'avenir n'eussent pu distinguer les textes saints, sous des écrits multipliés comme les hommes. Les Écritures ont couru, dès le premier moment, un extrême danger de falsification, qui les eût totalement perdues. Il ne fût resté qu'une tradition isolée, plus exposée encore que l'Écriture. C'est contre un pareil malheur qu'est instituée l'Église.

Nous devons à l'Église le miracle de la conservation des Écritures. Comme il fallait les tirer de l'abîme de la discussion, remarquez ce point ! comment l'eût-elle pu sans son Autorité spéciale ? Ce qui fut indispensable au premier moment, pour fixer en quelque sorte le texte, est indispensable dans la suite, pour en fixer l'interprétation. Toutes les sectes qui se sont séparées de l'Église ont cependant pris d'elle les Écritures. Elles l'ont donc toutes reconnue infaillible alors ! Pour ces sectes, c'est Elle qui leur en garantit l'authenticité. En sorte que je n'ai point compris comment elles s'en séparent précisément parce qu'elles n'en veulent plus recevoir l'interprétation de ces mêmes Écritures.

Car les Écoles dissidentes auraient bien pu renouveler les débats des premiers siècles, repousser successivement les Évangiles et les différentes Épîtres. Elles ne firent point, en se séparant, un si grand pas. Reconnaissant toutes les livres du Nouveau Testament, recevant l'Écriture entière des mains de l'Église, et telle que, par son secours, elle a été conservée à tous les siècles, elles oublient cependant quel fut son rôle à l'égard de l'Écriture, et que, si l'Église fut une fois infaillible, elle ne peut avoir perdu ce don depuis qu'elles l'ont quittée... Un pareil malentendu ne peut durer toujours.

Exactement par la même raison qu'il a fallu rapporter à l'homme la vérité, il faut la lui conserver.

Ici, l'équation est métaphysique : on devrait s'en apercevoir. Le motif qui fit donner l'Écriture à l'homme lui en fait donner l'interprétation. Vous ne pouvez sortir de là. Historiquement, il en est de même. Enfin, si l'homme se confie à la vérité, il faut, pour cette seule raison, que l'Église ne puisse faillir. L'homme est la merveille de ce monde ; la liberté, la merveille de l'homme ; et l'Infaillibilité, une loi de la Création.

L'Église, avons-nous dit, est la continuation de Jésus-Christ. Il faut bien que Dieu reste sur la terre pour que l'homme continue d'obéir !

Que dire, maintenant, à ceux qui jamais ne se sont fait cette question : Existe-t-il une vérité sur la terre ? y a-t-il, pour chacun de nous, un moyen certain de la voir? Il est des hommes dont la raison n'a jamais pu se mettre debout. Ils arrivent en ce monde, et ne se demandent point pourquoi…

CHAP. XVII.

L'HOMME, OU LA LIBERTÉ, NE S'EXPLIQUE QUE PAR L'ÉGLISE.

Vous reconnaissez-vous libres, inviolables ? Eh bien, une Église chargée du dépôt de la conscience et de la révélation, c'est-à-dire du devoir de vous transmettre la vérité, suppose la connaissance certaine de cette vérité.

Si seulement il était possible qu'elle offrît une autre Parole que celle qu'elle a reçue de Dieu, qu'en arriverait-il, je ne dis point pour notre Éternité, mais pour sa propre autorité? Comment cette Église obtiendrait-elle ma confiance, ma soumission? Si elle a une autorité sur moi, c'est QU'ELLE EST INFAILLIBLE : ou, jamais on ne comprit ce mot, la raison, ni cet autre, la liberté… Les hommes possèdent un esprit, esprit libre et inviolable, et ils ne savent en apprécier la valeur !

Et là, je reconnais mon Dieu, parce qu'il est toujours là, toujours au très-saint Sacrement de l'autel, pour parler à mon cœur, toujours sur les lèvres de son Pontife, pour satisfaire à mon esprit. Et il est là, comme le choix que pour mon mérite il me laisse; il y est suivant le mode établi pour ma liberté. Car je puis dire, si je veux tromper mon cœur : il n'y est pas! puisqu'il n'y est pas pour mes yeux ; ou, si je veux tromper mon esprit : ce n'est point lui! puisqu'il disparaît pour l'orgueil. Mais il y est pour l'amour qui jaillit de mon cœur, et je le vois de l'œil sincère de ma raison. Et là ma liberté reste vivante, avec le mérite du vrai, puisqu'elle a le pouvoir du faux, avec le mérite du bien, puisqu'elle a le pouvoir du mal. Et là, je reconnais le Dieu qui m'a donné la liberté.

Il importe que Dieu soit là, parce qu'il importe que je sois libre! Car, il le faut observer aussi, je ne puis sortir de l'Église sans tomber hors de la raison. C'est l'histoire, c'est l'expérience que je consulte ici. Que fait le calvinisme? Il substitue, en définitive, l'*infaillibilité* d'un individu à l'infaillibilité de l'Église. Que fait l'anglicanisme? A cette infaillibilité il substitue celle d'un homme ou celle d'une femme, qui définit par son sens propre les règles de discipline et de Foi.... Et le peuple anglais est un peuple libre? et ce peuple est un peuple fier? Si notre vie dépendait de l'erreur que nous allons prendre, nous n'entrerions pas de la sorte dans ces absurdités.

Voilà pour l'individu, voici pour la Société. Qui voulons-nous qui obéisse lorsque l'obéissance ne peut pas remonter à Dieu? Il faut dès lors céder à une convention des hommes, et c'est à l'homme qu'on obéit. Le despotisme est fondé... La liberté, la Société, l'Infaillibilité, trois termes en proportion directe [1]. Que ceux qui sont fidèles à l'une des trois thèses s'unissent pour

---

1. J'entends la liberté morale, source de notre liberté civile et de nos anciennes libertés publiques; la liberté créée pour le mérite, et qui, dès lors, a ses frontières dans le mérite.

les défendre toutes trois ! Il n'est pas bon de séparer ce que Dieu a uni...

CHAP. XVIII.

CE MONDE NE S'EXPLIQUE QUE PAR L'ÉGLISE.

Ce monde ne s'explique que par Jésus-Christ. Sinon le monde serait venu, et la lumière ne serait pas venue au monde...

Or Jésus-Christ, étant venu, n'a pu en repartant laisser s'éteindre sa lumière, ni la confier à l'homme, qui déjà l'avait laissé perdre.

Il a dû fixer sa lumière sur un flambeau, et de manière qu'on ne pût séparer ce flambeau de cette lumière : ce flambeau est l'infaillibilité de l'Église.

L'Évangile apparaît au monde par un témoignage divin : il s'y conserve par un témoignage infaillible. Pour l'homme, les deux problèmes étaient dans une équation absolue.

Il faut que le flambeau soit allumé pour que le monde voie la lumière ; il faut que la lumière soit unie au flambeau pour que l'erreur ne puisse se reproduire ; il faut la double merveille pour que l'homme soit dans le divin fluide où se conserve sa liberté.

Encore une fois, où est l'homme sans la lumière ? et la lumière, si l'erreur peut l'anéantir ? Un monde n'est pas une illusion.

L'Infaillibilité de l'Église n'est que la suite du miracle de la venue de Dieu sur la terre. Logique, quelle victoire ! quel triomphe complet ! Tu reprends ici ton empire, tu embrasses enfin l'espace entier de la raison... Ce monde : Jésus-Christ; sa lumière : l'Infaillibilité ! O logique ! sans l'Évangile et sans l'Église, que serais-tu ? une énigme plus grande... du feu jeté dans l'âme pour la brûler.

Ce monde, il le faut expliquer : Jésus-Christ ; sa lumière, il la faut conserver : l'Infaillibilité... Cette thèse a fait tressaillir la terre, elle a fait jaillir chez les peuples le sentiment profond qui a fixé leur Foi et fondé un Age nouveau. L'homme triomphe, la Loi est dans sa conscience !

Et la clef de l'édifice moral devient celle de l'édifice politique. « La Papauté, disait Napoléon, représente l'institution la meilleure et la plus indestructible de la terre : on ne peut ni la dominer ni la détruire. »

Rien ne touche l'homme de plus près que la vérité. Et celui qui nie une autorité enseignante établie de Dieu, a perdu la question. Comment nier dans un monde d'esprits une autorité des esprits, une garantie pour la lumière et pour la liberté ? L'erreur pour les intelligences est un anéantissement.

Autorité spirituelle, ou Infaillibilité, la chose est bien la même, car il n'y a que ce qui est infaillible qui ait autorité sur les esprits.

Nier au sein des âmes un enseignement établi de Dieu, c'est oublier ce que nous sommes. Le fait de la grandeur de l'homme, de la noblesse de la Création est là. Résoudre la question autrement que le catholique, c'est écraser la pensée, et faire écrouler pour jamais la logique...

Quelle grandeur et quelle gloire dans cette Église qui proclame la divinité de N. S. Jésus-Christ ! et sa présence continuelle sur la terre !

Si Jésus-Christ s'en va, sa lumière s'en va avec lui. Si elle n'est pas sur un flambeau, le monde cherchera la lumière. Si elle n'est pas attachée au flambeau, divinement, comme une loi, l'erreur revient l'éteindre.

Le monde ne s'explique que par Jésus-Christ... Il est toujours expliqué pour la brute, qui trouve l'herbe aux champs, le repos à l'étable, et ne demande point comment...

J'ai donné de l'Église la démonstration que j'ai trouvée dans la raison : pour ceux du moins qui s'élèvent à ses éternelles données. Comme on ne peut rien sur ceux qui les ignorent ou s'en écartent, je dois poursuivre mon chemin.

FIN DE LA PREMIÈRE PARTIE.

L'INFAILLIBILITÉ.

DEUXIÈME PARTIE.

CHAP. XIX.

NÉCESSITÉ DE L'ÉGLISE
PAR RAPPORT AU CŒUR HUMAIN.

Confie-t-on la loi au criminel pour l'interpréter, et la législation d'un peuple à la foule ? Ne faut-il pas un juge pour garder la loi, et l'État pour en maintenir l'institution ? Sans l'un et sans l'autre, où serait la Société ? Sans son Tribunal, où serait la vérité ?

Sans l'Église, le Christianisme descendrait insensiblement au niveau de la nature humaine, au lieu de l'élever à sa hauteur. Ceux qui se débattent contre le fait de l'Église sont des esprits hors de l'expérience, qui ne connaissent ni la politique ni l'histoire. A coup sûr, ils ne furent jamais hommes d'État. C'est ici qu'il faut connaître l'homme, au lieu d'en philosopher en enfant. Sans évoquer sa perversité, il me suffit d'observer sa nature ; il me suffit de méditer la donnée même d'une religion qui vient pour relever l'homme de sa chute... Qu'est-ce qu'un être qui ne peut franchir le premier pas sans tomber, qui n'a pu recevoir la Grâce sans aussitôt la perdre, la vérité sans la laisser disparaître ? De ce que, par son premier acte, l'homme a rejeté la vérité, ne doit-il plus la rejeter ? Et d'abord, sans l'Église, le Christianisme ne se fût pas institué ; institué, il se fût écroulé en deux fois : un premier fragment dans l'Islamisme, sous le poids des sens ; un second dans le Protestantisme, sous les efforts du moi.

Une des immenses preuves, aux yeux de mon esprit, de la divinité du Christianisme, est dans cette connaissance à fond de l'homme, qui ne se borne pas à annoncer la vérité, mais qui, dès le début, lui assure un gardien. Sont-ils bien expérimentés, ceux qui imaginent qu'il suffit de la montrer à l'homme ? S'il en était ainsi, il n'en aurait pas eu besoin ! Que de vertus chez ceux qui croient que l'ignorance est, dans notre sein, le seul obstacle à son triomphe ! La vérité ! L'homme, qu'a-t-il fait de la première Révélation ? Courte question, mais qui traîne une réponse de plusieurs mille ans. La vérité confiée à un peuple ! Les protestants diront-ils pourquoi elle dormit plusieurs mille ans sous l'idolâtrie qui a enveloppé le monde ? Notre esprit est cruel de ne point voir les faits !

Quelle sagesse ! confier à l'homme le levier qui doit lever l'homme ; à l'orgueil, l'instrument qui doit extirper l'orgueil ! Que des hommes qui se sont occupés pendant plusieurs heures de religion, que des hérésiarques, se fassent illusion sur ce point, c'est ce qui dépasse tout d'abord la pensée de celui qui cherche à s'en rendre compte. Je ne me suis jamais expliqué pourquoi les esprits qui touchent à ces questions ont les yeux fermés à toute métaphysique, à toute connaissance de l'homme et de l'histoire. Je m'étonne encore que du premier pas ils n'aient point été emportés, comme de nos jours, aux conséquences de cette idée d'une nature humaine invariablement fixée dans le bien et le vrai, souveraine, à jamais douée d'une raison qui donne à chacun le pouvoir de décider en toute conscience, en toute vérité! Leur ignorance, voilà leur force. Les conséquences politiques, il est vrai, ont mis deux siècles à s'emparer de la foule...

La Religion n'est qu'une loi supérieure à notre nature, et venant l'élever à son but. Si la nature humaine pouvait s'y élever d'elle-même, la Religion n'existerait point. D'ailleurs, si notre nature pouvait d'elle-même s'élever à ces Fins divines, elle aurait la force divine, elle se serait aussi créée; voilà ce que dit encore la raison. Et si l'homme tombé ne tendait pas à retomber, si sa Sanctification était inévitable, qu'il y eût triomphe absolu, dans son âme, de la grâce et de la vérité, il habiterait déjà le Ciel. Confier à l'homme sa religion, c'est oublier précisément pourquoi elle descend sur la terre. On n'enseignerait pas la vérité à l'homme s'il pouvait la produire; on ne lui inspirerait pas la vertu si elle émanait de son âme. Si elles régnaient toutes deux dans son sein, comme la loi dans un être, la Religion serait inutile, et vous n'en parleriez pas.

Enfin, si l'on trouvait dans la nature humaine les principes de la conservation du Christianisme, c'est qu'elle n'en aurait pas besoin. Mais vous ne raisonnez jamais. Parce qu'il fit une première chute, l'homme ne doit-il plus retomber? On ne songe même pas à la donnée dont on dispute... De l'inutilité d'une révélation visible et en permanence, c'est-à-dire du rationalisme, à l'inutilité d'une pratique des dogmes, c'est-à-dire au déisme pur, il n'y a que l'espace d'une conclusion. Que le protestantisme ne s'étonne pas si on l'a tirée pour lui. Le socialisme nous a rapporté la logique.

On fait vulgairement sur la Religion l'erreur que font les révolutionnaires sur la justice et sur l'État. Le mal, dit-on, est qu'on n'a pas assez confiance en la vérité : — Confions-nous enfin à la force morale! — Dans la Société, la force morale ne peut rien seule, à cause du mal qui règne en l'homme. Sans le Pouvoir, il n'y aurait plus de civilisation. Compter sur l'enthousiasme pour le triomphe de la Foi, c'est oublier précisément ce que nous sommes, et ce que vient faire la Foi. Si Dieu n'intervenait pour la vérité, comme pour la Souveraineté, le monde disparaîtrait. Et c'est parce que ce point de vue, depuis soixante ans, nous échappe, que nous sommes dans les perplexités politiques. L'idée qui ne se produit pas dans une institution est nulle. Les philosophies anciennes sont mortes les unes après les autres. Si quelques systèmes semblent vivre de nos jours, c'est qu'ils sortent, comme excroissances, de l'arbre du Christianisme.

Le fait de la Chute se renouvelle tous les jours; seulement, tous les jours, le Christianisme est là pour le réparer. De son propre poids, l'homme s'écroule; tout tend à retomber, individus et nations. Le bras de

Dieu est sous toute la Création. La Foi abandonnée à elle-même, c'est l'homme abandonné à lui-même, la vérité abandonnée à l'erreur.

CHAP. XX.

NÉCESSITÉ DE L'ÉGLISE
PAR RAPPORT A LA VÉRITÉ.

Non-seulement l'Église est infaillible au point de vue de l'Absolu; non-seulement elle est infaillible au point de vue du temps; mais elle l'est de fait, puisqu'elle a été créée telle par Jésus-Christ! Quand une institution semblable réunit, premièrement la preuve métaphysique, secondement la preuve logique, enfin la preuve par le fait, et qu'elle agit effectivement comme infaillible depuis dix-huit siècles, du jour où elle sortit des mains du Fondateur, elle peut offrir au monde la Vérité et la Vie; et, oubliant ses ingratitudes, verser sur lui les munificences de Dieu!

Eh bien! il existe deux preuves encore, celles qui nous frappent le plus quand nos regards ne cherchent pas la vérité dans sa source première : l'une est la preuve historique, depuis dix-huit cents ans, l'Église est l'axe du monde; l'autre est la preuve expérimentale, dans ses décisions dogmatiques, l'Église ne s'est jamais trompée... Preuve métaphysique, preuve logique, preuve par le fait, enfin preuve historique et preuve expérimentale : l'existence de Dieu n'en possède pas davantage, la raison peut s'en apercevoir!

Mais, dira-t-on, il faut toujours un Dieu. Évidemment ; mais, puisqu'il a fait l'homme, il lui faut bien la vérité.

« Dieu ne fait point de miracles, dit Pascal, dans la « conduite ordinaire de l'Église. » C'en serait un étrange, en effet, si l'Infaillibilité ne paraissait que dans un seul ou dans quelques-uns de ses actes. Mais d'exister en tous, sans exception, cela devient comme naturel, le fait tient à l'ordre du monde [1]. Car Dieu est sous toute la nature et sous tous ses ouvrages. Il fait constamment face à l'erreur, comme il fait constamment face au néant. Qui ne l'a remarqué, on ne saurait rien reprocher au Bullaire d'Alexandre VI ? Rationnellement, on ne peut douter de l'Infaillibilité de toutes les décisions de l'Église sans douter de la puissance de Dieu, qui dit au Chef de l'Église que sa *Foi ne faillirait pas*.

Non-seulement l'Église, tout en délivrant l'esprit humain de la servitude des autorités particulières, a créé la plus vaste Civilisation qu'on ait vue sur la terre ; non-seulement elle en a fait sortir les sociétés les plus élevées qui aient jamais existé ; non-seulement elle leur a assuré des bases qui peuvent les perpétuer à jamais, si elles veulent y rester fidèles ; mais elle n'a pas laissé passer une erreur capable d'attaquer un de leurs principes de vie, sans la clouer à son berceau sous l'anathème d'*hérésie*.

---

1. Le miracle, il est vrai, y tient de plus haut que la loi naturelle, car il est cette Loi éternelle que notre raison affaissée ne retrouve que par la Foi. Mais ici cette Loi apparaît dans les lois visibles...

Sait-on ce que c'est qu'une hérésie? Souvent on parle, souvent on aime à suivre en histoire les faits que produit une idée. Eh bien, un homme de bon sens, je ne parle pas d'un homme faisant des doctrines, a-t-il jamais examiné de près la longue chaîne des hérésies? A-t-il essayé, par exemple, de ranger d'un côté toutes les hérésies, puisqu'elles ont un même nom; et, de l'autre, toutes les vérités conservées dans l'unité de l'Église, puisqu'elles se lient au même principe? Après cette simple séparation, vous a-t-il dit auquel des deux esprits il voudrait confier le monde? Vous a-t-il dit si les premières se trouvent d'aplomb avec les principes sur lesquels notre civilisation est fondée, ou si les secondes, au contraire, viennent les ébranler par le pied? Une chose, au reste, a montré plus de logique que les hommes, c'est la Révolution; car elle sortit directement de ses causes. Examinez si, dans sa projection, elle part des vérités conservées par la sainte Église, ou des idées cultivées par les hérésies! Et si vous ne pouvez juger de toutes, examinez seulement les instincts que ces dernières ont suscités et nourris chez les peuples!... Je plains qui ne vient pas satisfait d'un semblable examen.

De ce point de vue si simple, portez les yeux sur le cœur humain. Comptez ses vices et ses orgueils, puis faites le dénombrement des hérésies... Dans ce tableau comparé, cherchez celle qui ne vint point pour flatter l'un de nos penchants; celle qui, pour se faire un triomphe, n'a pas enfoncé sa racine dans un côté de notre moi. De là, suivez-les toutes, et dites celle qui, conduite à ses conséquences, n'enlève point un élément au monde, une loi à la morale, à l'ordre social, à la Foi? Si l'Église n'eût frappé de mort toutes ces branches, au moment où elles se détachaient du tronc pour se planter dans le sol, où en serait le Christianisme? En quel inextricable état serait l'Europe aujourd'hui? Les plus spiritualistes en apparence ne firent-elles pas un détour savant pour porter sur les sommets de la **conscience** le drapeau de l'orgueil? L'illuminisme le plus dégagé ne ramena-t-il point l'homme, par une voie dérobée, à l'idolâtrie de lui-même et à un état sauvage exalté? Ne sont-ce pas précisément de **fortes têtes** qui, croyant s'élever en gloire sur les collines les plus éclairées de la Foi, se sont précipitées de ces hauteurs? Qu'eût-on fait contre des erreurs qui tiraient une double séve du Christianisme et de l'orgueil? Sans l'Église, qui les eût arrêtées à temps? Leurs principes, bien que brisés dans les esprits, n'ont-ils pas éclaté par des révolutions, aussitôt que se rompirent les digues extérieures? Si de telles erreurs n'avaient été frappées dogmatiquement, juge-t-on de ce qu'elles eussent fait? Si toutes, au principe, avaient pu se fonder en religion, où en seraient les États, où en serait la Société moderne?

Celui qui ne les découvrit point alors au sein de la pensée, peut, maintenant, juger les hérésies à leurs fruits! Il peut, maintenant, dire ce qu'on doit à l'Église!

CHAP. XXI.

LE CHRISTIANISME, SANS L'ÉGLISE, SOURCE DE NOS ERREURS.

Sans l'Église, le Christianisme fût devenu la doctrine la plus dangereuse. D'un point de départ aussi irréfragable, on eût marché, par la logique du fanatisme, aux erreurs les plus écrasantes. De nos jours, les hommes ne sont partis que du Christianisme pour se prétendre libres, égaux, tous souverains; enfin, pour effacer toute autorité politique, après avoir banni toute autorité religieuse. Les faits sont encore sous nos yeux.

Si le Christianisme n'eût été protégé dès sa source, et dans son intégrité, par la prévoyance de Jésus-Christ, glissant d'abord d'hérésie en hérésie jusqu'à l'Islamisme, puis de protestantisme en protestantisme [1], par la logique la mieux faite, jusqu'au Socialisme, il serait au niveau de l'homme, l'homme au niveau de la matière. Sans l'Église, toutes les erreurs conçues depuis dix-huit cents ans au sein de la vérité, seraient vivantes à la fois. Il suffit de regarder ce qui se passe en dehors de l'Église; surtout *ce qui s'y passerait* si l'on n'était tenu de paraître à une certaine proximité du centre! D'ailleurs, ceux qui, jetés aujourd'hui sur les dernières limites de la pensée, détruisent jusqu'à la rai-

---

[1] A supposer qu'il eût vécu jusque-là. Dieu eut raison de dire qu'il soutiendrait l'Église! Sans lui, sans elle, comment la vérité subsisterait-elle aujourd'hui?

son, que font-ils donc, sinon de rompre, par une indépendance absolue, avec la doctrine entière de l'Église?

L'Église a conservé le bon sens dans la pensée moderne. Non-seulement elle a empêché le Christianisme d'être entraîné, à son origine, dans une fraternité et une promiscuité qui eût reconduit l'homme à l'état sauvage; mais elle a écarté de sa tête, à mesure qu'elles apparaissaient, toutes ces tentatives de l'orgueil et de la chair, connues sous le nom d'hérésies. Chaque secte reconnaît comme telles les hérésies qui la précèdent; pourquoi ne reconnaît-elle pas celle qui lui donne le jour? Mais quoi! l'homme, si fort sur la vérité, n'a pu en recevoir une sans la transformer en erreur. Aussitôt que la religion, élevant la nature humaine, lui montre de plus près une idée, l'homme tend la main pour la prendre et la porter vers ses erreurs. Est-ce la doctrine du bien et du mal, par le fait de la chute? voilà les manichéens! Est-ce la doctrine de l'unité de Dieu? voilà les antitrinitaires! Est-ce la doctrine du Christ Dieu et homme tout ensemble? voilà les ariens! Est-ce la doctrine de la grâce? voilà les prédestinatiens! Est-ce la doctrine du libre arbitre? voilà le pélagianisme! Démontre-t-on de nouveau les principes de la grâce? voilà le jansénisme! La raison voit-elle fleurir naturellement les notions que la Foi lui a surnaturellement acquises? voilà le rationalisme! La liberté morale vient-elle enrichir l'ordre civil des fruits que la Grâce a fait mûrir sur sa tige, la liberté s'exalte dans la tête faible des hommes, et vous connaissez ses prodiges! Depuis les simoniaques et les origénistes, jusqu'aux molinistes et aux quakers, on peut compter deux cent quatre-vingt-huit grandes sectes ayant fait du bruit dans le monde. Oui, confiez la vérité à l'homme! il sut si bien y arriver avant le Christianisme; depuis, il sait si bien la conserver! Manichéens, Donatistes, Nestoriens, Eutychéens, Monothélites, Ariens, Pélagiens, Sociniens, Luthériens, Anglicans, Jansénistes, Illuminés, qui ne devez pas la vérité à l'Église, que n'êtes-vous parus avant elle? Vous qui devez tout à la Bible, que n'êtes-vous venus plus tôt?

Hors de l'Église, tout est exagération, parce que tout y est passion, que la pensée est la fille du cœur humain. Sans autre prérogative, et par cela seul qu'elle vit de l'autorité, l'Église est délivrée de l'homme... Enfin, elle unit le naturel et le surnaturel, selon les lois mêmes des choses. Venez au sein des sectes : partout des extrêmes qui se combattent, jamais d'infinis qui se touchent; les deux éléments y luttent dans un chaos sans fin, dans des erreurs interminables. Les uns veulent qu'Adam ait tout perdu dans la Chute, les autres, qu'il n'ait pas été dégradé; les uns, qu'il n'y ait pas divinité dans Jésus, les autres qu'il n'y ait pas humanité; les uns, qu'on nie le libre arbitre, les autres, les effets de la grâce; les uns, qu'on sacrifie la prescience à notre liberté, les autres, notre liberté à la prescience; les premiers protestants ne parlent que de la grâce, les derniers, que de la Loi; les uns veulent qu'on soit justifié par la Foi sans les œuvres, les autres, par les œuvres indépendamment de la Foi; les uns flétrissent la raison (Wittembergeois), les autres la disent souveraine; les uns affirment que le Saint-Esprit est là aussitôt qu'on ouvre la Bible, les autres, qu'on doit

recourir à toutes les langues pour écarter l'obscurité ;
les uns, que Dieu prédestina tout homme en Adam,
les autres, que ce décret ne fut porté qu'après la
Chute ; les uns, partant de l'élément mystique, condamnent les sciences, tandis que d'autres les proclament
la source de la vraie religion ; les mérites du Christ, disaient dernièrement les uns, ouvrent le Ciel au croyant,
quelles que soient ses prévarications ; les mérites du
Christ, ont répondu les autres, restent nuls dans notre
âme ; pour la porter à la vertu, ne lui parlez pas de la
grâce, mais d'obéissance à la Loi..... Et tout ceci
serait sans fin. Gloire à l'Église, gloire au bon sens !
Sans Elle, où en serait l'esprit humain ? et où en serait
la morale [1] ?

A mesure que, par la flexibilité de la logique et l'aveuglement des passions, les hommes, ainsi fondés sur
un principe, en déduisaient des conséquences erronées,

---

1. C'est la remarque des hommes de sens ; ce fut celle d'une âme élevée, dont les pensées, récemment publiées par M. le comte de Falloux, nous permettent d'ajouter ici quelques lignes.

« L'Église est à la fois l'orthodoxie en fait de croyances et l'infaillible rectitude en fait de notions morales. Le Symbole passé dans le domaine de l'action donne aux préceptes leur valeur et leur sens ; c'est lui qui garde toutes les vérités dont nous avons besoin, de l'interprétation étroite, de l'extension injuste, de tout déplacement par lequel l'ordre des importances serait interverti. Dieu, qui n'exclut rien parce qu'il embrasse tout, mène de front toutes les simultanéités ; il a fait la place de toutes choses, dans la nature et dans la dualité de l'homme. La morale faite de main d'homme trahit son origine autant par ses exagérations que par ses lacunes ; elle enfle ou réduit le précepte et presque toujours l'improvise : la religion catholique au contraire, instruite par son divin Maître, met ses enfants en garde aussi bien contre le relâchement que contre les excès de la théorie. Elle sait enfin que la vertu a ses degrés, et, en ce qui touche les hommes, qu'elle a aussi sa hiérarchie. »

il a fallu l'Église pour les anéantir, comme la nature anéantit la génération dans les monstres. Peu de personnes le remarquent, rien souvent n'est plus dangereux que l'homme qui a une vérité dans les mains. Il devient d'autant plus à craindre qu'il est à couvert sous un nom. Les Révolutions, comme les factions, n'ont autre chose qu'un nom. Posséder une vérité, c'est ne posséder qu'un anneau dans la chaîne; chaque conséquence est une vérité nouvelle qui réclame une garantie. De là notre horreur du fanatisme. Plus d'un homme de sens conviendra avec moi que la vérité abandonnée, sans garantie, a peut-être une portée plus dangereuse que l'erreur.

L'homme a rarement conservé la mesure. Qu'il perde la vérité, il disparaît sous l'esclavage; qu'on la lui rende, il la fausse, et, s'armant d'un dogme monstrueux, il s'ouvre un passage par les révolutions, et retourne à l'état sauvage. Pour celui qui examine les hérésies, d'abord dans leur origine, ensuite dans leurs tendances, enfin dans leurs résultats et dans la conduite de ceux qui les suscitent, ce ne sont que des vérités chrétiennes exagérées; et, comme il n'y a pas de vertus exagérées, ce sont des excroissances de l'orgueil. Les hérésies sont des vérités auxquelles les hommes ont voulu arracher des erreurs[1]. La couche mystique dont elles sont recouvertes trompe le regard. Leurs soulèvements, comme ceux des montagnes, emportent avec eux la couche végétale, mais le rocher est dessous.

1. L'orgueil trouve tous les terrains bons; à plus forte raison celui du vrai. Le sol de l'erreur n'a point cette fécondité.

CHAP. XXII.

L'ÉGLISE PORTE LE CHRISTIANISME TOUT ENTIER.

Sans l'Église le protestantisme lui-même n'existerait plus. On se charge de maintenir la source, et il vient y puiser la vie... D'ailleurs, les peuples eussent retiré leur confiance à une religion dont ils eussent vu la base constamment changer et le principe disparaître. La vérité est immuable, elle est la vérité. Enfin, nanti d'une origine de vérités inattaquables, l'orgueil eût aussitôt marché aux plus terribles résultats. En doutez-vous? Jugez-en par les dernières conséquences politiques et économiques qu'en vertu de son principe, les hommes sont venus appliquer aux États! à ce point que le protestantisme ne sait plus aujourd'hui comment séparer, en logique, son principe et son dogme des applications qu'on en fait. Tout d'abord, c'est l'homme qu'il oppose à Bossuet, Jurieu, qui nous apporte l'idée de la souveraineté du peuple; et son philosophe le plus admiré, Rousseau, qui répand celle des droits de l'Homme, comme effets d'un contrat. Soit dit sans préjudice du courant. Quand l'homme possède, comme la plus grande des conquêtes modernes, la liberté religieuse, comment n'aurait-il pas la liberté politique, l'égalité sociale, économique? La raison de lui fermer l'une de ces sphères d'existence? Partout où la pensée va debout, ne faut-il pas que l'homme et la société puissent entrer? Si ce n'est pas raisonner, que de tirer des principes leurs conséquences, vous lui apprendrez à le faire...

L'Église soutient le Christianisme en entier. Car, plus qu'elle ne le veut, et plus qu'il ne le pense, l'Église porte le protestantisme en rétablissant dans les esprits ce qu'il ne cesse de démolir. C'est à l'Église que les protestants doivent ce qui leur reste de foi, puisque ce sont eux qui l'attaquent, qui la déchirent en tous sens. Il faut un Christianisme total, pour qu'il y ait des christianismes partiels.

Toutes les communions dissidentes empruntent à l'Église leur consistance et leur vie; d'abord, parce qu'elles ne peuvent, qu'elles le sachent ou qu'elles l'ignorent, s'en écarter au delà d'une certaine distance; ce qui empêche à la plupart de passer les frontières du bon sens. Ensuite, parce que les populations, qui n'ont ni la science ni le loisir d'examiner, les considèrent comme des ramifications, et non comme des négations, comme des religions étrangères. Ces peuples peuvent, jusqu'à un certain point, envisager le Christianisme comme un arbre immense, dont l'Église est le tronc, et dont leurs communions sont les branches plus ou moins florissantes. Exceptez-en les fondateurs, à qui l'orgueil fait voir du génie dans leur motif de dissidence, c'est la pensée que conservent de leur situation les diverses populations comprises sous le nom générique de *christianisme*. Elles pensent qu'il n'aurait pas valu la peine de se séparer, si ce n'avait été pour mieux faire. Mais toutes sentent parfaitement qu'elles ne seront jamais le centre universel.

Leurs esprits élevés, plus vivement pressés sur les limites de la Foi, ne voient plus que cette idée pour se justifier et se rattacher par quelque point à l'unité. M. Guizot a proclamé dernièrement que la vérité renfermait *deux éléments.* C'est *en les réunissant* avec soin que les hommes parviennent à l'édifier : autant, du moins, que le permet l'humble condition terrestre! *Dieu seul la réunit pure et complète.* Dès lors la religion, comme tout ce qui est grand, *se compose de deux idées : l'unité et la variété ; l'autorité maintient l'unité, la variété maintient la liberté.* (Toutes deux nécessaires, remarquez-le, à la vérité qui est une!) *On ne peut séparer l'un de ces éléments sans les sacrifier l'un et l'autre,* et, *avec eux, la religion.* Dans ce *magnifique* travail de la pensée humaine, *l'Église romaine représente le mouvement de l'autorité ; et les Églises dissidentes, celui de la liberté*[1]. La première apporte à la Foi les avantages de l'unité ; les secondes lui donnent les fruits de la diversité : progrès constants de l'âme humaine, développements indéfinis. Le gouvernement à trois Pouvoirs n'eût pas fait mieux sa théorie!

Ainsi l'union est de se battre, l'harmonie de ne jamais s'entendre! Ce n'est plus la religion qui éclaire et rétablit l'homme, mais l'homme qui éclaire et rétablit la Foi!.. Où est l'unité, si la variété lui présente des titres complétement respectés[2]? Où est l'Autorité, si la

---

1. Ce qui serait, si la pensée, sur ce point, n'avait pas tout reçu de la révélation... L'historien ne voit pas qu'il emprunte le point de vue de la philosophie, le point de vue humain, et non le point de vue réel, celui que nous fournit la Foi.
2. Où? — Où brille le mieux toute théorie, sur le papier.

liberté lui doit dicter ses lois, si elle doit lui opposer tous les progrès du genre humain ? Que les hommes se sont divertis de nos jours avec les mots ! Ainsi, la Tradition première fut confiée aux soins de la liberté, et la doctrine de l'unité de Dieu, à la variété des aptitudes du genre humain ! Et toutes deux eurent cet avantage, d'ajouter à la Révélation tant de développements variés, de conséquences inattendues, qu'on a fini par l'oublier... Que vous en semble ? Les dissidents le sentent bien. Le protestantisme ne voudrait pas, pour tout au monde, que l'Église disparût. On veut bien s'en écarter, mais non s'en détacher à jamais. Ajoutons que dans les États européens, sans le Catholicisme, la décomposition du protestantisme deviendrait très-rapide. Il perdrait le ressort qui le suscite en liguant ses passions vers un but constant. Proclamez bien jusqu'à la fin les bienfaits de l'autorité unie à la liberté !

Autorité si chère, qu'au fond le devoir est de ne lui point obéir ! Unité si précieuse, que le beau est de s'en détacher, de la faire pâlir devant la noblesse des libres développements de l'homme ! Messieurs, vous oubliez qu'il s'agit de la Vérité, que Jésus-Christ vous la donne, et que personne ne vous prie d'y travailler. Chez vous, ce n'est plus la vérité qui forme l'homme, mais l'homme qui édifie la vérité ! Un coup d'œil de la raison anéantit tout cela. Si l'homme porte en soi la Vérité, quelle peine se donne-t-il de la produire ? D'ailleurs, s'il l'a, personne ne la demande plus... Pense-t-on nous faire confondre les développements de l'âme humaine dans la vertu, avec le principe immuable sur lequel ce développement s'opère ? Poursuivez en belles doctrines ;

ce n'est plus la Vérité qui vient instruire l'ignorance, mais l'ignorance qui en rassemble les premiers éléments ; ce n'est point la Religion qui instruit l'homme et le rachète, mais l'homme qui *se met en quatre* pour lui donner la variété qu'elle demande, et son couronnement final ! Par une telle philosophie, il n'en pouvait être autrement. Je ne m'étonne plus si vous faites des religions. Ayez courage : d'autres déjà vous en font savourer les fruits.

Par cette grande *théorie de deux éléments* [1], l'unité et la diversité, l'autorité et la liberté, le protestantisme reste pendu d'un côté à la sainte Église, de l'autre à l'esprit humain. Cela ne peut durer. Mais, pour quelques instants, cela maintient la vie en présence du sens commun, lorsqu'il dit : Qui es-tu ?

Que l'hérésie lui réponde en protestant des bonheurs de l'unité et de la diversité réunies, si cela peut contenter son cœur.

CHAP. XXIII.

JÉSUS-CHRIST, POUR LA DIGNITÉ DE L'HOMME, ÉTABLIT SA PERMANENCE DANS L'ÉGLISE.

Dieu, avant de monter au Ciel, établit une autorité pour recevoir sa Parole et la porter dans tous les siècles, afin que la dignité de l'homme n'eût jamais à souffrir.

1. On nous donnait, il y a quelques années, la *théorie des quatre mouvements*, aussi pour démontrer la loi morale...

Comme l'Évangile apparut sur la terre avec un témoignage éclatant, celui du Verbe divin, il doit s'y conserver avec un témoignage irrécusable, celui que ce Verbe institue. L'Évangile est entré dans ce monde par une Parole divine ; il doit s'y maintenir par une Parole infaillible.

« Comme mon Père m'a envoyé, dit-il, ainsi je vous « envoie » (S. Jean) ; « et je serai avec vous jusqu'à la « consommation des siècles. » (S. Matthieu.) A celui sur lequel il va fonder l'hérédité spirituelle du vrai : « Tu es Pierre, et sur cette Pierre je bâtirai mon Église. » (S. Matthieu.) Puis la promesse : « Je vous en- « verrai l'Esprit de vérité, qui vous enseignera toute « vérité. » (S. Jean.) « Allez donc, instruisez les nations « au nom du Père, du Fils, du Saint-Esprit. » (S. Matthieu.) Quatre points fondamentaux, institution complète : envoyée comme fut envoyé le Verbe, l'Église est la continuation de Jésus-Christ, qui sera avec elle jusqu'à la fin ; c'est à saint Pierre et à ses successeurs qu'elle est confiée ; elle sera assistée du Saint-Esprit, qui lui enseignera toute vérité ; et elle a la mission d'aller enseigner les nations, les baptisant au nom du Père, du Fils, du Saint-Esprit ! Ces quatre propositions sont les quatre angles sur lesquels s'élève depuis dix-huit siècles l'Église.

Lorsque, pour montrer sa mission, le Verbe divin disait aux Juifs : « Les Écritures me rendent témoignage » ; à leur tour, les docteurs de la loi citaient l'autorité des Écritures, discutaient et rejetaient sa Parole. Jésus-Christ reparti de ce monde, où sera sa doctrine ? Lorsque ceux qu'il envoie instruire les nations seront accusés de mal interpréter l'Évangile, ainsi qu'on accusa leur Maître de corrompre les prophéties, ils diront : C'est à nous qu'il a confié sa Parole; nous qu'il a revêtus des promesses de l'Esprit-Saint, des armes de l'Infaillibilité. Nous ne tirons point notre mission des Écritures : nous la recevons de Jésus-Christ, pour enseigner les Écritures. A moins de résister à la voix même du Verbe, comment rejeter le témoignage qu'il met en nous ?

Pour enseigner aux hommes, il faut une mission de Dieu. Si personne n'a reçu de Dieu l'Autorité, personne n'a droit pour enseigner. Mais où serait l'Autorité, si l'homme pouvait rejeter la voix de Dieu ? Là est l'autorité de l'Église... Si vous repoussez notre témoignage, vous rejetez celui de Jésus-Christ. Par ces mots, les Apôtres réduisaient au silence les hérétiques, encore témoins des faits.

Ainsi, sans se détacher de sa tige, l'Évangile s'étend dans le monde par l'arbre de l'Autorité. L'Autorité est le prolongement de Dieu; l'Autorité n'est sur la terre que pour conserver notre liberté. Elle est le canal de préservation qui conduit la parole, de la bouche de Dieu, dans l'oreille de l'homme. Question toujours très-simple : Doit-on recevoir l'Écriture par la voie du libre examen, ou par la voie de l'Autorité; de la bouche d'un homme, ou de la parole maintenue de Jésus-Christ [1] ?

« Qu'on me prouve, dit Zimmerman, qu'en fait de croyance, je sois obligé de me soumettre aux décisions

---

1. Qui doit fonder et conserver la religion ? l'homme ou Dieu ? Si c'est l'homme, il n'en a plus besoin, puisqu'elle est en lui en puissance et en fait. Sortez du cercle vicieux !

de qui que ce soit, et demain je me fais catholique. »
C'est justement le contraire : qu'on me prouve que je
doive me soumettre aux décisions de qui que ce soit,
et je me fais protestant! Mais qu'on me prouve, qu'en
fait de croyance, je doive ne me soumettre à personne autre qu'à Dieu, et je suis catholique!

Ceux qui pensent que l'Évangile doit se communiquer par la bouche de l'homme, oublient que l'homme, créé libre, ne reçoit sa loi que de Dieu. Parce que l'homme fut institué dans la dignité de la liberté, il est préservé dans la gloire de l'Autorité. Sortant des lèvres divines, l'Évangile lui-même arrive à tous les hommes. Ainsi les vibrations de la lumière s'échappent du soleil; traversent tout l'espace, arrivent à notre œil [1]. Le divin témoignage préside à la naissance de l'Évangile; il doit régler, pour tout homme, sa transmission jusqu'à la fin. Notre dignité n'eût-elle été préservée qu'un jour? Un jour, nous aurions donné légitimement notre foi, et, devant ceux qui puiseraient leur mission en eux-mêmes, nous devrions abdiquer tous les jours?

Jésus ne voulut rien laisser à désirer. L'autorité spirituelle, une fois mise en ceux à qui le Verbe la délègue, ceux-ci, par le Saint-Esprit, la délèguent à leur tour, afin qu'elle se transmette jusqu'à nous même. Comme le Verbe [2] a investi de son pouvoir ses Apôtres, ceux-ci en investissent leurs successeurs. Ainsi la Parole se renouvelle d'une manière vivante; ainsi la

1. Peut-on interposer un corps dans le trajet de la lumière?
2. Le Verbe n'est pas le Christ, puisque le Christ est le Verbe fait chair. Mais il faut que l'on sente que le Christ est le Verbe, et que l'Église est le Christ avec nous!

Foi circule dans tous les siècles. Ainsi la vie, qui sort de Dieu, se transmet d'être en être, dans l'univers, jusqu'au dernier jour du monde, et rien n'est plus beau sur la terre.

L'Église est la question de la dignité humaine.

CHAP. XXIV.

L'ÉGLISE, FONDÉE SUR JÉSUS-CHRIST ET NON SUR L'ÉCRITURE.

L'Église est une question de bon sens. Les communions dissidentes ont demandé comment, philosophiquement, on en prouve l'existence. On n'en prouve pas l'existence; elle se démontre nécessairement. Elle est le principe premier de tout enseignement.

Supposez que l'Église ne soit pas assistée du Saint-Esprit, que Jésus-Christ ne soit point en elle, personne, entendons bien, personne n'a le droit d'enseigner sur la terre. Si l'Église est faillible, elle n'a plus de raison de parler... la religion même s'éteint, puisqu'elle est la question de la vérité. L'Église est sujette à l'erreur, le Christianisme s'écroule; Dieu lui-même n'a point parlé, il n'a point révélé de loi; l'homme n'a point d'obligation, il lui reste pour règle la volonté mise en lui. Comme le dit la démocratie, il naquit dans la liberté absolue, c'est-à-dire dans l'indépendance; il n'a de devoirs que ceux auxquels il a consenti. Vienne la force pour soumettre la masse au Contrat, à la volonté générale[1], qui peut seule ici faire loi ! Ou l'homme est libre, et l'Église est infaillible ; ou il est absolu, et la démocratie a raison.

On produit toujours aisément une erreur ; celui qui enlève une pierre à l'édifice se sauve et ne voit plus ce qu'il arrive après lui. Si l'Église est faillible, plus de certitude divine, c'est-à-dire plus de Foi, c'est-à-dire plus d'autre voie naturelle que le doute, d'autre sagesse que l'incertitude, le scepticisme universel. Si l'Église est faillible, supposons même que Dieu ait parlé, vainement vous tenterez de démêler sa Parole, vainement vous tenterez de l'ôter de la bouche qui prétendra l'interpréter. Hors de l'autorité de l'Église, on glisse dans celle de la raison : dès lors, autant de raisons que d'hommes. Enfin (comme on réfléchit peu !), si l'Église est faillible, il n'y a plus d'Église... Je ne saisis pas pourquoi, rejetant l'infaillibilité de l'Église, les protestants coururent former d'autres églises. La logique est faite pour tous : ou l'Église est infaillible, alors pourquoi des désobéissances? ou l'Église est faillible, alors plus de droit d'enseigner. Le genre humain n'est pas plus avancé après Jésus-Christ qu'après la Révélation primitive.

Singuliers hommes ! ils ne voient pas que la liberté suppose la vérité ; la vérité, l'Enseignement...

Bel argument ! ils viennent enseigner l'Écriture. Mais la mission de l'expliquer? Ils prétendent se fonder, comme nous, sur l'Écriture. Qui leur a dit que l'Église

---

1. « La loi résulte de la volonté générale. » — Jurieu, Montesquieu, Rousseau, Robespierre, Proudhon et tout son peuple.

reposait sur l'Écriture ? L'autorité de l'Église n'est fondée ni sur l'Écriture, ni sur la tradition, mais sur Jésus-Christ, ainsi que l'Écriture et la tradition elles-mêmes. L'Église ne repose pas sur l'Écriture, mais, comme l'Écriture, sur son divin Fondateur. On ne prouve point l'Église par l'Écriture, mais par Jésus-Christ, qui l'institue après l'Écriture, pour qu'après lui cette Écriture nous reste à l'état vivant. On conçoit que ceux qui n'ont point reçu l'Église de la main de Dieu, la veuillent tirer de l'Écriture [1] ! Pour eux, leur église est vraie, parce qu'ils l'attestent; pour nous, l'Église est vraie, parce qu'elle est attestée de Dieu. L'Écriture, qu'elle est chargée de nous donner, disparaîtrait, que, par sa mission directe, l'Église nous enseignerait notre loi. L'Écriture est la parole écrite du Saint-Esprit tombée entre les mains de l'homme ; l'Église en est la parole actuelle et vivante, la langue donnée par Dieu pour en articuler le sens.

Ceci clôt le long débat sur l'Église visible et l'église invisible, soulevé par ceux dont l'église est effectivement *invisible*. Les Réformés prétendent que l'Esprit-Saint réunit d'abord les âmes dans un même esprit, dans une même croyance; qu'ensuite, rassemblées en un corps, en un même bercail, elles constituent l'Église; que de la sorte l'Église visible dérive de l'invisible. Si l'Église dérive ainsi de leur âme, certes elle leur appartient bien ! Mais ceux qui n'ont rien ré-

---

1. Et ceux qui n'acceptent point les Écritures la veulent tirer du genre humain ! Jésus-Christ institue l'Église après l'Écriture, comme après le genre humain, pour maintenir et l'Écriture et la raison du genre humain !

formé enseignent que le divin Maître, comme le disent le bon sens et les faits, a fondé l'Église visible ; qu'il l'a chargée de dispenser sa Parole et ses sacrements ; que le bercail, ainsi formé, a produit la société des âmes, que l'Église visible a produit l'Église invisible. De cette manière, c'est Jésus-Christ qui crée l'Église, et l'Église qui fait les chrétiens. De l'autre, les chrétiens se font eux-mêmes, et créent l'Église. Mais, s'ils existent avant l'Église, qu'ont-ils besoin de l'Église ! Que les hommes ont de peine à se conformer au bon sens !

Comme on le voit, le vrai va au-devant du fait. Mais le fait vient clore toute discussion : « Allez, enseignez les nations, les baptisant, etc.; » dès lors se forment les fidèles. D'un côté, l'on fonde sur Dieu ; de l'autre, on fonde sur l'homme. Je ne m'étonne plus si l'homme revint souvent sur son travail...

CHAP. XXV.

L'ÉGLISE, OU LA PERMANENCE DU VERBE, EST UNE SOCIÉTÉ VISIBLE.

L'Église est la société visible fondée par Jésus-Christ, conduite par le Saint-Esprit, où les œuvres du Sauveur sont continuées sur les hommes jusqu'à la fin des temps. JE SERAI AVEC VOUS JUSQU'A LA FIN. Bien qu'animée du Saint-Esprit, elle est visible, et parce que l'homme ne reçoit la parole et l'éducation que du dehors, et parce que le Verbe, au lieu de pénétrer invisiblement dans le cœur de l'homme, *s'est fait chair* pour venir à lui. Joignant l'exemple à la doctrine, notre Sauveur voulut, pour instruire l'homme, souffrir et agir comme l'homme. L'Église est visible enfin, même selon l'ordre des faits, parce qu'il faut savoir où la prendre, et que, d'ailleurs, Jésus-Christ, comme les Apôtres, dut annoncer sa Parole avant qu'elle formât des saints.

Faite sur le modèle de l'homme, qu'elle vient réparer, la Rédemption doit répondre : premièrement, au mode d'enseignement de notre propre nature; secondement, à l'état du cœur de l'homme, enclin comme il l'est à l'erreur; troisièmement, à sa dignité d'être libre et inviolable, l'homme ne pouvant donner sa foi qu'à Dieu; quatrièmement enfin, à l'ordre naturel des faits. Enlevé au monde, Jésus-Christ devait continuer d'agir sur le monde. Lorsque Dieu se reposa au Septième jour, il continuait toutefois l'acte de la création par celui de la conservation du monde. L'Église n'est que l'acte de conservation du monde moral. Elle est à ce dernier ce que la permanence des lois est à l'univers. L'Église, c'est Jésus-Christ en permanence; et l'homme n'obéit qu'à Dieu [1].

---

1. L'Église, dit le judicieux Mœlher, c'est Jésus-Christ se renouvelant sans cesse; c'est la permanente incarnation du Fils de Dieu. Et comme, en Jésus-Christ, la Divinité et l'Humanité sont étroitement unies, de même, dans son Église, le Sauveur est continué selon tout ce qu'il est. L'Église, sa permanente manifestation, est divine et humaine à la fois; elle est l'unité de ses deux attributs. Unies par des liens intimes, ces deux natures, si ce mot peut nous être permis, se pénètrent l'une l'autre, se communiquent respectivement leurs prérogatives. C'est le divin, sans doute, c'est l'Esprit du Christ qui est infaillible; mais l'homme aussi est vérité; car ici le divin n'existe point sans l'humain. Non que l'homme soit infaillible par lui-même, mais il l'est

Les Réformés sont-ils entrés dans la profondeur de ces mots : Le Verbe s'est fait chair ? Quoi ! il apparaît quelque temps chez les hommes pour en disparaître à jamais ? Là se clôt le mystère de l'Incarnation ? Ceux qui furent en ce temps-là sur la terre en profitèrent pour l'écouter. Les autres feront comme ils pourront ; ils interpréteront les Écritures. Où donc a passé le sens de ces puissantes Paroles : « Je serai avec vous jusqu'à la consommation des temps ! » Jésus-Christ est venu sur la terre, comment le nier ? il a parlé aux hommes, *fides ex auditu*, le fait reste indubitable : mais on se retranche sur le Saint-Esprit pour établir la doctrine du sens intime, de la lumière intérieure, de la voie de la conscience. Ne sont-ce pas vos expressions ? Eh bien ! il n'est pas jusqu'à l'Esprit-Saint, qui, au lieu de descendre parmi nous d'une manière secrète, invisible et niable, n'ait pris la forme extérieure, la forme de ce qui parle et de ce qui purifie, la forme de *Langues de feu !...* Le Verbe s'était fait chair, le Saint-Esprit se fait lumière, descendant visiblement sur la Sainte-Vierge et sur les Apôtres, réunis à Jérusalem. Et l'Église revêt la double visibilité du Verbe et du Saint-Esprit.

Grand enseignement que cette manière dont le Saint-Esprit descendit sur la terre ! Lisez au chapitre deuxième des Actes des Apôtres : « Les disciples étant tous as-
« semblés dans un même lieu, et la Sainte Vierge étant
« au milieu d'eux, on entendit tout à coup un grand
« bruit, comme d'un vent violent venant du ciel, et qui

---

comme organe, comme manifestation de la vérité. C'est de la sorte qu'on comprend comment une mission si grande a pu être confiée à l'homme. » (*La Symbolique*, t. II, p. 7.)

« remplit le cénacle, où ils étaient assis. En même
« temps, ils virent paraître comme des Langues de feu
« qui s'arrêtèrent sur chacun d'eux. Aussitôt, ils furent
« tous remplis du Saint-Esprit, et se mirent à parler
« diverses langues..... » Ici, autant de traits de lumière
que de mots. Il fallait que Jésus-Christ les eût rassemblés par sa parole! que la Sainte Vierge fût avec eux!
alors descend le Saint-Esprit sous une forme visible! et
aussitôt ils se mettent à parler! Il faudra bien le remarquer : ils ne reçurent point le Saint-Esprit séparément, secrètement, à la manière invisible, pour se
chercher, puis se trouver et constituer un corps de
saints : l'Église visible ne sortit point de l'église invisible. Au contraire, ils ont été réunis par la Parole
de Jésus-Christ, et, la Sainte-Vierge étant avec eux,
l'Esprit de vérité leur est visiblement envoyé, pour
être, suivant la Parole, *avec eux jusqu'à la fin ;* alors,
leurs cœurs sanctifiés s'unissent dans la charité : l'église intérieure procède de l'Église visible, constituée
par Jésus-Christ. Le but de sa loi de Grâce étant que
les hommes sachent s'aimer et devenir un, comme son
Père, son Esprit et Lui-même sont un, il se forme
parmi les disciples, et de là parmi les fidèles, une communion immortelle dans ce lien de charité qui les rend
saints. Dès lors, à l'union des personnes, à l'unité des
doctrines, on reconnaît les membres du Sauveur, on reconnaît son Église ! « Les Fidèles, dit l'Apôtre, sont le
« Corps de Jésus-Christ. »

« L'Église, répètent les Réformés, est l'*Assemblée*
« *des saints*. Les saints existent; puis, naturellement ils
« s'unissent. » L'Assemblée des saints ! c'est très-beau :

et les Saints, qui les a faits? S'ils se sont faits avant l'Église, qu'est-il encore besoin d'Église? Que vient-elle faire? qu'annonce-t-elle par ici[1]? l'Esprit ne nous parle-t-il pas à tous, séparément, secrètement? et ne nous réunissons-nous pas tous, non point pour être enseignés, mais parce que déjà nous sommes enseignés? on ne dit plus : *Allez, enseignez les nations*, mais, *allez, les nations sont enseignées!* Au lieu de fonder l'Église, le Saint-Esprit vint la dissoudre...

Ici, je n'ai pu décider si l'homme se trompe ou s'il fait tout pour se tromper, si c'est ineptie ou mensonge ; car l'illusion d'où sort une thèse semblable est assurément trop forte. Lorsqu'on prétend que l'Église est l'Assemblée des saints, on exprime précisément la fin, le triomphe de l'Église ; on en montre le couronnement, mais non l'origine ou la base... Et c'est pour ce barbouillage qu'il faut compromettre un monde ?

Autre vérité sur laquelle on greffe l'erreur. Si l'homme n'était en communion qu'avec le corps des Fidèles, s'il ne l'était avec l'esprit qui les vivifie et les rend saints, entés sur l'écorce et non dans la sève, il ne serait qu'un rameau sec et séparé du tronc. Pour devenir membre vivant de cet auguste Corps, il faut nécessairement appartenir à son âme, entrer dans l'esprit du Christ, dans l'alliance intime des saints. De cette sorte, l'Église invisible est, pour le fidèle, non point l'o-

---

1. Vous montrez tant de confiance en S. Paul, que faites-vous de sa doctrine ? «Jésus-Christ, nous dit-il, a donné à son Église des Évangélistes, des Pasteurs et des Docteurs, *pour la formation des saints, et l'édification du Corps de Jésus-Christ* ; afin que nous parvenions tous à l'unité de la Foi, à l'état de l'homme parfait, à la plénitude selon laquelle Jésus-Christ doit être formé en nous. » (*Éphés.*, chap. IV, v. 11.)

rigine, mais la condition et l'accomplissement de l'Église visible, la fin qui l'unit intrinsèquement avec elle. Et, de suite, on prêche que l'église invisible précède l'Église visible ! Par cette dialectique charmante, on veut confondre et la source et la fin, l'origine logique de l'Église en notre âme, avec son origine chronologique et réelle.

Tour d'autant plus heureux, qu'il fait entrevoir combien on doit attacher plus d'importance à l'invisible alliance des âmes avec la société des saints, dans les liens d'une charité *intérieure*, qu'à cette alliance visible des volontés avec le Corps des pasteurs, dans les liens d'une obéissance *extérieure*... C'est infiniment beau. Vous avez pris la clef pour vous mettre au labyrinthe, où je vous trouve ; vous tâcherez d'en sortir de front avec la loyauté.

CHAP. XXVI.

L'ÉGLISE VISIBLE, FONDEMENT DE L'ÉGLISE INVISIBLE.

Pour sauver les hommes de l'erreur, Jésus-Christ est venu se substituer lui-même à la raison, mais dans l'ordre des vérités infinies. Dieu ne s'est pas occupé du monde pendant six jours seulement ! Il voulut bien remplacer la raison affaiblie de la chute, par la source même d'où émane la raison, par la Raison surnaturelle. Il Réparait. Qu'a fait Luther ? Il a de nouveau substitué sa raison à Jésus-Christ. En soulevant toutes les hypocrisies, en coulant une main ferme au fond de la question, voilà ce qu'on y trouve.

Enlevant à l'Église la présence personnelle de Jésus-Christ, Luther offre pour criterium un fait de conscience, l'inspiration intime du Saint-Esprit. La certitude du chrétien, dit-il formellement, repose sur le témoignage intérieur uni aux preuves bibliques [1], qui, on le sent, sont nécessairement interprétées par le témoignage intérieur. Plus d'Autorité visible, ou d'Infaillibilité; nous portons le vrai en nous-mêmes, ou le moyen de le saisir. Il n'existe qu'une autorité invisible, la voix intérieure, laquelle procède du Saint-Esprit. La société des élus est elle-même une société purement intérieure [2].

« Comment le fidèle, dit alors Luther, peut-il être assuré d'avoir pris le vrai sens des Écritures? Il en est certain, répond-il, quand il peut conclure et dire avec assurance : Voilà la pure et droite doctrine, en elle je veux vivre et mourir [3] ! » Tout ici est textuel.

Si les éléments de la Réforme n'avaient été habillés d'un mysticisme qui les dérobe à la foule, et de principes à double sens qui les défendent par un côté, ils se fussent dissipés au jour. « Je n'ai point reçu mon Évangile des hommes, écrit Luther à l'électeur Frédéric, mais du Ciel et du Sauveur; je suis donc évangéliste et veux m'appeler ainsi désormais. » Ses amis s'en persuadent.

« Le témoignage et l'onction en nous du Saint-Esprit, dit Zwingle, voilà le criterium de la vraie doctrine [4]. »

---

1. Luther, *de Servo arbitrio.* — 2. Luther, *Resp. ad Ambr. cath.*
3. Luther, *Com. sur l'épît. aux Gal.* — Cette autorité invisible et cette société des élus auraient civilisé les Barbares?...
4. Zwingle, *De verâ et falsâ relig.*

« La voix du pasteur ne peut tromper [1]. » « Je ne doute point, dit Calvin, que mon enseignement ne soit fondé sur la vocation de Dieu [2]. » Comment cela? « L'Écriture est semblable au Verbe créant la lumière quand Dieu dit : que la lumière soit! tant est grande la force de la parole [3] ! » (Il devrait dire celle des mots.) Toujours le λόγος intérieur et faillible substitué au Λόγος visible, vivant et éternel, exactement comme avant l'Incarnation. Il est plus commode d'être l'interprète de Dieu que le disciple de Jésus-Christ...

Mais roulez dans l'abîme de vos idées. Chaque fidèle étant infaillible dans l'ordre de la Foi, puisqu'il y est mû par l'Esprit divin, l'Église devient inutile... Déclarant tout fidèle inspiré d'En-Haut, pourvu qu'il s'adresse en conscience à la Bible, les Réformés durent se passer de l'Église. Il ne restait plus de motif à son Infaillibilité, à son Autorité sur les hommes. « L'Écriture sainte, reprend Luther, est la seule source, l'unique règle de Foi [4]; et, chaque fidèle est élevé à l'Apostolat pour l'interpréter, par le pouvoir du Saint-Esprit [5]. » Tout homme étant éclairé de la sorte, pourvu qu'il ait la Bible en main, les fonctions de l'Église se bornent à colporter un volume sur tous les points du Globe. Ainsi le veut la logique.

Dès lors, que vont-ils faire de la vaste Institution qui, depuis quinze cents ans, a formé les peuples chrétiens? L'Église désignée par Jésus-Christ, où est-elle?

---

1. Zwingle, *De verâ et falsâ relig.* — 2. Réponse à Sadolet.
3. Zwingle, *De certit. verb. Dei : Ecce quanta sit verbi virtus!*
4. Luther, *Soli, declar. Epitom.*
5. Luther, *De instituend. minist. Eccles.*

On montre le chemin que prit Jésus dans l'Ascension, on la déclare invisible! Quelle raison assigner à sa visibilité? le fidèle est instruit par Jésus-Christ[1]; à son infaillibilité? le Saint-Esprit enseigne tout à tous et donne la vraie doctrine[2]; à son pouvoir de lier et de délier la volonté? Dieu seul est actif en nous[3]. Puis, comment s'établit cette église invisible avant de prendre une réalité extérieure? « La Foi en Jésus-Christ, comme le grain de sénevé, dépose sa racine dans notre intelligence; si le germe s'y développe, voilà un disciple du Sauveur, il est déjà membre de l'Église invisible. Sa foi et sa charité éclatent alors; il rencontre des chrétiens tels que lui, ils se rapprochent pour invoquer le Seigneur et produire des œuvres extérieures : dès lors leur église est visible. La véritable église *est cette Société de saints*, bien qu'elle soit purement intérieure[4]. » Je demande par quel miracle le même effet ne se produit partout où l'on porte une Bible? « Chaque fidèle, dit Luther, est ministre du Très-Haut; il doit annoncer la parole et remettre les péchés[5]. » Par quel miracle, encore, chez tous les peuples où l'on dépose des Bibles, ne surgit-il de tels ministres du Très-Haut? Ou plutôt, quand on ne sème qu'une Bible, pourquoi sort-il des ministres et des églises de toutes les espèces, de toutes les couleurs ?

Car la première question qui vient est bonne : comment,

---

1. Expression répétée par Luther.
2. Luther, *De instituend. minist. Eccles.*, t. II.
3. Luther, *Servo arbitr.* et ailleurs.
4. Luther, *Resp. ad Ambr. cath.* — *Confess. August.*
5. Luther, *De instituend. minist. Eccles.*

au milieu de ces divers engendrements de la Bible, fécondée du Saint-Esprit, reconnaître le vrai troupeau des fidèles ? Comment reconnaître la vraie doctrine parmi celles qui ne se ressemblent plus ? Ainsi qu'on l'a dit avec bon sens, jugera-t-on, par la sainteté de celui qui prêche, de la vérité de la doctrine ? Alors par où sonder les consciences ? Ou jugera-t-on, par la doctrine, de la sainteté du prédicateur ? Alors vous connaissez la vraie doctrine... Pourquoi demande-t-on où est l'Église du Sauveur, sinon pour arriver à la Doctrine du salut ? Si l'on répond que la véritable Église est là où est la véritable doctrine, on répond par la question, c'est-à-dire qu'on ne répond rien. Et vous voulez ravir les hommes à l'Église, pour les rendre à la lumière et à la liberté !

« Il y aurait trop d'obscurité, dit Pascal, si la vérité n'avait pas des marques visibles. C'en est une admirable qu'elle se soit toujours conservée dans une Église visible. » L'opinion d'une Église invisible est opposée au fait ; opposée au bon sens ; opposée à l'expérience ; opposée à la nature de l'homme ; opposée à l'état où le laisse la Chute ; opposée à la voix des prophètes, qui partout appellent la *Jérusalem resplendissante de clarté, les Saintes collines*, *la Cité de Dieu*, etc.; opposée à la doctrine de S. Paul et des Apôtres ; opposée à la tradition, qui jamais ne prétendit parler d'un être de raison ; opposée aux Pères de l'Église, disant aux hérésiarques : D'où sortez-vous ? êtes-vous nés d'hier, qu'on ne vous voyait pas ? opposée aux Conciles et aux Symboles, qui l'invoquent par ses caractères et son nom ;

enfin opposée à l'Église elle-même, depuis dix-huit cents ans : témoignage dont l'étendue a pris, je pense, une valeur...

Et si vous oubliez les actes du Sauveur instituant son Église, au moins rappelez-vous ses principes : « Allume-« t-on le flambeau, dit-il, pour le cacher sous le bois-« seau ? ne le place-t-on pas sur le chandelier ? « Et si vous ne pouvez vous élever jusqu'à la raison, au moins restez dans le bon sens, qui vous dit : puisque Dieu veut le salut des hommes par le moyen de l'Église, elle est donc visible pour tous !

Si elle ne brille à tous les yeux, où sera la marque de sa continuité, la marque de son unité, de son universalité, de son Apostolicité ? Et qu'est-ce qu'une Église privée de l'unité, de la continuité, de l'universalité, de l'Apostolicité ? Et qu'est-ce que l'homme, s'il est obligé de lui donner sa foi ?

« La doctrine de l'Église, dit Bossuet, consiste en « quatre points, dont l'enchaînement est inviolable : le « premier, que l'Église est visible ; le second, qu'elle « est toujours ; le troisième, que la vérité y est toujours « professée ; le quatrième, qu'il n'est pas permis de « s'éloigner de sa doctrine, ce qui veut dire qu'elle est « infaillible. »

L'Église visible, fondement de l'Église invisible, qu'est-ce dire, sinon, Jésus-Christ fondement de la société des saints ? D'ailleurs ne demeure-t-il pas avec nous ? Qu'il faudrait s'en tenir au bon sens !

CHAP. XXVII.

PROTESTANTISME :
SUBSTITUTION DE LA RAISON A JÉSUS-CHRIST, ET DU SAINT-ESPRIT A L'ÉGLISE.

L'origine que le Protestantisme donne à l'Église découvre l'inanité de sa foi. Le Catholicisme fonde la sienne sur Celui qui a tout institué, et le protestantisme, sur ce sol des Ecritures ébranlé de tout temps par les hommes, ce sol que, précisément, Jésus-Christ a voulu fixer. Chose inexplicable pour nous qui conservons la liberté des enfants de Dieu : les protestants viennent nous accuser de donner toute notre foi sur une parole infaillible, et eux-mêmes la donnent sur un témoignage humain ! Quel empire l'homme a sur lui pour s'égarer !

Le Catholicisme nous montre un Corps enseignant, continuant Jésus-Christ, revêtu de son témoignage, chargé de la céleste mission, dès lors éclairant les âmes pour les faire entrer dans son sein. Les protestants, au contraire, veulent absolument que l'Église ait « *germé toute seule du fond des âmes,* » et soit sortie, par un pouvoir primesautier, de la croyance intérieure. « Le Saint-Esprit, disent-ils, par une parole invisible éclaire les intelligences, et les réunit dans le même esprit. » Puisque les âmes sont si dociles à la parole invisible, que ne l'entendent-elles partout et toujours? et si, en elles, tout est opéré, qu'ont-elles besoin d'une Église? Je ne vous reconnais plus. Toujours, dans vos idées, la même confusion : de ce que les âmes, une fois éclairées et réunies par l'Église, y trouvant la lumière et les grâces du Saint-Esprit, s'unissent par le cœur et les œuvres dans le sein de cette mère, vous dites que ce sont elles qui lui ont donné le jour! L'orgueil voulut toujours être cause... Mais, avançons en belles doctrines. « L'antique superstition, dit-on magnifiquement, « considère l'établissement du Seigneur en lui-même, « dans son objet; tandis que notre croyance Réformée « le voit, subjectivement[1], réalisé dans le fidèle. Celle-« là définit l'Église : le Corps des fidèles rassemblés sous « la conduite des légitimes pasteurs; celle-ci la définit, « au contraire : le bercail invisible, l'alliance des âmes « saintes dans le sein de Dieu. » Que dire à des gens qui, en s'énonçant publiquement de la sorte, croient rester dans le bon sens? Pourquoi Luther voulut-il fonder une Église? Parce que l'ancienne est dans son objet, et que la sienne, tout au contraire, se voit subjectivement... Refaites la religion, refaites aussi la raison.

Si l'origine assignée par les Réformés à l'Église fait voir l'inanité de leur foi, leur persistance ici découvre leur mauvaise foi. D'un pas, on est au fond de la question, où, malgré les faveurs du Saint-Esprit, le Sauveur est remplacé par la raison. Il faut bien une pratique

1. Ceci n'est que l'argument mis à neuf, et au goût si souvent manifesté par quelques modernes, d'avoir du subjectif et de l'objectif dans toutes leurs questions. Mais, le moyen de se subjectiver comme il faut cet objectif, ou d'objectiver solidement ce subjectif? Ou, pour ceux qui ne sont pas si philosophes, le moyen de découvrir cette Église qui se cache; d'être certain de sa doctrine, de lui donner, comme à Dieu, notre foi?

aux choses; de la théorie la plus belle, il faut arriver au fait. Et, au fait, l'homme interprète les écritures à la place de l'Église, à qui cependant Jésus-Christ envoie l'*Esprit de vérité, pour lui enseigner toutes vérités jusqu'à la fin*... Voilà les bénéfices de la rédemption effacés d'un trait, quant à la doctrine, et, on le sait, quant aux secours qui proviennent des sacrements! Tout ce qu'a fait Notre-Seigneur pour sauver l'homme et lui rendre la vérité, la liberté et la vie, est de nouveau perdu comme dans une seconde Chute... Quel génie! Mais qu'il est bon d'avoir recours au Saint-Esprit, de quitter les obligations visibles pour des vertus invisibles, de remplacer Jésus par la raison! Contre ces conclusions, que Luther cherche à se débattre!

Luther, disent les protestants, pour lui former une racine, *a suivi la voix du Ciel*. « Les prophètes, la « parole de Dieu, voilà son autorité ; en un mot, l'*Écri-* « *ture Sainte, c'est l'autorité de Luther.* » Certes, ils n'ont jamais dit si vrai : cet enseignement de l'Écriture revient à l'autorité de Luther. Et n'en sera-t-il pas de même de ceux qui viendront après lui ? Sur son avis, ne commenteront-ils pas aussi, par eux-mêmes, les Écritures ? et ne mettront-ils pas leur parole à la place de la Parole de Dieu ? N'est-ce pas toujours leur sens intime qui fera naître leur témoignage extérieur ; leur pensée qui produira leur foi ? Comme le leur dit si profondément la Symbolique de Mœlher : dans le fond, ce n'est pas le livre muet, la lettre morte, qui fait votre foi, mais le sens que vous y donnez : vous êtes donc, à vous-même, votre propre docteur, votre propre témoignage ? Quelle était l'autorité de Luther ? ajoute ce judicieux auteur; tenait-il sa mission du Ciel? il n'a pas fait de miracle; des apôtres? il en est séparé par quinze siècles; de l'Église catholique? il la rejette comme la prostituée de Babylone... Les Écritures, criait Luther, enseignent telle vérité, soutiennent telle opinion, proclament telle conséquence! Mais, quand il tenait ce langage, était-ce l'Écriture qui parlait? Le jugement d'un interprétateur de la Bible est-il le jugement de la Bible? « Il y a plus à faire, disait Montaigne, à interpréter les interprétateurs qu'à interpréter les choses. » Les Rabbins, aussi, interprètent la Bible; de plus, ils sont dans leur langue et dans leur tradition ; que ne prenez-vous leurs décisions, ô hommes!

L'autorité de Luther, c'est celle de l'écriture sainte. Mais quelle autorité avait Luther pour expliquer l'Écriture-Sainte? Pour *suivre* ainsi *la voix du Ciel*, tout protestant peut se séparer de Luther [1]. S'il se sépare de l'Église pour expliquer les Écritures, il faut qu'il offre une autre autorité que lui-même. Quelle est cette autorité? Celle qu'il donne à chacun, à son tour, d'interpréter les Écritures, celle qui règne aujourd'hui sous le nom de *libre examen*. Dès lors, pourquoi cet homme quand je possède les Écritures? Puisque l'autorité de Luther, c'est l'autorité des Écritures, voici l'Écriture : pourquoi cet homme entre elle et moi? Luther est de trop. Ou bien faut-il, jusqu'à la fin, se soumettre à Luther, parce qu'il lui plut de lire dans les Écritures?

---

1. Pour le vrai protestant, disait Mgr Rendu, toute doctrine ne peut être que provisoirement admise. L'histoire et le bon sens le disent.

S'il faut interpréter les Écritures, Luther me permettra de préférer, à celle d'un homme, l'interprétation des Conciles et du corps entier de l'Église. S'il le veut bien, j'aime mieux écouter ceux à qui Jésus-Christ a dit : « Paissez mes agneaux ; comme mon Père m'a envoyé, ainsi je vous envoie. » Je préférerai, *à la voix du Ciel* entendue par Luther, le témoignage de ceux à qui ce Verbe fait chair ajoute : « Pierre, j'ai prié pour que ta Foi ne vienne pas à défaillir ; je te donnerai les clefs du Royaume des Cieux ; Vous recevrez le Saint-Esprit ; Allez, enseignez les nations. » A croire tout en N.-S. Jésus-Christ, comme bon protestant, il me semble plus simple de prendre le témoignage de celui qui reçut sa Promesse : « Sur toi je bâtirai mon Église, » et de penser que le premier caractère de l'institution de Jésus-Christ est d'être Apostolique, c'est-à-dire sortie des mains de Jésus-Christ... Alors, frappé par la définition même de la vérité, je m'élèverai, dans les hauteurs de la pensée, à cette parole éclatante de philosophie, qui réalise au sein des faits les caractères immuables de la vérité et les promesses du fils de Dieu : L'Église est une... elle est sainte... elle est catholique... elle est Apostolique et romaine !

Elle est une si elle est la vérité ; elle est sainte si elle est la vérité ; elle est universelle si elle est la vérité ; elle est apostolique, nous vient de Dieu et d'une Foi qui ne faillira point, si elle est la vérité ! Noble philosophie !*

CHAP. XXVIII.

L'ÉGLISE EST UNE, ELLE EST SAINTE, ELLE EST CATHOLIQUE, ELLE EST APOSTOLIQUE ET ROMAINE.

Voilà cette Société dont la définition est celle de la vérité! Qui lui contesterait un seul des caractères avec lesquels elle vient de traverser dix-huit siècles, s'avançant au milieu des hommes éblouis et déconcertés? Elle est Une : qui opposera son unité à la sienne? Elle est Sainte: qui lui opposera sa vertu? Elle est Catholique : qui lui disputera l'universalité, soit dans les vérités qu'elle embrasse, soit dans les hommes qu'elle serre en ses bras, depuis le sauvage qu'elle baptise, jusqu'au saint dont elle conduit la perfection? Elle est Apostolique : mais qui descend plus directement des Apôtres, sont-ce ceux qui se font gloire de procéder des Écritures? Elle est Romaine enfin : mais quel autre que Pierre, sur qui elle est bâtie et qui, dans Rome, la scella de son sang, possède ailleurs un Siége où dès l'origine la vérité soit assise [1] ?

---

1. On a poussé le badinage jusqu'à nier la présence, à Rome, de saint Pierre. Si saint Pierre ne mourut pas à Rome, sous Néron, où mourut-il?

Saint Irénée et saint Épiphane, en donnant le catalogue des évêques de Rome, placent saint Pierre le premier.

Saint Optat nous dit : « Saint Pierre a été le premier qui ait occupé « le Siége de Rome. »

Saint Léon : « Rome est devenue la capitale du monde chrétien, « parce que saint Pierre y a établi son Siége. »

Saint Augustin et tous les Pères, faisant le dénombrement des évê-

Elle est Apostolique, c'est-à-dire qu'elle n'est ni de l'école d'Arius, ni de celle de Montanus, ni de celle de Sabellius, ni de celle de Priscillianus, ni de celle de Nestorius, ni de celle de Photius, ni de celle de Mahomet, ni de celles de Jean Huss, des Albigeois, de Luther, de Calvin, des Puritains, de tant de malheureux qui firent couler le sang chrétien sur l'autel de l'orgueil ; mais, de l'École qui a pour divin maître Jésus-Christ, et pour premier disciple cet homme fier et doux que Jésus-Christ donne pour chef à ses Apôtres. Elle est Romaine, c'est-à-dire qu'elle n'a *porté* son Siége ni à Constantinople, ni à la Mecque, ni à Wittemberg, ni à Genève, ni à Londres, ni à Paris, ni à Moscow, en aucun lieu où les rois aient pu la soumettre et s'emparer des consciences que Dieu a mises à l'abri de leur sceptre ; mais qu'elle l'a maintenu dans cette ville éternelle où Pierre transmet à ses successeurs les Clefs que lui remit Jésus. « Le Pape est un Souverain étranger, disait Napoléon, le Pape est hors de Paris, et cela est bien ; il n'est ni à Madrid ni à Vienne, et c'est pourquoi nous supportons son autorité spirituelle. S'il était à Paris, croit-on que les Viennois et les Espagnols consentiraient à recevoir ses décisions ? Chacun est trop heureux qu'en résidant hors de chez soi, il ne réside pas chez des rivaux. Ce sont les siècles qui ont fait cela, et ils l'ont bien fait. »

L'Église réunit tous les caractères de la vérité natu-

---

ques qui ont gouverné l'Église de Rome, écrivent : « Lin a succédé à « Pierre, et Clément a succédé à Lin. »

Les Pères des *premiers* siècles en savaient-ils moins, sur ce point, que les dissidents de *nos jours* ?

relle : elle est une, elle est universelle ; tous les caractères de la vérité surnaturelle : elle est sainte, elle est Apostolique. Seule, elle possède le double caractère de la raison et de la révélation ; seule au milieu de ceux qui portent l'Évangile, seule, pour attester la liberté de nos âmes, elle fut mise à l'abri des peuples et de leurs rois par cette heureuse main *des siècles*, qui nous cache celle de Dieu.

Mais les hommes n'ont jamais trouvé rien d'assez clair pour condamner leurs passions ou pour confondre leur orgueil ; les maladies, qui marchent sur les pas des premières, ou les angoisses mortelles qui assaillent le second, ne les ont jamais arrêtés.

Preuve dernière que cette prodigieuse Institution vient du Ciel, c'est qu'elle a apporté la Sainteté sur la terre. Ah ! elle vient de Dieu, celle qui maintient la charité et la vérité chez les hommes... C'est parce que l'Église est toute divine qu'elle échappe à nos conceptions. Mais l'expérience sait juger des vertus qu'elle entretient sur la terre, et la raison, des vérités qu'elle ne tient que du Ciel.

Les masses n'étudient, ni ne discutent, mais reconnaissent l'arbre à ses fruits. En dehors de l'Église, vit-on des fruits surnaturels en ce monde ? Quelle lumière a pu mûrir, au cœur de l'homme, des fruits contraires et supérieurs à la nature, la tempérance, contre nature ? la chasteté, contre nature ? la pauvreté, contre nature ? l'humilité, contre nature ? le renoncement, enfin ? Voilà de nouvelles branches, cherchons le tronc ; reconnaissons l'arbre à ses fruits.

Le métaphysicien ne saurait mieux raisonner que le

peuple. Je suis seul dans le monde, j'y cherche la vérité ; je veux distinguer la parole de Dieu, du langage des hommes. J'observe ceux qui prétendent la posséder. Les uns agissent suivant la nature, leur moi pour centre, ses fins pour conclusions. D'autres agissent par un principe supérieur à la nature. Si la différence des effets indique la différence des causes, que dirai-je ? Il faut une cause surnaturelle pour susciter des vertus surnaturelles. Attribuerai-je à la nature toute une vie de vertus contre nature ? Dans un moment de surprise, l'homme abandonne jusqu'à sa vie ; mais sa volonté, mais lui-même, mais durant toute sa vie !... L'Église porte la preuve mathématique de sa doctrine.

Qu'elle laisse loin les écoles ! Sa notion d'unité et de catholicité répond seule à la raison, puisque la vérité est une, conséquemment universelle ; sa notion de sainteté et d'apostolicité répond seule à la révélation, puisque la vérité est sainte, conséquemment divine. Comme la raison, elle n'a point de frontière et ne connaît pas de climats ; comme la raison, elle éclaire tout homme venant en ce monde, selon l'ouverture de son cœur ; et, comme le soleil, sa lumière franchit les mers, arrive aux peuples les plus lointains, les plus divers de langage. Elle dépasse toutes les hauteurs de la pensée, pour en chasser les ténèbres, et toutes les profondeurs de la conscience, pour y ramener le jour.

Mais que parlé-je d'école ? Quelle civilisation peut dire qu'elle ait contenu l'immensité de sa doctrine, ou, moins encore, la pureté de ses vertus ? Point de bornes à l'universalité comme à l'unité intime de sa pensée ;

point de défauts qui viennent d'elle ; l'obstacle ne peut naître que des hommes, de l'infirmité de leur raison, de la désobéissance de leur cœur.

La vérité est divine, et non point fille de l'histoire ; elle n'a pas assez du témoignage des hommes, il lui faut celui de Dieu : et c'est ce qu'on nomme l'Autorité. Nul n'est prophète en son pays! l'homme sent que la lumière, comme la vie, ne vient point de lui-même.

CHAP. XXIX.

DU TÉMOIGNAGE ET DE L'AUTORITÉ :
PAR QUOI LES PROTESTANTS LA REMPLACENT.

L'Église est la parole de Jésus-Christ, transmise sans altération jusqu'à nous. Ne confondons point l'Autorité avec le témoignage des hommes. Les dissidents ont pensé que la Religion se transmettait comme l'histoire, avec ses incertitudes, ses démentis et ses lacunes; qu'il fallait lui appliquer nos raisonnements pour l'aider à venir au vrai ou à s'écarter de l'erreur. Ce qui vient des raisonnements soumit-il jamais la raison?

Qui fera taire le doute dans les consciences, et comment y porter la divine paix? L'homme dira : tel apôtre est-il bien compris? Si le témoignage n'offre une condition particulière, s'il ne porte le caractère de l'Autorité, la Foi restera dans la position de l'histoire. Les actes de Dieu n'ont-ils que l'importance de ceux des hommes? « L'Évangile vient satisfaire de tous autres besoins qu'un classique grec ou latin ; il s'agit de nous-mêmes, de nos destinées éternelles. Pour connaître la doctrine du salut, il faut un moyen tout extraordinaire. » Or, l'Autorité, c'est le témoignage garanti par Dieu. Sans cela, où puiserait-on la garantie? Si c'est dans vos raisonnements, qu'offrez-vous de plus que les hommes?

Luther met en nous le Saint-Esprit à la place de l'Église... pour lever la difficulté! Il l'avoue, ce n'est point l'homme anéanti par le péché d'Adam, qui peut lire l'Écriture; certes, cet homme corrompu ne peut porter la main sur l'œuvre de Dieu sans l'anéantir : mais c'est l'Esprit seul, en lui, qui perçoit le sens qu'elle renferme et enseigne à l'homme toute vérité. « Intérieurement instruit par Dieu, le fidèle n'obéit qu'à la voix du Saint-Esprit. » Pour éviter ici un miracle un comme toute loi, on suppose autant de miracles que de fidèles. L'Esprit, au lieu de résider dans l'Église, à laquelle il fut promis, réside en chacun de nous et nous rend à propos infaillibles. Mais ce miracle, qui se répète dans les âmes, est une loi; dès lors que le fidèle a ce moyen infaillible, il n'a plus besoin qu'on l'instruise, et toute Église est inutile. O raisonneur! exagération d'un principe et suppression d'un autre[1]!

---

1. Voici comment notre auteur déjà cité offre avec clarté, sur ce point, la doctrine de l'Église : « Nous puisons la connaissance de Dieu à deux sources : dans la révélation naturelle et dans la révélation surnaturelle. Non-seulement la première enfante la lumière dans nos cœurs, mais encore elle est l'organe qui saisit la révélation extérieure. Elle remplit une double fonction; ainsi deux témoins déposent en faveur d'une même vérité. Mais la voix intérieure, faussée par la chute,

Ce n'est pas le fidèle qui lit l'Écriture, c'est l'Esprit saint. Luther a dû rire souvent. Il est clair que si le péché nous avait entièrement destitués du sens privé, ce sens ne saurait étouffer le sens extérieur, ou la Foi ; mais aussi, il ne saurait la reconnaître ni l'embrasser. Singulier moyen de conduire l'homme à la vérité, que de détruire l'intelligence ! La Chute n'en a pas fait assez ; sauver l'homme, c'est achever de l'abolir. Pour le reste de la doctrine, Luther atteint la même profondeur : il faut rejeter toute coopération, toute activité humaine dans l'affaire du salut ; la pensée et le vouloir sont à Dieu seul. Assurément, l'homme est incapable de son salut sans la Grâce et la Vérité ; mais l'une et l'autre lui sont offertes pour le lui faire obtenir.

L'Église n'ôte point la raison à notre âme, pour mettre à la place le Saint-Esprit, non plus que la volonté, pour y substituer la Grâce. Nous conservant l'une et l'autre, l'Église y joint le moyen de les rétablir toutes deux. L'Église ne nous dit point : si tu veux te sauver, tais-toi, ne bouge plus. Mais, offrant à la raison la vérité, elle dit : vois la lumière et connais-la. Offrant à la volonté la Grâce, elle dit : suis son impulsion et agis.

doit se soumettre à celle qui est hors de nous, autrement on ne concevrait plus la nécessité de la révélation de Jésus-Christ. Cependant, ce premier témoin possède une grande influence sur le dernier ; souvent il croit en répéter fidèlement les paroles lorsqu'il n'émet que ses propres pensées. Que Carthage ait été prise par Scipio Æmilianus, c'est ce que nous font connaître les auteurs anciens : la voix de la conscience se tait sur ce fait. Mais il n'en est pas ainsi des vérités religieuses, qui, passant par notre esprit, peuvent en revêtir les couleurs. Aussi, avec le témoignage de l'Écriture, Dieu nous a-t-il donné l'autorité de l'Église. » *La Symbolique.*

Eh quoi! elle rend à l'homme la raison, en lui donnant la vérité, et la volonté, en lui rendant l'obéissance. Pour mieux faire, vous les lui ôtez toutes deux. O raisonneurs!

Que les livres saints soient la source de la vraie doctrine, cela est certain ; or ce n'est pas ce que les Réformés disent : mais, que l'Écriture est la seule règle en matière de Foi, et le fidèle, le seul juge en soi de la véritable doctrine! Que l'homme ne puisse enfanter la Foi dans les cœurs, qu'elle n'y entre que surnaturellement, que par l'action du Saint-Esprit, cela est certain ; or ce n'est pas non plus ce que les Réformés disent : mais, que nous entrons dans la Foi sans opérer un mouvement, que notre conversion est l'œuvre exclusive de Dieu ! Et l'homme? qu'est-ce que Dieu a créé? et qu'est-il venu racheter? O raisonneurs!

Oter la place du mérite, c'est ôter l'homme. En définitive, comme le Saint-Esprit n'est point en nous à l'état de faculté de l'âme, nous percevons et prononçons bel et bien avec notre sens privé ; là est tout notre saint Esprit. Aussi, les conséquences politiques et morales, qui sont des faits, découlèrent-elles d'une nature bien différente des principes annoncés! Et personne ne pense aujourd'hui qu'elle nous arrivent du Saint-Esprit...

Ce sens privé est-il chose encore si obscure qu'il produise tant d'illusions; qu'il puisse remplacer l'Église et devenir le Saint-Esprit?

CHAP. XXX.

DU SENS PRIVÉ :
IL NE PEUT REMPLACER L'ÉGLISE, NI PASSER POUR LE SAINT-ESPRIT.

Si un tel sens nous donnait la vérité, l'homme vivrait à l'abri de l'erreur, et, comme les anges de lumière, n'aurait plus besoin de la Foi. Mais c'est au sens privé qu'il faut apporter la lumière et conserver la Foi! C'est lui, hélas! qui se trompe, et c'est lui qui voudrait juger! lui que la Foi vient conduire, et c'est lui qui la voudrait guider! Oublie-t-on le bon sens avant d'entrer dans la question? Vous parliez de Jésus-Christ, de Rédemption, de Révélation; j'ai toujours cru que l'homme en avait besoin...

En premier lieu, on prit le sens privé pour la raison. Pauvre sens privé! d'abord on le divinise, ensuite on vient l'anéantir. Il doit remplacer l'Église, et le voilà remplacé par le Saint-Esprit. Comme toujours, il faut passer aux exagérations contraires, on commence par l'exalter, on finit par l'abolir. La vérité a bien à faire!

Et d'abord, le sens privé n'est pas la raison. La raison est impersonnelle; c'est une source [1] de lumière comme la Foi; source à laquelle le sens privé

---

[1]. Seulement, la source est naturelle, et celle de la Foi, surnaturelle; l'une est avec la création, et l'autre, avec la sanctification; mais l'une et l'autre, pour nous ouvrir un ordre de réalités.

ne puise malheureusement pas toujours. Ainsi que le porte son nom, le sens privé nous est propre ; c'est la mesure de notre esprit, la part de raison ou celle de vérité que nous avons su reconnaître ; enfin, c'est nous ! La raison est de Dieu, le sens privé est l'homme même, celui sur qui pèse en entier le fatal *errare humanum est*. Et c'est de lui qu'on attendait la Certitude ! Si, déjà, la raison est insuffisante devant la Foi, qu'en sera-t-il du sens privé, bien au-dessous de la raison ; du sens privé, qui partage les limites de notre nature, et même ses iniquités ? Luther eut de bonnes raisons pour lui substituer l'Esprit-Saint... Personne ne nie le Saint-Esprit ; mais notre liberté humaine ? cette liberté qui, dans Adam, rejeta le Saint-Esprit ?

En général, l'homme est trop grossier pour l'intelligence dont on lui a fait don. Il ne cesse de mettre en avant *sa* pensée, de nous parler de *son* esprit. C'est sa mesure, vite il en fait toute mesure ! Je n'admets, s'écrie-t-il, que ce qui entre dans ma raison... et, de la sorte, il s'en fait la limite. Dans son langage, la raison et lui ne font qu'un ; tout ce qui le dépasse n'est plus d'elle. Démontrez-lui la série des conséquences qui lui échappent, pour qu'il s'écrie : Ceci ne peut entrer dans MA raison !

Cependant, Dieu en eut une très-bonne pour nous donner le sens privé. La Foi s'adresse à quelqu'un, j'imagine. Si elle est une lumière, il faut un œil pour la voir, comme, à la libre créature, un mérite à y adhérer. En sorte que ce sens privé, qui leur servit d'abord à écarter l'Église, ne doit pas non plus disparaître pour faire place au Saint-Esprit. Chose à peine croyable, ils ne se sont préoccupés que de l'homme, et ils ne trouvent qu'une ombre au moment de le saisir! Ils proclament l'esprit humain, appellent de leurs cris la liberté, la philosophie, et les écrasent sans les voir! En vain la Foi nous apporte la vérité dans le vase de sa parole; en vain le Saint-Esprit la présente à l'homme, si l'homme n'est lui-même un esprit pour la recueillir. Otez le sens privé à l'homme, et le voilà comme l'animal, dont l'ouïe aussi sera frappée par la parole. Il faut une intelligence pour recevoir la lumière, une pensée pour la retenir; l'esprit ne répond qu'à l'esprit.

La Foi a besoin de trouver en nous la Raison. La Foi lui offre les réalités surnaturelles, comme ce monde lui offrit les réalités naturelles. C'est en ce sens que la raison, dans son développement final, ne saurait précéder la Foi. Mais elle reçut, avant la Foi, un exercice, un commencement qui la rend propre à la reconnaître. Elle eut une première vie, ici-bas, avant d'entrer dans la vie supérieure; et elle passe de l'ordre de la nature dans l'Ordre au-dessus de la nature. L'âme n'arrive obscure que d'un côté; elle est formée par ses rapports avec la réalité extérieure, et c'est ce qui remplit l'enfance. Tout est gradué, admirablement prévu, pour celle qui vient en possession de l'imputabilité. Oui, avant la Foi, la raison n'est point accomplie, mais elle est; la conscience parle en elle, et, distinguant le faux du vrai, peut déjà reconnaître, recevoir la lumière. Elle peut pécher; elle est *en âge de raison,* dit le langage.... Mais il est singulier que nous rentrions dans l'ombre lorsque nous vient la lumière! Enfin, quand la Foi pénètre chez l'homme, il faut bien qu'elle le rencontre pour lui parler, et si c'était au Saint-Esprit, ce ne serait pas à l'âme ! D'où lui viendrait donc le mérite ?

D'ailleurs, comment nous serait-il possible de connaître par un principe qui ne serait pas nous? C'est nous qui connaissons, dès lors par une faculté qui est nôtre. J'ai cru, lorsque Luther parlait de l'âme, qu'il entendait ce qu'il disait. Pas d'esprit, point de lumière. La psychologie définit l'homme *un principe pensant*. Notre première pensée est la croyance à notre esprit. « La vie intellectuelle, dit un éminent psychologiste, est une suite continuelle d'actes de foi à l'invisible, à l'externe révélé par l'interne. » Car enfin ce don que Dieu nous fit, à son image et ressemblance, c'est cet esprit, par lequel l'homme adhère à la vérité, et cette volonté, par laquelle il adhère à la grâce, bien que tous deux ne le fassent s'ils ne reçoivent en effet, l'un le goût de la vérité, et l'autre celui du bien, ce qui n'appartient en propre qu'à l'Infini. Enfin, pour le dire en même temps, cet esprit et cette volonté sont les deux facultés transmises par la création, mais non la lumière et la mesure des choses. Ce sont ces facultés qui ont succombé, ces facultés qu'on a réparées, ces facultés pour lesquelles l'Église conserve la Vérité et la Vie.

Ainsi, pas de métamorphose. Le sens privé reste dans l'homme, toujours le même, toujours prêt à connaître ou à ignorer, toujours libre entre la vérité et l'erreur. Sous prétexte de l'anéantir, ne le faites point comme Dieu. On ne lui demande point de disparaître devant la lumière, mais de ne la pas rejeter; de mettre le Saint-Esprit à sa place, mais de le vouloir bien écouter; de dicter des arrêts infaillibles, mais de ne pas forger d'erreurs. Quoi! ce néant qu'on fit esprit veut décider des lois divines; ce néant qu'on fit volonté croit avoir de lui-même une portée dans l'Infini! Ce qu'il y a d'être en nous, déjà nous dérobe l'Être... L'aumône est si magnifique qu'elle cache jusqu'à la main qui la donne.

On a parlé de Foi, de chute, de rédemption, d'Écriture, et l'on veut se fier au libre examen : c'est oublier d'un coup tout ce qu'on vient de dire...

CHAP. XXXI.

DU LIBRE EXAMEN :
IL NE PEUT REMPLACER L'ÉGLISE.

L'homme est faillible : où le conduira donc le libre examen? On ne veut point faire deux pas avec la logique. L'intérêt suprême de l'homme, sa fortune éternelle, dépendra d'une chose incertaine? Disons plutôt qu'en proclamant le libre examen nous n'apercevions point toute la question. Nous avons le libre arbitre pour recevoir la lumière et mériter, nous n'avons pas le libre examen pour l'éteindre et perdre notre liberté. Il faut cependant réfléchir; le libre arbitre n'a sa valeur qu'au sein de la lumière.

L'homme n'a besoin que de la liberté : la vérité est l'affaire de Dieu. Il donne la lumière à l'homme comme il lui donne l'être, et parce qu'il le lui donne. Les deux choses viennent de l'Infini. L'homme peut-il être source de la lumière ou de l'être ?

Tout n'est pas libre en l'homme parce qu'il y existe un point libre, qui est la volonté, ou le moi. Un point est libre pour le mérite, un autre est fixe pour l'existence. La raison et la conscience ne sauraient balancer dans l'énoncé de la loi. Si la raison était libre, elle ne serait plus loi ; le vrai, le faux seraient facultatifs ; entre le bien et le mal le choix deviendrait légitime, la conscience nous offrirait l'un pour l'autre, et la lumière disparaîtrait.

Dieu se charge de la vérité, et l'homme ne répond que de son vouloir. Si une chose pouvait rendre l'homme encore plus misérable, ce serait un degré de plus d'indépendance. Que deviendrait-il si sa loi découlait de sa volonté, dépendait d'un libre examen? On n'y réfléchissait pas... Sur quoi se fonderait sa liberté si la lumière pouvait se perdre? On confond trop de choses : l'homme a reçu le libre arbitre, mais s'il prend le libre examen il expose le libre arbitre.

Et devant le libre examen s'évanouit l'Écriture tout aussi bien que l'Église. Car, si l'examen est libre, que lui imposera l'Écriture? Pourquoi l'Église, s'écrie l'Écriture : ne suis-je pas suffisante ? mais pourquoi l'Écriture, s'écriera la conscience : n'étais-je pas suffisante? Si l'Écriture ferme la bouche à ceux qui croient la conscience suffisante, l'Église ferme la bouche à ceux qui croient que l'Écriture suffit. Mais, si l'Église ne peut clore la bouche à ceux qui croient l'Écriture suffisante, l'Écriture ne peut la clore à ceux qui croient que la raison suffit.

Le protestantisme ne saurait donc souffler mot. Les sceptiques seuls, niant à la fois la conscience, l'Écriture et l'Église, vont jusqu'au bout, jusqu'au point où la logique expire. Et c'est parce qu'ils brisent le dernier fil de la raison qu'on ne saurait les tirer de l'abîme. Niez la vérité même, ou l'édifice entier reparaît. Dites un mot, et tout revient. Parlez de conscience, et voilà sa lumière, voilà l'Écriture ; de l'Écriture, et voilà son organe, voilà l'Église...

L'homme est faillible : on ne peut nier un fait. Sur ce fait s'élève l'Église.

CHAP. XXXII.

RAISON, RÉVÉLATION, ÉGLISE.

Qu'est-ce donc que la raison, sinon une révélation intérieure ? et l'Écriture, sinon un supplément à la raison, une révélation extérieure ? et l'Église, sinon l'organe de l'Écriture, le complément de la raison ? Pour le philosophe, l'Infaillibilité accomplit les promesses de l'impersonnalité rationnelle. Raison, révélation, Église, les trois anneaux de la chaîne...

Mais il la faut embrasser, et l'étendue d'esprit est rare. Le rationaliste s'arrête à la raison, le protestant à l'Écriture. Cependant la raison se montre comme une révélation faite à l'individu : alors pourquoi pas l'Écriture, la révélation faite à l'espèce ? Enfin l'Écriture se montre comme une lumière et une règle supérieure :

alors pourquoi pas la règle définitive, l'Infaillibilité qui remonte à Dieu même ?

Le protestantisme ne voit-il pas qu'il ouvre la porte au rationalisme, qui entre chez lui et le tue ? La raison suffit, dit ce dernier, qu'ai-je besoin d'une révélation nouvelle?.. Que lui répondre ? car, s'il faut mettre au-dessus de la raison une autorité, qui est l'Écriture, il faut mettre au-dessus de l'Écriture une autorité, qui est l'Église. Si la raison est insuffisante et cherche ailleurs son complément, l'Écriture est incertaine et cherche ailleurs son sens et son autorité... Le protestantisme ne peut amener à lui les esprits s'il ne se fixe dans le Catholicisme.

Le rationalisme est la prison de la raison. Le protestantisme en est le chemin de ronde. L'orgueil tire la porte sur lui. En perdant l'amour et la grâce on perd la clef de l'Infini...

.

D'abord, en tout ceci, c'est discuter sur le plus ou le moins. Il n'y a au fond qu'une question : celle d'une intervention divine, d'une Révélation. Or, cette question d'une révélation est résolue par la raison, qui en est une elle-même... Ensuite, pour tout esprit métaphysique, cette question de la révélation serait celle de la création, puisqu'il s'agit ici de l'âme... La lumière fait partie de son existence.

Dieu, qui lui donne la Gloire éternelle pour fins, lui en donne la connaissance pour qu'elle puisse y parvenir. Il la lui donne, comme il lui donne l'être, qui n'est ici que le moyen. La Révélation fait, en une sorte, partie de la création même [1]. Repousser sur un point l'intervention de Dieu dans notre âme : mais il l'a bien fallu pour la créer, pour lui donner ses fins ! ainsi l'orgueil n'y gagne guère. D'ailleurs ces déductions, venues *à priori*, et offertes par la raison, seront les seules d'accord avec les faits. Partout les traditions montrent en Dieu non-seulement le Créateur, mais aussi le Législateur.

On ne nie l'intervention divine que par un sentiment exagéré de la liberté. On pense que l'homme peut tout. Avec la liberté, l'homme marche effectivement du point où on le crée au point pour lequel on le crée : mais il ne peut ni se créer, ni connaître les fins ineffables pour lesquelles il est créé, à moins que Dieu ne le lui dise. Sa raison n'entre pas dans l'Éternité. Si sa pensée allait si Haut, sa volonté, son être s'y introduirait. Oui, si l'homme découvrait par lui-même ses destinées surnaturelles, ce serait par une affinité de sa nature, ce serait de sa part un pouvoir si absolu, si positivement divin, qu'il aurait à plus forte raison celui de se donner l'être [2]... Toujours voir dans l'effet plus qu'il n'y a, ou dans la cause moins qu'elle ne possède, c'est là l'erreur et le grand vice de la raison.

Évidemment l'homme reçoit de celui qui le crée la révélation de ses fins, de même qu'il en reçoit la Grâce, ou le moyen d'y parvenir. Nier en même temps la Lu-

---

1. Évidemment encore, aucune nécessité pour l'Ordre annoncé par la révélation : mais l'Ordre surnaturel décrété, nécessité que révélation en soit faite à l'homme, pour qu'il en prenne connaissance...

2. Il ne faut donc jamais confondre, puisqu'un abîme les sépare, les vérités rationnelles, remises à la nature, avec les vérités surnaturelles, remises par la grâce.

mière et la Grâce, c'est rester en dessous de toute métaphysique, c'est perdre les notions de l'Être, car c'est attribuer à tout le propre pouvoir de l'Infini. Du néant à l'être la distance est positivement moins grande que de l'être à l'Existence éternelle. Et si, à l'égard de cette vie de la Gloire, l'homme pouvait ou savait, déjà il serait Dieu et se créerait. Puisque même il a reçu l'être, il ne pouvait donc rien en ce qui regarde l'être, et moins encore en ce qui regarde les Fins surnaturelles, infiniment plus au-dessus de la simple existence que l'existence n'est au-dessus du néant.

Mais ces vérités n'apparaissent qu'au sein d'une raison supérieure, et, les hommes n'ayant pas l'habitude de la mener si haut, Dieu charge la Foi de nous les remettre et de les maintenir. Repousser la Foi, et, d'autre part, ne point tenir les hauteurs de la raison, c'est appeler de tous côtés les ténèbres.

Ni la raison, ni l'Écriture, ni le libre examen, ni l'invisible Saint-Esprit, ne pouvant remplacer l'Église, reprenons notre sujet.

CHAP. XXXIII.

LE PRINCIPE D'AUTORITÉ N'EST QUE LA PRÉSENCE DE JÉSUS-CHRIST DANS L'ÉGLISE.

Telle est la notion pure de l'Église, à savoir qu'elle est fondée directement sur Jésus-Christ, et qu'elle n'est que la continuation de sa présence sur la terre.

De cette notion supérieure découlent tous les caractères de l'Église, sa séparation des réformateurs, et l'éternelle noblesse de l'homme.

Voilà le point contre lequel le cours des siècles ne peut rien. Il excite plus d'une envie ; mais le fait est irrévocable. Ou bien, il faudrait que Jésus revînt sur la terre, qu'il retirât son pouvoir à l'Église, et le transmît à une nouvelle institution. Or le cas même est impossible, l'Église ne pouvant errer, puisque, suivant la promesse, Jésus-Christ « demeure en Elle jusqu'à la consommation. » Vous sentez que la donnée reste logique jusqu'à la fin...

Que rarement on raisonne ! Comment l'Église, composée d'hommes, pourrait-elle demeurer dans la sainteté, si Dieu ne demeurait avec elle ? Comment pourrait-elle ne pas errer, se maintenir dans l'unité ? Vous êtes-vous, hors de son sein, maintenus dans l'unité ? Or, si elle pouvait errer, échapper à l'Unité et à la Sainteté, comment serait-elle chargée par Dieu d'enseigner les nations ? Le titre d'hérésiarque ne peut dispenser d'être fidèle à la raison. La condition fondamentale, absolue, de l'Église est que Dieu soit avec elle jusqu'à la fin. Son origine et sa durée en Jésus-Christ, tel est le fait indispensable, irrévocable.

Que les novateurs cessent de s'agiter ; ils ne peuvent toucher à cette base de l'Église sans anéantir toute église [1]. Ils ne sauraient opérer le plus léger mouvement sans entrer rapidement dans un cercle illo-

---

[1]. D'ailleurs, comment répudier ce fait sans abolir tout enseignement chez les hommes ? Si ce sont les hommes qui interprètent ou parlent, quel homme a besoin d'écouter ?

gique avec leur foi. Point de milieu : ou ils parlent pour Jésus-Christ, visiblement entés dans la promesse faite à Pierre ; ou ils parlent en leur nom et pour leur propre sacerdoce. Jésus-Christ ayant lui-même institué une Église et déclaré lui rester uni, ils ne peuvent se réclamer de l'Ecriture sans sortir de Jésus-Christ, rejeter sa volonté et ses pouvoirs. S'ils sortent de Jésus-Christ, tout est dit.

Et néanmoins, dans les ténèbres où tombent aujourd'hui les hommes, une raison supérieure ne saurait s'adresser qu'aux Protestants : c'est-à-dire à ceux qui, au milieu de ce chaos, considèrent encore Jésus-Christ comme le Fils de Dieu, venu pour sauver le monde. Et c'est de leur part un grand génie et une grande preuve de conscience, séparés comme ils le sont de l'axe de la Foi. Car tout ce qui vient après eux est perdu pour la Civilisation. Ceux qui n'ont plus foi en la divinité de Jésus-Christ, déjà n'ont plus foi en la divinité de Dieu même. Niant sa Providence aussi bien que sa Substance infinie, déjà ils croient à la fatalité, rejettent les données supérieures, nient la liberté de l'homme, la légitimité de la Société et de toutes ses institutions. Les erreurs païennes, dans lesquelles ils débouchent maintenant par toutes leurs sciences, entraînant après elles les faibles esprits de la foule, font à cette heure la honte de l'époque, l'effroi des États, et la douleur de ceux qui comprennent la valeur du nom de Jésus-Christ.

Si le Protestantisme revenait à l'autorité, l'Europe serait sauvée. Pourquoi, par un malheur incalculable, tient-il à l'abri, sous un culte, le principe qui détruira le monde, lorsque le Christianisme aurait besoin de réunir toutes ses forces pour le sauver ? En substituant le principe du libre examen au PRINCIPE D'AUTORITÉ, le Protestantisme a substitué, de fait, la raison à Jésus-Christ ; il a replacé notre orgueil sur le trône. S'il persiste encore à abriter dans son sein la source bien visible de toute erreur et de tout mal sur la terre, et à fermer dans cette impasse la conscience de tant d'honnêtes gens en Europe, l'erreur achèvera d'inonder les hommes, les scélérats justifiés et protégés l'emporteront.

Or, le PRINCIPE D'AUTORITÉ n'est que la présence de Jésus-Christ dans l'Église. L'homme ici apprend à se connaître ! Dieu lui-même lui apporte sa loi.

Bien qu'entièrement théologique, cette question est la question capitale en Europe. Il faut s'élever à la plus haute thèse pour concevoir le principe de l'Église. Mais de là, on découvre les fondements de l'ordre politique, on retrouve la racine des Monarchies chrétiennes. Les philosophes, aujourd'hui, ne se placent pas à la hauteur nécessaire pour saisir les données d'une diplomatie supérieure [1]. Affaiblis par le poison de toute les erreurs à la fois, les esprits cultivés chancellent un instant, et tombent dans le courant de l'époque ; fort peu conservent le pouvoir de lui préférer la raison. Nos frères dissidents se trouvent seuls au point de vue qui permette de lier les faits qui suivent :

Notre-Seigneur Jésus-Christ est Dieu : — lui seul

---

[1]. Et tel est le malheur d'avoir perdu la Foi. Le génie parvînt-il à la remplacer en politique, que la foule des esprits resterait toujours au-dessous.

avait le pouvoir de fonder son Église : — connaissant l'homme, il a dû la fonder sur lui-même : — et il l'y a fondée effectivement, personnes et principes, comme le fait voir l'Évangile : — il faut donc remonter à l'époque où Jésus-Christ était sur la terre pour trouver la véritable Église : — dès lors la suivre, dans le fil de transmission de la promesse faite à Pierre, pour déterminer où elle réside aujourd'hui. Chaque trait est lié par un bon sens divin [1].

Toute autre voie est subterfuge.

La réformer? Mais on ne réforme pas ce que Jésus-Christ a formé! S'en détacher pour faire mieux? L'orgueil peut seul en offrir la pensée, puisque Dieu demeure avec elle! Mais l'Écriture, la tradition, la raison générale? Elles rentrent et se retrouvent effectivement vivantes dans l'Église... Avant Jésus-Christ, les hommes possédaient l'Écriture, la Tradition, la raison générale; ils perdirent cependant l'Écriture, la Tradition, la raison, et la civilisation, tout ce que Jésus-Christ a pour but de leur rendre!

---

1. Voir dans l'admirable lettre pastorale de Mgr de Lavastida :
« Ici, comme nous nous adressons à ceux qui croient en la divinité de Notre-Seigneur Jésus-Christ, voici comment nous raisonnons: Si Jésus-Christ est Dieu, tout ce qu'il a fait et enseigné est divin; il a fait une Église, donc elle est divine; il a enseigné une doctrine, donc elle est divine; il a confié à l'Église le soin de conserver cette doctrine dans tous les temps et de la propager dans le monde, donc l'Église a une mission divine pour conserver cette doctrine, la propager dans toutes les nations, la conserver toujours pure, exempte d'interprétations qui puissent l'altérer. Afin que l'Église puisse remplir sa mission, son Auteur a dû lui fournir, au commencement, tous les moyens nécessaires pour établir sa doctrine, ensuite pour en étendre l'empire, enfin pour la conserver intacte jusqu'à la consommation des siècles. »

Quand la raison des Saints s'est élancée dans la Lumière, pourquoi celle des hommes est-elle venue s'évanouir dans ses raisonnements? Ainsi que le royaume divisé contre lui-même, la Raison moderne succombe, entraînant les nations qu'elle a fondées, si ses fils aujourd'hui ne se tendent la main... Mais, pendant que le monde est dans l'attente des maux qui vont venir, un cri est parti de l'Allemagne. Et la vieille Europe a tressailli d'espérance ; car les fils des héros qui délivrèrent les nations de la servitude de Rome, comme nous ont senti le besoin divin de délivrer aujourd'hui le monde de la folie de la Chair et de l'opprobre de sa dissolution... Nobles esprits que le génie amène, comme saint Augustin, sur les hauteurs de la Foi, quelle ne sera pas votre gloire, dans l'état où se trouve le monde, dans l'état où le libre examen a jeté l'ordre politique, les âmes, la civilisation! Quels bienfaiteurs de l'humanité, que ceux qui reconduiront à l'Unité les fils qu'elle a tant pleurés! Autorité religieuse, autorité civile, autorité de l'homme, hérédité, propriété, tout est nié, tout est perdu comme à la veille du dernier cataclysme. Ces droits ne reposaient, visiblement et pour les masses, que sur la volonté de Dieu. Car, pourquoi un homme viendrait-il en exclure un autre d'un champ? pourquoi un homme prétendrait-il hériter de tous les biens de son père? enfin, pourquoi obéirait-il à un homme, et dès lors recevrait-il encore d'un homme la vérité, si Dieu n'avait manifesté sa volonté à l'homme, s'il n'avait lui-même introduit l'Église sur la terre, s'il n'y avait fondé l'Infaillibilité, rétabli la souveraineté, l'hérédité, et la propriété? Ils seront les bienfaiteurs du monde, ceux qui, ramenant à une Mère l'enfant prodigue qu'elle chérit, réuniront le faisceau sacré de l'Europe, l'empêcheront d'entrer vivante dans la tombe que ses malheureux fils, que Luther et Calvin, que nos malheureux frères ont creusée! Car nous sommes vos frères, nous tous portés à l'avant-garde assaillie par la Révolution, nous qui toujours combattons, contre le Protestantisme, mais pour les protestants... Non, la distance qui empêche à ma main de serrer la vôtre, ne peut empêcher votre cœur d'être pressé contre le mien! Le sentiment céleste qui agite celui qui doit revoir le frère dont il fut séparé, est venu me saisir en vous écoutant, ô vous qui aimez Jésus-Christ, qui aimez sa Lumière! et vous ne pouvez plus dire une parole que je ne me sente inondé de pleurs [1]... Allemagne, terre admirée, terre des mœurs, des vertus de famille et des vieux souvenirs, pays de la grande pensée, quelle joie, en entrant dans ton sol, de retrouver des frères! Et, s'il y en a plus au Ciel pour une âme qui lui revient que pour celles qui persévèrent, pour vous, il y aura plus de gloire, pour vous, l'Église aura plus de tendresse que pour les quatre-vingt-dix-neuf qui vivent dans sa Lumière! A vous, de Stolberg et de Haller, qui avez déployé l'étendard de l'union; à vous, docteurs Léo et Bindewald, qui l'arborez si généreusement; à vous, âmes loyales, l'élan d'un cœur qui vole tout entier vers vous!

---

1. Voir le *Volksblatt*, de Hall, publié par le Dr Henri Léo et ses amis.

CHAP. XXXIV.

LE PRINCIPE DE L'ÉGLISE
BASE DE NOTRE CIVILISATION.

Le principe d'Autorité, avons-nous dit, n'est que la présence de Jésus-Christ dans l'Église. Ce principe n'est pas la base uniquement de l'Église. La conscience, la loi moderne, le droit public, la politique des États, tout, en Europe, en dépend. Ou le droit divin ou le droit de l'homme. Et, comme en proclamant le droit de l'homme, ou la raison, il faut être logique et en recueillir les attributs dans l'impersonnalité de la foule, ou Jésus-Christ ou le peuple souverain !

Si la foi en ce fondement divin pouvait vaciller dans l'Église, comment cette foi serait-elle fixée ailleurs ? Où serait le fondement des lois, le fondement du droit, le fondement des mœurs, s'il n'y avait un Dieu vivant, un Dieu qui parle ? L'homme au sein de la Société ne serait-il qu'une machine ? L'homme vit sur un droit supérieur ; mais je dis l'homme, et non la créature violée dans sa nature et dans ses hautes destinées. La question de l'Église est la question de l'Europe civilisée. On l'a vu suffisamment par l'histoire ; une seule réflexion découvre intérieurement le fait.

Il faut que l'homme sente une base à sa certitude, il faut une origine à sa loi. Que signifie la Justice, si elle est fille d'un code ? le droit, si c'est l'homme qui l'invente ? l'inviolabilité, si elle naît d'un contrat ? la Souveraineté, si elle dérive de la force? la Foi, si elle descend de la pensée? Et les mœurs, ce fluide vivant du corps social, où seront-elles élaborées, sinon sous l'œil du Dieu vivant? Nous agissons ou prêtons serment devant Dieu; devant quel Dieu? Jupiter, ou le Dieu des Indes? car, sur la nature de ce Dieu, se forme la nature de ma conscience. Elle est autre avec le Dieu des Turcs, autre avec celui des Déistes, autre avec celui des Panthéistes, autre avec Notre-Seigneur Jésus-Christ. Si ces Dieux se modifient selon les diverses conceptions de l'homme, ma conscience également se modifie selon le Dieu qu'elle a conçu, et qui lui offre ses devoirs. Or, de la conscience, vous le savez, découlent nos mœurs et nos lois [1]... Reste à connaître si les nations civilisées applaudiront aux consciences formées, soit sur les Dieux des hérésies, soit sur ceux des philosophies déistes, fatalistes ou panthéistes; et si les peuples se complairont dans les lois inspirées par ces Dieux, dont les uns ont des mains, et ne touchent point, une bouche, et ne parlent point; et les autres, une intelligence, et ne pensent point, une justice, et ne jugent point, un amour infini, et ne récompenseront point.

Si chacun de nous, sur la terre, était accueilli par les mœurs et réglementé par les lois du Dieu que choisit sa pensée, les dissidences n'iraient pas loin. Eh bien! si vous trouvez tant de justice, de respect, de charité, de poésie et de douceur au sein des sociétés chrétiennes, vous le devez à Jésus-Christ!

1. Je ne pense pas qu'on ait l'enfantillage de chercher l'origine des lois dans le décret qui les promulgue, ou l'origine des mœurs dans l'encre des littérateurs.

Quand on a la Foi, il faut en avoir les lumières. Il faut posséder la logique aussi bien que le courage de sa pensée. L'homme étant l'élément et le but de la Société, ce qui a fait la vie et le fondement de l'homme doit faire la vie et le fondement de la Société. Comment se pourrait-il que Jésus-Christ, en sauvant l'homme, ne sauvât pas la Société? que l'Église, qui l'éclaire et le sanctifie, ne conduisît pas la Société à ses fins? Il faut bien raisonner! La Société aurait-elle, par hasard, un autre but que l'homme? Rachetant, rétablissant la nature humaine, Jésus-Christ doit racheter à la fois l'ordre moral, l'ordre civil et l'ordre politique. Celui qui vient délivrer l'homme, lui apporte l'autorité qui convient à la liberté des enfants de Dieu. Aussi (du reste, c'est la vérité historique), Jésus-Christ est-il le fondateur et la source d'une civilisation qui tire de lui son existence avec la force de restreindre le mal que nous portons tous en nous. Il ne faut donc pas s'étonner qu'il en soit le centre et la vie; que son absence en soit la révolution et la mort. Si nous ne sentons tout cela, quelle est notre métaphysique?

Toujours on se demande la logique que suivent tous ceux qui sont hors de la Foi...

Mais enfin, il y a plusieurs Dieux parmi vous : il n'y a donc point de Dieu! La pluralité des Dieux est le signe du néant de Dieu. Quand on repousse le Dieu vivant, la nuit de l'athéisme est dans les âmes. Or, l'athéisme intérieur se manifeste par l'athéisme légal. Connaissez-vous ce dernier? C'est l'homme obéissant à l'homme, le despotisme ou l'anarchie : il faut que logique se fasse. Si le principe d'Autorité est la présence du Dieu vivant dans l'Eglise, puis dans les mœurs et dans les lois ; le principe du libre examen est l'introduction de l'homme dans la Foi, puis dans les mœurs et dans les lois.... Pourquoi, dans toute l'antiquité, n'y eut-il pas un peuple libre? Pourquoi l'Europe voit-elle déjà descendre une moitié de ses fils dans les mains du despotisme, et l'autre, dans celles de la démocratie? Ne franchissez point ces deux faits sans les voir...

Proclamer l'égalité absolue des croyances, c'est proclamer la négation absolue de la vérité : c'est, pour un gouvernement, briser la pierre des mœurs, rompre le faisceau des lois et, de ses propres mains, déraciner l'obéissance. « Si les Gouvernements ne savent pas où est Dieu, s'écrie un éminent publiciste, où les peuples le chercheront-ils? Si toutes les croyances sont égales, s'il n'y en a pas d'absolument vraies, dans quel sol prétendra-t-on planter la vérité politique? On oublie que les croyances règlent la vie, et que la vie se règle en vue de l'Éternité. »

Les grands troubles de l'Europe sont nés des hérésies. La rupture des croyances amena celle des lois et des institutions. Du jour où une religion se dissout, il se prépare autant de peuples que de sectes. Les États, fatigués, ont eu recours à des traités d'équilibre, et les Princes à des constitutions. On a cédé une partie de l'autorité dans l'espoir de préserver l'autre. Mais le mal poursuit intérieurement sa marche. On a vu les garanties des lois supérieures tomber les unes après les autres dans les esprits. Et, à l'heure où nous sommes, une matinée de révolution a suffi pour montrer la société renversée dans chaque État... Les foules se pressent sur les dernières barrières pour échapper à la civilisation ; elles espèrent à tout instant être délivrées de la Société, et consommer les biens qu'elle a recueillis. Que l'Église ne maintienne pas le principe de la divinité de Jésus-Christ, et voilà l'Europe en proie aux Dieux divers, sortis des degrés divers de la raison. Que l'Église elle-même ne soit pas fondée sur Jésus-Christ, et elle disparaît sous la diversité des hérésies, sorties des besoins divers de l'orgueil.

La source des idolâtries, comme de toutes les hérésies, n'est-elle pas évidente? Ne voit-on pas tous les hommes faire des efforts inouïs sur eux-mêmes [1] pour réduire leur foi à la mesure de leur cœur?

Ainsi la Civilisation sera réduite pour eux.

---

1. Rien ne doit plus irriter l'homme, en effet, que l'enseignement de la Foi sur l'insuffisance des vertus humaines. Notre orgueil, qui veut se parer des vertus naturelles, ne saurait pardonner à une doctrine qui vient lui en signaler de plus nobles. Quoi! ces vertus chrétiennes, dont le but est le dépouillement de soi, vont de plus annuler les siennes! Le moi tentera des efforts désespérés pour détruire sur ce point la Doctrine ; pour établir qu'il suffit d'être honnête, que le reste est pur Mysticisme. (Mand. de Mgr de Digne.) La philosophie, toute pour l'homme, ne saurait céder le point pour lequel elle a pris les armes. Jamais, jamais les grandes preuves n'arriveront jusqu'à l'esprit, si elles n'y sont attirées par quelque humilité dans le cœur. C'est une vertu qui nous sauve...

CHAP. XXXV.

NOTRE CIVILISATION REPOSE SUR LA PRÉSENCE DE JÉSUS-CHRIST DANS L'ÉGLISE.

Il faut ouvrir les yeux aux faits. Si vous ne croyez pas en Jésus-Christ, Dieu palpable et logique, à qui vous devez votre Civilisation, vous n'aurez demain ni Dieu, ni droit, ni civilisation... Le résultat est inévitable. Pendant que vous discuterez sur le Dieu que vous voulez admettre, vos amis discuteront sur un autre; ainsi de toutes vos lois et de votre société. Ne sentez-vous pas que le véritable Dieu doit s'imposer à la pensée? S'il en procède, il est moins qu'elle. Les hommes, entendons bien, n'arriveront jamais à fixer en réalité une Foi, un Droit, une Loi. Ce qui dérive de la pensée ne peut conduire et élever la pensée; ce qui provient de la foule ne peut civiliser la foule.

Le Dieu cherché est déjà perdu. Le Dieu que poursuit la pensée est celui que fuit notre cœur. Ah! concluez à votre impuissance, voilà six mille ans que l'homme cherche; à quelle époque ferez-vous mieux? Avant Jésus-Christ, vous n'avez rien fondé d'humain; déjà vous périssez, et vos membres sont morts, sur tous les points dont il s'éloigne... Prenez garde; en rejetant comme une trop forte omnipotence la divinité de Jésus-Christ, vous aurez autant de Dieux barbares qu'il plaira à la pensée d'en concevoir. Prenez garde; en rejetant comme un trop grand pouvoir une seule Infaillibilité, vous aurez autant de papes que de Princes, autant d'infaillibilités que d'États. Et le despotisme nous garantira pendant quelques jours encore de la barbarie, où la démocratie nous jettera subitement.

Observons mieux l'esprit humain, et ne nous laissons plus faire illusion par nos erreurs. Elles sont trop logiquement échelonnées sur les degrés du mal, pour n'en pas suivre la loi. Mais voyez-les se graduer suivant les faiblesses du cœur. Tels ne veulent pas se céder complétement à Dieu, disputant avec lui chaque point de leur moi, sur chaque degré de l'orgueil : c'est la série des hérésiarques. Tels voudraient ne lui rien donner de leur cœur, si ce n'est une lointaine admiration parce qu'il créa le monde : c'est la série des philosophes. Tels voudraient ne rien lui céder dans leur âme, mais au contraire l'anéantir, pour s'enfoncer sans reproches dans leurs fureurs et dans leur fange : c'est la série des criminels et des impies. Et tels enfin, pour justifier l'impiété même, et nier jusqu'au mal, viennent se mettre à la place de Dieu : c'est la série des panthéistes ! ici est l'Erreur absolue. Et chacun sait trouver sa place [1].

Les hommes, lorsqu'il s'agit de religion, c'est-à-dire de la perfection que demande leur âme, se gardent bien de se fier à la raison... Ils interrogent leurs penchants, et non la Foi. L'obéissance est un héroïsme.

---

1. Ces hérésies, ces philosophies, ces successifs amoindrissements de la vérité, sont les points successifs par lesquels notre esprit retourne au néant. L'Église, par un effort immense, soulève toutes les âmes avec le bras de Jésus-Christ. Retirez l'attraction au globe, tout y retombe en poussière ; ôtez l'Église à l'Europe, tout y retourne à la barbarie.

Ne pensez pas que l'erreur soit une ignorance ou un trait de génie à faux. Tout cœur s'éloigne ou s'approche du centre selon son vol. La vérité est impossible à celui qui, par un point caché de son âme, est engagé dans un principe inférieur. Celui-ci ne veut point que Dieu existe ; celui-là y consent encore, pourvu qu'il ne s'occupe plus de lui ; cet autre entend que Dieu veille sur ses biens, mais en lui permettant plusieurs choses ; tel autre, qu'il soit partout loué et connu, mais d'après sa propre méthode ; tel, qu'il se contente d'être admiré, mais non aimé et servi ; tel, qu'il règne avec splendeur sur la terre comme au Ciel, mais non qu'il soit là, toujours présent, et sur l'autel et sur le seuil de notre cœur. Seul, le saint veut Jésus-Christ dans tout le sien ; et ce Verbe infini de Dieu reçoit ici une démonstration de la nature humaine elle-même, qui lui fait dire : « J'habite avec délices auprès des fils des hommes ! » Il est venu habiter avec nous, il a voulu habiter en nous ! il fait ses délices de la conversation et de la perfection des hommes : *deliciæ meæ esse cum filiis hominum!*

Les sources de nos philosophies mises ainsi à découvert, que pouvez-vous nous dire ? Espérez-vous transformer la nature humaine, c'est-à-dire en ôter l'orgueil [1] ? Connaissez le cœur humain. Du bon sens, ou nous sommes perdus. Trois points se tiennent, Dieu, la conscience et la loi. Vous ne pouvez toucher au premier sans

---

[1]. Comment l'impiété réussirait-elle en ce monde, si elle n'y arrivait sous le nom de philosophie ? et nos passions, si elles ne s'y présentaient comme des religions plus belles ?

les renverser ensemble. Quittez Jésus-Christ, Dieu vivant, et vous aurez les Dieux des philosophies, c'est-à-dire l'absence du Dieu protecteur et Sauveur. Quittez le principe d'Autorité, droit divin que Jésus-Christ prête à la loi, et vous aurez les droits de l'homme, c'est-à-dire, sous le nom de souveraineté du peuple, un despotisme qui nous annonce notre fin. On n'arrête pas un corps en sa chute, ni la logique en chemin. Vous n'en êtes point convaincus, vous voudriez reprendre l'épreuve? Je le sais, c'est la manie des modernes. Mais quand l'épreuve sera finie, c'est que nous n'existerons plus...

« Personne, dit le R. P. Dom Guéranger, n'a le bon sens de se demander d'où vient que le grand ressort du monde est brisé, d'où vient que les sociétés sont constamment aux expédients pour vivre quelques années de plus. Cette impossibilité de se protéger qu'éprouve la société moderne vient de ce que Jésus-Christ ne règne plus sur elle. Rien ne vivra, ni ne pourra se défendre, jusqu'à ce qu'il y règne de nouveau. »

Ne saura-t-on jamais embrasser une idée ! Dieu est le seul Saint par essence ; le seul juste, le seul qui ait la vie, la joie, la vérité, le droit, le pouvoir par essence. Les hommes ne possèdent l'être, la vérité, la joie, la justice, le droit, le pouvoir, l'obéissance que par communication. Définitivement tout vient de Dieu. Hors de Dieu, qu'aurons-nous, que fonderons-nous ? Hors de Dieu, le néant... Et que peuvent espérer les hommes lorsqu'ils prétendent fonder sur eux la justice, le droit, la famille, la propriété, le Pouvoir? Quand ils n'obéiront plus à Dieu, QUI VOUDRA LEUR OBÉIR A EUX-MÊMES?

Il serait étrange que Dieu nous eût tirés du néant, et que la Société, qui nous élève et qui nous forme, ne s'appuyât point sur lui. Pour s'appuyer sur lui, il faut qu'il soit présent, qu'il ait une action, une voix sur la terre! On veut que tout soit humain; rien n'est plus humain que de se soumettre à l'homme.

Notre civilisation vit sur la présence de Jésus-Christ dans l'Église. Une chose perdra l'Europe, c'est qu'on y redoute moins aujourd'hui la Révolution que l'Église...

De là, s'il fallait ramener nos regards vers la France, vers cette vieille terre de l'honneur, où gît le nœud des grands problèmes, il me serait impossible également de taire la pensée que je retrouve toujours debout dans ma conscience : En France, un pouvoir où la Foi ait la plus grande part, sinon pas de pouvoir durable [1]... Les nations n'ont d'autre but que de conduire à Dieu le plus grand nombre des âmes.

---

1. Le pays de la bravoure est devenu celui de la peur : on tremble devant l'Opinion. Il ne suffit plus d'y flatter la Révolution; il faut encore se prosterner devant les thèses de sa Littérature philosophique, historique, politique et romancière. Sans cesse elle a le mot de génie à la bouche, et elle ne supporte que la nullité des principes, la petitesse des caractères, et le doute au sein des choses élevées. Tout ce qui se dessine largement lui devient odieux, comme aux tyrans. Mais ce qui apostasie ou déchoit reçoit ses bonnes grâces. Elle sourit à la médiocrité des opinions, des principes et des croyances, décorées par les belles-lettres. Terrible époque, où les hommes courent à la perfection littéraire en s'éloignant de la vérité! Sous ce nom de Littérature, que de germes ont été étouffés par cette couche de haute ignorance dont le dix-huitième siècle nous couvrit, et qui étend encore une séparation mortelle entre le peuple et la lumière de la Foi!

CHAP. XXXVI.

LES PROTESTANTS NE POSSÈDENT PAS L'ÉCRITURE.

Le fait de l'Église est de la plus haute philosophie. C'est Dieu, c'est sa Parole, c'est sa Grâce qu'il faut conserver aux hommes; c'est la question de la vérité, c'est la question des sacrements. Autorité divine pour transmettre l'une, pouvoirs sacrés pour communiquer les autres.

Et c'est si simple! Jésus-Christ venant sauver les hommes, en leur rapportant les deux choses perdues : la Vérité et la Vie; voulant qu'au lieu de se perdre encore, toutes deux se puissent transmettre, de génération en génération, à tous les hommes; dès lors, instituant un Corps vivant, capable d'enseigner cette Parole et de communiquer cette Grâce : gardien perpétuel, afin que la Parole se perpétue; canal permanent, afin que la Grâce arrive à tous; dès lors, la vérité, ou la parole de Jésus-Christ, se transmettant par une autorité fondée sur lui; la vie, ou la grâce de Jésus-Christ, se communiquant par un ministère venant également de lui; Jésus, enfin, conférant formellement à ses propres Apôtres tous ces pouvoirs surhumains, qu'ils conféreront de la sorte à leurs successeurs, et promettant de rester lui-même avec eux jusqu'à la fin; en un mot, le Verbe, *qui s'est fait homme*, étendant à tous les hommes les bienfaits de la Rédemption, par des moyens positifs, indestructibles, sous une forme visible, indubitable, et priant son Père céleste pour que tous, en cette unité de baptême et de Foi, soient un comme Lui, son Père et l'Esprit ne sont qu'un dans les Cieux : c'est là un plan divin, un plan digne du Créateur!

L'Église se présente comme un groupe d'axiomes; c'est un système appartenant aux lois du monde.

Aussi, le fait épouvante. On veut quitter en toute hâte ce terrain, pour entrer dans l'Écriture. — « Jésus-Christ a-t-il bien donné tant de portée à ses paroles? Voyez, interrogez les Écritures; c'est à celles-ci, en définitive, qu'il faut en venir [1]. » — Or, celui qui sort de l'Église pour se fonder sur l'Écriture, ne voit pas qu'à l'instant le sol disparaît sous ses pieds. Est-ce par l'Écriture qu'il peut établir l'inspiration des Écritures? La belle chose! cette Écriture est-elle de la main de Dieu; l'a-t-il tracée, l'a-t-il signée? Et puis, connaissez-vous *son* Écriture? Ce sont des hommes, n'est-ce pas, qui l'ont écrite sous sa dictée? Ah! des hommes! Et qui me prouve qu'ils ont écrit sous sa dictée? qu'ils en ont été inspirés? Enfin, parmi les écrits de ces hommes, quels sont ceux qui sont inspirés? Appuyés uniquement sur l'Écriture, vous voulez établir l'inspiration de l'Écriture : c'est là que je vous attendais. Prouvez les Livres saints avec l'inspiration des Livres saints...

Et d'abord, êtes-vous sûrs de posséder les Livres saints? N'ayant connu ni les Juifs, ni la Synagogue, arrivant quinze cents ans après eux, repoussant le canal infaillible qui aurait pu, de leur époque à la vôtre,

---

1. Entrées en matière de tous les discussions protestantes.

verser la Parole aussi pure, transmettre le sens aussi intact, le protestantisme, quand il se fonde sur l'Écriture, s'appuie sur un fondement dont il n'est pas sûr. Il n'est sûr : ni 1° de l'authenticité du texte, ni 2° de l'exactitude de la version [1], ni 3° de sa propre interprétation, ni 4°, il l'avouera, de l'inspiration des saints Livres. Vous déclarez que Dieu a parlé par les prophètes. Qu'en savez-vous? Vous prétendez qu'il a pu seul inspirer ces textes. Vous le dites, et vous rejetez en même temps l'Infaillibilité! Est-ce par l'Écriture, encore une fois, que vous établirez l'Écriture? J'attends de vous autre chose qu'une pétition de principes.

Certainement, l'Écriture est une autorité, mais je veux savoir si c'est elle! Et c'est si vrai, qu'elle ne fait autorité que lorsqu'elle est reconnue, interprétée, et produite dans son vrai sens par une autre Autorité. Seule, comment serait-elle une autorité, puisqu'on ne sait point si c'est elle? Elle ne nous verse sa lumière qu'en entrant dans notre horizon ; elle ne s'élève à son autorité qu'en atteignant toute sa pureté. Ainsi les deux autorités puisent l'une vers l'autre une force et un éclat

---

1. Hors de l'Église, tout homme, pour obtenir le sens réel des Écritures, est obligé de recourir au texte primitif, dès lors, de traverser le latin et le grec pour arriver au syriaque et à l'hébreu. Par devoir, chacun se trouve dans la nécessité d'exécuter cette œuvre immense par lui-même, ou de relever d'un plus savant. Pas de milieu, ou l'Église ou le plus savant! Le protestantisme n'a fait que remplacer une autorité par une autre, Jésus-Christ par le plus savant. Cela se réduit là. Cependant mettez une autorité à la place d'une autorité ; la science, qui est diverse, qui discute, qui se contredit, qui doute, qui n'est jamais fixée, à la place de l'Église, et il n'y a rien de fait : il faut établir, maintenant, l'inspiration de ces Écritures, dont il s'agissait tout à l'heure de connaître le sens...

incomparables, qui ne se retrouvent plus séparément dans l'Écriture. Et c'est abuser que de la présenter ainsi comme étant l'Écriture.

Celui qui pense qu'avec l'Écriture il peut se passer de l'Église, ne voit donc pas qu'en ses mains ne se trouve pas l'Écriture. Quand le protestant émet un texte pour en démontrer l'inspiration, il commence par la supposer. Ou il n'est pas sûr de sa foi, ou il se fait un moment catholique. Ou catholique ou illogique.

Je reprends l'argument pour qu'on ne dise qu'il a passé inaperçu. Le protestantisme ne peut arriver à la certitude logique de l'inspiration des Livres saints, puisqu'il lui faut invoquer les Livres saints pour l'établir. Mais on oublie tout, on ne réfléchit à rien pourvu que l'on proteste. Encore une fois, comment fonder sur l'Écriture, quand on ne peut fonder la certitude de l'inspiration des Écritures; quand on écarte l'Infaillibilité, QUI TIENT DEBOUT, EN MÊME TEMPS, TOUT L'ÉDIFICE? Aujourd'hui, les Écritures ne peuvent rendre témoignage pour elles-mêmes [1]. Il faudrait être sûr qu'elles sont inspirées pour être sûr qu'elles ne se trompent point lorsqu'elles le disent. Donc, quand le protestant déclare l'Écriture inspirée, il fait un cercle vicieux; et, quand il pense l'interpréter sûrement, il abdique, il se fait catholique un instant.

Si court qu'il soit, cet instant lui suffit pour faire passer ses conséquences, mais pour en ôter la raison... Il ne possède donc ni son principe, ni le pouvoir d'en

---

1. Les Écritures rendaient témoignage pour les Juifs, qui possédaient la Synagogue, et parce que c'est à eux que Dieu avait promis le Messie et avait donné les prophètes.

déduire. Il n'a de fondement ni dans la logique, ni dans l'Écriture. Si les philosophes lui demandent pourquoi il croit à la Bible, que peut-il dire ? sinon que telle est sa croyance.

Ce n'est pas tout ! L'Écriture est un miracle, puisqu'elle est révélée : elle mène droit au surnaturalisme de la vérité, je veux dire à la manière divine dont elle nous est donnée et conservée... Si Dieu a lui-même révélé l'Écriture, et qu'elle renferme les vérités du salut, il a dû en confier la garde à une autorité, et à une autorité une et infaillible. Car, si elle n'est pas une, où est la vérité ? pas infaillible, comment la conservera-t-elle ? La vérité, c'est l'unité ; l'Infaillibilité, c'est l'unité ! Voilà comment l'Écriture entonne elle-même l'hymne à l'Unité, à l'Infaillibilité ! Non, ce n'est point seulement une vérité révélée qu'admet le protestantisme, mais, s'il est logique, une Autorité toujours une, toujours vivante, et sous l'action directe du Saint-Esprit, d'où lui vient déjà l'Écriture.

Les Catholiques seuls possèdent un Principe ; seuls, ils possèdent un enchaînement logique ; les Catholiques ont seuls un système en ce monde. Et c'est moi qu'on accuse d'abdiquer ma raison ! Au fond, si j'éprouve ici une crainte, c'est d'y obéir trop, c'est de ne pas laisser assez de place à ma Foi. Heureusement, ma Foi est d'obéir à Celle où m'a conduit ma raison, et où réside toute raison...

Du moins, je crois avec la raison ! du moins, j'obéis avec elle, et suis fier de ce que la grâce de Dieu et la noble logique sont les seuls maîtres de mon esprit.

Croire que Dieu ait créé le monde pour l'oublier, et pour abandonner les hommes sans leur offrir la vérité ? Quelle idée de la Création !

CHAP. XXXVII.

LES PROTESTANTS NE PEUVENT QUE PROTESTER CONTRE EUX.

Comment peuvent-ils échapper au raisonnement ?

Pourquoi fûtes-vous pendant quinze cents ans de l'Église ? dès lors, pourquoi vous en séparer ? Lui fîtes-vous faire un progrès ? Alors vous croyez à l'esprit humain et non point à l'Esprit saint ? dès lors pourquoi parler d'Église ? vous sortez de son enceinte et descendez dans le siècle.

Si l'Église pendant quinze cents ans fut vraie, mais après ce temps a failli, elle n'est donc pas l'Institution de Jésus-Christ ? elle est de l'homme, et vous raisonnez comme les impies. Ou bien, si elle fut, durant ce temps, la véritable Église, elle l'est encore aujourd'hui.

Pour vous constituer en véritable Église, il faut procéder de Jésus-Christ ; et pour partir de Jésus-Christ, il faut rentrer dans la tradition qui, pendant quinze siècles, vous en sépare. Mais, si l'Église est sa tradition véritable, si elle est infaillible enfin, encore la même conclusion. N'est-elle point infaillible, ne sort-elle point de Jésus-Christ par une circulation non interrompue de ses pouvoirs, alors comment êtes-vous infaillibles aujourd'hui ? comment vous arrive la vérité ? comment vous constituez-vous l'Église et, à travers quinze siècles, touchez-vous Jésus-Christ?

Vous ne pouvez être l'Église sans qu'il y ait eu avant vous une Église véritable de laquelle vous descendiez : dès lors pourquoi sortir de la véritable Église? Vous ne pouvez enseigner, c'est-à-dire être infaillibles, sans qu'il y ait eu une tradition infaillible qui vous ai conservé le vrai : dès lors pourquoi ne la plus suivre [1]?

— C'est nous qui la sommes. — Est-ce cette Tradition qui le dit, ou est-ce vous? Et, si ceux qui ont été quinze cents ans la Tradition infaillible disent non? — Mais nous fûmes, nous, cette tradition. — Avez-vous dix-huit cents ans? vous ne parlez que depuis Luther. — Luther est la continuation de l'Église. — Est-ce l'Église, ou bien Luther qui le prétend? L'Église qui vivait au moment où parut Luther, a-t-elle dit : Je meurs et m'accomplis en lui? Luther est-il le dernier Pape, et depuis, la chrétienté n'en a-t-elle plus? Ou, si le Pape est lui-même une erreur, s'il ne doit plus y avoir de Chef visible dans l'Église, pourquoi, à partir de Jésus-Christ et de Pierre, y en a-t-il pendant quinze cents ans dans l'Église?

En définitive, vous protestez; vous vous séparez de quelque chose d'existant avant vous, dont il faut nécessairement tirer toute origine, toute légitimité. Mais comme, en même temps, vous protestez contre cette

---

[1]. Saint François de Sales dit à Théodore de Bèze : «Peut-on se « sauver dans l'ancienne Église? — Oui, » répondit Th. de Bèze.

Comment répondre non, sans damner les Apôtres et les saints jusqu'en 1500? Si l'on se sauve dans l'Église, je maintiens le dilemme... revenez dans l'Église.

légitimité, la vôtre que devient-elle? Comme, en même temps, vous séparez votre tige de cette infaillibilité, la vôtre d'où sort-elle? Le fait d'où vous tirez la vie vous donne en même temps la mort.

Raisonnement, je le sais, qu'on ne peut adresser ni aux insensés, ni au siècle, qui agit en ceci comme les insensés, puisqu'il méprise la sagesse universelle pour s'en tenir à son esprit ; mais qu'on peut vous adresser, ô Protestants, puisque vous voulez vous rattacher à la raison, et à Jésus-Christ, qui est toute raison.

Il n'y a donc là ni la raison ni le raisonnement. (Au reste, l'Église se fonde, non sur la raison, mais sur la déraison des hommes. L'autorité, la plus forte chose du monde, a pour fondement la faiblesse ; et ce fondement est admirablement sûr, dit Pascal, car rien n'est plus sûr que ceci : la faiblesse du peuple. « Ce qui est fondé sur la raison, comme l'estime de la sagesse, est bien mal fondé, » ajoute ce grand homme.)

Où est la base du protestantisme ? le ramener à son principe l'anéantit. Sa base, je la cherche avec lui. Quant à sa racine, elle est éternellement vivante dans la présomption du moi, l'impatience du joug chez l'homme, l'insubordination de la foule. Mais, pourquoi tant de durée? Tout édifice demeure plus longtemps à bas que debout. Il coûte peu de garder une ruine.

CHAP. XXXVIII.

ORIGINE DE LA RÉFORMATION.

Il fallait une réforme dans les mœurs et non dans les idées, qui elles-mêmes réclamaient d'autres mœurs. Les Réformateurs ont donné jour à une nouvelle éruption de l'esprit de l'homme, et, par là, remis en question la Civilisation moderne. Dans l'homme, la révolte est toujours prête ; ils saisirent le prétexte au moment où il se montrait.

Les idées chrétiennes s'étaient répandues et constituées parmi les hommes. Ce qui restait de barbare dans leurs mœurs sautait alors à tous les yeux. Il n'y avait pas de réforme à faire dans les idées, qui étaient vraies, mais dans les mœurs, qui, liées de plus près au cœur, s'en vont toujours les dernières. Ils voulurent réformer les idées[1], et, de méprise en méprise, poussèrent l'Europe en un chaos tel que, depuis trois cents ans, ni les mœurs ni les idées ne sont fixées ; et l'on discute encore sur tout, au grand ébahissement de notre âge. Les gouvernements, ne pouvant plus eux-mêmes dire où était la vérité, perdirent, dans ce conflit de leur principe et de leurs propres lois, toute autorité sur les peuples ; et l'Église, à qui l'on dénia publiquement la possession du vrai, perdit de son empire sur les hommes, qui préférèrent de tout temps leur sens propre à l'obéissance et à la vérité.

1. Et ce fut une *ré-formation*, au lieu d'une réforme.

Après le miracle de Jésus-Christ venu pour sauver les hommes, il n'en est pas de plus grand sur la terre que celui de l'Église, achevant cet ouvrage au moyen de l'homme imparfait [1]. Et il n'est pas d'institution contre laquelle les fils des hommes aient enfanté plus de reproches ! Ce n'est point à la louange de leur cœur. Quoi ! vous étiez barbares, et vous demandez compte à l'Église de ce qu'elle vous a civilisés ; même du temps qu'elle y a mis ! L'Église avait devant elle plus que tous les travaux des conquérants. Ils soumirent des peuples, il fallut soumettre les âmes ; ils leur imposèrent des lois, il fallut leur donner des mœurs. C'est l'homme que l'Église a eu devant elle : et c'est par l'homme qu'il a fallu le dompter ! Il nous faudrait plus de science et de réflexion qu'il n'en existe aujourd'hui pour découvrir l'immensité du prodige. « Image du royaume de Dieu sur la terre, dit un Apologiste, l'Église s'adresse à des pécheurs ; elle vit sur un monde corrompu, elle ne peut donc agir entièrement hors du cercle du mal. Ce ne furent pas seulement les Grecs polis et les Romains civilisés, mais des peuplades féroces qui entrèrent dans son sein. Ses prêtres et ses évêques ne descendaient pas du Ciel. Il faut qu'elle les choisisse au milieu des hommes tels que la société les lui offre. Alors même, elle fait des prodiges ; elle fait jaillir les plus grands noms, les plus grandes lumières qui aient étonné le monde. Si, dans sa longue existence, elle n'a pas toujours brillé du même éclat, du moins nous savons que, comme Institution divine, jamais elle n'a failli. Et

---

1. De l'homme, il est vrai, mais qui a reçu les pouvoirs de Dieu.

comment révoquer en doute toute possibilité de décadence dans le ministère, quand le fait du protestantisme en est la preuve vivante? »

Mais de si beaux esprits étudient aujourd'hui l'histoire! Que coûtent les choses à la pensée? La vérité n'est-elle pas faite pour triompher partout? Tout ici-bas ne devait-il pas marcher comme par enchantement?... Eh! que n'ont-ils tenu en mains les affaires? Je frissonne aujourd'hui quand j'entends parler du Passé. Et le mal! et l'homme! et cette terrible volonté à gouverner et à guérir, tout ce pour quoi l'Église est sur la terre, le travail de ce monde enfin! Où trouver la véritable expérience? Je demande des juges; je ne vois que des imaginations qui chancellent sur tous les chemins de l'orgueil. Nous voudrions à l'Église la baguette d'or qui transforme les cœurs, et nous lui refusons les nôtres. Pauvres contradictions! Certes, les hommes ont montré peu de génie sur la question de la vérité, mais moins encore d'esprit sur la question de la pratique... « Qu'ont-ils vu, ces rares génies? » leur disait Bossuet. Ajoutez-y: qu'ont-ils saisi et qu'ont-ils fait [1]? Dieu envoie des Apôtres aux nations pour leur porter la vérité, et des Rois pour leur assurer la justice. Mais les hommes ont l'habitude de compter pour rien ce qui leur vient de Dieu, l'existence, la Grâce, la conscience, tout don parfait!

Que furent eux-mêmes les Réformateurs? A ceux qui

---

1. L'homme ne voit pas qu'on a tout fait pour lui. Si un esprit de sens et de mesure entreprenait une histoire de la faiblesse de l'esprit humain, le livre lui serait plus profitable que tout ce qu'on écrit sur ses progrès indéfinis.

découvraient des taches, non dans l'Église, mais sur elle, on pouvait dire : qu'ils connaissaient bien, à la vérité, une partie de la misère de l'homme, puisqu'ils la voyaient où elle a le plus d'apparence; mais qu'ils n'en connaissaient pas le fond, puisqu'ils ne voyaient point que cette misère serait immense, irrémédiable, si tant d'hommes choisis, tant d'hommes organisés ne travaillaient à la guérir... qu'enfin, elle est si effectivement immense, que ceux qui s'en sont le plus dépouillés en ce monde en portent des traces si visibles ! Voilà ce qu'on aurait pu dire aux Réformateurs, s'ils avaient été des Saints. Mais, si la paille qui était dans l'œil de l'Église leur a sauté aux yeux, la poutre logée dans le leur a crevé ceux des autres.

Prenez-les sur la logique, prenez-les sur la Foi, prenez-les sur les mœurs, ou sur la politique, vous arrivez sur une ruine : car enfin, qu'ont-ils apporté dans les États ? Les malheureuses pensées contre lesquelles tous les gouvernements de l'Europe, sa Foi, ses mœurs et ses institutions, ont eu depuis lors à combattre; pensées qui les prennent aujourd'hui de front et les renversent... Car l'homme moderne, réduit à demander, en cette heure, quelle vérité abritera encore sa famille et sa tête, se voit forcé lui-même d'examiner et d'exprimer son sentiment.

CHAP. XXXIX.

L'ÉGLISE VIT ET S'AVANCE AVEC NOUS.

L'Église ne se fonde point sur l'Écriture, puisqu'elle est *antérieure à la publication du Nouveau Testament...* Ce que l'Église annonce, elle le tient de la bouche du Sauveur; et, comme il l'envoie munie de ses pouvoirs pour enseigner, l'Église est elle-même une Écriture, mais une Écriture vivante [1]. Voilà le fait, voilà ce qu'il faut savoir.

Que l'Église soit antérieure au Nouveau Testament, c'est ce qu'un des premiers génies littéraires de l'Allemagne protestante a lui-même aperçu, et l'on peut dire à l'œil nu : « Toute la religion de Jésus-Christ, dit Lessing dans ses dernières œuvres, était déjà crue et pratiquée; cependant aucun des Évangélistes n'avait encore écrit [2]. L'Oraison dominicale était récitée avant que S. Mathieu l'eût mise sur le papier. Il en est

---

1. « Le Pontife romain est la règle vivante en matière de Foi. » Voir le R. P. Matthœucci, consult. de la Sac. Congrégation.
2. S. Pierre prêche la Foi à Jérusalem, à Césarée, à Antioche, à Rome, etc., et les saints Évangiles n'étaient point écrits.

S. Paul avait prêché au nom de l'Église à Corinthe, à Éphèse, à Antioche, à Thessalonique, etc., avant d'écrire ses Épîtres.

S. Luc, son disciple, dit lui-même qu'il écrit son Évangile « afin que l'on y reconnaisse *les vérités dont ils ont été instruits par la prédication.* »

S. Jean écrivit son Évangile dans un âge avancé : il avait fondé les églises d'Asie, et prêché pendant un grand nombre d'années avant de donner, par l'inspiration du Saint-Esprit, son immortel écrit.

On ne vit pas les successeurs des Apôtres répandre des copies ma-

ainsi de la formule du Baptême ; les auteurs sacrés n'en avaient pas fait mention, qu'elle était usitée parmi les fidèles. Si, sur ces points, les premiers chrétiens ne durent pas attendre les écrits des Apôtres, pourquoi auraient-ils été dans cette obligation sur d'autres ? Les Évangélistes n'ont jamais prétendu avoir consigné par écrit toutes les actions, ni toutes les paroles de Jésus-Christ... »

On adressait dernièrement la même observation à ceux qui veulent fonder toute la Foi sur l'Écriture : « Le Christianisme primitif a existé avant la lecture du Nouveau Testament ; il s'est fondé et propagé sans les Écritures. Ce n'est que plusieurs années après la mort de Jésus qu'apparaît l'Évangile de S. Mathieu. Les autres Évangiles et les écrits des Apôtres se succèdent à des intervalles divers ; ce n'est qu'après soixante-dix ans que le livre des Écritures est achevé. Or, ce temps est précisément celui qui correspond à l'établissement du Christianisme, à l'enseignement primitif. Pendant ce temps, comment les chrétiens se faisaient-ils ? Puisque les Écritures n'existaient pas, ou n'étaient pas connues, c'était donc par l'enseignement oral. Les Écritures sont venues après, pour fixer, jusqu'à un certain point, l'enseignement de Jésus-Christ, plutôt que pour le donner intégralement. Cela est d'autant plus certain que nous ne voyons pas que Jésus-Christ ait ordonné à ses Apôtres de rien écrire. Ils n'ont écrit

---

nuscrites (déjà si multipliées) de l'Évangile, ni les traduire dans les diverses langues ; mais on les vit porter eux-mêmes la Parole aux diverses nations... Ils savaient donc que la Parole, et non le sens perçu dans le livre, portait la vérité.

que par circonstance, pour répondre à des difficultés du moment, n'entendant point formuler un corps de doctrine, ni présenter la doctrine entière de Jésus-Christ, séparés eux-mêmes par les temps et les lieux, n'ayant pu se concerter, pour ne rien omettre d'essentiel. Aussi, leur livre présente ce singulier phénomène, d'être composé comme de fragments épars, n'ayant d'autre lien d'unité que celui de cette vérité qui les anime tous. Si, à l'origine, l'Écriture n'était point l'essence du Christianisme, elle ne l'est pas davantage aujourd'hui. C'est un Livre inspiré, un trésor précieux que conserve et où puise l'Église, mais qui ne saurait contenir toute la Doctrine du Maître, et n'est point fait pour la transmettre d'une manière vivante, surtout par sa nature de lettre morte, et qui ne peut s'interpréter de lui-même [1]. »

Et c'est sur ce livre que Jésus n'a point commandé, sur ce livre écrit dans de semblables conditions, bien qu'il soit un trésor, que l'on fonde la Foi qui doit transformer tous les hommes! C'est à ces pages détachées, que les Apôtres eux-mêmes appellent incomplètes, que l'on confierait le salut du genre humain! Jésus-Christ a parlé d'une Église, et non d'un *Livre...* Au reste, il y a un fait péremptoire: le Sauveur dit à ses disciples : « J'AI BEAUCOUP DE CHO-
« SES A VOUS DIRE que vous ne pouvez comprendre.
« Quand l'Esprit que je vous enverrai sera venu, IL VOUS

---

1. J'ai connu assez tôt l'excellente conférence de Divonne, conduite par M. l'abbé Mermillod et par M. l'abbé Martin, pour me procurer l'avantage de reproduire ce passage. Elle en renferme plusieurs du plus vif intérêt.

« ENSEIGNERA TOUTE VÉRITÉ. » Donc, il manque au Nouveau Testament BEAUCOUP DE CHOSES que Jésus aurait *à nous dire*, et nous devons attendre ceux qui, par le pouvoir du Saint-Esprit, *nous enseigneront* TOUTE *Vérité*... Pâlir sur l'Écriture, et ne la savoir lire !

Et qu'il est triste, toutefois, de préférer un texte mort qui nous laisse, à une Église qui vit et marche avec nous ! La doctrine de Jésus-Christ pourrait entrer dans la lettre qui tue, et elle ne pourrait entrer dans la parole qui vivifie, dans cette Parole chargée de la porter aux nations ? Platon ne pensait pas au Protestantisme quand il prononça contre l'Écriture ses jugements immortels. Comment la sainte Écriture s'adressera-t-elle aux langues et aux peuples divers ? Quel nouveau Dieu leur transmettra des traductions où le sens divin renaisse dans sa rectitude ? Enfin, qui osera l'enseigner sans frémir de la crainte de la fausser ?

Lorsque Jésus-Christ eut prêché sa parole, dit un Allemand déjà cité, et qu'elle fut reçue par ses disciples, elle devint foi, possession humaine ; et quand il fut remonté vers son Père, elle n'existait plus au monde que dans cette Foi. Aussi fut-elle confiée à Pierre. Or, dès que la parole divine fut devenue Foi humaine, elle dut participer aux conditions intellectuelles de l'humanité. Il fallut l'apprendre, il fallut l'enseigner ; elle fut perçue, conservée et transmise. Déjà, dans le choix et la disposition des matières de l'Évangile, se retrace le génie propre de chacun des historiens sacrés. Et lorsque les Apôtres traverseront les mers, et lorsqu'ils seront séparés, et aux extrémités du monde !.. Il s'élèvera des difficultés ; la doctrine sera soumise en divers lieux à l'exercice de l'intelligence humaine ; elle sera analysée, reçue par des divisions logiques, coordonnée, comparée, puis ramenée à certains points fondamentaux et mise en relief dans ses bases. Ainsi élaborée, la doctrine se montrera sous ses diverses faces, immuable toujours quant à l'essence, mais non quant à l'expression et aux développements qu'exigent les lieux et les besoins des esprits. La civilisation parcourra ses phases, il faudra suivre la conscience et la pensée dans leur cours. Or, lorsque l'Église définit la doctrine primitive contre les hérésies, il faut bien qu'elle ajoute des paroles à celles de l'Ecriture ; il faut bien qu'elle remplace l'expression apostolique par une autre plus propre à exclure l'erreur qu'elle doit repousser. L'hérésie se produira sous mille faces : l'Église doit se porter devant chacune, opposer à la nouveauté d'expression une terminologie nouvelle. C'est ainsi que, traversant les erreurs les unes après les autres, les travaux de l'Église nous font entrer toujours plus avant dans la sainte Écriture. Et ici, comment le Protestantisme peut-il dire : Vous abandonnez le livre saint pour ne prêcher que la doctrine de l'Église? Si la pensée a pénétré plus avant dans l'Évangile, on le doit, en définitive, à ces attaques de l'erreur. Que l'on compare seulement, dit Mœlher, dont je ne fais que paraphraser ici les données pleines de sens, les auteurs des derniers temps avec les ouvrages antérieurs au Concile de Trente, on verra que, dans la connaissance du Christianisme, nous sommes à un degré plus haut qu'avant la Réforme. Les dogmes remis en question ont été placés sous un plus grand jour. Enfin, lorsque l'erreur a semé la division, quel moyen de discerner la doctrine et de revenir à l'unité sans cette Église qui suit nos âmes, sans ce tribunal infaillible qui peut à tout instant leur faire voir la vérité? L'Église pourvoit à nos besoins.

L'Église a-t-elle donc changé? Elle n'a ni vieilli ni changé; elle nous a suivis pas à pas. Elle a eu ses accroissements, soit pour remplir les vides qui s'opéraient en nous-mêmes, soit pour étendre ses racines à mesure qu'elle doublait le sol en notre âme. « Il faut, dit S. Vincent de Lérins, que ce soit un vrai accroissement et non un changement de Foi; car c'est un grand bien que chaque chose s'augmente et s'agrandisse en elle-même. Il faut que l'intelligence, la science et la sagesse croissent de siècle en siècle, mais en chaque genre seulement, en un même sens et en une même doctrine. La religion des âmes imite l'ordre du progrès des corps, qui, en acquérant leur perfection par le succès des années, demeurent toujours les mêmes. C'est ainsi qu'il faut que la doctrine chrétienne s'affermisse et s'étende par le temps, et que par l'âge elle croisse en hauteur. »

Les sectaires, qui n'ont point compris la marche que la vérité accomplit autour de notre âme pour l'éclairer, se jettent dans toutes les extrémités. Pressés par ce besoin du merveilleux qui fait le fond de l'âme humaine, ils rapportent à l'Écriture leurs propres rêves, les croient des dogmes et veulent nous les enseigner. Les illuminés pullulèrent dès que la lumière de la Foi se retira des esprits. Quand le jour se retire, on voit les lampes s'allumer. Dans cette nuit, l'imagination cherche à se faire une lumière. Il faut la vie, l'avenir, de merveilleuses espérances à l'homme, créé pour l'immortalité. C'est parce qu'il s'est privé des promesses de l'Infini, qu'il vit si agité de nos jours.

Ce siècle a manqué la question de l'Église : partout il veut y suppléer. Les hommes s'assemblent, se concertent, mais ne se réunissent plus. Ils travaillent, ils veulent donner la Vérité à la terre. C'est comme s'ils la voulaient remuer.

CHAP. XL.

L'ÉGLISE PRÉSERVE LA TRADITION ET L'ÉCRITURE.

La Tradition, c'est la parole de Dieu conservée vivante dans le sein de l'Église : à l'état de transmission de faits, dans la bouche des fidèles qui la rapportent; à l'état d'article de Foi, dans la bouche de l'Église qui l'établit. Enfin, elle est la constante croyance et la Foi transmise de cette sainte Église. Le concile de Trente la nomme *universus Ecclesiæ sensus*. (Sess. XIII, c. 2.) De là, saint Augustin disait : « Je ne croirais « pas à l'Écriture Sainte, si je n'y étais déterminé par « l'autorité de l'Église; » ce qui veut dire, par l'autorité de Jésus-Christ. L'Église se met-elle au-dessus de ce qu'a dit Jésus-Christ? Nullement. L'Église nous apprend si c'est bien S. Mathieu, S. Marc, S. Luc, ou S. Jean qui ont écrit ou non ce livre; elle nous apprend si tel sens est ou non celui de l'Évangile, et, dès lors, à nous soumettre à l'Évangile.

Dès l'origine on disputa sur les Livres saints, et les sectes se formèrent. On discutait. Quoi? on opposait des raisonnements à des raisonnements. Où était la vérité? Où résidait la certitude? Dans la Foi constante, dans l'universelle Tradition. Réponse juste. Mais où résident la Foi constante et l'universelle Tradition? Comment le déterminer sans fonder soi-même une secte de plus? A quelle marque avérée reconnaître la Foi constante et l'universelle Tradition, si, auprès de l'Écriture, comme auprès de la Tradition, n'existe ce critérium péremptoire, visible à tous les yeux, le pouvoir donné par Jésus à l'Église, l'Infaillibilité?

Sans ce Pouvoir, comment, au sein des hommes, déterminer avec certitude la vérité de Foi? Sans la Promesse, l'Église peut tout au plus dire aux sectaires: Voilà mon sentiment à moi, le sens que je trouve dans l'Écriture. Et certes, ce serait humainement le sens le plus probable, le sens le plus sage; mais encore, comment sera-t-il tenu pour tel chez les hommes? Comment pourrait-il refuser toute place au doute ou convaincre péremptoirement d'erreur? Enfin, de même que toute connaissance humaine, comment n'en subirait-il pas la loi, qui est de se transformer et de s'étendre chaque fois qu'on l'étudie d'une manière plus approfondie? chacun n'a-t-il pas droit d'entamer cette étude plus approfondie? Et, à supposer que la vérité existât réellement en l'une de ces sectes, à quoi la reconnaître elle-même; et quel pouvoir aura-t-elle sur les autres sectes pour s'en faire obéir? La vérité sera donc ce qu'elle fut dans l'antiquité, perdue au milieu de l'erreur, et accessible à quelques hommes d'exception, incapables eux-mêmes d'être compris de la foule? Où sera l'avantage de la seconde Révélation?

Les faits tiennent notre langage. Les sectes cédèrent à des sectes nouvelles; elles se succédèrent comme les siècles, et, comme les siècles, disparurent laissant l'Église debout. A leur naissance, toutes ces sectes reconnurent successivement qu'en condamnant les sectes qui les précédaient, l'Église avait agi dans la vérité; qu'elle en avait été l'infaillible interprète. Toutes ainsi sont venues successivement déposer de la vérité de l'Église [1]. Elles n'ont commencé à la trouver fausse que sur un point, celui qui l'empêchait de les admettre. Unique point de dissidence; pour le reste, tout va bien. Mais voilà que la secte ultérieure trouve fort juste que l'Église ait repoussé sa devancière... Et ainsi jusqu'à la fin...

L'histoire des dissidences n'est, de la sorte, qu'un éternel aveu des faits. « L'histoire de l'Église, remarque « Pascal, doit proprement être appelée l'histoire de la « vérité. » Et c'est pourquoi on la retrouve tout au long côtoyée par l'erreur. Suivant les règles de la critique historique, c'est l'accord dans la variété des témoins qui fait foi; dès qu'ils ont un intérêt opposé au fait, on cesse de les entendre. Or, les sectes ne peuvent prendre possession du Christianisme originel que dans l'union avec l'Église. Tant qu'il s'agit de prendre naissance dans l'Église ou ses Écritures, on se tait. Si jusque-là les sectes se sont appuyées sur l'Église, c'est

1. « L'Arien reçoit avec joie les décisions portées contre les Gnostiques; le Pélasgien et le Nestorien, celles portées contre l'Arianisme; les Luthériens, les Calvinistes donnent leur assentiment aux condamnations portées contre les Pélasgiens; enfin les Jansénistes, à celles que l'Église a portées contre toutes les hérésies. »

qu'à leurs yeux elle était vraie : elles sont ici toutes d'accord. Mais si, à partir de là, elles se sont séparées d'Elle, c'est que leurs intérêts lui devenaient opposés... Quand il s'agit d'écarter la pensée d'autrui, toutes consentent à l'Église ; quand leur système est en jeu, alors elles la répudient. La vérité n'en demande pas davantage.

Enfin les hérésies nous démontrent l'existence de l'Église. Elles l'attaquent depuis le commencement, elles prouvent qu'elle existe dès le commencement ! Qu'affirment effectivement les hérésies de tous les siècles ? qu'Elle était dans tous les siècles la citadelle de la vérité, puisqu'elles se présentaient de tous côtés pour l'investir. Les Ariens ne sont venus nier la divinité de Jésus-Christ que parce qu'elle était reconnue de l'Église. Les Nestoriens ne sont venus nier en Jésus-Christ l'une des deux natures, que parce que l'Église reconnaissait les deux natures ; etc., etc. Aussi, de cette éternelle agression contre les dogmes de l'Église, on vit bientôt sortir des ruisseaux de lumière, un océan de vérité.

Les objections tombent une à une devant les consciences libres. Nous franchissons les galeries obscures creusées par les raisonnements, et nous pénétrons vers le jour.

CHAP. XLI.

DANS L'ÉGLISE,
JÉSUS-CHRIST CONSERVE
L'ÉCRITURE, LA TRADITION ET LES PÈRES.

Si l'Église n'est fondée directement ni sur l'Écriture, ni sur les Pères, ni sur la Tradition, elle n'en reçoit pas moins de l'Écriture, des Pères et de la Tradition, le plus grand tribut de lumières et un témoignage complet. L'Église ne repose pas sur la raison, et cependant elle en reçoit toute une clarté et un hommage éclatant. Ainsi le Fleuve, qui descend de sa source, recueille ses affluents, pressés d'entrer dans ses eaux et d'en prendre le cours. Ainsi le Roi, qui tient le sceptre de ses ancêtres, n'en reçoit pas moins le libre hommage de ses peuples et le concours des alliés de la Couronne.

Les Églises réformées ne peuvent même se déclarer fondées sur l'Écriture, la Tradition ou les Pères, sans montrer imprudemment le mensonge de leur origine. Vous sentez que la Révélation divine se résout, en définitive, en une question d'Enseignement : les hommes doivent être instruits, instruits avec certitude. Il ne s'agit de nier ni l'Écriture, ni la Tradition, ni les Pères, mais de savoir où ils sont, de bien entendre ce qu'ils disent. Toute la question se résolvant en une question d'enseignement, il faut qu'un tel enseignement repose sur un fondement plus qu'humain, ou tout jusqu'ici est perdu...

Par son Institution, Jésus-Christ a voulu précisément conserver dans leur auguste pureté, dans toute la vertu de leur origine, l'Écriture, la Tradition et les Pères. L'Église ne leur est point une étrangère, mais une compatriote immortelle. Loin d'étouffer l'Écriture, la Tradition et les Pères, l'Église en est précisément l'âme et la sauvegarde : ils existent, ils éclosent, ils opèrent et se perpétuent en elle. Ils sont dans sa pensée, dans l'accent de sa voix ; ils retrouvent la vie sur ses lèvres, et leur éclat est comme un rayon de sa gloire.

Ainsi couronnée de la Lumière, assise sur la Vérité dans les régions inaccessibles aux nuages, et voyant fuir au-dessous d'elle le fleuve de l'erreur, règne l'épouse de Jésus-Christ ! Douce comme l'espérance, ses yeux sont tendrement fixés sur l'homme ; elle a pour lui la parole de l'ange et le sourire de l'immortalité ! Ses pieds, comme les rayons du soleil, descendent partout sur la terre, pour le chercher, tandis que sa main bénie lui ouvre la porte du Ciel... Les Écritures l'annoncent, la Tradition la désigne, les Pères l'acclament de leurs augustes voix, et, avec la foule des justes, se précipitent joyeux dans son sein. « Je vis la sainte Cité, dit
« S. Jean, la nouvelle Jérusalem qui venait de Dieu,
« et descendait du Ciel, ornée comme une épouse
« qui s'est parée pour son époux. Et j'entendis une
« voix forte qui venait du Trône et qui disait : Voici
« LE TABERNACLE DE DIEU PARMI LES HOMMES : ET IL
« HABITERA AVEC EUX. Ils seront son peuple ; et
« Dieu lui-même DEMEURERA AVEC EUX, sera leur Dieu.

. . . .

C'est parce que l'Église est divine, qu'elle est constamment attaquée par l'erreur ; c'est parce qu'elle est pleine de merveilles, que les hommes viennent la dépouiller. Ne pouvant lui ravir ni l'Infaillibilité, confiée par Jésus à Pierre, ni les divins Pouvoirs, conférés à tous les Apôtres, ni les dons de l'Esprit-Saint, promis au Corps entier, les hérésies ont voulu lui dérober l'Écriture. Elles lui disputent l'Écriture, à elle qui a fixé le texte et le sens des Écritures ; la Tradition, à elle qui est la racine et l'arbre de la Tradition ; les Pères, à elle qui les a tous possédés ! Elles ont voulu lui dire : Tes lumières, comme les nôtres, viennent de l'Écriture ; et tes dogmes aussi ont pour appui la Tradition. Mais voilà qu'en passant par leurs mains, l'Écriture n'a produit que des doctrines monstrueuses ; et que la Tradition, loin de leur maintenir des dogmes, s'est rompue à leurs yeux, ne laissant à chacune qu'un tronçon dans les doigts.

Avec leurs docteurs, où sont-elles ? Elles passent : et leur nom même ne leur peut servir. A tout instant elles s'assemblent pour se définir ; à tout instant un nom nouveau les consterne en leur rappelant leur néant. Elles passent ; et, dans l'impuissance de s'atteindre elles-mêmes, elles jettent un soupir en perdant de vue Celle que Jésus-Christ *a envoyée*, comme il fut *envoyé par son Père*. Qui peut troubler le cours des lois éternelles ? Le Saint-Esprit procède du Père et du Fils, et l'Église, du Saint-Esprit. . . . .

Pénétrez dans la région des hérésies ; d'heure en heure, c'est une hérésie qui s'élève ou une hérésie qui s'affaisse ; on croit entendre le bruit à peine interrompu de l'avalanche dans les gorges des Alpes. Cependant, à la même heure, dans l'univers entier, l'Eglise fait entendre distinctement une même parole, et prolonge l'enseignement d'une doctrine éternelle. L'unité, preuve du vrai, l'universalité, preuve du vrai, la sainteté, preuve du vrai, déposent en même temps sur son front leur triple diadème. Il faut bien l'avouer, aujourd'hui que le monde atteint six mille ans, l'Église offre un spectacle inouï dans le monde ! Depuis la première heure jusqu'à celle où nous sommes, de Pierre à Pie IX, elle est identique à elle-même et identique à la vérité ! identique dans sa racine, dans sa structure, dans sa parole, dans son amour pour les hommes. Ah ! elle est une, elle est catholique, elle est Apostolique, elle est de Dieu, et ni ma mère ni ma raison ne m'ont trompé en m'apprenant à reconnaître ici-bas la vérité !

Aucune science, d'ailleurs, n'est sortie des énormes travaux de toutes ces hérésies. Elles le voient maintenant ; elles n'ont su attaquer la Foi que par une action négative. Enfin elles n'ont su s'arrêter dans leur marche qu'elles n'aient épuisé le cercle des Dogmes, qu'elles nient successivement. Par quoi pourraient-elles remplacer ce réservoir immense de notre civilisation moderne, cette science première, incomparable, d'où sont sortis à la fois les sciences morales, le droit, les mœurs, nos idées, la conscience moderne ; cette science de l'Ange, qui nous élève incommensurablement au-dessus de l'antiquité, la Théologie ?

CHAP. XLII.

SCIENCE APPORTÉE PAR L'ÉGLISE ; CONCOURS DE LA MÉTAPHYSIQUE ET DU BON SENS, DANS LA THÉOLOGIE.

S'il y a quelque chose de solide au monde, ce sont les deux pôles de l'esprit, la métaphysique et le bon sens. La première tire ses solutions du nécessaire, de l'Infini ; le second, de la pratique générale. C'est le bon sens qui dit : reconnaissez l'arbre à ses fruits ; et la haute métaphysique : soyez un comme au Ciel nous sommes un. Réunis, les deux faits constituent éminemment le génie ; un seul suffit quelquefois, car jamais l'un ne subsiste entièrement privé de l'autre. La métaphysique donne le bon sens à celui qui le désire, et le bon sens, la métaphysique à celui qui la veut chercher. De là, quand l'une s'éloigne, l'autre ne tarde pas à s'affaiblir. Sans la lumière d'en haut, le bon sens ne s'élève pas au-dessus de l'expérience vulgaire ; il n'arrive point à la sagesse, à la pure raison. Sans le bon sens, la métaphysique apparaît comme ces astres éloignés qui n'envoient aucune chaleur à la terre. La métaphysique découvre à la morale sa racine dans l'Infini, et la morale donne ses fruits précieux à la métaphysique. Ce sont les deux faces des choses, la lumière pour tous les esprits. La morale est le côté visible du bien, la métaphysique en est la vue divine. De même que pour le bon sens, la morale qui ne fait point tomber sur elle le rayon de la métaphysique, voit pâlir son autorité dans l'esprit méfiant des hommes ; et la métaphysique qui ne répand point de conséquences morales, est une étoile qui s'est perdue.

Ainsi peuvent disparaître les pôles de la pensée. Quand le bon sens se prive des hautes notions métaphysiques, comme dans les civilisations de troisième ordre, il incline vers la terre et maintient les hommes dans un état grossier. On perd de vue la liaison précieuse entre les idées supérieures et la pratique journalière ; on ne voit que l'utile. Les peuples s'engourdissent dans l'atmosphère de ce matérialisme ; puis se courbent sous le despotisme ou s'effacent dans la conquête. Quand la métaphysique se prive du bon sens, comme dans le Bas-Empire (ou dans les têtes hégéliennes de nos jours), elle s'exile peu à peu de la pensée des hommes, elle perd la trace faite par les consciences. Le penseur suit des abstractions, vraies peut-être pour lui, mais qui ne peuvent plus prendre pied dans la langue, y rencontrer la morale et les idées saines des hommes. Seul, on s'égare ; le fil qui nous rattache à la pratique se brise, on passe dans des régions vaines, en quelque sorte privées d'air. Au sein du vide, la vue s'obscurcit bientôt, et les peuples, heurtant à tous les angles de l'erreur, vont tomber au même point que les premiers. Il faut de la pensée, il faut de la vertu pour tenir l'homme debout. Toutes les fois que l'esprit humain a pris son essor par le sentier exclusif, soit de la métaphysique, soit de la pure expérience, son char a versé d'un côté ou de l'autre. C'est l'histoire des hommes, ce fut celle de l'Antiquité. Aucune philosophie ne put y conclure l'union divine de la pratique et de l'Idée, ni dès lors fonder la morale.

Or, l'Église a apporté une science qui, pour la première fois en ce monde, a réuni la plus haute métaphysique au plus parfait bon sens, l'idée la plus élevée à la pratique la plus sûre, c'est la Théologie. Elle seule est allée si loin dans l'Être, qu'elle a élevé notre sentiment de l'Infini jusqu'à l'amour, et si avant dans l'homme qu'elle en a conduit la marche jusqu'à la perfection du saint. Profondeur inouïe! simplicité surnaturelle! c'est la Théologie, c'est la science apportée par l'Église qui a réuni les deux pôles dans cette perfection, dans ce miracle de la terre qu'on nomme la sainteté! Mais les esprits ne sont déjà plus assez grands pour le voir... Quelle secte, quelle philosophie a prétendu publiquement donner des saints au monde? Imaginez des législateurs ou des rois se réunissant pour procéder à une canonisation ou pour fonder une théologie! La moindre tentative en ces choses provoquerait le ridicule universel [1].

Trouvez une métaphysique à la fois plus profonde et plus expérimentale; trouvez une pratique à la fois plus hardie et plus sainte que cet acte qui, entrant dans l'Infini comme dans une source, en fait descendre les dons sur nous par le canal des sacrements; que cette puissance de la prière qui, pénétrant Dieu jusqu'au cœur, en fait passer la vie, sous le nom de Grâce, dans l'acte privé de l'homme, au point que l'homme a pu s'entendre dire

[1]. Question bien simple : qui a donné la Théologie au monde? qui lui a donné les saints?

ces paroles : *Estote perfecti sicut Pater!* Pater ! Devant ce mot qui nous découvrit Dieu pour jamais, que sont les pâles notions que la métaphysique des siècles nous a données sur l'Être ? Pensées de l'homme, philosophie, où êtes-vous ? Que sont ces abstractions mathématiques de substance, de cause et de loi, quand nous ne pouvons ni saisir la substance, ni sortir de l'effet, ni parler à la loi ? Que sont ces abstractions devant nous, qui pouvons posséder Dieu jusqu'au ravissement, par l'amour; jusqu'à lui ouvrir la main, par la prière ? Quelle révélation! quel monde arrivé dans l'attraction de l'homme !

Et cette relation avec l'Infini ne reste point dans un rêve; elle est le thermomètre des civilisations de la terre. L'élévation en est proportionnelle à cette connaissance, j'ose dire à cette possession de l'Infini. Sous le nom de justice, de vérité et de beauté, Dieu est le grand élément qui coule dans leurs veines. Les peuples qui n'ont rien connu de Dieu, sont restés sauvages. Ceux qui n'en ont connu que la puissance, sont demeurés barbares. Ceux qui n'en ont connu que l'intelligence, n'ont été que policés. Ceux-là seuls qui l'ont connu comme amour, *Deus charitas est*, ont rencontré la charité et toutes les poésies de la vertu au milieu de leurs mœurs. L'antiquité n'a eu qu'un philosophe, Platon, qui ait parlé du premier des deux problèmes, et qu'un sage, Socrate, qui ait nommé le second, aux yeux surpris de leurs contemporains.

CHAP. XLIII.

DES THÉOLOGIENS COMME ÉCOLE.

Or, philosophiquement, qu'est-ce que l'Église, sinon la plus étonnante, mais je dois dire la seule École de théologiens qu'il y ait eu sur la terre!

Quelle est l'école où les philosophes, au lieu de venir successivement pour combattre les principes de leurs prédécesseurs, arrivent pour les affirmer, pour s'unir de cœur, de génie et de Foi, dans la même pensée? Pourquoi les philosophes ne se succèdent-ils que pour se contredire, et les théologiens que pour se confirmer? C'est la question que je me fais. Là, quelques hommes sortant l'un après l'autre des ténèbres une lampe à la main, soufflent sur celle de leurs devanciers, se hâtent de placer la leur et rentrent dans la nuit. Ici, un astre qui monte sur l'horizon, les peuples se réveillent, le génie et les saints se pressent, et les générations se lèvent pour le mieux voir. Ici, la beauté, le grand jour, comme dans les œuvres de Dieu; là, une lueur qui paraît, et rentre à tout instant dans l'ombre. Mon âme doit-elle ainsi vaciller dans ses espérances [1]?

Encore une fois, quelle est l'école dont le principe,

---

1. Eh! que me veut, à moi, cette pensée qui balbutie à peine ce qu'elle entend, lorsque je vois la Parole, comme une flamme sortie de Dieu, éclairant sur sa route toutes les âmes jusqu'à moi, sans qu'aucun vent ait pu l'éteindre?

au lieu d'être remis en question au premier point de vue qui s'élève, s'avance et brille avec l'éclat d'un phare jusqu'au fond de l'avenir? école qui fonde une ontologie dont les axiomes n'ont jamais pu franchir les bornes; école qui fonde les lois qui donnèrent le jour à l'Europe moderne; école qui fonde les mœurs, et introduit le bien, à tous les degrés, dans l'universalité des âmes; école enfin qui institue une Civilisation inconnue à la terre, et nourrit la conscience publique par l'esprit de justice et de vérité qu'elle n'a cessé de verser à flot dans son sein. On se plaît à de frêles questions, à chercher, par exemple, l'influence de la littérature sur la Société, celle de tel ou tel art, de telle ou telle science. A-t-on cherché l'influence de la Théologie?.. Mais on ne cherche pas l'influence de Dieu sur le monde. La Théologie a créé le monde moderne. Tout cela se voit dans un mot: qui crée la conscience crée l'homme. La mesure de la pensée et la mesure des sentiments sont là; et cette mesure, c'est notre civilisation...

Mais ne parlons que de l'influence personnelle des Théologiens. Des sommets d'où l'horizon se découvre, ne regardons que ces ruisseaux de la sagesse affluant de tous les côtés pour arroser les vertus sur la terre, maintenir partout les niveaux du sens commun et de la justice chez les hommes et les peuples les plus élevés. Où est la question qui, même publiquement, ne se décide en définitive par la conscience? et où est la conscience qui se décide contrairement aux suprêmes avis de la Théologie? Mais le monde ne voit point qui le mène. Se rend-on compte de cette multitude d'idées supérieures sur la justice et sur la conduite de Dieu, qui sont les règles ordinaires des esprits et les mobiles des âmes, et de cette somme incalculable de notions appliquées à toutes les positions de la vie, qui, par le canal de la confession, se versent à tout instant parmi nous, nourrissent la raison et maintiennent la limpidité des sources de l'esprit public? Cette action échappe par sa grandeur, comme la clarté au sein du jour. Souvent les hommes promulguent des lois et des institutions comme si elles provenaient d'eux. A leur durée, à leurs effets sur nous, ils pourraient reconnaître lorsqu'en effet elles en proviennent! L'antiquité eût considéré nos théologiens comme des hommes divins ; elle les eût pris pour les Génies de la civilisation. Ce sont ceux-là que la Grèce eût appelés du nom de Sages ; ceux-là dont elle eût dit : « Ils sont de race divine ; leur vie est à la fois naïve « et sublime; ils célèbrent les Dieux avec une bouche « d'or, et sont les plus simples des hommes ; ils cau- « sent comme des immortels ou comme de petits en- « fants. » Non-seulement ils agissent comme ces hauts réservoirs qui imbibent les plaines de fécondité ; mais individuellement, ils ont été la lumière et la sagesse de l'Occident. Ils ont donné à l'esprit humain, par saint Paul, saint Thomas, saint Augustin et saint Anselme, les colonnes de la métaphysique ; à la Société moderne, les bases et le but de sa législation ; à l'âme, ses plus profonds investigateurs ; à la vie intérieure, ses plus prodigieux modèles ; à la chaire, ses plus grands orateurs ; aux États, dans les temps difficiles, les ministres les plus célèbres qu'ils aient eus, et à l'univers, la Papauté.

Une chose renversait chez nous la Civilisation, la chute de la conscience privée ; une chose renverserait à la fois la conscience publique et la conscience privée, la disparition de la Théologie ; une chose ferait disparaître la Théologie, l'absence parmi nous de l'Église.

Cette absence, il est vrai, ferait écrouler le Pouvoir en même temps que les mœurs ; la Société s'en irait par les deux bouts. Si, en Europe, les Pouvoirs semblent tenir encore, c'est par ce reste de lien, ce faible lien qui les rattache secrètement au principe divin dont on s'éloigne, hélas! tous les jours. L'époque où ce lien cessera, verra le droit se briser et l'Europe retomber dans la barbarie. Eh! pourquoi venez-vous gouverner les hommes, pourquoi leur imposer ainsi la justice et la paix? Les hommes ne possèdent donc point par eux-mêmes la justice et la paix, qu'il faille partout les leur donner? Il y a donc quelque chose en eux qui repousse cette justice, quelque chose en eux de mauvais? Prenons garde! derrière la Théologie se tient la politique... C'est pourquoi les hommes d'État naquirent si près des théologiens. La question qui, là, ne sera pas comme un roc immobile, qui paraîtra chancelante, incertaine, ici roulera sur nous comme le bloc qui se détache du sommet et couvre tout de ses décombres. L'homme ne peut être scindé, sa destinée éternelle ne peut être retirée de sa direction temporelle, puisque celle-ci est le moyen. En remontant au Principe de l'Église, ce n'est pas l'Église seulement que l'on défend...

CHAP. XLIV.

SUBLIME RÉALITÉ DE L'ÉGLISE.

Mais déjà l'erreur, qui en tout occupe la plus grande place, se retire devant le jour. Rien ne voile notre sujet; saisissons l'idée de l'Église et comprenons tout ce qu'Elle est.

La vérité ne demande que peu de mots. L'Église est la sainte continuation de Jésus-Christ sur la terre, le Verbe en permanence parmi nous. Sinon elle perd ses caractères et n'a plus droit à l'obéissance des hommes : JE SERAI AVEC VOUS JUSQU'A LA FIN ; rien de plus clair. Et le chrétien s'écrie : J'obéis, mais je sais que mon obéissance est rationnelle, *rationabile obsequium !* L'Église est la permanence du Verbe FAIT CHAIR, sa constante incarnation chez les hommes, et Jésus le souverain prêtre... Il faut bien que le prêtre et Jésus-Christ ne soient qu'un [1], pour qu'il descende, à la Consécration, dans le Sacrement de l'autel. Du vrai principe, nécessairement, découlent toutes les conséquences.

La vérité n'est qu'une logique bien faite. Ici l'Evangile et la métaphysique sont d'accord, et jusqu'à la pratique morale. Car le chrétien est tenu de considérer Jésus-Christ dans la personne du prêtre ; or, ce devoir, qui embrasse toute la hiérarchie, ne prend sa réalité que là. Enfin la question de l'Autorité, sans cette lu-

---

1. Soit pour les Sacrements, soit pour l'Autorité.

mière, est insoluble : l'Église n'est plus qu'une ombre d'Église, l'homme ne cède qu'à une ombre d'autorité, et n'est lui-même qu'une ombre de liberté.

Jésus-Christ est donc présent sur la terre : dans le Très-Saint-Sacrement, par sa personne ; dans l'Église, par sa Parole et ses Pouvoirs. Là s'accomplit la Promesse : Je serai avec vous jusqu'à la fin. Dieu fait des promesses positives, il est personnellement avec nous. Au reste, et vous l'avez senti, nul ne peut être infaillible si Jésus-Christ n'est pas là [1].

Le siècle manque de philosophie ; il n'embrasse pas d'assez haut la noble idée du monde, la marche de cette Création. L'Église, c'est la vérité en permanence, et le salut toujours présent ; c'est la voix de Dieu qu'on entend, et son Sang offert tous les jours sur l'autel. S'il fut nécessaire de rendre à l'homme la Grâce et la Vérité, ne l'est-il pas de les lui maintenir l'une et l'autre ? La terre ne saurait être écartée un instant de sa distance du soleil. L'âme est toujours à la même distance de Dieu, dans la même situation devant l'Être. Il faut que Dieu reste sur la terre pour que l'homme continue d'obéir. Il faut qu'il demeure avec lui pour qu'il ne cesse d'être sauvé...

Plusieurs ne veulent point de cette présence parmi les hommes, point d'Infaillibilité, d'autorité certaine ;

---

1. Comme Jésus-Christ, le prêtre dit : « Ma doctrine n'est pas ma doctrine, mais la doctrine de Celui qui m'a envoyé. » S. Jean, chap. vii.

ils préfèrent l'Écriture, le sens privé, l'examen libre, l'homme qui suit *la voix du Ciel*; d'autres, même, ne veulent pas de révélation. Pour eux, ni Église, ni Tradition, ni Écriture ; ils préfèrent la science, ses progrès, l'individu cherchant sa loi pour la donner à ses semblables ; c'est en l'homme en un mot qu'ils mettent leur confiance... Pour nous, nous CROYONS, c'est-à-dire, tenons pour certain que l'humanité, créée libre, ne doit obéir qu'à Dieu...

Le Christianisme, comment le nier, est la doctrine la plus logique qu'il y ait eu sur la terre : la seule, au reste, qui aille au but après avoir donné le problème du monde. Incomparable dans la pensée, incomparable dans la pratique, incomparable dans les faits. D'où lui viendraient les reproches? On ne lui en fait pas chez les anges ; mais les hommes, jusqu'à la fin, ne lui pardonneront pas de venir retrancher de leur cœur les désirs de l'orgueil et de la chair. Ils préféreront passer pour illogiques à leurs propres yeux (même auprès des esprits qui peuvent s'en apercevoir !) et rester maîtres de leur moi. On éblouit, on s'éblouit soi-même par quelque petite série logique [1] sous le nom de philoso-

1. Ils ont dit que l'esprit humain ne pouvait s'en tenir à la *Somme* de saint Thomas. Mais leur humain esprit n'a pu atteindre encore une thèse, celle de la Grâce par exemple, de ce sublime esprit. Si l'on ne sentait la destinée des âmes engagée dans la question, ces théories feraient sourire. Quelques hommes qui se nomment philosophes, parce que sur leur pupille dilatée la moindre idée prend les proportions d'un système, le présentent à d'autres hommes qui se nomment penseurs, parce qu'ils ne sauraient penser par eux-mêmes. Assis au milieu de l'erreur, ils n'ont même pas su la rassembler, ni mettre le lien au faisceau. Des systèmes ! des systèmes ! mais des principes, jamais. C'est là ce qui les emprisonne. Par les principes, on remonte

phie. Dans le problème, on arrive jusqu'ici ou jusquelà... Les maîtres sentent si bien, au fond, qu'ils ne sauraient tenir les deux extrémités de la chaîne, qu'ils s'arrêtent à la pensée, qu'ils n'exigent aucune pratique, qu'ils ne sortent jamais du rêve. Cependant il y a un but, une logique, une pratique à cette noble Création !

L'Eglise !.. Au moins, si Dieu a créé l'homme, je sais qu'il est parmi les hommes ! Au moins, s'il appelle les âmes à l'existence, il est là pour leur donner la Lumière et la Vie de l'éternelle Essence ! Il les soutient, il leur apporte la nourriture ; il élève lui-même sa couvée pour l'Infini... La voilà, elle vit, cette création ! elle a un sens, je ne suis plus un rêve qui se borne à la pensée ; je me sens auprès de Celui dans lequel *je me meus et je suis !* Car, qui pourrait se dissimuler qu'il est tiré tout entier du néant ? que même il ne saurait tenir jointes deux de ses molécules, ni ajouter une seconde à celles qui lui furent comptées ?. Ne voyant point son être, ne sachant même ce qu'il est, ni comment il s'accroît, l'homme reste aussi incapable devant l'Infini qu'il l'était, au néant, devant la pure existence. Que tirera-t-il de plus de son sein, cet être environné de tous côtés par la douleur ? Quoi ! parce que je vis, je crois appartenir à l'éternelle Vie ! Parce que je suis, je me crois propre à l'Infini, apte au Divin ! Ah ! c'est que j'ignore jusqu'au sens de la pensée, jusqu'aux paroles

---

vers Dieu, ou l'on arrive sur le terrain de la pratique. Mais les systèmes nous ferment partout le passage. « Comparons le système, disait le plus illustre homme d'État de l'Allemagne, le prince de Metternich, au canon dans une embrasure et ne tirant que d'un côté : le principe, au canon sur son affût et tirant de tous les côtés. » Quittez les systèmes pour entrer dans la vérité.

que je dis. Si un être pouvait de lui-même s'élever à l'Infini, c'est qu'il aurait en lui l'Infini, qu'il aurait de tout temps existé, qu'il serait l'Infini lui-même. Des philosophes! des philosophes! des hommes qui aient réfléchi aux lois de la Substance? Ils auraient saisi ce mot (ce mot le plus beau de la terre), qui révèle la nature de l'Infini et le moyen offert à l'homme pour s'y unir à jamais, ce mot qui explique tout, la Sainteté! « *Soyez Saints comme votre Père céleste; soyez un comme nous sommes* UN ! » Je les connais, les philosophes, ceux dont l'amour, franchissant la nature, conduisit leur esprit jusqu'aux sources de l'Être; je les connais, ce sont les Saints! Ceux-là ne se bornent pas à signaler une Substance infinie; ils l'appellent, ils l'adorent, et, par une pratique ineffable, la touchent de leur cœur, se jettent dans son sein! Ils ne se contentent pas de prononcer le doux nom de Dieu, ils lui apportent leur propre vie, ils s'y oublient dans l'ivresse de l'Infini... Voilà des philosophes! Et ce sont les enfants de l'Église.

Les ombres s'écartent, l'Église sort des nuages de la pensée. Considérons enfin sa marche, observons comment elle procède d'En-Haut, par une divine procession et une auguste Hiérarchie.

FIN DE LA DEUXIÈME PARTIE.

L'INFAILLIBILITÉ.

TROISIÈME PARTIE.

CHAP. XLV.

HIÉRARCHIE, OU GÉNÉRATION SPIRITUELLE.

La Hiérarchie est une autorité sacrée : sacrée, parce qu'elle vient de Dieu [1]. Rien n'est absolu ici-bas ; rien n'y existe, rien n'y persiste par soi-même. Les faits y succèdent aux faits, les lois seules sont immuables ; les êtres y remplacent les êtres, les races seules persistent, aussi parce qu'elles viennent de Dieu.

La Hiérarchie est l'ordre de la génération spirituelle dans l'Église. Il faut partir de Dieu, il faut en recevoir la vie, qui circule de proche en proche jusqu'à nous. Nous l'avons reçue de nos pères ; ils ont *autorité* [1] sur nous parce qu'ils sont nos *auteurs*. Et il existe ainsi

---

1. Hiérarchie, dans l'étymologie, *autorité sacrée*, de ἱερὰ ἀρχή.
2. Hiérarchie ou autorité, c'est la même chose ; toute vie ne peut venir que de Dieu.

plusieurs espèces d'autorités pour l'homme, parce qu'il existe plusieurs points d'où lui vient la conservation. D'où le Saint-Père aurait-il la vie de l'esprit, la vérité, s'il ne la tenait de Dieu; d'où les Évêques, aussi nos pères, s'ils ne la tenaient du Saint-Père; d'où les prêtres, plus près de nous, s'ils ne la recevaient des Évêques; d'où les fidèles, s'ils ne la recevaient d'eux à leur tour? Le Saint-Père, par la promesse; les Évêques, par leur union au Saint-Père; les prêtres, par leur soumission aux Évêques; les fidèles, par leur obéissance aux pasteurs. Et, en cela, le Saint-Père ne fait rien par une opération particulière, pas plus qu'Adam, le premier père. Seulement, il reçoit du Créateur et non d'un autre; il est le premier-né de la vérité. Il faut bien remonter à Dieu, prendre l'Infaillibilité à sa source; toute vie, comme tout pouvoir, vient de lui.

Loi nouvelle, et de là Église nouvelle. Melchisédech est appelé grand Prêtre, mais celui-ci est appelé saint Père, parce que tout bien de Dieu nous vient par lui. « Il s'élève un Prêtre, dit S. Paul, selon l'ordre de Melchisédech, qui n'est point établi par la loi d'une succession charnelle, mais par la puissance d'une vie immortelle. Ainsi, la loi première est abolie. Notre Pontife a reçu un ministère d'autant plus élevé, qu'il est médiateur d'une alliance plus parfaite, établie sur de plus solides promesses. Si rien n'eût manqué à la première alliance, il n'eût pas été nécessaire d'en établir une seconde [1].

Enfin dans l'Église, comme dans Jésus-Christ, l'hu-

---

1. Épître de saint Paul aux Hébreux, chap. VIII.

main s'associe au divin ; il faut que la céleste mission se montre aux hommes par un signe sensible, c'est-à-dire par un sacrement. (Concile de Trente, Sess. XXIII.) Il faut que ce Pouvoir sacré soit corps et âme comme l'homme, qu'il s'offre au sens et à l'esprit : de là l'ORDINATION. Cela est philosophiquement vrai, cela est conforme au bon sens. D'ailleurs, n'est-ce pas à l'Église d'enfanter au Sacerdoce, de revêtir du pouvoir sacré de la doctrine et des sacrements ? A quoi les hommes reconnaîtraient-ils celui qui vient au nom de l'Église ? et à quoi reconnaîtrait sa mission, celui qui doit exercer le Sacerdoce ?

Nécessité aux yeux des hommes, nécessité aux yeux du prêtre, et nécessité en soi, pour que le pouvoir soit transmis. Il y a donc une Ordination permanente, une génération spirituelle remontant par les siècles jusqu'au nouvel Adam. C'est une cascade de lumière. Le Sauveur envoie Pierre et les Apôtres ; ceux-ci envoient les Évêques et les prêtres qui, par une génération non interrompue, se perpétuent jusqu'à nous. Cette succession est la preuve même de l'identité de l'Église, le fil conducteur visible aux yeux : ainsi nos générations, qui s'enchaînent, nous rattachent évidemment au Créateur. Voilà quant à l'origine, qui, pour tout en ce monde, est la même. Quant aux fins, ayant à rassembler les fidèles en un troupeau (comme Jésus-Christ le dit expressément à Pierre), il faut que les successeurs des Apôtres puisent eux-mêmes leur unité dans leur Chef. Et la génération des Pontifes n'est que la généalogie de l'Église.

Ces idées vont bientôt s'éclaircir.

Si ce lien n'eût rattaché le Corps du sommet à la base, la société des fidèles se fût divisée : l'Infaillibilité n'aurait pu suivre chaque partie, la souveraineté spirituelle eût disparu. Que le Souverain-Pontife cesse d'exercer son pouvoir dans l'institution des Évêques, ou qu'il perde le droit de les conduire dans l'unité, au sentier de Foi, l'Église s'évanouit sur la terre. Tout être disparaît avec son unité ; les parties restent, mais la vie n'y est plus. Pour l'établissement extérieur, comme pour la vie interne, tout provient de son Chef visible [1]. Hors de lui, comment dire, un Dieu, une Foi, un baptême, un troupeau, UNUM OVILE ? le monde moral dans son Ordre, comme dans la transmission de sa vie, n'existe plus.

« Vous n'ignorez point ce qui est dû au Siége apos-
« tolique, D'OÙ DÉCOULENT L'ÉPISCOPAT ET TOUTE SON AUTO-
« RITÉ, » dit le Pape Innocent Ier aux Évêques d'Afrique.

« LES DONS DE Jésus-Christ NE SONT PARVENUS AUX ÉVÊ-
« QUES QUE PAR PIERRE, afin que de lui, comme de la tête,
« les dons divins se répandissent dans tout le corps, »
dit le Pape saint Léon dans ses Lettres.

« Afin de BATIR son Église, et d'en manifester l'Unité,
« Dieu, de sa propre autorité, a placé la source de cette
« autorité de telle sorte qu'ELLE COMMENÇA AVEC UN SEUL, »
dit saint Cyprien dans son *Traité de l'unité de l'Église* [2].

---

1. Soit dit sans confondre les pouvoirs d'ordre avec ceux de haute Juridiction.
2. « Quand Notre-Seigneur, nous dit le même saint, ordonna qu'on payât le tribut pour lui et pour saint Pierre, il sembla qu'il paya pour tous. »

Pierre, à qui il suffit d'obtenir son pardon, reçoit *séparément* les Clefs du royaume, POUR LES COMMUNIQUER AUX AUTRES, dit saint Optat.

Le Seigneur parle d'abord à Pierre, c'est-à-dire à un seul, afin DE POSER LE FONDEMENT DE L'UNITÉ SUR UN SEUL, nous dit saint Pacien.

Jésus-Christ a remis entre les mains de Pierre, parmi ses frères, l'autorité dans son Principe, dit saint Jean Chrysostome.

« Nos prédécesseurs ont déclaré : *qu'ils agissaient « par l'autorité donnée à tous les Évêques en la per- « sonne de saint Pierre,* parce que TOUT A ÉTÉ MIS PRE- « MIÈREMENT DANS SAINT PIERRE, » dit Bossuet dans son *Sermon sur l'Unité.*

Ces Saints, ces puissants esprits, comprenaient la métaphysique ! Toute vie vient de Dieu, et par un moyen simple, unique, car c'est à l'unité qu'on reconnaît ses lois.

Cet arbre immense qu'on appelle l'Église, cet arbre divin qui prend sa séve en Jésus-Christ, où a-t-il sa racine, où étend-il ses branches ? Sa racine est le Saint-Père, qui est planté dans Jésus-Christ ; ses branches sont ce Clergé immense, couvrant le sol de ses rameaux ; et ses fruits sont les fidèles répandus sur toute la terre. Encore une fois, cet arbre porte des fruits, ses branches les produisent, et la racine envoie aux branches sa séve. Sont-ce les fruits qui produisent les branches, les branches qui produisent le tronc, le tronc qui produit la racine? Tout vient d'En-Haut, tout suit la loi, et à plus forte raison l'Église.

Enfin, c'est dans la communion à la séve, dans la communion des Saints, que nous participons aux mérites, et, nous-mêmes, produisons des fruits. Mais à quoi bon la séve dans l'arbre, si les branches sont mortes ou les rameaux ôtés au tronc? C'est ce qu'il importe d'étudier. Prenons d'abord les idées générales, celles que nous fournit le bon sens : qu'il prête ses ailes à l'esprit pour qu'il se dirige où il faut.

CHAP. XLVI.

L'INSTITUTION DU PAPE ET L'INSTITUTION DES ÉVÊQUES.

Qui dit Hiérarchie, dit transmission d'un pouvoir sacré du premier qui le reçoit à tous ceux qui le suivent ; qui dit génération dit transmission de la vie du père à ceux qui seront ses enfants ; et c'est ainsi que nous avons un très-saint Père.

Dieu constitua l'Église en parlant à Pierre ; puis, pour instituer l'Apostolat, parlant aux autres, il ajoute : ALLEZ, ENSEIGNEZ LES NATIONS. Pierre, que ferait-il sans organes ; les organes, que feraient-ils sans la tête ? Les évêques aussi sont donc d'institution divine. Jésus-Christ les institue dans la personne de ses apôtres ; mais c'est en parlant à Pierre, et les évêques ne sont tels que Pierre leur parlant. Ici la sainte différence des deux institutions : il dit à l'un : SUR TOI JE BATIRAI MON ÉGLISE ; et, l'Église bâtie sur lui, il dit aux autres, qui en sont membres : ALLEZ, ENSEIGNEZ LES NATIONS. Quelle est la mission de Pierre ? de soutenir l'Église. Quelle est la mission des Apôtres ? d'en porter la lumière aux nations.

Rien de plus clair dans le monde : l'un, le fondement, la vérité, *Sur toi je bâtirai ;* les autres, ses vivants organes, *Allez et enseignez.*

Les Évêques sont d'institution divine, en ce qui leur appartient, comme le Pape en ce qui le regarde. Si Dieu institue le Pape en la personne de Pierre, il institue les Évêques dans la personne des Apôtres. Car précisément pour dire que les Évêques sont d'institution divine, il faut distinguer la seconde institution de la première, puisque dans celle-ci, parlant à un seul, Jésus ne s'adressait point encore à eux : *Sur toi je bâtirai mon Église ; pais mes brebis.* Vous, maintenant qu'elle est bâtie, *Allez, enseignez les nations.* Les Évêques prennent leur titre incontinent après saint Pierre. La primauté que Jésus donne à Pierre au milieu des Apôtres (de même que les promesses qu'il lui fait) est celle qui s'attache au Pape au milieu des Évêques. Et qu'est-ce que la primauté dans l'ordre de la vérité, sinon l'Infaillibilité ?

Le Système papal et le Système épiscopal, tous deux, on le voit, d'institution divine, n'ont pas été créés l'un et l'autre pour qu'il y ait lutte de l'un contre l'autre, mais, complément par Hiérarchie de l'un par l'autre. Ces deux Systèmes précieux constituent le Corps de l'Église [1]. Ainsi des lois du monde ; toutes sortent

1. Le corps, ou l'organisme, dans lequel entrent les fidèles. Le mot *système*, également, est pris ici dans le sens que lui donne la physiologie.

ensemble de la volonté de Dieu, et toutes, loin de se heurter, se complètent en un parfait accord. Elles-mêmes, aussi, pour être soumises au Créateur, sont soumises les unes aux autres par une hiérarchie parfaite, au sein d'une harmonie magnifique. Les Évêques ne sauraient pas plus se considérer comme indépendants ou au-dessus du Pape, en ce qu'ils sont d'institution divine, que les diverses lois du monde ne sauraient, parce qu'elles viennent de Dieu, s'écarter de la loi première qui les conduit dans l'unité.

Le Pape, que sera-t-il sans les évêques? une tête sans ses membres; les évêques, que seront-ils sans le Pape? des membres privés de la tête. Ils ont été nommés Église (sur toi je bâtirai mon Église), ils n'existent que constitués, ils ne le sont que sur saint Pierre. Que si les évêques s'appuyaient sur eux-mêmes parce qu'ils sont les plus nombreux, les plus savants, ils perdraient foi en la Promesse, se mettraient en état de schisme, Pierre instituerait de nouveaux évêques pour remplacer ceux qui, dès lors, se tiendraient séparés, et en recomposerait le concile autour de lui. De même quand, par la mort, le Pape disparaît, les princes de l'Église, par l'assistance du Saint-Esprit, découvrent de nouveau le Pape, dans lequel ils viennent de nouveau se constituer. Remarquez-le, les cardinaux ne sacrent point le Pape, ils le demandent au Saint-Esprit et le nomment. S'ils le nomment, c'est qu'il existe... Alors, c'est par le fait de Dieu !

N'oublions pas la différence. On sacre les évêques, on ordonne les prêtres; pierre à pierre l'Église se construit sur Pierre, en procédant de lui ; et Pierre ne procède point d'elle [1].

Cela est vrai de logique et de fait, vrai. Il vient périodiquement un jour où, successivement enlevés par la mort, tous nos Évêques ont été remplacés. Tous n'ont-ils pas été Institués par celui à qui Jésus-Christ dit : *Pasce Oves, confirma Fratres ?* Tous n'en ont-ils pas tiré personnellement leur pouvoir ? En ce moment, ce pouvoir qui vient du Saint-Père peut-il être au-dessus de lui, exister sans lui ou réagir contre lui [2] ? S'il EST, il n'est que le pouvoir du Pape même, et disparaît s'il s'en sépare ou s'y oppose. Ah ! ce n'est point en vain qu'on le nomme le Père !

Isolés ou réunis, les Évêques ne subsistent qu'en lui. Mais faut-il donc tout prouver à la manière des géomètres ?

1. L'Église se forme par en haut. La former par en bas, c'est renverser la raison, à la manière du dix-huitième siècle, qui, dans l'échelle entière, depuis la religion jusqu'à l'histoire naturelle, procédait de l'effet à la cause...

2. « Un concile même œcuménique, dit le savant Thomassin, doit être convoqué et confirmé par le Pape, conséquemment, ne peut tourner contre le Pape l'autorité qu'il a de lui. » *Dissert. in conc.*, 1667.

CHAP. XLVII.

C'EST PAR LE PAPE
QUE L'INFAILLIBILITÉ EST DANS L'ÉGLISE.

La vérité se retrouve dans la raison ou dans les faits. Quant au fait qui enchaîne l'Église actuelle à Jésus-Christ, le voici encore une fois. Après avoir livré à ses disciples la source de la Grâce dans l'institution de la Cène, Jésus leur dit : « Comme mon Père m'a envoyé, « ainsi je vous envoie, et je serai avec vous jusqu'à la « consommation des siècles. » Mais pour fonder la souveraineté spirituelle au sein de cette Société visible, il dit à Pierre : « Sur toi je bâtirai mon Église, ET les « portes de l'enfer ne prévaudront point contre elle. » De même, les corps ne résistent à la dissolution que dans l'unité de l'organisation et de la vie.

Tous les corps se forment par une même loi; à un centre d'agrégation vitale se rattachent les organes, et la physiologie accomplit la loi de l'embryogénie. Ce ne sont pas les membres qui d'eux-mêmes, et en se réunissant, constituent la vie, car de la sorte ils l'auraient eux-mêmes avant d'être [1] ; mais la vie, qui vient de Dieu,

---

1. La vie préexiste aux organes, comme le montre l'embryogénie. A son appel, par la génération, ils viennent se constituer; et quand elle se retire, ils s'en vont. Les matérialistes voulaient considérer la vie comme la résultante des organes; alors, d'où résultaient les organes? et d'où la mort survenait-elle dans les organes réunis? Pourquoi se désassemblaient-ils? pourquoi s'étaient-ils assemblés? O science! Mais partout le matérialisme, en excluant la raison, éteignit la pensée. Il procédait de l'effet à la cause...

est donnée, et les organes se forment en la recevant. Comment expliquer la présence de la première molécule, sinon par l'antériorité de la cause qui l'appelle? Puis chaque jour des parties se décomposent, c'est-à-dire se détachent de la vie et tombent; chaque jours des parties se recomposent, c'est-à-dire prennent vie et les remplacent. La décomposition et la recomposition se poursuivent, parce que sans cesse l'organe succombe, et que sans cesse son principe le relève. Au sein de ce tourbillon, qui est à proprement parler notre corps, la vie seule est stable et une loi de Dieu. « *Sur* TOI *je bâtirai mon Église.* »

De même, ce ne sont pas les parties qui, par une agglomération, produisent la vie de l'Église; c'est la réunion à leur centre. Ce n'est pas l'assemblage qui produit l'Infaillibilité ; mais c'est celui à qui Jésus-Christ l'a confiée, qui la donne à l'Église assemblée [1]. « Les dons de Jésus-Christ, dit Bossuet, ne parviennent « aux Évêques que par Pierre. » Il manque treize Évêques au Concile de Florence, disait-on; donc il n'est pas œcuménique. « Ce n'est pas le nombre, répondit le « Concile de Latran, qui constitue l'œcuménicité. » Jésus-Christ est la source, le Saint-Père le canal, et l'assemblée des Évêques forme le bassin où viennent s'abreuver les troupeaux accompagnés de leurs pasteurs. Qu'importe que l'assemblée soit nombreuse, que l'abreuvoir

---

1. Autre chose est l'Église remplaçant un Pape par son mouvement propre de recomposition, parti de l'impulsion première; autre chose est le Pape constituant l'Église par sa présence. D'ailleurs, ce mouvement de recomposition, qui est celui de sa conservation, sort du Pape lui-même, qui a choisi les Cardinaux invoquant le Saint-Esprit pour le trouver lui-même dans son successeur.

soit plus petit ou plus grand, pourvu que l'eau vienne de la source par le canal du Saint-Père. « *Sur* TOI *je bâtirai mon Église.* »

Sans le Pape, des fidèles réunis ne constituent point l'Église ; par une raison simple : c'est que, réunis sans le Pape, ils ne seraient point les fidèles. Sans le Pape, un concile réuni ne constitue point l'Église ; par une raison simple : c'est que, réuni sans le Pape, ce ne serait point le concile. C'est le dix-huitième siècle, aussi brillant en matière de religion qu'en matière de politique et de science, qui attribuait l'Infaillibilité au concile ou à l'ensemble des fidèles, comme, lorsqu'il s'agit des Rois, il attribue la souveraineté au peuple ! Dès lors, se saisissant d'une abstraction, on demanda si le concile n'était pas supérieur au Pape ? Par le nombre, certainement. Il fallait demander si l'Église n'était pas supérieure au concile ? Logomachie [1] ! « *Sur* TOI *je bâtirai mon Église.* »

Les abstractions ne valent rien dans les faits. On a donc demandé si l'Infaillibilité ne devait pas être particulièrement attribuée au concile, plutôt qu'au Pape. Et pourquoi, dans cette auguste recherche, tout d'abord oublier le canal qui vient de Dieu, pour se tourner du côté de ceux qui sont réunis [2], comme si l'Infaillibilité

---

1. Vous remarquerez que le concile de Bâle (17ᵉ œcuménique) n'est considéré comme œcuménique que jusqu'à la 26ᵉ session. Pourquoi ? Parce que dans cette 26ᵉ, il est question du Souverain Pontife, au-dessus duquel on plaçait le concile œcuménique. Tous les conciles œcuméniques ont un tableau spécial dans la bibliothèque du Vatican, à l'exception de ce concile et de celui de Constance, écarté pour la même raison...

2. Pascal ne s'en est pas caché : « Que l'infaillibilité soit dans un seul, cela étonne, dit-il naïvement ; mais qu'elle soit dans tous, cela

devait sortir de leur sagesse ! Leur sagesse vient au contraire d'une science conduite par l'Infaillibilité. Une lumière qui semblait plus humaine, donnait donc plus de confiance que celle qui paraît purement divine?.. Tout est là, remarquez-le.

Une imprudence écarte ici le voile qui couvrait notre peu de Foi. Cette impertinente question, qui charmait le siècle dernier, tombe à la première question pratique. S'il se formait deux conciles, comme on l'a quelquefois vu, à quoi reconnaître le vrai concile ? Le savez-vous ? A la présence du Saint-Père. « Il n'y a que « le Pape, dit saint Thomas, qui puisse assembler un « concile ; on ne peut en appeler du Pape au concile, « mais, du concile au Pape. » (1re P., q. 36 ; 2e P., q. 1.) Sans le Pape, plus de concile. Il lui apporte donc l'élément cherché. Il est la clef de la voûte.

Et quand le concile se retire, où se constituerait l'Infaillibilité ici-bas ? qui l'interpréterait, et qui l'appliquerait ? C'est par le Pape que l'Infaillibilité entre dans l'Église, non par l'Église, que l'Infaillibilité pénètre dans le Pape [1]. Au reste, c'est par le Pape que se forme l'Église, puisqu'elle se bâtit sur lui. Sinon l'Église précéderait le Pape ; or, le Pape a précédé l'Église. « *Sur* toi *je bâtirai mon Église.* »

Le Pape ne sera, si vous le voulez, ni le plus profond en Théologie, ni le plus savant sur l'Écriture, ni le

semble tout naturel. » — Il faut que cela soit *naturel!* Pascal établira plus loin que le moindre fait dans la nature offre un mystère au-dessus de la nature...

1. Je raisonne sur l'abstraction qu'ils ont créée ; car il ne peut y avoir d'Église sans le Pape. Le dix-huitième siècle a voulu tout toucher, tout marquer de son ignorance.

plus fort en droit canon, ni le plus érudit sur les statuts des conciles, le plus instruit sur les lois ecclésiastiques, le plus grand philosophe du concile, mais simplement celui que la Promesse de Jésus-Christ, pour le salut des hommes, y met à l'abri de l'erreur. Au sein de ces augustes Assemblées, où furent prises les décisions les plus graves, les plus prudentes et les plus élevées ; où furent décrétées les institutions les plus sages pour la conduite de l'Église, les plus importantes pour la paix des âmes et pour le salut du monde ; dans ces saintes discussions, le Pape n'apportera, n'inventera peut-être rien ; mais, en présence des trésors de la pensée accumulés sous ses regards, c'est lui qui *trouve*, qui trouve et décide la Foi. « *Sur* TOI *je bâtirai mon Église.* »

Ce ne sont là encore que les raisons ostensibles, sorties, à première vue, de la logique et des Textes. A mesure que nous les observerons de plus près, nous verrons se lever le voile qui les enveloppe. Pour nous, du moins, il en fut ainsi la première fois que nous pénétrâmes dans ces saintes Lois.

CHAP. XLVIII.

C'EST PAR LE CONCILE QUE L'ÉGLISE EST PRÉSENTE AU PAPE.

En histoire, comme en politique, comme en philosophie, comme en tout, l'erreur vient de ce qu'on ne veut pas dépendre immédiatement de Dieu.

On imagine toujours quelque chose d'intermédiaire, et ce quelque chose est nous-même, la réunion des raisons les plus élevées, le concile, l'homme enfin. Depuis les Anges, depuis Adam, on veut se devoir quelque chose, on veut se devoir tout. Et pourquoi le corps des Évêques? sinon parce qu'ils sont les plus nombreux; parce que, sans se l'avouer, on n'aurait pas confiance pleine en l'Infaillibilité promise. Si elle est le fait de Dieu, qu'importe un homme ou six cents! On présume, on suppose, on n'ose dire qu'un Pape se pourrait tromper; qu'une multitude de saints évêques offrent une toute autre garantie. Assurément. Et qu'est-ce que cela? sinon le doute sur le fait même de l'Église!.. Pour le monde, pour soi, pour la bonne morale, on veut une assemblée, ses controverses profondes, la réunion des lumières; il faut s'en rapporter à la sagesse de tous. Qu'est-ce que cela? sinon, au fond, s'en rapporter à la raison...

L'opinion qui place le concile au-dessus du Pape n'est, qu'elle le sache ou qu'elle l'ignore, que le système occulte de la raison générale [1]. M. de Lamennais, si justement blâmé dès le début, n'a fait que mener au jour l'idée régnante de son temps. Les hommes de cette hardiesse ne sont mus que par leur époque. Cette idée, laissée en lui par le dix-huitième siècle, l'a fidèlement conduit, comme toute notre géné-

---

1. « Que le Concile soit au-dessus du Pape, s'écrie Puffendorf, c'est une proposition qui doit entraîner sans peine l'assentiment de ceux qui s'en tiennent à la raison et à l'Écriture; mais que ceux qui regardent le Pape comme l'ÉVÊQUE ŒCUMÉNIQUE adoptent ce sentiment, c'est ce qui ne doit pas sembler médiocrement absurde. » — Les protestants nous donnent ces avertissements!

ration, du reste, à la doctrine de la souveraineté du peuple. Dès que l'on cherche dans le nombre, il faut aller au plus nombreux. Il y a une logique à la surface des esprits, par laquelle ils expédient leurs plus beaux raisonnements ; mais une logique au fond d'eux-mêmes, qui les emporte sans qu'ils le sentent, comme le globe emporte ses habitants.

On veut que ce soit par l'épiscopat, par l'Église, que l'Infaillibilité se trouve dans le Pape ; alors l'Église l'avait en elle et avant lui... Elle ne demandait qu'un secrétaire pour les arrêts. Le Pape, il est vrai, puise des lumières dans l'Église [1], mais, l'Infaillibilité en Jésus-Christ. Ah ! pourquoi, dans cette pauvre distinction entre le concile et le Pape, certaine époque fut-elle portée à dire que le Pape est tenu de se conformer au concile, plutôt que la concile au Pape, sinon parce que le concile offrait humainement les garanties ?

Cependant le concile se retrouve dans le Pape par trois raisons : d'abord parce que, dans le cas d'un concile, le Pape ne prononce qu'ayant ouï et introduit en sa pensée l'opinion du concile ; ensuite, parce que c'est lui qui interprète cette opinion et arrête comme président le prononcé et la formule ; enfin, parce qu'il exerce cette fonction même en l'absence du concile, qu'il représente, devant maintenir vivante, et sans intermittence, l'Infaillibilité. Mais la raison qui se passe de toute autre, c'est que Jésus-Christ a remis au Saint-Père ce que vous donnez au concile... Les fidèles, les prêtres, les Évêques, le Pontife ne forment qu'un arbre

---

1. Ici, par l'Église, nous entendons le Corps des pasteurs.

sacré, dont le tronc est d'autant plus vigoureux qu'il pousse une plus forte racine dans Jésus-Christ : *Je suis la vigne et vous êtes les branches.* — « Je suis lié en communion, dit saint Jérôme, à la chaire de Pierre, sachant que l'Église est bâtie sur cette PIERRE [1]. »

Quand on a demandé si l'Infaillibilité ne provenait point des lumières réunies du Concile, on a oublié ce dont on parlait ; oublié que l'Infaillibilité, comme toute loi, est un miracle ; que si les sages ou les saints la produisaient, Jésus-Christ ne l'eût pas expressément promise dans le Saint-Esprit, remettant la Foi à saint Pierre, après avoir prié pour lui. On a même un peu oublié la raison ; car en toute assemblée il faut un président du même ordre pour clore les débats ; il faut une rédaction qui fixe le sens et devienne une loi [2]. Ici il s'agit de la vérité, et il faut une bouche infaillible pour pro-

---

[1]. Et S. Jérôme semble rappeler le tour de l'expression de Jésus-Christ : *Cathedræ Petri communione consocior, super illam Petram ædificatam Ecclesiam scio.* (Ep. ad Damas.) Mais voici ce qu'on veut objecter à saint Jérôme, à Innocent Ier, à saint Léon, à saint Optat, à saint Cyprien, à saint Chrysostome et à Bossuet, cités plus haut : Si tout vient à l'Église par le Saint-Père, que devient-elle au moment où meurt le Saint-Père?

Une inquiétude sur l'Église ! toujours assistée du Saint-Esprit, dès lors toujours infaillible ! Dieu n'est donc plus là ? Elle n'est donc pas soutenue à tous les instants d'une manière surnaturelle ? L'impulsion donnée par le Pape qui meurt n'expire que dans le Pape qui survit. Le Roi est mort, vive le Roi ! La Foi et les canons ne meurent point en lui. Le coup de rame est donné, la barque ne s'arrête pas. Et l'Église ne saisit point un interrègne pour promulguer des décisions. Objection de pure théorie! Vous demandez ce que devient l'Église quand le Pape est mort? Demandez ce que devient l'Église quand le Pape dort, quand il s'évanouit, quand il tombe malade? Prenez-vous-en à Jésus-Christ, qui bâtit l'Église sur Pierre, et dites que l'Église s'écroule au moment où meurt le Saint-Père !

[2]. Quand le Pape ne préside pas lui-même le concile, le Pape le

noncer infailliblement les arrêts d'un concile infaillible.

Sinon, le concile serait vainement infaillible, et retomberait dans la situation de l'Écriture et de la Tradition, qu'il faut toutes deux interpréter. Présent, il faut le formuler; absent, il faut l'interpréter et le maintenir. Ici encore, il faut se tourner du côté de Jésus-Christ, et avoir un Pape infaillible. Que, maintenant, le Saint-Père s'entoure de toutes les lumières de l'Église avant d'invoquer le Saint-Esprit sur ce qui a été cru de tous et partout, c'est son propre devoir, c'est celui du Roi, qui consulte ses ministres, bien qu'il n'en tire pas ses pouvoirs; qui se fait éclairer de tous points par son conseil, bien qu'il prononce par l'autorité qui vient de Dieu, par cette *Grâce d'État* dont il s'efforce de se rendre digne, en implorant le secours d'En-Haut.

Soyons logiques : si Jésus a bâti l'Église sur Pierre, il ne l'a pas bâtie sur elle-même !

De plus, il était nécessaire qu'elle fût bâtie sur Pierre, puisqu'il l'a fait. Bientôt nous sentirons pourquoi... Et, prenez garde ! si le Pape n'est infaillible que par l'adjonction du saint concile, comme le Pape, dans cette abstraction, n'est qu'un évêque de plus, vous constituerez l'Église infaillible parce qu'elle serait la réunion des lumières les plus respectables et les plus saintes. Le Pape, sans doute, est éclairé par le concile, mais infaillible par Jésus-Christ : OMNIS POTESTAS A DEO [1].

---

confirme, adoptant les formules, sanctionnant les décrets. C'est donc lui qui formule et décrète...

[1]. Nous parlons d'Infaillibilité dans la Foi, et non d'impeccabilité, ni d'infaillibilité personnelle.

L'INFAILLIBILITÉ. 207

Vous voudriez une *garantie?* Prenez garde ; vous déplacerez la souveraineté et glisserez, comme le siècle, dans la raison générale, vous ou ceux qui vous entendront.

CHAP. XLIX.

C'EST A PIERRE QUE JÉSUS DIT :
PAIS MES AGNEAUX, PAIS MES BREBIS.

La question est bientôt résolue. Vous voulez une garantie ? Eh bien, vous n'avez pas la Foi... Une garantie pour celui que Jésus met à sa place, pour celui qu'il nomme Pierre, pour ce qui fait toute notre garantie !

Et quand nous disons que Jésus le met à sa place, c'est que Jésus lui a par trois fois répété : *Pais* MES *agneaux, pais* MES *brebis.* Je ne sais réellement si on a lu assez attentivement l'Évangile, et remarqué à quel point l'institution définitive de l'Église, au moment où Jésus va quitter la terre, confirme la Parole qu'il donna à saint Pierre le jour où il lui promit de l'établir sur lui. Mettons les deux faits en regard, la promesse et l'institution. Nous n'avons suivi jusqu'à présent que la logique ; suivons maintenant pas à pas l'Évangile. Jésus interroge ses disciples :

« Que disent les hommes touchant le Fils de l'homme ? Ils lui répondirent : Les uns disent que vous êtes Jean-Baptiste, les autres Élie, les autres Jérémie, ou l'un des prophètes. Jésus leur dit : Et vous autres, qui dites-vous que je suis ? Simon dit : Vous êtes le Christ,

le Fils du Dieu vivant! Et Jésus lui répondit : « Tu es
« heureux, Simon, fils de Jona, parce que *ce n'est ni*
« *la chair, ni le sang* qui t'ont révélé cela, *mais mon*
« *Père*, qui est dans les Cieux. Et je te dis, moi (les
« paroles sont sacramentelles), que tu es pierre, et
« sur cette pierre je batirai mon église, *et les portes*
« *de l'enfer ne prévaudront point contre elle.* Et je te
« donnerai les Clefs du royaume des Cieux, et tout ce
« que tu lieras sur la terre sera lié dans le Ciel, et tout
« ce que tu délieras sur la terre sera délié dans les
« Cieux. »

Tu es... je te *donnerai*... tu *lieras*... tu *délieras*... toujours tu. Pouvoir effrayant... Un homme tiendra les Clefs du royaume du Ciel! Un homme liera et déliera les consciences, et ce qu'il aura ainsi lié et délié le sera dans le Ciel! Comment le pourra cet homme, s'il n'est expressément, fondamentalement, infaillible? Et comment le pourra ce simple prêtre, qui liera et déliera dans le Ciel, sans recourir à un concile, uniquement parce que Pierre l'envoie comme il a été lui-même envoyé? Le Ciel se démettrait-il de ses pouvoirs sans se démettre de ses lumières?... Ah! j'ai besoin de me rappeler que c'est bien en parlant à Pierre, en lui disant : *Je* te *donnerai,* tu *lieras,* tu *délieras,* que Jésus donna à Pierre un tel pouvoir! J'ai besoin de me rappeler que c'est bien Pierre qui, à la demande solennelle de Jésus-Christ, fut celui qui se hâta de répondre : *Vous êtes le Christ, le Fils du Dieu vivant!* Oui, j'ai besoin de me rappeler que, déjà visité par cette grâce à laquelle il sut le premier obéir, c'est Pierre qui a donné cette première étincelle, ce premier signe visible d'Infaillibilité qu'il y ait eu sur la terre : Vous êtes le Christ, le Fils du Dieu vivant! (Car il lui fut aussitôt répondu : Heureux fils de Jona! ce n'est ni la chair, ni le sang qui te l'ont révélé, *mais mon Père...*) Il me faut tout cela écrit devant moi, exprimé dans des Paroles aussi formelles, aussi clairement répétées, et en de telles occasions, pour croire qu'un tel pouvoir ait été donné à l'homme! Mais puisqu'il a été donné, je le crois, mon Dieu, je le crois!

C'était là la Promesse : *Je bâtirai*, te *donnerai*, tu *lieras*, tu *délieras*. Le Sauveur s'en fût tenu là, que les hommes pouvaient considérer le fait comme établi, du moment où Jésus rentrerait dans le Ciel. Mais il achève d'instruire les hommes; le mystère de la Rédemption s'accomplit sur la croix; dès lors tout s'opère dans le fait, parce que tout est opéré dans l'Infini ; il va quitter la terre et donner à ses Apôtres ses dernières instructions et ses derniers pouvoirs.

Après qu'ils eurent mangé, Jésus dit à Simon-Pierre, car le nom de Pierre lui resta : « Simon, fils de Jean, « m'aimez-vous *plus que ceux-ci*[1] ? — Oui, Seigneur, lui

---

[1]. *Me plus his* (S. Jean, XXI, 15); Jésus lui dit : *Plus que ceux ci!* parce que, ainsi que nous venons de le voir, il lui a été donné *plus qu'à* ceux-ci. Ce dialogue divin, remarque Dom Pitra, présente dans le texte grec une délicatesse, nous dirions presque un atticisme, qui n'a pas échappé au génie suave et fin d'Origène. *M'aimez-vous?* dit le Sauveur, et il emploie la plus forte expression des Grecs : ἀγαπᾶς με. Le disciple repentant répond modestement par l'expression la plus faible : ἐπι φιλῶ σε. — *M'aimez-vous ardemment?* ἀγαπᾶς με, reprend le Maître, qui semble vouloir autre chose. L'humble apôtre n'ose rien dire de plus : ἐπι φιλῶ σε. — Jésus insiste par le terme le plus faible, comme pour s'assurer qu'au moins, dans cette mesure, il en est ainsi : Simon, fils de Jona, m'aimez-vous? φιλεῖς με. Il lui fut dur, dit Origène, d'entendre à cette troisième fois le terme d'un moindre amour. (Dom Pitra, *Patrologie*.)

« répondit-il, vous savez que je vous aime. — Jésus lui
« dit : *Pais mes agneaux !* Il lui dit une seconde fois :
« Simon, fils de Jean, m'aimez-vous ? Pierre lui ré-
« pondit : Oui, Seigneur, vous savez que je vous aime.
« — Jésus lui dit : *Pais mes agneaux !* Il lui dit pour
« la troisième fois : Simon, fils de Jean, m'aimez-vous ?
« Pierre fut contristé de ce qu'il lui demandait pour la
« troisième fois m'aimez-vous, et il lui dit : Seigneur,
« vous connaissez toutes choses, vous savez que je vous
« aime. — Jésus lui dit : *Pais mes Brebis*[1] ! » Et il lui
annonce de quelle manière il doit mourir.

Il a d'abord les agneaux, il lui donne maintenant les
BREBIS : parce qu'il retrouve en lui la même Foi que le
jour où il lui dit : *Vous êtes le Fils du Dieu vivant*,
et parce que ce même Pierre, qui lui a déclaré sa foi,
lui confirme maintenant à trois reprises son amour !
(*Interrogatur amor et imperatur labor*, remarque ici
S. Augustin.) Voilà pourquoi il fera paître les agneaux,
et ceux qui donneront le jour aux agneaux, qui les en-
gendreront en Jésus-Christ. Investiture solennelle ! Vous
voyez ces paroles par trois fois ramenées : *Pais mes
agneaux, pais mes Brebis...*

La volonté de Jésus-Christ sur la Primauté de
Pierre, se manifeste d'une manière authentique. Souvent il prie pour ses Apôtres, et toujours sa prière est
la même ; on voit que le point important est de les
conduire à l'unité et de les ramener en lui. Qu'on se
souvienne aussi de la veille de la Passion, lorsque, pen-

---

1. Notre-Seigneur ne demanda pas à S. Pierre : Es-tu savant ou
éloquent ? pour lui dire : Pais mes brebis ; mais, M'aimes-tu ? (*Lett.* de
S. François de Sales à l'Arch. de Bourges.)

dant le repas de la Pâque, Jésus-Christ adresse tout à coup cette parole à Pierre : « Simon, Simon, voilà « que Satan a désiré de vous cribler tous comme du « froment; mais j'ai prié POUR TOI, afin que TA FOI *ne* « *défaille point*. Lors donc que tu seras transformé [1], « *affermis* tes Frères... » O saint Pierre ! *Cribraret* vos.. *oravi* PRO TE... *non deficiat* FIDES TUA.. *et* TU *confirma*! Tous seront criblés : vos! Jésus a prié pour un seul : PRO TE! pour garantir la Foi d'un seul : FIDES TUA! et qu'elle serve à affermir celle de tes Frères : FRATRES TUOS... Si quelqu'un trouve le moyen de rapporter au singulier ce que Jésus dit au pluriel, ou au pluriel ce qu'il affirme au singulier; si *pour toi* signifie *pour vous* tous, surtout lorsqu'on les a déjà nommés, que faisons-nous de la grammaire?

Enfin, conduisant ses Apôtres sur la montagne d'où il doit monter au Ciel ; rattachant ceux qu'il a chargés d'enseigner sa doctrine à Celui qu'il a chargé de la conserver ; les réunissant alors dans sa Parole, comme il les a réunis dans sa pensée et dans son cœur, il leur confirme pour la dernière fois leur mission. « S'appro-« chant, il leur parla, disant : Tout pouvoir m'a été « donné dans le Ciel et sur la terre. Allez donc, ensei-« gnez toutes les nations, les baptisant au nom du « Père, du Fils, du Saint-Esprit; leur enseignant à « garder tout ce que je vous ai confié; voilà que je

---

[1]. *Conversus*, changé, transformé, mis à la place de Jésus-Christ: ou bien tourné vers le vrai, par opposition à l'homme que sa Chute a tourné vers l'erreur. Que le mot *conversus* se rapporte au vrai ou à Jésus-Christ, c'est la même chose. — Ses Frères, les Apôtres, prédécesseurs des Évêques.

« suis avec vous tous les jours, jusqu'à la consomma-
« tion des siècles ¹. » Quelle garantie! quelle plénitude et quelle logique! Chaque parole est une doctrine,
chaque mot décèle un mystère... Et puis, il semble que
les Apôtres n'oseraient point encore agir; que Jésus,
pour les asseoir dans ses propres pouvoirs et leur
imprimer une impulsion définitive, ait besoin de leur
rappeler que ces pouvoirs sont bien en lui : « Tout pouvoir m'a été donné, allez donc... » Quelle doctrine dans
ce *donc* qui forme la conséquence! Tout pouvoir est
en moi, faites donc! Si le pouvoir est en Lui, il est en
eux! Jésus ne pouvant parler que selon sa logique, ce
donc qui paraît au dehors a ses racines dans sa pensée : étant avec vous jusqu'à la fin, vous ne pouvez
faillir, ni dans l'enseignement, ni dans les pouvoirs.
Encore une fois, quelle puissance! Dieu en eux, Dieu
avec eux!! Comment se refuser à un pareil apostolat?
Avions-nous raison de le dire, l'Église ne peut se refuser à l'Infaillibilité, et elle ne peut la refuser à la terre.
Si l'homme se confie à la vérité, il faut, pour cette
seule raison, que l'Église ne puisse faillir.

Mais quel langage, les paroles d'un Dieu! des paroles que les temps vont accomplir, dont pas une ne
pourra s'effacer, dont il a lui-même dit : *Cœlum et
terra transibunt, Verba autem mea non præteribunt!*
paroles qui doivent se vérifier et s'accomplir telles qu'il
les a prononcées... Si donc je veux connaître le plan

---

1. Ainsi finit l'évangile selon S. Mathieu, ch. XXVIII, dernier verset.

même de l'Église, toute sa constitution, comment en Elle les pouvoirs sont mis et transmis, enfin sa sainte Hiérarchie, rien de cela ne saurait être mieux appris que de la bouche de son divin Fondateur. Nous venons d'examiner comment il parle à Pierre, examinons comment il parle à tous les Apôtres.

Ces questions n'ont pas seulement le pouvoir d'intéresser au plus haut point la pensée, elles la transportent aux sources mêmes du Christianisme.

CHAP. L.

CE QUE JÉSUS DIT A PIERRE,
CE QU'IL DIT A TOUS LES APÔTRES.

L'Écriture est si sainte que Dieu lui donna son Église pour la définir. Mais ici ce sont les expressions mêmes de Jésus-Christ. La parole de Dieu n'a rien de celle de l'homme. La parole de l'homme est multiple, incomplète, successive, elle a les caractères de son esprit; la Parole de Dieu est simple, identique, absolue, elle a les caractères de la Raison éternelle. Toute-puissante, elle dit ou fait tout dans un mot, et l'homme ne saurait dire qu'une partie dans de nombreux discours. L'une enfin est humaine, et l'autre CRÉATRICE [1]. Comme les lois, elle est une en contenant tout; il ne faut pas

---

1. Verba *practica*; id est verba quæ producunt realiter quod significant. Par exemple : *Hoc est Corpus meum.*

y voir une thèse, mais une loi du monde. Elle l'a elle-même dit : *Verba autem mea non præteribunt...*

Toutes ces Paroles de Jésus-Christ vont donc s'accomplir dans le temps, toutes s'effectuer dans l'Église, telles qu'il les a prononcées. Il faut que ce qu'il dit à Pierre seul, pour Pierre d'abord s'accomplisse ; et que ce qu'il dit aux Apôtres ensemble, s'accomplisse également pour les Apôtres ensemble [1] ; que chaque chose et le tout subsistent conjointement. Car, ce n'est pas une partie de ces Paroles, ou de ces lois, c'est le tout qui doit s'accomplir, et l'accomplissement de chaque point, s'ordonner dans l'accomplissement de l'ensemble. Ce que Jésus-Christ dit à Pierre doit entièrement s'accorder avec ce qu'il dit aux Apôtres, et ce qu'il dit aux Apôtres, harmonieusement rentrer dans ce qu'il dit à Pierre, pour ne former qu'un plan divin.

Or, Jésus dit à l'Apôtre choisi parmi les autres pour être la pierre de l'édifice : « Je te dis, moi, que tu es
« pierre, que sur cette pierre je bâtirai mon Église...
« Je te donnerai les clefs de mon Royaume... Tout ce
« que tu lieras et délieras sur la terre, sera lié et délié
« dans le Ciel... J'ai prié pour toi, afin que TA FOI ne
« défaille point... Dès lors, affermis tes frères : pais
« les agneaux et les Brebis. » — Il dit aux Apôtres ensemble : « Comme mon Père m'a envoyé, ainsi je vous
« envoie... Recevez le Saint-Esprit et allez dans tout
« l'univers, enseignant les nations, les baptisant au
« nom du Père, du Fils, du Saint-Esprit, leur faisant
« garder mes commandements... Voilà que Je suis

---

1. Lettres de son Ém. Mgr le cardinal LITTA ; passim.

« avec vous jusqu'à la fin des siècles. » La base en
S. Pierre; et, comme il ne saurait agir seul, la
mission aux Apôtres. L'axe d'abord, puis tout son
cercle de rotation!

D'abord, celui sur qui l'on fonde, en qui Dieu dépose le principe et renferme tout ce qu'il doit contenir : *Sur cette pierre je bâtirai ; à* TOI *je donnerai les clefs ;* TA Foi *ne faillira pas, et* TU *affermiras tes frères.* Ensuite, ceux qui sont bâtis sur lui, qui se fondent sur le principe et en reçoivent les conséquences : *Ainsi, je vous envoie ; recevez le Saint-Esprit ; allez dans tout l'univers, baptisant les nations.* D'abord, les pouvoirs dans un ; puis, pour que le bienfait se répande, leur extension aux autres ; d'abord *attribués*, ensuite *distribués*. Le don fait à la vie afflue sur tous les membres.

C'est de stricte métaphysique. On construit l'Église, et, l'Église construite, les parties deviennent Église, tout participe de la nature de celui en qui elle est construite ; mais pourvu qu'elle soit construite, pourvu qu'elle repose en lui, sur le pouvoir des Clefs. Si elle n'est plus construite, elle n'est plus Église, elle ne saurait prendre part aux Promesses faites d'abord à un seul, ensuite étendues à plusieurs unis à un seul, pour constituer l'Église. L'Unité est vivante. Ainsi d'un édifice : la construction faite, il n'y a plus de matériaux, mais un mur ; détruite, il n'y a plus que des pierres. Ainsi d'un être : s'il se dissout, ses éléments rentrent dans la nature. L'organe détaché par l'anatomie perd les caractères et les fonctions dont il jouit dans la vie.

« Jésus-Christ commence par le premier, s'écrie Bossuet, et dans ce Pouvoir *il développe le tout*, afin d'apprendre que l'Autorité spirituelle, premièrement établie *dans la personne d'un seul*, ne s'est répandue qu'à la condition d'être *toujours ramenée au principe de son Unité.* »

Pierre est donc la tête, l'axe : *caput, vertex*, pour se servir de l'expression des Conciles ; en lui, il a d'abord toute l'Église. Car, il le faut bien voir, Dieu a pu faire d'abord toutes les promesses à un seul, et il ne saurait refaire de même toutes les promesses qu'à l'Église elle-même : c'est contre *Elle*, seulement, que les portes de l'enfer ne prévaudront pas [1]! Car ce qui nous frappe ici, c'est que Jésus-Christ n'a point parlé aux Apôtres séparés de Pierre, et qu'il a parlé à Pierre séparément des Apôtres ; que toutes les promesses faites aux Apôtres, parmi lesquels Pierre est compris, ne peuvent détruire celles qu'il a faites d'abord à Pierre ; que celui-ci n'en demeure pas moins, ainsi qu'il est déjà nommé, la Pierre de l'édifice, le Pasteur du troupeau ; qu'il n'en possède pas moins, selon l'expression de Leibnitz, le

1. Déjà je vois le plan du divin Édifice. Car « je n'ai qu'à mettre à la place de Pierre, dit admirablement le cardinal Litta, son successeur qui est le Pape, à la place du collège apostolique uni à Pierre, le corps des Évêques de l'Église, soit dispersés, soit en concile, mais toujours unis au Pape, et je retrouve le même plan, le même dessein du gouvernement, de la Hiérarchie, du ministère et de l'enseignement de l'Église. Et si, avec ces vues, je lis l'histoire de l'Église dans les monuments ecclésiastiques, j'éprouve cette satisfaction, si douce pour le cœur du chrétien, de voir s'accomplir l'œuvre de Dieu, se vérifier sa promesse, ne pas manquer une seule de ses Paroles. Je rencontrerai des schismes, des hérésies, les persécutions prédites ; mais je vois l'Église rejeter de son sein leurs erreurs et rester inébranlable sur la Pierre où elle est bâtie. Toujours le successeur de Pierre à sa tête ; toujours la Foi de Pierre qui ne défaillera jamais ; toujours les autres pasteurs unis à Pierre ; tout le troupeau ne faisant qu'une bergerie sous un seul Pasteur. »

plein pouvoir des Clefs, la pleine puissance de lier et de délier, qui de lui s'étend aux Apôtres.

Je sais que Jésus leur a dit à tous : *Allez, enseignez les nations ;* mais je sais que c'est après avoir mis la doctrine à l'abri dans la Foi de Pierre ! Je sais qu'il leur a dit à tous : Ce que vous aurez lié ou délié sur la terre le sera dans le Ciel ; mais je sais que c'est après avoir remis à Pierre ces Clefs de son royaume ! Je sais que les mêmes Paroles adressées à Pierre avant tous les autres, l'ont été ensuite aux Apôtres y compris Pierre ; mais il faut bien qu'il y ait accord dans les promesses et transmission des mêmes pouvoirs, pour les étendre à l'unité du Corps entier ! Et Bossuet me fait sentir que tous ces pouvoirs, par cela qu'ils ont été explicitement donnés à un seul, se trouvent en lui par plénitude, et que, par cela qu'ils ont été étendus à plusieurs, se trouvent en eux par limitation et partage. Enfin, je vois que les promesses faites aux Apôtres sont toutes communes à Pierre, mais que les promesses faites à Pierre ne sont point communes aux Apôtres ; que Dieu n'étend ces promesses que pour les pouvoirs dont les Apôtres, envoyés par tout l'univers, seront tenus de se servir, tandis que les pouvoirs réservés à Pierre sont ceux précisément qui se rapportent au fondement et au gouvernement de l'Église : *Tu es Petrus.. Super hanc petram.. Tibi Claves.. Oravi pro Te.. Firma fratres.. Tua non deficiat !* Jésus eut donc raison de parler de la sorte, puisqu'il était dans la *raison*, dans cette noble loi de cause, tirée de sa Substance éternelle !

Certes, Pierre n'EST pas tout, mais il A d'abord le tout, afin de le conserver vivant dans l'ensemble, afin de recomposer cet ensemble, c'est-à-dire de le maintenir. Ce n'est qu'après avoir donné les promesses à Pierre que Jésus dit à l'ensemble, qui est l'Église : *Allez et enseignez ; tout ce que vous délierez ; voilà que je suis avec vous.* Ici Jésus n'ajoute pas, il ne transmet rien de plus : il étend, il accomplit. Pierre liera et déliera, *quodcumque ligaveris*, *quodcumque solveris ;* puis les Apôtres, bâtis et confirmés en Celui qui doit lier et délier, lieront et délieront, *quæcumque alligaveritis, quæcumque solveris*. Dès lors, chaque Apôtre muni ici des pouvoirs de Pierre, les emporte dans sa juridiction, y exerce le ministère de l'Église, y est juge de la Foi : mais seulement parce qu'il est *bâti* sur Pierre, nourri par celui qui *paît* les brebis, *confirmé* dans la Foi qui ne faillira pas. Dès lors, des Apôtres à leur chef, ni séparation, ni partage ; comme nos membres, s'ils se séparent, ils se dissolvent, s'ils se partagent, ils ne sont plus. Partout où s'étendent les membres du Corps vivant, ils portent avec eux le pouvoir de Pierre pour lier, délier et enseigner la doctrine ; s'ils s'en détachent, il ne leur en reste pas, ou mieux, ils sont comme s'ils n'en avaient pas.

Mais, alors, les pouvoirs demeurent intacts en Pierre pour se perpétuer ! la vie reste entière dans le centre pour animer les membres jusqu'à la fin ! Peut-il en être autrement ? L'Église est une unité : séparez-vous, dira S. Pierre, vous n'êtes plus. Et par là même, *ni vous non plus*, lui répondraient les membres... Le voyez-vous ! Jésus eut-il raison de faire d'abord toutes les Promesses à un seul, pour que, chacun s'en écartant, l'Église et les Promesses néanmoins subsistassent[1]? Que des parties se séparent, que des fragments entiers se détachent, l'Église reste pleine et entière, dans l'intégrité de la vie et la réalité des pouvoirs. Ce qui tombe, ce qui se brise, ne lui enlève rien[2].

Certainement S. Pierre, ou le saint Père, comme le laisserait croire Bossuet, ne tient pas seul immédiatement son autorité de Dieu; certainement les Apôtres, ou les Évêques, ne restent pas les simples délégués de S. Pierre, et ils sont de droit divin comme lui; certainement, enfin, les Évêques, ou les Apôtres, sont juges aussi dans les questions de Foi, et peuvent établir des lois dans le cercle de leur juridiction : mais ils n'agissent comme Évêques, ou Apôtres, qu'unis et soumis à S. Pierre; ils ne subsistent comme Évêques que saisis dans l'Édifice, qui est bâti sur Pierre. Ils exercent même le ministère de juges de la Foi[3] jusque dans le concile; mais, lorsqu'ils y sont appelés, ou lorsque leurs jugements y sont confirmés par Pierre. Que, hors de Pierre, ils érigent une Autorité, décident une question, émettent une loi; autorité, loi, question de

---

1. « L'œil ne peut dire à la main : Je n'ai pas besoin de vous; ni les pieds le dire à la tête; mais, au contraire, les membres du corps qui paraissent les plus faibles sont les plus nécessaires. Vous êtes le Corps de Jésus-Christ et les membres les uns des autres. » (S. Paul aux Corinth., chap. XII.)

2. Sinon, le schisme grec et le Protestantisme, ces deux séparations effrayantes, eussent emporté chaque fois une moitié de l'Église.

3. Les Évêques, comme tels, sont nés juges de la Foi; mais ils passent de la puissance à l'acte par le pouvoir de Pierre. Ce sont des généraux qui reçoivent un commandement. — C'est là qu'on fait la confusion.

Foi non avenues. Et c'est là ce qui a pu tromper. Leurs lois et leurs décisions sur la Foi ne subsistent que dans le consentement virtuel de Pierre : ce ne sont donc que les lois et les décisions de Pierre. De quels pouvoirs jouissent nos saints Évêques ? Des pouvoirs de Pierre, s'ils sont un avec lui.

Oui, l'Édifice est un et bien construit. Mais si un tel emploi est confié aux soins de l'homme, si ceux auxquels Dieu a parlé restent hommes, la première pierre peut s'ébranler, le vaste ensemble se détacher et tout aller en ruine. Que le Pasteur se puisse égarer, et il entraîne le troupeau ; que les Brebis se puissent écarter du Pasteur, et le troupeau se disperse. Ainsi : — que le Chef défaille dans sa Foi, — ou que les Apôtres ne soient plus dans la Foi du Chef, tout s'écroule et suit la marche inévitable ici-bas. Mais, voici que rien de cela ne saurait avoir lieu. Jésus lui-même a prononcé la loi : *Ta Foi ne faillira pas ;* lui-même assure tout contre la ruine : *Les portes de l'enfer ne prévaudront pas ;* lui-même a choisi la Pierre, placé sur elle les Apôtres, promis à tous le Saint-Esprit, et, ce qui me ravit le plus, fixé sa présence parmi eux jusqu'à la consommation... L'Église existera ! Lui-même a dit : « Les Brebis « écouteront la voix du Pasteur, et il n'y aura qu'un « seul troupeau et un seul Pasteur ! »

Comme la mission de Notre-Seigneur est claire, complète, fidèlement exprimée ! Il accomplit l'œuvre de son Père ; il envoie comme il a été lui-même envoyé ; il transmet sa Parole en même temps que ses Pouvoirs ; il les confie à celui qui, en les serrant contre son cœur, les retiendra dans l'unité ; enfin, il prie pour que tous

les hommes, sans exception, entrent dans cette unité, qui fait la sainteté et la vie de Dieu même au sein de l'Infini : « Mon Père, je vous ai glorifié sur la terre;
« j'ai achevé l'œuvre que vous m'avez donnée à faire,
« j'ai manifesté votre Nom aux hommes. Ils ont su
« maintenant que tout ce que vous m'avez donné vient
« de Vous; ils ont connu véritablement que je suis sorti
« de Vous; ils ont cru que Vous m'avez envoyé. Moi je
« prie pour eux, pour ceux que vous m'avez donnés
« parce qu'ils sont à Vous, que tout ce qui est à Moi est
« à Vous, et tout ce qui est à Vous est à Moi. Père Saint!
« conservez pour votre Nom ceux que Vous m'avez
« donnés, afin qu'ils soient UN comme Nous! Sanctifiez-
« les dans la vérité. Comme vous m'avez envoyé dans
« le monde, moi je les ai envoyés. Je ne prie pas pour
« eux seulement, mais pour ceux qui, par leurs paroles,
« croiront en moi, afin que tous ils soient UN comme
« Vous, mon Père, en moi, et moi en Vous. Mon Père,
« qu'ils soient de même UN en Nous! JE SUIS EN EUX
« ET VOUS EN MOI, AFIN QU'ILS SOIENT CONSOMMÉS DANS
« L'UNITÉ [1]. Mon Père, je désire que là où je suis,
« ceux que Vous m'avez donnés soient aussi avec moi,
« afin qu'ils contemplent la Gloire... J'ai d'autres brebis
« qui ne sont point de cette bergerie ; il faut aussi que
« je les amène, et il y aura un seul troupeau et un
« seul Pasteur. »

A quoi servira le Pasteur, si les Brebis assemblées peuvent trouver leur chemin ? Et sera-t-il Pasteur, si les Brebis le conduisent ? Mais jetons les yeux sur le

---

1. L'humanité doit être ramenée à l'unité en Jésus-Christ, pour entrer avec lui dans l'éternelle UNITÉ DE DIEU.

troupeau, qui est *formé*, sur la beauté de l'Édifice, qui est *bâti*. Et, auparavant, voyons ce que signifiait le nom de PIERRE, dans la bouche de Jésus-Christ.

CHAP. LI.

POURQUOI JÉSUS DONNE A SIMON LE NOM DE PIERRE.

Ces mots de Notre-Seigneur : Tu es PIERRE ! ont une valeur qu'on oublie, un sens dont peut-être on ne se doute point. Il faut se rappeler que Notre-Seigneur est lui-même appelé PIERRE par les prophètes ; que dans ces mots : Tu es Pierre, il dit simplement au premier des Apôtres : Tu es moi-même, voilà pourquoi l'Église se bâtira SUR TOI. Puisque tu sais, puisque tu crois que je suis le Christ, le Fils du Dieu vivant, je te dis, moi, que maintenant tu es la PIERRE, que SUR TOI je bâtirai mon Église...

Et l'Église comprend si bien la portée de ce mot, qu'avec sa simplicité sublime, elle en a déposé tout le sens dans une réponse du Catéchisme : « Jésus-Christ « est le Chef invisible de l'Église, et N. Saint Père le « Pape en est le Chef visible. » Qui dit le chef, dit le chef ; et qui le dit visible, dit qu'il opère à la place de celui qui est invisible ; sinon chef visible n'a point de sens, ni chef invisible non plus.

On ne développe pas une idée si claire ; il suffit de

la voir briller au sein de la tradition. Mais, d'abord, il faut se rappeler que, dans l'Ancien Testament, les personnages importants recevaient un nom qui exprimait leur mission ou annonçait leur destinée. Ainsi, Adam signifiait formé de terre ; Ève, mère des vivants ; Hénoch, dévoué ; Mathusael, rassasié de jours ; Noé, cessation ; Japhet, que Dieu dilatera ; Melchisedech, roi de justice ; Abram, père élevé, lorsque Dieu l'appela Abraham, ou père de multitudes ; Jacob, le supplanteur, et Job, le gémissant. Jean, qui fut aussi un nom révélé, signifie le pieux, et Jésus, le sauveur [1].

Or, « dès la première réunion des Disciples, remarque Wilberforce, Notre-Seigneur annonce qu'il imposerait à Simon un nouveau nom (S. Jean, I, 42) ; et il réalisa sa Promesse lorsque le collège des Apôtres fut constitué (S. Marc, III, 16). C'est ainsi que Jacob et Abraham, remarque ce savant auteur, reçurent de Dieu ces noms qui indiquaient leurs missions. Déjà, cette première distinction, conférée par Jésus à Simon, le désigne comme devant occuper dans la Nouvelle Alliance, une place analogue à celle qu'avait Abraham dans l'Ancienne. Il y a plus : ce nom est fort remarquable. Daniel avait vu, dans Notre-Seigneur, cette pierre détachée d'En-Haut et qui devait remplir la terre : il était la *pierre d'angle, la pierre choisie* et précieuse. Notre-Seigneur étant le *Roc* sur lequel l'Église est fondée, et donnant le nom de roc à l'un de

---

[1]. Il en fut même ainsi des villes importantes par leur mission. Bethléem, où Jésus vient au monde, signifie la maison du Pain... Nazareth, où il passe sa jeunesse, veut dire sanctifiée ; et Jérusalem, où il ressuscite, vision de Paix !

ses disciples, impliquait la délégation particulière de ses propres fonctions. »

C'est ce qu'exprime formellement Origène : « Notre-Seigneur dit que Simon serait Pierre d'un nom emprunté au *Roc*, c'est-à-dire au Christ. Et, de même que du mot sagesse un homme est appelé sage, de même de la PIERRE il sera appelé Pierre. » Tertullien offre la même explication du nom de Pierre, comme étant tiré de la qualité du *Roc*, qui est Notre-Seigneur Jésus-Christ ; et il cite le cas analogue d'Abraham, dont Dieu changea le nom en changeant sa destinée, « *et petra et lapis Christus.* » « Je te bâtirai sur moi, s'écrie S. Augustin, et non pas moi sur toi. Le *Roc* ne reçoit pas son nom de Pierre, mais Pierre, du *Roc* : de même que le Christ ne reçoit pas son nom des chrétiens, mais les chrétiens du Christ. Ce fut la volonté de Dieu, dit toujours ce grand saint, de faire de Pierre, à qui il remit ses BREBIS, un AUTRE LUI-MÊME, *un avec lui* : afin qu'il pût les lui confier... » « De même que celui qui est la Lumière appela ses Apôtres la Lumière du monde, ainsi, à Simon, qui croyait au *Roc*, le Christ donnera le nom de Pierre ; et, par une métaphore tirée de la pierre, il lui dit : Je bâtirai mon Église sur TOI. » « Le Christ est le *Roc*, dit S. Ambroise, il ne refusera pas à son Apôtre la grâce de ce nom : il veut qu'il se nomme aussi Pierre, parce qu'il en a la persistance, la solidité dans la Foi. » « Notre-Seigneur peut rendre un homme pécheur aussi solide que le *Roc*, » s'écrie S. Jean Chrysostome. Et, recueillant cette tradition sacrée, le Pape S. Léon dit : « Je suis le *Roc* indestructible : je suis la pierre angulaire : je suis l'unique fondation : on ne saurait en mettre une autre. Mais vous êtes aussi un *Roc*, parce que vous êtes consolidés par mon excellence, en sorte que ce qui m'est en propre, vous est *commun* PAR PARTICIPATION. »

Il est nommé « le *Roc* de l'Église », par Jésus-Christ, et de là, par S. Hilaire, par S. Grégoire de Nazianze, par S. Ambroise, par S. Augustin ; « le *Roc* sur lequel l'Église est bâtie », par Tertullien, par Origène, par S. Cyprien ; « le *Roc* solide », « le *Roc* que les portes de l'enfer ne détruisent pas, » « le second fondement après Jésus-Christ », par Zénon, par S. Augustin, par S. Léon, Théodoret, Maxime ; « le *Roc* et la base de la Foi orthodoxe », par le concile de Chalcédoine.... Mais à quoi bon demander à l'érudition cette royale aumône ? l'idée est de trop haute origine pour en avoir besoin !

Pourquoi Simon a-t-il reçu le nom de Pierre ? Parce que c'était le nom de Jésus-Christ. Ne perdons plus le sens divin de ces Paroles : Tu es Pierre, c'est-à-dire : Tu es à ma place, tu es moi-même ; sur toi, dès lors, je bâtis mon Église !

CHAP. LII.

L'ÉGLISE, BATIE SUR DIEU COMME LE MONDE.

Voilà l'Église, comme le monde, ramenée à l'unité, c'est-à-dire à sa loi, c'est-à-dire à Dieu. Car toute existence repose ici-bas sur sa loi, et l'unité en est le signe et le divin caractère. Enfin, si tout repose sur sa loi, la loi repose elle-même sur Dieu, dont elle est la volonté efficiente au sein des êtres.

On n'a jamais assez réfléchi à la nature bien positive de la loi.

Une unité de puissance produit tous les phénomènes de l'univers, et les traces de l'unité y sont les traces de Dieu. Dans cet océan des phénomènes, nous ne voyons d'autre chemin que l'unité [1], d'autre lumière que la loi. La loi nous explique les faits. Mais la loi elle-même est-elle le fait définitif et absolu ? Si la loi explique ici-bas les faits, à son tour, elle a besoin d'être expliquée ; car elle n'existe point par elle-même : elle n'est point l'Infini. Mais, si elle n'est point l'Infini, elle est de l'Infini. Sous les êtres se trouvent les lois, et sous les lois se trouve Dieu. Les faits sont les phénomènes des lois, et les lois, en quelque sorte, les phénomènes de l'Infini. Les lois ne sont déjà plus les êtres, mais les volontés créatrices elles-mêmes [2] : les faits s'arrêtent là. Il n'y a pas la moindre raison pour que les globes soient attirés, ou pour que deux molécules restent liées. Sous le nom d'affinité, Dieu est entre chacune d'elles pour les unir, comme en

---

[1]. L'unité, c'est l'être, disait Aristote. Dans le monde moral, cette unité résulte de la direction des volontés ramenées à leur loi, qui est leur fin, leur perfection. Si la formation du monde physique n'est que la soumission successive des éléments du chaos aux lois de l'Ordre qui le constitue dans sa perfection, la formation du monde moral n'est que la soumission progressive du chaos des volontés humaines aux lois de l'Ordre qui le constitue dans la vérité.

[2]. Déjà, dans l'ordre physique, les lois sont positivement divines ; comment, dans l'ordre moral, ne le seraient-elles pas ?

chacune d'elles pour les créer. Les lois ne sont que ses Volontés vivantes.

C'est une habitude vulgaire d'appeler les faits *positifs*, parce qu'on les voit, et les lois *abstractions*, parce qu'on ne les voit pas. Les faits pourraient ne pas être, et les lois, qui régissent les faits, sont essentielles et immuables. La Loi seule est bien positive, si l'on tient à cette expression, la Loi, manifestation de la pensée de Dieu, et de sa volonté dans le temps et l'espace, où nous vivons.

Or, Dieu impose ses Lois à la nature, et il les propose à l'homme. C'est pour cela que les lois, dans l'ordre moral, sont des Croyances. Et l'Église, qui renferme ces Croyances, n'est que l'ensemble des lois qui constituent le Monde moral et le ramènent à l'unité : à l'unité, preuve du vrai, à l'unité, source de l'être, et forme de tout ce qui est beau. Toutes parties furent faites avec harmonie pour rentrer dans leur unité, et toutes choses déposées dans l'unité pour venir se ranger sous l'action de leur Créateur. « Tout, dit S. Cy-
« prien, sort de l'unité, qui commence elle-même dans
« un seul : *il n'y a qu'un Chef, qu'une origine*, qu'une
« Église mère. » « Enfin, au-dessus de tout ce qui
« est un, ajoute S. Bernard, se tient encore l'unité de
« la Trinité divine. »

Et quelle crainte avons-nous d'arriver de la sorte jusque dans l'unité, dans la Loi même, de reposer sur Dieu! Car, en définitive, toute notre question sur l'Infaillibilité est là ; et Dieu qui l'établit sur un homme, n'a pas besoin de lui adjoindre d'autres hommes pour la lui garantir..... Nous ne voulons pas croire que l'Église ne subsiste que sur Dieu, et nous croyons bien que le monde ne subsiste que sur Lui! Nous ne voulons pas croire à l'Infaillibilité pure, parce qu'elle est un miracle, et nous croyons bien au miracle de l'affinité, qui maintient les corps; au miracle de l'attraction, qui maintient les mondes! Qu'on ne se fasse pas illusion, toute loi n'est qu'un miracle perpétuel. Celui-là serait-il affaibli parce qu'il nous a été promis, et que Jésus a prié son Père de le maintenir?

Un Dieu, une Loi, une Église, une Promesse, une Infaillibilité. « On en choisit un seul, dit S. Jérôme, afin qu'un seul Chef établi, il n'y ait pas occasion au schisme [1]. » Nous le disions des Apôtres : ils ont été nommés ÉGLISE, ils n'existent donc que constitués, ils ne le sont que sur S. Pierre. L'unité n'est point un objet qu'on ajoute ou qu'on ôte, c'est être ou ne pas être. Mais c'est ce que l'on ne sent point sans la raison. L'unité est la négation de la dissolution dans l'être, c'est l'être même ou non détruit. C'est S. Thomas, c'est la métaphysique qui l'explique : « *L'être composé*, dit-il, N'A PAS D'EXISTENCE *tant que ses parties sont divisées.* » Appliquons cela à l'Église. « *Il faut*, ajoute-t-il, *que les parties soient réunies pour le constituer, pour* LE FAIRE EXISTER. Une substance quelconque *ne conserve son être qu'en conservant son unité.* » (*Som.*, quest. XI, art. 1.)

L'Église trouve son être où elle trouve son unité, c'est-à-dire sur la Pierre, c'est-à-dire dans son Pasteur. Quand on ne peut suivre la pensée, il faut de-

---

1. Unus eligitur, ut Capite constituto, schismatis tolleretur occasio. S. Jérôme.

meurer dans la Foi... Que devient ici l'abstraction qui, détachant le concile du Pape, voit le Pape au-dessous du concile? D'abord, placer ainsi la Souveraineté dans le concile, c'est dissoudre l'Église et le dogme de son unité. Ne pouvant se convoquer de lui-même, ne s'assemblant qu'à de longs intervalles, enfin composé de plusieurs, le concile n'est pas une souveraineté une et permanente : donc il ne constitue pas la permanence et l'unité dans l'Église.

Je le comprends; vous pensez toujours rencontrer dans le concile la meilleure interprétation des Écritures et de la Tradition ; mais, précisément, vous inclinez du côté des protestants, et non du côté de la Foi! L'interprétation vous inquiète. Encore une fois, contestez-vous à Dieu le pouvoir de faire une loi? Eh bien! contentez-vous de ce qu'il vous a dit. Sans doute, c'est aux membres du concile de reproduire l'Écriture et la Tradition, de recueillir les lumières, et même de montrer la Foi, si on la leur demande; mais, au Saint-Père de prononcer [1]! La science sortira du concile, mais l'Infaillibilité, de Jésus-Christ par le Saint-Père. Les augustes prérogatives, vous le sentez, ne proviennent pas d'une juxtaposition d'intelligences, mais de la Promesse, mais de celui à qui elle est faite [2]. Et je ne sors point de là, car tout repose sur la Promesse ! — D'ailleurs, le concile est uni au Pape et ne fait qu'un avec lui ; le reste est une abstraction.

1. Précédant le jugement du Saint-Père, la Foi même sortira du Concile, mais, si le Saint-Père l'a reconnue et confirmée. — Là est toujours la distinction.

2. On sait que plus on avance, plus les conciles deviennent rares, plus l'Église, dès lors, témoigne qu'elle peut s'en passer.

On ne fait pas assez attention au texte : *Sur* TOI *je bâtirai mon Église,* ET *les portes de l'enfer ne prévaudront point contre elle.* Et pourquoi ? A cause de lui, sur qui elle est *bâtie,* et pour qui Jésus *a prié*[1]. Ces paroles ne me font point entendre que ce soit à cause de ceux auxquels il ajoute : *Allez, enseignez les nations.* Certes ! ils emporteront aussi une lumière infaillible, mais parce qu'ils l'auront allumée au flambeau placé par Jésus dans les mains de Pierre ; ils emporteront aussi les pouvoirs divins, mais parce qu'ils resteront liés, par cette chaîne magnétique de l'unité, à celui qui reçut les Clefs... Dieu ne peut-il fonder une Loi ? faut-il que les hommes s'en mêlent ?

Tous les esprits élevés, ou d'une grande foi, se sont mis dans l'unité. Tout ce qui remonte à l'Être, soit par l'esprit, soit par le cœur, a senti le besoin de reposer immédiatement sur Dieu, de vivre dans le mot de saint Paul : *Non longe ab unoquoque.* Ceux qui n'éprouvent point ce besoin logique demeurent dans le vague des opinions qu'ils rencontrent. Je conçois que l'idée d'un concile remplisse mieux certains esprits ; mais celui qui peut suivre la pensée dans son vol, et même la percevoir d'autant mieux qu'elle arrive dans la lumière, ne recourt pas à ces moyens. Il faut croire que Dieu PEUT transmettre à Pierre la *foi qui ne faillira pas.* Si de saints docteurs se rassemblent dans cette très-louable intention, je suis plein du plus grand respect

---

[1]. « Le successeur de Pierre, dit S. Augustin, EST LUI-MÊME LA PIERRE que ne peuvent vaincre les portes orgueilleuses de l'enfer. » *Ipse est petra quam non vincunt superbæ inferorum portæ.* S. August.. cont. Donat.

L'INFAILLIBILITÉ. 231

pour l'Église, je la crois la plus grande autorité de la terre; mais d'où lui viendra la soumission profonde, filiale et sans borne, l'amour du fidèle, de mon cœur, pour Notre-Seigneur Jésus-Christ [1]? J'aime, ah! j'aime la vérité; mais plus encore Celui qui est la vérité et la vie.

CHAP. LIII.

LES DÉFINITIONS DES CONCILES.

Il semble que l'Évangile se soit assez clairement expliqué.

Il semble aussi que la métaphysique, établissant que

---

[1]. Nous ne rapporterons pas ici les remarquables expressions dont le Souverain-Pontife a été qualifié à toutes les époques, par les Pères, par les Conciles et les Saints, comme par exemple : *le saint Évêque de l'Église catholique, le Chef de l'Église du monde, le Souverain-Pontife des évêques, le Souverain prêtre, Pierre par la Puissance, le Christ par l'onction, la Bouche des Apôtres, l'Église racine,* etc.; ces expressions, dis-je, dont S. François de Sales a pu faire un tableau, nous ne les rapporterons pas ici, où la vérité est visible et la démonstration hors d'atteinte. Mais nous rappellerons l'observation faite à ce propos par le génie : « Examinez l'un après l'autre les grands « docteurs de l'Église : à mesure que le principe de sainteté a dominé « chez eux, vous les trouverez plus pénétrés des droits du Saint-Siège, « plus attentifs à les défendre. C'est qu'il n'a contre lui que l'orgueil, « qu'immole la sainteté. » *Du Pape.*

La vérité ne se montre jamais par hasard. Pour la découvrir, il faut se tenir constamment près d'elle; et l'on n'habite ainsi près d'elle que par un pur et profond amour. On connaît l'arbre au fruit; ainsi de la vertu, et ainsi de la vérité !

tout pouvoir, comme toute vie, vient de Dieu, et que tout être composé n'existe que dans son unité, nous ait assez visiblement indiqué les mêmes conclusions. Cependant, si, pour connaître avec certitude la volonté de Jésus-Christ dans la constitution de son Église, Jésus-Christ ne suffit point à nos faibles esprits, consultons cette Église elle-même. Supposons que celle qui est la permanente incarnation du Verbe, la continuation de Jésus-Christ sur la terre, que l'Église, avec laquelle il sera jusqu'à la fin, puisse tenir un autre langage, et voyons comment Elle l'exprime dans ses conciles. Puisque ce sont les conciles qui sont infaillibles, tout ce que les conciles auront décidé sera *vérité de Foi*, et tout ce qui s'y opposera, *hérésie*. Après leur décision, plus de dispute, tout chrétien se soumet. L'Église, il est vrai, toujours en paix dans sa croyance, attend d'être attaquée pour prononcer et se défendre. Mais, comme il s'agit de la question dogmatique la plus importante, que de sa solution dépend la solution des autres; comme il s'agit du fondement de l'Église, l'erreur a dû la forcer à se déclarer sur ce point [1].

Et, en effet, dans son avant-dernier concile œcuménique, dans ce concile de Florence, qui même a pour nous l'avantage de rappeler le sentiment des conciles et des canons antérieurs, la question s'offre tout entière :
« Nous définissons que le Saint-Siége possède la Pri-
« mauté sur tout l'univers; que le même Pontife Ro-
« main, successeur du bienheureux Pierre, prince des

---

1. « Jamais l'Eglise n'a cherché à écrire ses dogmes; toujours on l'y a forcée. Les véritables auteurs du concile de Trente furent les deux grands novateurs du seizième siècle. » *Le principe générateur.*

« Apôtres, est'le vrai Vicaire de Jésus-Christ, le Chèf
« (caput) de toute l'Eglise, le Père, le Docteur de
« tous les chrétiens, et qu'*il a reçu* de Jésus-Christ,
« dans la personne de Pierre, une *pleine puissance*
« (plenam potestatem) pour paître, régir et gouverner
« l'Église entière (*pascendi, regendi et gubernandi*),
« comme, au reste, le portent les actes (*gestis*) des
« conciles œcuméniques et les sacrés canons [1]. » — Si
le Pontife romain a la pleine puissance sur toute l'É-
glise, il l'a sur les Évêques assemblés en concile, sinon
sa puissance ne serait ni pleine, ni sur toute l'Église [2].

Deux siècles auparavant, le IIe concile de Lyon nous
en offre une occasion frappante. Avant d'admettre les
Grecs dans la communion de l'Église, ce concile leur
en fait souscrire et jurer la profession de foi, que voici :
« La sainte Église romaine possède une primauté et
« une souveraineté pleine et suprême sur toute l'Église
« Catholique : souveraineté qu'elle a reçue de Jésus-
« Christ même, *avec la plénitude de la Puissance* dans
« le bienheureux Pierre, prince et tête des Apôtres
« (*principe sive* vertice *apostolorum*), dont le Pontife
« romain est le successeur. Tenue pour cela de défen-
« dre la vérité de Foi, toutes les questions qui naissent
« de la Foi doivent être décidées par son Autorité. Tou-
« tes les Eglises lui sont soumises, les évêques lui
« doivent obéissance (*obedientiam*). Car la plénitude de

---

1. Collect. Conc. Lab. Tom. XIII, col. 515; 1438. « Cette souveraineté pleine et suprême comprend deux choses : l'autorité qui décide
infailliblement les questions de Foi, conservant ainsi l'unité de doctrine; et la puissance de gouvernement, qui s'étend à tout le reste. »
La Relig. dans ses rapp. avec l'ord. polit.

2. Le Cardinal Litta, lettre XVI.

« sa Puissance est telle (*potestatis plenitudo*) que, quels
« que soient les priviléges qu'elle ait accordés, dans sa
« sollicitude, aux autres Églises, particulièrement aux
« Églises patriarcales, sa prérogative (*præ-rogativa*)
« reste entière *tant dans les conciles généraux que dans*
« *les autres*[1]. » — Ce même concile employa cette formule énergique : *Primatum in omnem* OMNINÒ *ecclesiam*.

Veut-on consulter à la fois l'Orient et l'Occident ? « Au temps de l'empereur Justin et de S. Hormisdas, déclare Bossuet, les Églises orientales souscrivirent un formulaire que leur envoya ce Pape. Cette profession dictée par le pape Hormisdas fut reçue de tous les Évêques d'Orient et des patriarches de Constantinople : ce qui fut pour les Évêques d'Occident le sujet d'une grande joie dans le Seigneur, puisqu'il est certain que ce formulaire a été approuvé *de toute l'Église catholique*. De plus, cette profession faite par tous les Évêques au saint pape Hormisdas, à S. Agapet et à Nicolas Ier, fut faite dans les mêmes termes au pape Adrien II, dans le VIIIe concile œcuménique. Quel chrétien pourrait donc rejeter cette profession répandue partout, propagée dans tous les temps, et consacrée par un Concile œcuménique[2] ? » « Que tout catholique, ajoute un autre écri-

---

1. 2e concile de Lyon, tenu en 1272 (œcuménique). Tome XI. Conc. col. 966. Il y a un fait péremptoire, comme tout ce qui précède. Le concile de Constance est reconnu comme œcuménique, à l'exception du 23e décret. Et pourquoi ? Ce 23e décret énonce : que le concile universel TIENT SON AUTORITÉ DE JÉSUS-CHRIST IMMÉDIATEMENT, que dès lors *les Papes s'y soumettent*. Or, s'il ne la tient pas de Jésus-Christ *immédiatement*, c'est donc du Pape. Aussi, pas plus que le concile de Bâle, le concile de Constance ne possède son tableau spécial au Vatican. Le fait a de quoi surprendre, comme le remarque Bossuet.

2. Defens. eccles. gallic. p. 3. lib. X, cap. VIII.

vain, apprenne donc, en lisant ici cet acte solennel des Évêques du monde, la doctrine qu'il doit professer sur l'autorité du Saint-Siége : « Le premier fondement du « salut, la *Règle de la droite Foi* est de ne point déroger « à la parole de Notre-Seigneur Jésus-Christ, qui a dit : « *Tu es Pierre, et sur cette pierre je bâtirai mon Église.* « La vérité de cette Parole est prouvée par le fait même, « puisque la Foi a toujours été conservée pure, sans « aucune tache, dans le Siége Apostolique. C'est pour- « quoi, souscrivant à tous les décrets du Siége Apos- « tolique et le suivant en tout, j'espère mériter toujours « de demeurer dans la communion du Saint-Père, « *qui est la communion du Siége Apostolique,* dans le- « quel réside l'entière, la vraie solidité de la Foi¹. »
« — Puisqu'il n'est pas un seul moment, ajoute Bossuet, où tout chrétien ne doive croire que l'entière et la vraie solidité de la Foi réside dans le Saint-Siége, il est impossible à ce Siége d'errer un seul moment. » Aussi a-t-il condamné, comme hérétique, cette proposition : *L'Église romaine peut errer*².

Ici je ne fais pas un pas de plus. Si vous me dites : Les conciles ont-ils tous établi une doctrine identique ? je répondrai : Vous condamnez donc les conciles ? Les conciles sont un dans leur doctrine ou ne sont pas dans la vérité... « Le dernier concile, dit S. Thomas, ne fait pas un autre symbole que le premier, mais déve- loppe ce que contient implicitement le premier. » « Le

---

1. Tom. IV. Concil. col. 1446.
2. *Petri Osmæ* propos. a *Sixto* IX damnata.

symbole du concile de Nicée, dit le R. P. Dom Guéranger, constata la Foi, mais il ne fit que répéter ce qu'avait cru explicitement jusqu'alors toute l'Église [1]. »

Cherchez-vous seulement une autre forme à la même pensée ? Très-peu de temps auparavant, le quatrième concile de Latran vous la présente : « *Constat* SOLUM *romanum Pontificem tanquam* SUPER OMNIA *Concilia habentem Auctoritatem, Potestatem habere.* » Le concile œcuménique de Ferrare vous offre à peu près la même formule : « *Definimus Summum Pontificem in totam Ecclesiam,* NON TANTUM HONORIS, *sed et* JURE DIVINO, *Primatum habere* [2]. » Au reste, le Droit canon, dans divers capitules, notamment au chapitre *de Episcopo*, établit la même pensée : *Sola romana Ecclesia valet judicare de omnibus suâ Auctoritate; de eâ vero nulli permittitur judicare.* » C'est exactement ce que le

---

1. Le Concile de Trente, lorsqu'il parle du Pape, ne manque pas d'employer ces expressions : *Pro Supremâ Potestate sibi in Ecclesiâ traditâ... Suæ Supremæ sedis Auctoritate... Ut Salva semper Auctoritas Sedis Apostolicæ sit!...* etc.

2. Le décret que nous citons est le dernier des *cinq décrets* spéciaux adoptés par le concile œcuménique de Ferrare. Comprend-on bien ces mots : *Non tantum* HONORIS SED ET JURE DIVINO? Le Droit divin transmet un droit divin, et non pas seulement un honneur. Le Ciel ne concède pas d'honneur à la terre.

Dans ce Concile on adopta même un ordre hiérarchique en faveur de quelques patriarches, mais la suprématie du Pape préalablement établie. Ils venaient dans l'ordre suivant : Le patriarche de Constantinople, celui d'Alexandrie, celui d'Antioche et celui de Jérusalem. Antérieurement, dans le Concile de Chalcédoine, le quatrième par rang d'œcuménicité, on proposa d'établir un ordre nouveau de hiérarchie relativement à quelques patriarcats. Ni l'Église, dans la suite, ni les Pères mêmes du Concile ne voulurent adopter de pareilles propositions, de crainte de porter quelque atteinte à la Suprématie romaine, « sous laquelle, dit le concile, devait se ranger toute autre primauté. *Ad quam necesse est omnem principalitatem convenire.* »

saint Pape Adrien écrivait à Charlemagne, lui rappelant cette « antique prérogative de la Papauté, à laquelle, « dit-il, il appartient de juger de toutes les Églises, sans « qu'il soit permis de juger de son jugement : *Quæ* « *de omnibus ecclesiis fas habeat judicandi, neque* « *unquam liceat de ejus judicare judicio* [1]. » « Juge de toute l'Église, dit avec les mêmes termes S. Gélase, le Siége de Pierre n'est lui-même soumis au jugement d'aucune Église. »

Désire-t-on remonter tout à fait aux premiers siècles, pour observer aussi dans quels termes on s'exprimait? Le concile de Sinuesse, tenu en 303, répond au Pape Marcellin, qui s'humiliait devant le concile : *Nemo unquam judicavit supremum Pontificem, quoniam Prima Sedes non judicatur à quodam*. Le concile de Nicée, tenu en 325 (et que les Protestants acceptent comme nous), déclare au canon 6 que « *le Siége de Rome a toujours eu la Primauté de juridiction sur toutes les Églises.* »

Mais veut-on remonter à la source même? Le premier concile, assurément, fut tenu par Pierre avec les Apôtres. Il ne s'agit ici ni des évêques, leurs successeurs, ni du Pape, remplaçant Pierre, mais de

---

1. *Adriani papæ ad Carolum Magnum, Epistol*. 34; même pensée formulée dans sa lettre 40. — M. Guizot (*Hist. de la Civilis.*) nous proteste qu'en 798, Charlemagne exerçait la Souveraineté spirituelle... Mais, voilà que dans ses lettres à Charlemagne, le Pape Adrien avertit ce Prince qu'il puise ses pouvoirs spirituels à Rome, et comme délégué du Saint-Siége! et que, de son côté, dans tous les actes de son administration religieuse, Charlemagne reconnaît cette délégation!... S'il eût exercé de lui-même une semblable Souveraineté, Charlemagne eût été dans le schisme, il eût fondé le czarisme. — Notre siècle est toujours aussi fort en politique qu'en Droit canon!

ceux à qui Jésus-Christ a lui-même parlé ; de ceux qu'il a *envoyés*, de celui sur qui il a *bâti*. Un différend s'élève entre eux sur ce que Pierre avait donné la Parole de Dieu aux Gentils. « Les Apôtres, dit le texte, apprirent que les Gentils mêmes avaient reçu la parole de Dieu, et, dès que Pierre fut arrivé à Jérusalem, les circoncis disputaient contre lui. » Aussitôt Pierre, leur déclarant les visions et les avertissements personnels que Dieu lui a envoyés (remarquez-le, c'est la première fois !), termine par ces mots admirables dans la jeunesse et la naïveté de ses Pouvoirs : « Et qui étais-je, moi, pour m'opposer à Dieu [1] ? » Le texte ajoute : « Ces « paroles prononcées, tous se turent et glorifièrent Dieu. »

N'est-ce point encore là le premier concile ? Un différend naît parmi les Apôtres, au sujet des cérémonies légales de la loi mosaïque : « Un grand débat, dit le texte, s'étant élevé entre Paul, Barnabé et eux, on convint de monter à Jérusalem. Les Apôtres donc et les prêtres s'assemblèrent *pour juger la question*. Après un grand débat, Pierre se leva et leur dit : Vous savez qu'*il y a longtemps que Dieu* M'A ÉLU PARMI vous, etc. » (Act. des Ap., chap. XV, v. 1, 13.) Alors il tranche lui-même la question, qui dès ce moment fut décidée. Le texte ajoute : « Or, toute la multitude se tut : *tacuit autem omnis multitudo*. » Nous sommes bien dans l'origine ; tous avaient entendu Jésus-Christ ; tous savaient ce qu'ils avaient à faire en ce cas : or, Pierre se lève le premier, Pierre décide le premier,

---

[1]. Ce trait rappelle involontairement celui de la Sibylle de Cumes répondant à Énée : « Lorsque le Dieu me presse, puis-je ne pas répondre ? »

et, lui-même, clôt le débat en présence des Apôtres [1].

La Primauté effective de Pierre ne se montre-t-elle pas d'une manière plus que suffisante en ce fait qu'il apparaît comme exerçant constamment ce privilége pendant la vie de Jésus-Christ et pendant celle des Apôtres ? Pierre est toujours nommé le premier [2] et

---

1. Rien n'est plus clair dans l'histoire ecclésiastique que la suprématie du Pape sur le concile. « Dès le 4ᵉ et le 5ᵉ siècle on voit les conciles se soumettre au Pape, et aux ordres donnés à ses légats; on les voit demander au Saint-Siége de confirmer leurs décisions, ainsi qu'on en trouve déjà la trace d'abord dans le concile de Nicée, ensuite dans celui d'Éphèse, où Nestorius fut condamné. » (Hardoin, Tillemont). « Au concile de Chalcédoine (nous ne sommes qu'en 451), le concile le plus nombreux qui se soit assemblé, et qui, suivant S. Léon, fut célébré avec le consentement du Saint-Siége (Hardoin, II, 688), un des Légats du Pape écartant Paschasinus, explique que c'est parce qu'il a osé convoquer un synode sans l'autorité du Saint-Siége Apostolique. » « Ce concile écrivant à S. Léon, lui dit, après avoir cité le grand nombre des évêques présents : « sur lesquels néanmoins Vous présidez comme la tête sur les membres, par ceux qui remplissent Votre place. » « Le concile le priant de CONFIRMER ce qu'il a fait (Hardoin, II, 657, 558), ajoute : « Nous vous prions de glorifier notre décision de VOTRE SENTENCE. » « On sait, au reste, que le sixième Canon du concile de Nicée commence par ces mots : « L'Église de Rome a toujours la Primauté » (Hardoin, II, 638); et tout le monde se rappelle l'exclamation des évêques du concile après avoir entendu la lettre de S. Léon : « Pierre a parlé par la bouche de Léon! » Et n'est-ce pas toujours cette même Assemblée des Évêques d'Orient qui, en condamnant Dioscore, s'exprime ainsi : « Indépendamment de ces choses, il poussa la folie jusqu'à attaquer Celui qui a reçu de N. Seigneur la garde de la Vigne, c'est-à-dire Votre Sainteté. » « Enfin le concile de Constantinople (680), qui semble venu pour compléter l'œuvre du précédent, en condamnant les Monothélites, répond ainsi à la lettre si remarquable du Pape Agathon : « Nous reconnaissons volontiers ce qui Vous est dû comme occupant le Premier Siége de l'Église, et siégeant sur le Roc de la Foi. Nous reconnaissons que Votre lettre a été dictée par le CHEF suprême des Apôtres. » (Hardoin, III, 1437.)

2. « Dans la liste des Actes, son nom seul est précédé de l'article, S. Matthieu l'appelle expressément le premier, et non premier ; car

comme Chef des autres, et c'est dans la barque de Pierre que Notre-Seigneur veut entrer. Dans l'Évangile de S. Matthieu, chap. X, on lit : *Duodecim autem apostolorum nomina sunt hæc : Primus Simon, qui* DICITUR PETRUS. Même remarque au chapitre XVII ; *idem*, Évangile selon S. Luc, chap. VIII ; *idem*, Évangile selon S. Jean, chap. XXI. « Jésus se manifesta ainsi : à Simon-Pierre, etc. ; » *idem*, Actes des apôtres, chap. I, v. 13 ; *idem*, v. 15 ; *idem*, chap. II ; *idem*, chap. III ; *idem*, chap. V ; *idem*, chap. VIII, etc. — Nommé constamment le Premier, placé à la tête des Apôtres dans ce qui concerne l'administration et le gouvernement de l'Église naissante, Pierre le premier propose un choix à faire d'un douzième Apôtre à la place de Judas : « Il était compté parmi nous, dit-il, et il avait reçu sa part de ce ministère. » — Pierre parle le premier le jour de la Pentecôte : « Que chacun de vous, dit-il, soit baptisé au nom de Jésus-Christ pour la rémission de ses péchés, et vous recevrez le don du Saint-Esprit. » — Pierre parle le premier dans la guérison du boiteux, « le prend par la main droite et le fait marcher, disant : Au nom de Jésus-Christ, levez-vous et marchez ! » — Après la conversion des cinq premiers mille Juifs, Anne, le grand-prêtre Caïphe, et tous ceux qui étaient de la race sacerdotale, s'assemblèrent dans Jérusalem, et, faisant comparaître les Apôtres devant eux, ils les interrogèrent : « Pierre, REMPLI DE L'ESPRIT-SAINT (voyez ce texte !), leur dit : Princes du peuple et vous anciens, écoutez ! » C'est alors qu'il déclare avoir guéri et converti par le nom de

πρῶτος étant un ordinal, n'est pas moins défini pour être sans article. » Wilberforce.

Jésus-Christ crucifié, ajoutant : « C'est cette Pierre qui a été rejetée par vous, architectes, qui est devenue la pierre d'angle [1]; il n'est de salut en aucune autre [2]. » Nous devons revenir sur ce point.

En présence des actes mêmes de S. Pierre et de la primitive Église, que dis-je? en présence de Jésus-Christ, qui parle d'après son Père, des Conciles, qui parlent d'après Jésus-Christ, que quelqu'un vienne dire avec les dissidents qu'il n'existe en S. Pierre qu'une primauté d'honneur! que S. Pierre ne remplace Jésus-Christ dans l'Église que d'une manière honorifique! Reconnaît-on chez nous la primauté d'honneur à qui n'a pas la Primauté réelle? Trouvez ici-bas une primauté d'honneur où n'existe pas la Puissance, la Primauté de juridiction? Vit-on jamais un Prince détrôné à moitié? Un Prince privé du pouvoir est captif ou proscrit. Quel roi a conservé son trône par le seul droit d'une primauté d'honneur? Enfin, est-ce l'honneur que Jésus-Christ est venu constituer, pourvoir d'un Chef, d'une unité et d'un centre? Et comme cette primauté

---

1. Daniel avait vu dans Jésus-Christ cette pierre détachée d'en Haut et qui devait remplir la terre. Quand le Sauveur donne à Simon le nom de Pierre, nous le savons, non-seulement il change son nom, mais il le remplace par un nom impliquant une délégation venant de lui.

2. « Décidez, écrit saint Jérôme au pape saint Damase, et je ne « craindrai pas de dire qu'il y a trois hypostases. » « Et pourquoi? » « s'écrie S. Augustin : parce que le successeur du Prince des Apôtres « est la pierre que les portes de l'enfer ne peuvent vaincre. Ce qu'il dit, « ce n'est pas lui qui le dit, mais Dieu même, qui a mis dans la Chaire « d'unité la doctrine de vérité. Ceux donc qui sont séparés de cette « pierre, sont sans aucun doute hors de l'Église; car Jésus-Christ a « dit : *Sur cette pierre je bâtirai mon Église.* » — S. August. De unit. Eccles., cap. XIX.

est sur la Pierre, dans les Clefs, pour le Pasteur, est-ce uniquement pour l'honneur que la Pierre porte l'édifice, que la Clef ouvre le ciel, que le Pasteur conduit le troupeau? Et quand les Conciles nous disent : la *pleine-Puissance* pour régir, la *Primauté et souveraineté suprême*, nous parlent-ils de primauté d'honneur? Quand ils s'écrient : *Primatum non tantum honoris sed* JURE DIVINO, laissent-ils un doute sur cet honneur? Est-ce honorifiquement que, dans leur langue sacrée, le Saint-Père est nommé le *Souverain-Pontife*, le *Vicaire* du Christ? honorifiquement, qu'ils le déclarent le *Père*, le *docteur* des chrétiens? honorifiquement, qu'il doit, en pleine puissance, *Paître*, *Régir* et *Gouverner l'Église entière*, et que, quels que soient les pouvoirs cédés, *sa Prérogative reste intacte dans les conciles?* Est-ce honorifiquement, enfin, qu'il est le centre visible de l'unité, qu'il constitue le Corps même de l'Église? Et ne suis-je, moi, comme le Protestant, que le membre d'un corps mystique, dans lequel je ne conserve qu'une mystique volonté? Ne suis-je, une fois encore, qu'une ombre de liberté, obéissant à une ombre d'autorité, qui soutient une ombre d'Église, bâtie sur l'ombre de S. Pierre?

La vérité connue, les questions deviennent faciles. Qu'est-ce donc maintenant qu'un Concile supérieur au Pape, un Concile séparé du Pape, un appel au futur Concile?

CHAP. LIV.

LE CONCILE SÉPARÉ DU PAPE.

Le concile séparé du Pape n'est pas un concile, puisqu'il est *séparé* de celui qui le rend concile. Le concile séparé du Pape est un concile décapité ou non formé[1]. Vous voulez un corps vivant, il n'y a là que des membres. Je chercherai celui sur qui est bâtie l'Église, et je saurai où est le concile, aussi bien que l'Église.

Pour demander, comme on l'a fait, si le concile est supérieur au Pape, il faut séparer le concile du Pape. Or, il n'est pas de concile séparé du Pape ; la demande est donc nulle. Loin d'exister séparé du Pape, le concile se joint au Pape pour trouver l'existence.

Et, pour finir de tourner dans cette abstraction, l'Infaillibilité n'appartient pas plus au concile séparé du Pape, c'est-à-dire considéré comme une réunion d'Évêques, qu'elle n'appartient aux fidèles considérés aussi en eux-mêmes, c'est-à-dire comme membres privés de l'Église. Partie intégrante d'un corps vivant, ce n'est que par son union à la vie, à la racine de l'Église, que l'individu, comme le concile, est sauvegardé de l'erreur. L'Église, ce sont les membres de Jésus-Christ, ceux conséquemment qui sont liés à Jésus-Christ, ou à celui

---

[1]. Saint Irénée l'appelle : TRUNCATUM *concilium*; un autre Père : ORPHANUM *capite*.

qu'il a mis publiquement à sa place. Il faut le troupeau établi, il faut l'Église bâtie. Or, ce concile, c'est l'Évêque réuni à l'Évêque ; il ne prend corps que dans l'unité de Pierre. Ce concile, ce sont les membres de l'Église, ils ne trouvent la vie que dans la tête elle-même. Aussi, ne reçoit-il le nom auguste de Concile que lorsqu'il désigne une réunion d'Évêques convoquée et conduite par le Saint-Père ou ses légats. Alors le Concile, vrai Concile, puisqu'il possède le Pape, possède l'Infaillibilité.

— Nous sommes toujours dans les suppositions soulevées par la pensée qui ne conçoit point l'unité. — Le concile séparé du Pape, c'est l'Évêque uni à l'Évêque, et même il n'en a pas tous les pouvoirs. Car l'Évêque à sa place, fixé dans la racine de Pierre, existe dans toute sa force. Mais ce concile, n'étant point encore à la sienne, attend S. Pierre pour prendre vie dans ses **Pouvoirs Souverains**. Voilà ce qui nous trompe. On confond toujours dans l'Évêque, le caractère ineffaçable, le pouvoir de ministère et de juridiction qu'il exerce au cercle de sa compétence, avec les Pouvoirs de haute Juridiction dans la Souveraineté de l'Église, qui nécessairement disparaissent s'ils se posent en s'opposant à Pierre. Le pouvoir de Juridiction, d'ailleurs, est celui du supérieur envers ses inférieurs ; il descend comme la vie, il ne remonte pas [1]. Le pouvoir de juridiction des Évêques, comme celui par lequel ils sont

---

1. « Jus jurisdictionis est jus regendi subditos. » —*Jus canonicum*. « Le successeur de S. Pierre, dit Mgr le cardinal Gousset, a, de droit divin, juridiction sur tous les autres Évêques de la chrétienté. » *Théolog.* de l'Ordre, art. 1000.

juges de la Foi, d'abord *expire devant Pierre,* puisque ici c'est le Pouvoir de Pierre qui reprend et s'exerce, ensuite *s'évanouit hors de Pierre*, ou de son consentement, puisque ce pouvoir chez les Évêques ne subsiste d'ailleurs et n'a de réalité qu'en lui. Vous le savez, aucune promesse aux Apôtres séparés de Pierre ; et toutes les promesses, suivant Bossuet, premièrement établies dans la personne de Pierre.

En légitime concile, les Évêques sont les vases d'élection de la Foi, dont Pierre est la *pierre* de touche ; en conciliabule, ils s'enlèveraient eux-mêmes, non leurs caractères sacrés, mais les pouvoirs qu'ils possédaient. soumis et identifiés à Pierre. Ce seraient les Apôtres avant les Promesses[1]. Certes, l'Infaillibilité existe bien

---

1. « Je vois que les auteurs français qui soutiennent la déclaration de 1682, en tirent la conséquence que le Pape peut être contraint, jugé et même déposé par le concile (Voy. le Dict. de Fleury). Mais ceux qui disent que le Pape est tenu d'obéir aux décrets d'un concile qu'il n'aurait pas approuvés, ou que le concile général est supérieur au Pape, ne s'aperçoivent pas que leurs propositions sont contradictoires dans les termes. Je leur demanderai si le Pape fait partie du concile. Peuvent-ils appeler concile général l'union des Évêques, considérés à part, faisant abstraction du Pape, les opposant même au Pape? On ne peut pas prouver que les Évêques assemblés ont l'autorité d'obliger le Pape à obéir à leurs décrets, ou celle de le juger lui-même, en disant qu'il n'est pas de plus grande autorité que celle d'un concile, parce que les Évêques assemblés ne forment ce concile que par leur union avec le Pape. On ne le peut non plus prouver en s'appuyant sur les promesses que Jésus-Christ a faites au collège des Apôtres, parce que d'abord ces promesses ont été faites au collège des Apôtres unis à S. Pierre: parce que ensuite ces promesses, faites au collège des Apôtres, ne détruisent pas celles faites à Pierre seul, toujours le chef, le pasteur de tout le troupeau. Enfin, pour prouver ce droit des Évêques réunis sur le Pape, il faudrait l'établir par le fait. Serait-il possible que, depuis dix-huit siècles que l'Église est fondée, on ne pût trouver un acte qui le prouvât? Mais ce qui achève de rendre insoute-

dans la réunion : mais, pas dans la réunion *entre* eux, puisque c'est dans la réunion *à* Pierre. Je crois l'Église *une*, et non faite de morceaux ; ou, la voilà soumise aux événements et aux hommes. Dans une plante, je crois à la racine, à la tige et aux feuilles ; je crois que dans la racine est le principe de la tige et des feuilles : l'idée ne me vient pas que la tige et les branches constituent la racine. Chaque chose a son don ; comme celui de la racine est de puiser à la source même.

Ceux qui par la pensée séparent le concile du Pape, ne peuvent opposer au Pape qu'un concile déraciné, ou non encore constitué, un concile dont l'autorité est celle de saints docteurs assemblés, mais attendant d'être constitués en un auguste Corps. Et pour preuve qu'il ne saurait être autre chose, c'est que, tout vénérable qu'il est dans chacun de ses membres, s'il ne se réunit au Pape, s'il ne se fixe en lui, s'il n'en reçoit la sanction, il se constitue en état de schisme. Considérez autrement le rapport du concile avec l'Église, l'idée d'unité est détruite. La raison de l'autorité, c'est

table la maxime de Fleury, c'est qu'on peut prouver le contraire, a savoir que le Pape conserve toute son autorité sur les Évêques assemblés en concile. Qu'est-ce que le concile et son autorité ? ni plus ni moins que le collége des Apôtres et son autorité. Or, dans ce collége, Pierre reste le protecteur de tout le troupeau, y compris les Apôtres assemblés. Donc son successeur, qui est le Pape, reste dans le concile le chef et le pasteur de toute l'Église, y compris les Évêques assemblés. Les promesses faites aux Apôtres sont communes à Pierre et ne détruisent pas celles faites d'abord à Pierre seul. *Pasce oves :* S. Bernard, tous les Pères et les interprètes, me disent que par ces mots Pierre est devenu Pasteur des pasteurs, et que les Apôtres font partie de son troupeau. » (Après les témoignages tirés du sens propre et littéral de l'Évangile, le vénérable auteur donne ceux qui sont tirés du langage unanime des conciles généraux). Le card. Litta. lett. XV et XVI.

qu'il faut recevoir la vie de l'auteur. *Omnis potestas a Deo.* Tout est relatif, tout est néant ici-bas ; de plus, tout est déchu.

Aussi le fidèle, comme le concile, a-t-il pour l'Église un respect et une soumission sans borne. La pensée d'opérer un schisme les remplit d'épouvante. Le concile, comme le fidèle, voit dans le Pape le Père qui leur transmet le don de Dieu : de là cette qualification admirable. Que le concile se réunisse sans *sa Foi*, sans son Père, il réunira sans doute les plus vastes lumières (et sera, si vous le voulez, cette raison générale vainement cherchée hors de l'Église) ; mais il ne constituera pas l'Infaillibilité, qui vient de Dieu. Cependant, direz-vous, la réunion de ce concile au Pape la constitue ; non, c'est la réunion du Pape à ce concile...

Enfin, c'est la pratique qui manque à toute cette théorie. Car, puisqu'on veut absolument séparer, quand ce concile séparé se trouvera en opposition avec le Saint-Père, comment saurai-je, moi, qui du concile ou du Saint-Père va me transmettre l'enseignement de l'Église ? Comment le saurais-je, s'il n'y a pas une marque ici-bas pour m'indiquer de quel côté est l'Église, et où se trouve la bouche qui en articule la Foi ? Eh bien ! le Saint-Père est cette marque : *ubi Petrus, ibi Ecclesia* ; le Saint-Père est cette Foi : *ta Foi* ne faillira pas. Voici le Pape, voilà l'Église. Sans le Pape, où prendrai-je l'Église ? Sans cette Infaillibilité pratique, toujours visible, que je puis toujours consulter, combien d'esprits, tout en croyant suivre l'Église, se laisseraient aller à leurs opinions, aux idées faibles des coteries ou des époques ? Sans cette Infaillibilité pratique, que de schismes couvés, prêts à éclore, auraient définitivement reçu le jour?

Votre concile peut promulguer les meilleures lois, prononcer les arrêts de la plus grande sagesse, et ceux-là même que consultera le Saint-Père, ou qu'il prononcera ; mais, non point ceux de la Sagesse-Souveraine, si le Pape ne vient y donner sa sanction. Il peut offrir au Saint-Père les plus grandes lumières, le témoignage de la tradition, toute la science antérieure des canons : car le Saint-Père, comme le sage, aime à tout recueillir, à donner audience aux faits, au bon sens, à toute science venue du dehors sur les Écritures, afin de tout présenter à l'Esprit-Saint qui parle en lui et qui juge, car l'Esprit seul peut juger, qui confirme et décide, car l'Esprit seul peut décider. Et, de ce que l'autorité du Pape est souveraine, il ne s'ensuit point qu'elle soit au-dessus des lois, puisque sa souveraineté dans la vérité consiste, tout au contraire, à y être souverainement et infailliblement soumis. Le Pape est bien tenu d'obéir le premier aux décisions qu'il a lui-même sanctionnées ; il ne peut rester maître de la loi après l'avoir proclamée. Il est bien le premier chrétien[1] !

« Ces hommes qui ne cessent d'en appeler aux ca-

---

[1]. « Quoiqu'il soit vrai de dire que personne n'est plus obligé que le Pape d'être l'exécuteur des saints canons ; cependant, par rapport à la discipline, son autorité n'est jamais liée de manière qu'il ne puisse modifier les lois, selon les circonstances, *quand la nécessité l'exige : utilitate vel necessitate*, dit le Concile de Bâle, *moderari, dispensareque possit*, etc. Enfin, comme la puissance de lier et de délier accordée à Pierre, a été donnée sans restriction, Bossuet dit qu'il n'y a rien que le Pape ne puisse faire par rapport aux lois ecclésiastiques si la nécessité l'exige. *Déclar.*, cap. xx. » Le cardinal Litta, lettre XIV.

nons, s'écrie de Maistre, ne nous disent pas que par canons ils entendent ceux qui leur plaisent. Toute cette dispute fait pitié. Demandez au Pape s'il entend gouverner sans règle et se jouer des canons, vous lui ferez horreur. Demandez à tous les Évêques du monde catholique, s'ils entendent que des circonstances extraordinaires ne puissent légitimer des dérogations, des exceptions, et que la souveraineté dans l'Église ait perdu le droit inhérent à toute Puissance de produire de nouvelles lois, à mesure que de nouveaux besoins les demandent! Ils croiront que vous plaisantez. Que veulent dire certains théologiens avec *leurs canons*[1]? Et que veut dire en particulier Bossuet, avec sa grande restriction, qu'il nous déclare à demi-voix, comme un mystère délicat du gouvernement ecclésiastique : « La plénitude de la puissance apostolique réside dans la chaire de S. Pierre, mais l'exercice en doit être réglé par les canons? » Quand est-ce que les Papes ont prétendu le contraire? Lorsqu'on est arrivé, en fait de gouvernement, à ce point de perfection qui n'admet plus que les fautes inséparables de la nature humaine, il faut savoir s'arrêter[2]; et ne pas chercher dans de vaines supposi-

---

1. D'abord, il existe fort peu d'anciens canons disciplinaires qui ne soient aujourd'hui tombés en désuétude. Ensuite, nos Évêques eux-mêmes ne gouvernent-ils leurs diocèses que d'après les anciens canons? Suivent-ils, par exemple, les anciens canons pénitentiaux et ceux pour l'excommunication?.. Tous le savent bien, autres mœurs, autre discipline.

2. « Si des abus étaient une raison de contester une autorité legitime, qui ne voit pas qu'il faudrait en même temps nier et l'autorité du Pape et l'autorité des Évêques, et l'autorité ordinaire et l'autorité déléguée, et toute autorité : laquelle, par la faiblesse ou la malice des hommes, se trouve sujette à beaucoup d'abus? » BELLARMIN, *l'indic. sanct. Pont. cont. Febron.* De quel côté est le bon sens?

tions des semences éternelles de défiance et de révolte. Si le Pape n'a le droit dans aucun cas d'abroger ou de modifier un de ses décrets : et *s'il y a dans l'Église une puissance qui ait le droit de* JUGER *si le Pape a bien jugé,* QUELLE EST CETTE PUISSANCE ?... Si les Évêques réunis sans le Pape peuvent s'appeler l'Église, et s'attribuer une autre puissance que celle de certifier la personne du Pape, dans les moments infiniment rares où elle pourrait être douteuse, il n'y a plus d'unité, et l'Église visible disparaît. Malgré les artifices infinis d'une savante et catholique condescendance, remercions Bossuet d'avoir dit dans ce même discours que « la puissance du Pape est une Puissance suprême ; que l'Église est fondée sur son Autorité ; que les Évêques ne sont tous qu'une même chaire avec la CHAIRE UNIQUE, où S. Pierre est assis ; que la marque la plus évidente de l'assistance que le Saint-Esprit donne à cette MÈRE DES ÉGLISES, c'est de la rendre si juste et si modérée, que jamais elle n'ait mis les excès parmi les dogmes. » (Sermon sur l'unité de l'Église.) Dans un sens, la loi pourrait être dite au-dessus du Roi, comme le Concile au-dessus du Pape ; c'est-à-dire, que ni le Roi ni le Souverain-Pontife ne peuvent revenir contre ce qui a été fait par eux-mêmes en Parlement et en Concile. Ce qui, loin d'affaiblir la Monarchie, la complète au contraire, et la porte à son plus haut degré de perfection, en excluant toute idée accessoire d'arbitraire ou de versatilité [1]. »

Parole de Notre-Seigneur Jésus-Christ, le Pape le représente et le continue plus particulièrement sur la terre.

---

1. DE MAISTRE. *Des canons en général, de l'appel à leur autorité,* chap. III.

Organes de cette parole divine, les Évêques représentent et continuent plus particulièrement les Apôtres, apôtres dès qu'ils sont un avec Lui, sur qui ils ont été fondés. Au reste, c'est de là qu'ils tirent leur nom : eux, ΑΠΟΣΤΟΛΟΙ, *envoyés*, et lui, ΠΕΤΡΑ, *pierre*, ou fondement. Jésus-Christ a prié pour que la Foi de celui-ci ne vînt pas à défaillir, et, au moment de les quitter, pour que les autres restassent un afin d'être en Lui, comme il est en son Père et son Père en Lui¹. L'individu ne se complète par la Société que parce que la Société elle-même ne se complète que par Dieu. Si elle rompt cette racine, si bien nommée l'Autorité, elle se détache de la vie comme le tronc que l'on sépare de la tête, et comme lui retourne en dissolution. Tout concile qui en appelle au futur Pape se décapite ; tout concile, au reste, qui en appelle au futur concile, perdant la Foi en la promesse de Jésus-Christ, prouve qu'il n'est point concile. C'est là précisément l'erreur dans laquelle peut être entraîné le concile qui croit avoir une existence assez indépendante du Pape pour vivre par lui-même ou réagir.

Nous avons tous plié sous l'époque, et le libéralisme a fait plus de conquêtes qu'il ne le pense. Ce fut le propre du siècle dernier de prendre en bas l'Autorité. L'Église est la société des fidèles soumis à leurs légitimes pasteurs. Ce siècle, qu'en voulut-il déduire ? Parce qu'on dit l'Église infaillible, pensa-t-il que c'était l'en-

---

1. Il est vrai que la première des deux prières de Jésus-Christ a passé au rang des lois, qu'elle a été nécessairement exaucée, puisque Pierre a été immédiatement chargé de confirmer ses Frères dans la Foi : mission qu'il ne peut remplir qu'autant qu'il ne peut errer dans la Foi...

semble de ses membres [1]? Nous dira-t-il, lorsqu'il s'agit de ce qu'elle enseigne, qu'il s'agit de ceux qu'elle renferme? L'Église est infaillible, mais *dans ce qu'elle nous* enseigne. Tel est le catéchisme. Oui, l'Église est infaillible; mais, où réside l'Église? Sur toi je bâtirai mon Église. Sur lui dès lors elle repose... Le mot est vieux : ubi Petrus, ibi Ecclesia. Assurément le Pape ne saurait aller seul et sans Église, puisque le Pape est pour l'Église, et non l'Église pour le Pape; l'Infaillibilité pour le salut des fidèles, et non pour l'utilité personnelle de celui qui est dit le Serviteur des serviteurs de Dieu. Les Promesses ne laissent pas de place à ces pauvres suppositions.

Je m'empare de votre abstraction; le monde est à sa fin, tous les fidèles descendent dans la tombe, le Pape seul est debout, l'Église subsisterait encore! Car elle a commencé par un seul, et elle finira par un seul, et le Pape est Jésus-Christ sur la terre. *Sur toi, je bâtirai*. Je bâtirai, pour exprimer que ce n'est point quand il est présent parmi nous, mais quand il sera au Ciel, que tout reposera sur Pierre.

---

[1]. Hélas! pourquoi porter l'orgueil dans le bien? Pourquoi vouloir que les chrétiens ressemblent un peu à des sectaires? Voyez, diront les dissidents, lorsqu'ils se réunissent, ils deviennent infaillibles! Mais quand tout vient ostensiblement de Dieu, on n'a plus rien à dire. Or, il est ostensible qu'un homme ne peut avoir de lui-même la vérité... La Foi pure à la Promesse efface ce qui pourrait sembler humain. C'est un diamant qu'il ne faut pas ternir.

CHAP. LV.

L'APPEL AU FUTUR CONCILE.

Je l'accorde, le concile, tel que vous l'entendez, recueillera l'Écriture et la Tradition ; mais l'Église se fonde sur l'Écriture, la Tradition, et avant tout sur Jésus-Christ...

Souvent on refuse de se rendre à la pensée pure, mais il faut bien se rendre au bon sens, et puis aux faits. Souvent on avance une proposition sur un point, sans prévoir le contre-coup sur les autres. A la manière dont vous le voudriez, si c'est du concile que provient l'Infaillibilité, c'est par le foyer incomparable de ses lumières, par l'immense poids de la sagesse de ses membres [1]; et, dans ce cas, le Pape n'est qu'un simple Prélat, surtout le Pape qui s'oppose. Qu'on l'emporte sur lui, plus de concile, puisqu'on se trouve séparé de Pierre ; que ce soit lui qui l'emporte, conflit, majorité qui s'élève, protestation unanime. Aussi, dans ce cas, a-t-on tenté d'en appeler *du Pape au futur concile!* Dès lors, intermittence dans le Pouvoir, dans la vie de l'Église, suspension dans l'Infaillibilité... Soyons logiques, ou d'autres le seront pour nous.

1. Je sais ce que l'on dit ; je réponds à ce que l'on pense...
D'ailleurs, je continue de raisonner dans l'abstraction qui suppose un concile sans le Pape, tandis que c'est le Pape qui constitue le concile. Personne ne doute de l'Infaillibilité du Concile réel, ou pourvu de son Chef. Nous ne combattons que le concile abstrait, tendant au conciliabule.

Un appel au futur concile ! Sachons d'abord que l'Église n'y a jamais consenti. L'appel au futur concile a été frappé par les bulles de Pie II et de Jules II. Faites attention : l'Église ne peut souffrir qu'on en appelle du Pape au futur concile sans s'abolir, sans manquer à sa propre foi en Celui qui est avec elle jusqu'à la fin... De même, en appeler du Pape *mal* informé au Pape *mieux* informé, c'est au fond nier le Pape et en appeler au futur concile. Nier le Pape, puisqu'en matière de Foi, il pourrait être mal informé ! Mais dans le futur concile, qui dira si le Pape est mieux informé, du moment où celui qui est pour *confirmer ses Frères*, a besoin d'être confirmé ? Quand vous pensez en appeler du Pape à un concile, qui vous garantit alors ce concile ? Dans quel cercle vicieux, hélas ! allez-vous tourner ? C'est donc nier le concile. Le fait est clair, l'appel de concile à concile, ou l'appel au futur concile, est une condamnation du présent concile. Il a erré avec le Pape qui le confirme, il n'a pas l'Infaillibilité, puisqu'il faut recourir au suivant. Quel sera donc le vrai concile ? Le dernier ; car chacun, successivement, réformera le précédent. L'Église ne saurait tenir aucune décision pour infaillible, puisqu'on ignorerait toujours celle du futur concile, et qu'on pourrait en appeler du Pape mal informé au Pape qui le serait mieux. L'appel au futur concile, ou au Pape mieux informé, abolit du même coup la Papauté, le Concile et cette Infaillibilité qu'on ne saurait jamais tenir.

Mais, ici, sur l'appel au futur concile, il n'y a qu'un mot à dire : le concile n'étant infaillible que par le Pape, ce serait donc en appeler de l'Infaillibilité à l'Infaillibilité. Cette question n'est qu'un corollaire de la question fondamentale. Le Pape étant celui à qui Jésus transmet, pour confirmer ses Frères, la *Foi qui ne faillira pas*, l'appel du Pape au futur concile, ou au Pape mieux informé, serait l'appel à la rébellion, un acte schismatique, hérétique pour peu qu'on l'érige en système.

La question est donc close ici. Et j'en profite pour présenter l'expédient proposé par ceux que la Foi ne cessera pas de combattre. Car, entre ces deux points de vue : que les évêques du concile sont au-dessus du Pape, ou que le Pape reste au-dessus des évêques du concile, les conclusions ne sauraient être identiques ! Pour présenter la première, nous laisserons parler un illustre Prélat. Puis, rentrant dans la pratique, nous indiquerons la seconde.

Un des nobles défenseurs de la Foi en ce siècle, un esprit plein de savoir et d'éloquence, Mgr d'Hermopolis, sentit très-bien qu'il fallait reculer devant les conséquences hérétiques qu'entraîne l'idée de la supériorité des évêques du concile sur le Pape. Il espéra en transformer la nature par la proposition suivante : « Faisons,
« dit-il, une Supposition. Un concile général est très-ré-
« gulièrement assemblé sous un Pape TRÈS-*légitime*.
« *Un différend s'élève* entre les Évêques présents et le
« Pape : de QUEL CÔTÉ est la plus grande autorité ?
« Du côté du Pape, diront les uns ; du côté des Évêques,
« diront les autres. Ne pourrait-on pas dire plutôt que,
« dans ce cas, ce sont ici DEUX Autorités qui SE BA-
« LANCENT ; que la décision demeure en SUSPENS
« jusqu'au moment de leur accord ; que c'est une suite

« de la nature *des gouvernements mixtes*; et que dans les
« États où la puissance législative *est* PARTAGÉE
« entre le Roi et les corps politiques, la loi ne résulte
« que de leur concert ? » — Autrement dit : l'Église
avec un Pape *très-légitime* (dans leur point de vue, un
Pape l'est donc plus ou moins !) et un concile très-régulier, l'Église, dis-je, reste néanmoins privée, pendant
que les deux pouvoirs se *balancent*, de l'Autorité suffisante pour prononcer en matière de Foi ; privée du pouvoir que Jésus-Christ lui a donné pour éviter et pour combattre l'hérésie... Autrement dit encore : dans la diversité des sentiments qui nous partagent, pour tout concilier, le Pape avec les partisans de la déclaration de
1682, ne pourrait-on pas convenir qu'il est un moment
où l'Église, avec un Pape et un concile réguliers, est
dépourvue de l'Autorité nécessaire pour décider ce qui
est vérité de Foi ? ne pourrait-on, en un mot, convenir
d'une hérésie [1]?.. Quel résultat, et pour une SUPPOSITION ! Pourquoi doter l'Église des avantages qui sont
la suite des gouvernements mixtes ? Pourquoi lui souhaiter la position d'un Roi, attendant que ceux qui
ont *partagé* son Pouvoir, se décident à être d'accord
avec lui ? Quel amour du libéralisme ! D'où cette tendresse pour des principes de politique qui se montrèrent partout si favorables à la Foi ? et cette ardeur
à former l'Église sur un plan dont les Sociétés modernes ont retiré tant de fruits ? S. Thomas ! Gerson !
vous qui vous empressâtes de déclarer l'Église *une Monarchie*, son gouvernement, *un Gouvernement royal*,

---

1. *De la Relig. dans ses rapp. avec l'ordre civil et politique.*

où êtes-vous? Deux *Autorités égales* dans l'Église, où est la notion de l'unité de l'Église? Et jusqu'à ce que ces deux Autorités se soient mises d'accord, où est l'Église elle-même? Plus d'unité, dès lors plus de souveraineté, ce qui détruit la notion de l'Église. Enfin comme, d'après la *Supposition*, les deux Autorités qui restent *en suspens* peuvent y *rester* effectivement, de même, aussi, que dans le gouvernement *mixte,* sera-ce le Roi qui dissoudra l'assemblée, ou l'assemblée, forte de la majorité, qui déposera le Roi? Mais, ici, les Évêques ne pouvant pas plus déposer le Pape, que le Pape déposséder les Évêques de tous leurs pouvoirs, que faut-il faire? Demeurer encore en suspens? Noble situation!

Telle la supposition; tel maintenant le fait. Il fut permis d'entrer dans l'hypothèse, il le sera d'entrer dans la pratique, et de dire à ceux qui, de prime abord, ne vont pas au fond de la Foi :

Et quand bien même le concile séparé aurait une vie à part, indépendante (*dato, non concesso!*), qui lui permettrait également d'agir, vous qui croyez Jésus-Christ, comment ne préférez-vous pas voir toutes les lumières des saints évêques assemblés en concile, toute cette sagesse sans pareille dans le monde, venir encore par derrière la Promesse intacte faite par Jésus-Christ à S. Pierre, la corroborer, PUISQUE VOUS LE VOULEZ, et lui donner un corps de lumière tiré d'une visible connaissance des Écritures et de la Tradition? Pour vous tranquilliser (puisque à la parole du Maître vous ne pouvez, comme Pierre, « marcher sur l'eau *pour venir à Jésus,* »), vous avez toutes les promesses faites à Pierre, de plus, toutes les promesses faites aux Apôtres unis à Pierre. Pour vous, enfin, double fortune, double rempart dans l'Église[1]. Supposez donc le concile un ouvrage avancé, si ce n'est point, toutefois, pour offrir la position à l'ennemi ! Autrement vous la démolissez, cette Église, vous la perdez de vue dans sa plus belle ordonnance, vous prenez pour l'Édifice un contrefort qui l'abrite contre le flot du dehors. Car si nos saints évêques viennent à se partager, à se quitter, à demeurer en suspens, tout est fini, plus rien derrière, qu'un Pape dans l'impuissance (toujours dans l'abstraction qui, séparant le concile du Pape, croit que le Pape quitte l'Infaillibilité avec le concile). En tout cas, vous voilà soumis aux inconvénients des Assemblées ; discutant, vous quittant, vous réunissant de nouveau, plaçant de graves questions en litige, CHERCHANT LA VÉRITÉ, vous donnant en spectacle au monde, et, néan-

---

[1]. Il est évident qu'il ne saurait y avoir une assurance plus grande que celle qui est fondée sur Dieu, qu'une Promesse, ici, vaut tout autant que mille. Mais les discussions du Concile ne sont point perdues pour le monde, qui ne sait pas se contenter d'affirmations dogmatiques, et qui aime à les voir procéder visiblement de la science. « Les conciles généraux, dit S. E. Mgr le Cardinal Gousset, ne sont point *nécessaires;* néanmoins, pour étouffer l'hérésie, on convient qu'ils sont *utiles.* Une assemblée composée d'évêques, lors même qu'elle ne réunit pas tous les évêques, montre d'une manière plus sensible, ou plus solennelle, quelle est la croyance de tous les évêques. »

C'est à nous de soutenir la doctrine pure de la Promesse ! Après, laissons le siècle disputer s'il le veut sur les questions qui sont l'objet des délibérations. Pour lui, le double rempart ! D'abord la Promesse intacte, puis le savoir du saint Concile ! D'abord la voix de Dieu, ensuite la voix des Pères, mais n'en formant qu'une au sein de l'auguste Assemblée ! Le concile vient *concilier.*

moins, ne pouvant fixer un point sans l'organe, sans la confirmation de Pierre. Pourquoi vous exposer à toutes les vicissitudes des hommes et des législations de la terre, quand vous pouvez monter sur la barque de Pierre, et y tenir toute vérité élevée au-dessus des eaux? Pour cela que faut-il? la Foi... la Foi, pendant que le divin Maître semble endormi dans la barque assaillie par l'orage.

Quel parti pour des chrétiens que d'hésiter sur la Promesse pour recourir à leur science! Discuter entre soi; de nouveau laisser Dieu pour les Écritures! Et quelle responsabilité!..

Et ici, je vais très-loin; je suppose le concile corroborant le Saint-Père; je le déclare utile, et souvent infiniment utile. Mais, ne faites pas un pas de plus, ne le supposez point nécessaire! Pour que les conciles fussent nécessaires, il faudrait que Jésus-Christ eût dit à Pierre, *J'ai prié pour que ta foi ne défaille pas*, à la condition cependant que TU SERAS AFFERMI PAR TES FRÈRES; et non, POUR QUE TU AFFERMISSES TES FRÈRES! suivant l'ordre donné à Pierre : Lors donc que tu seras *transformé*, que ta Foi *ne faillira point*, que tu seras *la pierre* de l'Église, que ton *roc* sera à la place du mien, *tu affermiras tes Frères*. Ne les supposez pas nécessaires, parce qu'il me suffirait d'ouvrir le livre de Théologie qui est dans toutes les mains, le traité de Son Ém. Mgr le Cardinal Gousset, Archevêque de Reims, à la page 616, article *De la nécessité des Conciles*, et de lire : « Les Conciles généraux ne sont « point nécessaires. Si la tenue des conciles œcuméni-

« ques était nécessaire à l'Église, elle l'eût été surtout
« dans les premiers siècles : soit pour développer son
« organisation native, soit pour fixer la liturgie et la
« discipline, soit pour confondre tous ceux qui tentaient
« alors de concilier les dogmes chrétiens avec les erreurs
« païennes. Or, l'Église a fait toutes ces choses, sur-
« monté tous ces obstacles, sans le secours d'aucun
« Concile général. Néanmoins, quoique le Concile géné-
« ral ne soit point *nécessaire,* on convient qu'il est *utile.* »

Si les Conciles généraux ne sont point nécessaires,
concluez vous-mêmes... Le Pape peut donc se dispenser
de les réunir. S'il peut s'en dispenser, le Pape est donc
infaillible. La pratique, aussi bien que l'enseignement,
vous renvoie d'un seul mot cette thèse que les Conciles,
que l'Évangile, que la raison et la Théologie viennent
d'établir si invinciblement sous nos yeux. Surtout, ne
parlons plus *d'appel au futur concile,* car le futur concile n'étant point *nécessaire*, ni dans ce cas légitime,
pourrait ne jamais exister...

La vérité, pas plus que la vie, ne saurait être suspendue. Qu'il arrive des difficultés, que le Pape ne
puisse convoquer le concile, qu'il y ait impossibilité
physique de le réunir, ou, comme de fait, de le réunir
à temps des quatre coins de la terre, l'Église se passera
donc pour le moment d'Infaillibilité? Ou bien, dans ce
cas, le Pape l'aurait-il au besoin ? S'il la possède au besoin, il la possède toujours... C'est la question pratique
qu'enveloppait la question pure qu'on semblait mépriser.
Bien que l'Église dans sa conduite, comme Jésus dans
ses paroles, n'ait pas ici laissé de doute, c'est la question pratique, il faut en dire encore un mot.

CHAP. LVI.

LA SOUVERAINETÉ, DANS L'ÉGLISE, NE SAURAIT ÊTRE MAINTENUE NI EXERCÉE PAR LES CONCILES.

Qu'est-ce, en définitive, que l'Infaillibilité ? Le don transmis par Jésus à Pierre de ne pas faillir dans sa Foi. Apôtres de Jésus, restez unis à Pierre pour savoir quelle est sa Foi ; dès lors, formez excellemment cette Église contre laquelle les portes de l'enfer ne prévaudront point, et recueillez le bénéfice de toutes les Promesses du Sauveur.

La présence immédiate de Jésus-Christ dans l'Église. en la personne de Pierre et de ses coopérateurs, en fait la sainteté, la noblesse et la réalité. Puis, la transmission des pouvoirs et des grâces de Jésus-Christ fait la réalité, la noblesse et la sainteté de ses pasteurs et de ses membres. La question de l'Autorité, aussi bien que la question des Sacrements, est insoluble hors de là.

Il faut que tout pouvoir, comme toute vie, vienne de Dieu. C'est la raison métaphysique ; c'est-à-dire que le contraire n'a pas de sens. Et voici la raison logique : le chrétien, ainsi que nous l'avons remarqué, étant tenu de considérer Jésus-Christ dans la personne de son supérieur ecclésiastique, et ce devoir embrassant la hiérarchie, le Pape, chef des Apôtres par la primauté de Pierre, est bien réellement en possession de la souveraine Autorité de Jésus-Christ. Il donne un sens à ces paroles substantiellement entendues : *Je ne vous laisserai point orphelins.*

Après la raison métaphysique, après la raison logique, toutes deux mises en plein jour par l'Évangile, vient la raison de fait, ou de nécessité, qui ne saurait échapper à personne. La question a été supérieurement (et surtout historiquement) traitée dans le livre *Du Pape.* « Une souveraineté périodique ou intermittente, dit le comte de Maistre, est une contradiction dans les termes. La Souveraineté doit toujours vivre ; pour elle, aucune différence entre le sommeil et la mort. Les conciles étant des pouvoirs intermittents dans l'Église, et de plus extrêmement rares et accidentels, sans aucun retour périodique légal, le gouvernement de l'Église ne saurait leur appartenir. Au reste, les conciles ne décident de rien d'une manière définitive s'ils ne sont universels. Or, ces conciles entraînent de si grands inconvénients, qu'il ne peut être entré dans les vues de la Providence de leur confier le gouvernement de son Église. Dans les premiers siècles de l'Église, les conciles étaient plus aisés à rassembler ; mais depuis que l'univers policé a été agrandi par de hardis navigateurs, un concile universel est devenu une chimère. Néanmoins, de quelque manière que ces saintes assemblées se puissent constituer, il s'en faut de beaucoup que les Évangiles fournissent en faveur de leur autorité aucun passage comparable à celui qui établit l'Autorité et les prérogatives du Souverain-Pontife..... Les conciles œcuméniques sont les Etats généraux du christianisme rassemblés par l'Autorité du souverain¹. Ils ne peuvent être légitimes sans lui; le concile ne tire sa puissance que de son Chef. Leur validité, leur existence morale et législatrice dépendent du souverain qui les préside ; ils sont colégislateurs jusqu'au moment où ils se séparent. A ce moment, la plénitude du pouvoir se réunit sur la tête du Souverain. Le Pape, pour dissoudre un concile comme concile, n'a qu'à sortir de la salle en disant : Je n'en suis plus. Dès lors, ce n'est plus qu'une assemblée, et un conciliabule s'il s'obstine. Une assemblée intermittente, surtout si elle est accidentelle et non périodique, est par la nature des choses partout et toujours inhabile à gouverner. Au reste, il n'y a eu que vingt-et-un conciles généraux dans toute la durée du Christianisme, ce qui assignerait un concile œcuménique à chaque époque de quatre-vingt-sept ans...². Certaines circonstances les rendent extrêmement utiles. Mais jamais le Souverain-Pontife ne se montre plus infaillible que sur la question de savoir si le concile est indispensable. « Car, dit un théologien, l'Infaillibilité consiste en ce que toutes les questions auxquelles le Pape se sent assisté d'assez de lumières pour les juger, il les juge ; quant aux autres, il les remet au concile...³ »

Rien n'est plus clair, dans toute l'histoire ecclésias-

---

1. « On a osé former un concile sans l'autorité du Saint-Siège, ce qui ne s'est jamais fait, et n'est point permis. » Lucentius, légat du Pape Saint-Léon.

2. Il n'y a eu en réalité, et admis par tous les canonistes, que 17, ou au plus 18 conciles œcuméniques, ce qui assignerait un concile œcuménique par siècle.

3. Perrone. *Infaillibilité*.

tique, que le Pouvoir monarchique du Souverain-Pontife. « Pierre, dit Bossuet, paraît le premier en toutes manières : le premier à confesser la foi; le premier des Apôtres qui vit le Sauveur ressuscité des morts; le premier quand il fallut remplir le nombre des Apôtres; le premier qui confirma la Foi par un miracle; le premier à convertir les Juifs; le premier à recevoir les Gentils; le premier partout. La puissance donnée à plusieurs porte sa restriction dans son partage : au lieu que la Puissance donnée à un seul *sur tous sans exception*, emporte la plénitude... Jésus-Christ commence par le Premier, et dans ce pouvoir il développe le tout, afin que nous apprenions que l'Autorité spirituelle, *premièrement établie en la personne d'un seul*, ne s'est répandue *qu'à la condition d'être toujours ramenée au Principe de son unité*, et que tous ceux qui auront à l'exercer doivent se tenir indispensablement unis à cette unique Chaire, tant célébrée par les Pères et exaltée comme *la Principauté principale,* la source de l'unité, *la Chaire unique.* Par cette constitution, *tout est fort* dans l'Église, parce que *tout y est divin*, parce que *tout y est uni.* C'est pourquoi nos prédécesseurs ont dit *qu'ils agissaient au Nom de Pierre,* par l'Autorité *donnée à tous les évêques en la personne de Pierre.* Et ils l'ont dit lors même qu'ils agissaient par leur autorité subordonnée et ordinaire, parce que tout a été mis premièrement dans Pierre. » — Il suffit, on le voit, de faire rentrer la logique dans ses pensées, et d'y rétablir l'harmonie en y ramenant l'unité...

S. François de Sales, faisant le tableau des différents titres que les siècles ont donnés au Souverain-

Pontife, et parcourant ensuite les différentes images qui ont servi à représenter l'Église sous la plume des écrivains sacrés, s'écrie : « Est-ce une maison ? elle est assise sur un rocher, qui est Pierre. Est-ce une famille ? elle a un père qui est S. Pierre. Est-ce une barque ? S. Pierre en est le patron. Sa réunion est-elle représentée par une pêche ? S. Pierre se montre le premier, les disciples ne pêchent qu'après lui. La doctrine est-elle comparée aux filets d'un pêcheur ? c'est Pierre qui les jette, Pierre qui les retire, Pierre qui présente les poissons à Jésus ; les autres ne sont que ses aides. Enfin, est-ce un Royaume ? Pierre en porte les clefs ; un bercail de brebis et d'agneaux ? Pierre en est le berger. » C'est Pierre qui proclame la Foi : *Vous êtes le Christ !* c'est à Pierre que Jésus ordonne de marcher sur l'eau *pour venir à lui ;* Notre-Seigneur, sortant du tombeau, apparaît à Magdeleine et lui dit : *Allez, dites à* Pierre, etc. Toutes les fois que des actes importants doivent être accomplis par les Apôtres, c'est Pierre qui se présente ; comme du vivant de Jésus-Christ, c'est dans la barque de Pierre qu'il veut entrer. Quand Pierre et Jean guérissent le boiteux, c'est Pierre qui le prend par la main et le fait marcher (*Act. des Ap.*, III, 7.) Quand les deux Apôtres rencontrent Simon le magicien, c'est Pierre qui prononce la sentence. (*Idem,* II, 14.) Quand Ananie et Saphire sont frappés de mort, c'est Pierre qui parle au nom des Apôtres, et condamne. Tous ceux qui voulaient profiter, disent les *Actes,* du pouvoir miraculeux, amenaient les malades dans les rues, *afin que Pierre venant,* son ombre les pût guérir. (*Act. des Ap.,* V, 3.) Ce qui est évident, lorsqu'on lit les actes des premiers âges de l'Église, c'est que Pierre est toujours LE Premier, *protos*, ainsi qu'il est formellement appelé par S. Matthieu ; et que, quand les Apôtres doivent agir collectivement, c'est Pierre qui est là opérant. Cette primauté est aussi manifeste dans les Actes que dans l'Évangile.

Prenons les actes intérieurs, les actes si importants du Gouvernement de l'Église. Il s'agit de compléter le nombre des Apôtres, c'est Pierre qui parle et imprime la direction aux autres : *Pierre se lève et dit*, etc. Puis, vient ce premier concile, où se révèle l'autorité de l'Esprit-Saint ; c'est Pierre qui parle, et, le premier, après la discussion, la tranche en y entrant avec autorité par ces paroles : « Pourquoi avez-vous tenté Dieu ? etc. » *Act.* XV, 7.) Prenons les actes extérieurs. Lorsque l'Église entre dans l'Apostolat, lorsqu'elle jette pour la première fois ses filets dans le monde (le plus solennel événement, dit M. Mermillod), lorsqu'elle entreprend la première prédication sur la terre, qui accomplira cet acte si solennel, qui le premier parlera aux Juifs assemblés ? C'est Pierre ; il promulgue la Loi de grâce, et son discours convertit trois mille Juifs. Pierre a cette faveur, qui sera à jamais l'admiration des siècles ! Enfin, quand l'Église va prêcher l'Évangile aux Gentils, c'est Pierre encore qui a l'auguste privilége de convertir le premier païen, et d'attacher ainsi à l'Église le cachet de l'universalité. Après sa conversion, S. Paul crut devoir se rendre à Jérusalem pour voir Pierre, comme il le dit, et passer quinze jours auprès de lui. « S. Paul
« s'écrie Bossuet, étant revenu du troisième Ciel, vint
« voir Pierre, afin qu'il demeurât établi pour les siècles

« futurs que, quelque docte, quelque saint que l'on
« soit, fût-on un autre S. Paul, il faut venir voir
« Pierre¹. » Si la primauté de Pierre n'est pas visible
dans tout le Nouveau-Testament, il n'y a pas un dogme
qui le soit².

Ainsi, pour le Concile, le Pape peut seul le convoquer (par lui ou ses légats), le présider, le sanctionner, et, s'il y a lieu, le déclarer œcuménique ou infaillible. Quand les choses reprennent leur clarté, il est beau de voir à quel point on les a obscurcies! l'Église, le concile, tout, hors le Pape, semblait infaillible. Et, quand on arrive sur la question, on s'aperçoit que si l'Église et le concile possèdent l'Infaillibilité, ils le doivent à celui à qui la Foi et les Clefs ont été remises. « Car, s'écrie de Maistre, pourquoi les portes de l'Enfer ne

---

1. S. Paul parle « d'aller voir Pierre », dit Victorinus, « car si les fondements de l'Église sont fondés sur Pierre, Paul, à qui toute chose avait été révélée, savait qu'il était obligé de voir Pierre à cause de l'Autorité qui lui avait été remise, et non pour apprendre quelque chose de lui ». (Com. in Gal.) « Il va voir Pierre à Jérusalem, dit Tertullien, pour remplir un devoir et satisfaire à l'obligation de leur Foi ». « Il devait désirer de voir Pierre, disent S. Ambroise et S. Hilaire, parce que c'était l'Apôtre à qui N. Seigneur avait délégué le soin de toutes les Églises, et non qu'il pût apprendre quelque chose de lui ». « Il n'alla pas pour apprendre, dit S. Jérôme, mais pour faire honneur au Premier des Apôtres ». « Il n'avait pas besoin de Pierre, dit S. Chrysostome, ni de son enseignement oral, pourtant il va le trouver comme son Supérieur ». « S. Paul, dit Théodoret, n'avait pas besoin de lui demander des doctrines qu'il avait reçues de Dieu, mais il rend un honneur convenable au Chef ». Etc., etc.

2. Voir l'excellente Conférence de Divonne, contre des protestants qui prétendaient que S. Pierre n'est premier que sur le papier, et parce qu'il faut qu'il y en ait un qui le soit! Publiée par M. l'abbé Mermillod et par M. l'abbé Martin.

prévaudront-elles pas contre elle? A cause de Pierre. Otez ce fondement, comment serait-elle infaillible, puisqu'elle n'existe plus? Il faut être, ce me semble, pour être quelque chose [1]. » C'était le concile dont il

---

[1]. *Du Pape*. Tome Iᵉʳ. « On oublie qu'aucune promesse n'a été faite à l'Église séparée de son chef; la raison seule le devinerait, puisque l'Église étant un corps moral, une société, elle n'existe que dans son unité, qui disparaît avec son Chef. Je crois comme Leibnitz : « Que Dieu a préservé jusqu'ici les conciles œcuméniques de toute erreur contraire à la doctrine ; » je crois de plus qu'il les en préservera toujours. Mais puisqu'il ne peut y avoir de concile sans Pape, que signifie la question *s'il est au-dessus ou au-dessous du Pape?* Et ne nous battons plus pour savoir si le concile est au-dessus ou au-dessous du Pape, dit Thomassin (dissert. de conc., chap. XIV); contentons-nous de savoir que le Pape, au milieu du concile, est au-dessus de lui-même, et que le concile *décapité* de son chef est au-dessous. » On peut dire néanmoins, dans un sens très-juste, que le concile universel est au-dessus du Pape, si l'on veut dire que le Pape et l'Épiscopat entier sont au-dessus du Pape, ou que le Pape seul ne peut revenir sur un dogme décidé *par lui* et par les évêques réunis par lui en concile. Mais, que des évêques séparés de lui et en contradiction avec lui soient au-dessus de lui, c'est une proposition à laquelle on fait tout l'honneur possible en la traitant seulement d'extravagante. Le Pape, pour dissoudre un concile comme concile, n'a qu'à sortir de la salle en disant : *Je n'en suis plus*. Dès lors, ce n'est plus qu'une assemblée, et un conciliabule s'il s'obstine. Autrement, supposez qu'au seizième siècle, l'Église orientale séparée se fût assemblée en concile à Constantinople ou à Smyrne pendant que nous étions assemblés à Trente, où aurait été l'Église ? Otez le Pape, il n'y a plus moyen de répondre. Et si les Indes, l'Afrique, l'Amérique avaient pris le même parti ? Enfin, considérons que le caractère œcuménique ne dérive point pour les conciles du nombre des évêques qui le composent; nous avons vu ce nombre diminuer jusqu'à quatre-vingt-quinze au concile de Rome, en 1512. Le nombre diffère extrêmement dans nos conciles généraux, preuve que le concile ne tire sa puissance que de son Chef. Si le concile avait une autorité propre et indépendante, le nombre ne pourrait être indifférent. » *Idem: du Concile.*

« Le seul sens de ces paroles, dit le cardinal Litta, est que le Pape est tenu d'obéir aux décrets approuvés et sanctionnés par lui-même dans les conciles généraux. Le Pape ne reste pas maître de la loi après l'avoir portée lui-même ; mais, bien que personne ne soit plus obligé

fallait établir l'Infaillibilité par sa jonction au Saint-Père, et c'est le Saint-Père dont on cherchait l'Infaillibilité dans son adjonction au concile ! En posant si bien les questions, on dut les résoudre de même... Qui sait combien ce défaut de logique peut nous causer de maux !
« Si le Pape, écrivait Leibnitz à Bossuet, peut décider infailliblement de l'œcuménicité d'un Concile, la question serait tranchée quant à celle du Concile de Trente : mais M. l'évêque de Meaux, lui-même, rejette l'infaillibilité papale. »

Avec nos susceptibilités modernes, lorsqu'il s'agit d'obéir, sous prétexte de combattre l'idée d'un Pape arbitraire, détruisant les canons, nous nous jouons arbitrairement du Pape, nous détruisons l'idée de l'Église. « Quand on nous parle, dit un auteur d'un saint caractère, de la puissance légitime des Évêques comme incompatible avec la monarchie des Pontifes romains, on présente l'Église comme s'étant détruite elle-même, comme n'ayant point su conserver cette forme monarchique de son gouvernement établie par Jésus-Christ, cette souveraineté immuable, visible, sans laquelle il ne peut y avoir d'Église. On voudrait conclure que si le Pape était un monarque, ce serait le seul évêque, évêque supérieur aux lois canoniques, et que les autres évêques

---

que le Pape d'être l'exécuteur et le défenseur des saints canons, cependant, par rapport à la discipline, son autorité n'est jamais liée de manière qu'il ne puisse se dispenser de changer les lois quand la nécessité ou l'utilité l'exigent, comme l'exprime le concile de Bâle. Et enfin, comme la puissance de lier et de délier a été accordée sans restriction à Pierre, Bossuet ne fait pas difficulté de dire qu'il n'y a rien que le Pape ne puisse faire par rapport aux lois ecclésiastiques, si la nécessité l'exige. » *Déf. de la Décl.* Passim. et cap. XX.

ne seraient que ses lieutenants. Mais la Monarchie du Saint-Père est précisément fondée sur des raisons qui l'assujettissent en même temps à ses lois, que voici : 1° Dieu l'a chargé d'arrêter les abus, de punir les prévarications de ses coopérateurs dans l'Épiscopat, de déposer les contumaces, ainsi que S. Bernard l'atteste : « Ne pouvez-vous pas, s'il y a lieu, fermer le Ciel à un Évêque, le déposer de l'épiscopat[1] ? » 2° Dieu l'a établi le protecteur universel des droits des autres évêques, ainsi que S. Athanase le rappelait au Pape Félix. 3° Il l'a établi le Chef et le Père de tous les Évêques, même réunis en concile : ce sont les noms mêmes que lui donne le concile de Chalcédoine (sans parler des autres conciles). 4° Le Pape institue et autorise la règle de la vraie Foi, et, comme le dit S. Thomas : « C'est à lui qu'il appartient de publier le Symbole. » Il est le seul avec lequel il faille être d'accord, si l'on veut être avec Jésus-Christ, selon les paroles de S. Jérôme à S. Damase. 5° Enfin, le Pape a le caractère d'un vrai Monarque, parce que la conduite de tout le troupeau lui a été confiée. Si le Pape est un vrai Monarque, il est pourvu des moyens nécessaires à l'exercice de son autorité monarchique ; or, le plus nécessaire est celui qui ôte tout prétexte à ses sujets de refuser l'obéissance à ses décisions. Donc le Pape est infaillible[2]. »

---

1. *De Consider.* lib. III, c. VII. — Natalis Alexander, à propos d'Antim, évêque de Constantinople, déposé par le Pape Agapet.

2. *Triomphe du Saint-Siége*, par Mgr Cappellari, plus tard Grégoire XVI. (Préface, pag. 134, et à la fin). On pourrait citer tant d'autorités ; celle-ci porte sa signification.

Si, dans l'Église, la souveraineté ne saurait être ni produite, ni soutenue, ni exercée par le concile, alors, direz-vous, pourquoi le concile?

CHAP. LVII.

POURQUOI LE CONCILE?

Pourquoi le concile? Comme il ne saurait y avoir de concile sans le Pape, dites au moins : Pourquoi le Pape s'adjoint-il des évêques pour établir un concile? Pourquoi? par une raison bien simple, parfaitement exprimée dans une locution vulgaire? c'est que le Pape n'a pas la science infuse. Jésus-Christ lui a promis que ce qu'il lierait et délierait sur la terre, le serait dans le Ciel, que sa Foi resterait à l'abri de l'erreur, que même il avait prié pour cela; mais il ne lui a pas promis, par exemple, qu'il saurait lire et écrire sans apprendre; qu'il connaîtrait la Tradition et l'Écriture sans qu'elles lui fussent présentes. L'autorité du Roi sur le département de la marine ou sur celui de la justice, ne lui confère ni la science du marin, ni celle du jurisconsulte. Lorsque les ministres qu'il a préposés sur ces points lui ont exposé les faits, c'est lui cependant qui décide, non par leur autorité, mais par la Grâce d'état que Dieu lui donne avec le Sceptre[1];

---

1. A cause de l'homme, qui n'a ni l'autorité ni le droit de commander à ses semblables, Dieu a dit dans l'Écriture : *C'est moi qui fais les Rois.* En même temps que l'autorité descend du Ciel, elle apporte

bien que cette *Grâce d'état* soit d'un autre ordre que le *don* exceptionnellement fait à Pierre. Car toute autorité apporte sa *Grâce d'état;* et le père de famille, privé de science, choisit parfaitement ceux qui la donnent à ses fils.

Pourquoi le concile? Et, à mon tour, pourquoi le Pape, si c'est du concile que provient l'Infaillibilité, et si le Pape ne la possède que par son adjonction au concile? Est-ce pour avoir un président [1]? Mais dans ce cas, vous le savez, il le faudrait personnellement infaillible pour prononcer, interpréter et appliquer infailliblement les infaillibles arrêts du concile. Sinon, le voilà réduit lui-même au sens privé, en présence du texte des arrêts qu'on lui confie... Dans votre hypo-

---

la *Grâce d'état* pour gouverner. Ainsi, les peuples chrétiens croissent dans la liberté; les autres ne sortent pas du despotisme.

1. D'autant plus que le Pape n'est pas seulement le Président, mais le Chef, mais le Juge des décisions du concile : point qui n'est pas suffisamment remarqué. Comme le montrent les faits, c'est par ses Légats, et rarement par lui-même, que le Souverain-Pontife préside le concile. Mais le Souverain-Pontife donne ou refuse sa sanction au concile, le confirme ou l'infirme : comme dans le concile de Bâle, par exemple, que le Saint-Père ne sanctionne que jusqu'à la 36ᵉ session, ou comme dans le concile de Constance, qu'il adopte, à l'exception du 23ᵉ décret. Et s'il présidait uniquement, il compterait les voix ; le 23ᵉ décret du concile de Constance, comme la 25ᵉ session de celui de Bâle, seraient alors confirmés!! Il semble que le Saint-Père dise au concile : Parle, et je te dirai si c'est la vérité! Le Pape est donc toujours infaillible précisément EN DEHORS et INDÉPENDAMMENT du concile, et non parce qu'il serait englobé dans le concile, comme le croit la théorie, puisque en fait tout se passe autrement. On ne veut pas de la logique. Cependant il faut de la logique ou de la Foi! — L'impossibilité de trouver une expression pour désigner les fonctions de celui qui juge les décisions du concile a fait user du mot de *Président.* « Le Pape SEUL CONFIRME le concile, » dit le R. P. Mattheucci, de *la Sac. Congr. des Rites.*

thèse, le Pape devient inutile. Il est infaillible ou inutile. Pouvez-vous réduire aux fonctions de président, ou de secrétaire perpétuel de concile, Celui qui a dans les mains le pouvoir exécutif d'un État de cette nature; Celui qui est le centre visible de cette société visible? Vous demandez : pourquoi le concile? et je demande : pourquoi le Pape dans une semblable théorie? Mais comme le Pape ne saurait sanctionner le concile sans être lui-même infaillible, et infaillible précisément toujours en dehors ou indépendamment du concile, je découvre parfaitement les saintes fonctions de tous les deux au sein du plan divin, et tout le vôtre disparaît...

Pourquoi le concile? Parce qu'il y a des questions de discipline sur lesquelles il faut entendre les Évêques des divers pays; parce qu'il y a des besoins particuliers dans certaines églises, conséquemment des mesures particulières à prendre; parce qu'il y a aussi des besoins généraux dans l'Église, sur l'opportunité desquels le Saint-Père veut connaître l'opinion générale; parce qu'il est des cas spéciaux, des circonstances exceptionnelles où il croit se devoir à lui-même de faire expliquer ses Frères dans la Foi; parce que, au sein de cette suréminente Primauté, le Pape veut se soumettre aussi d'une manière suréminente aux premières conditions de la vérité : une incomparable humilité dans une incomparable défiance de son propre savoir... Il se défie de son savoir, non de son Infaillibilité[1] ! En-

---

1. L'enfant juge très-bien des actions, pour peu qu'il les connaisse. Le sens moral est chez lui parfaitement sûr, l'intelligence seule est insuffisante, et ce qu'il ne juge pas, c'est ce qui est hors de son expérience. — Veux-je comparer le Saint-Père au petit enfant? *Honni soit qui mal y pense*, bien que le Ciel soit ouvert à ceux qui lui ressem-

core une fois, il ne possède pas l'universelle science, il ne saurait avoir présent tout ce que savent les Évêques qu'il réunit autour de lui. Ce qu'il sait, c'est que si, au milieu de l'auguste assemblée, la vérité est indécise, sa Foi sera la véritable ; ce qu'il sait, c'est que Jésus a dit à Pierre, que comme pierre de son Église, *sa Foi ne faillirait pas*. Et quand tous croiront saisir la lumière, c'est lui dont la lumière sera la vraie lumière ; quand tous la posséderaient, quand tous, comme il arrive, seraient d'accord avec lui, qu'est-ce que cela prouverait ? Que l'Église était partout dans la vérité, et n'avait besoin en ceci de recourir à Pierre, si ce n'est pour savoir qu'elle était dans la vérité… Mais, de la confusion naissent les exagérations. Infaillibilité personnelle, impeccabilité, Infaillibilité dans la Foi sont souvent confondues. Jésus-Christ ne dit point à Pierre que c'est lui-même, mais, que c'est sa Foi qui sera infaillible : *Ta Foi ne faillira point*.

L'Infaillibilité n'est point non plus l'impeccabilité [1] ; dans le Saint-Père, elle ne garantit ni la volonté, ni même l'intelligence. Elle ne rend nullement infaillibles les opinions particulières qu'il peut avoir, comme le

---

blent! Mais de même, avec son infaillibilité dans la Foi, le Saint-Père ne saurait juger ce que son esprit ignore. Mieux on concevra la Raison, qui vient de Dieu, afin que l'enfant même puisse discerner le bien, et mieux on en concevra le rapport avec l'Infaillibilité, qui vient pareillement de Dieu, afin que son Pontife puisse discerner la Foi. L'Infaillibilité, aussi, est tout impersonnelle !

Le concile apporte les notions *recueillies* par la Chrétienté, et il remporte les décisions *inspirées* par le Saint-Esprit. *Il a semblé à l'Esprit-Saint et à Nous*, s'écrie Pierre.

1. Le Saint-Père ne saurait perdre l'inestimable fruit qui résulte pour lui, dans le Ciel, de sa peccabilité, de sa responsabilité sur la terre.

prouverait le pape Honorius lui-même ¹. C'est le Pape, comme pape, qui est infaillible, et non sa personne sacrée. Sinon, il ne pourrait émettre une thèse qu'elle ne devînt un dogme, dire un mot qu'il ne fût infaillible, et dès lors vérité de Foi. — Voyez-le bien, ce n'est pas son esprit, c'est sa *Foi* qui est infaillible, suivant les expressions du Sauveur ². Jésus ne lui dit point : c'est toi, ton esprit, ta mémoire ou ta volonté qui ne faillira pas, mais : TA FOI.

Ainsi l'Infaillibilité du Saint-Père, ainsi l'utilité des Conciles, et les bornes de leurs saintes prérogatives.

La position du concile vis-à-vis du Saint-Père et du Saint-Père vis-à-vis du concile a toujours été parfaitement comprise. « Pierre, que le Sauveur avait choisi pour être le Premier, nous dit S. Cyprien, et sur lequel il avait bâti son Église, ne réclame point insolemment pour son Autorité lorsque Paul discute avec lui sur la circoncision ; pas plus qu'il ne prend sur lui de dire d'une manière arrogante QU'IL A LA PRIMAUTÉ : mais il admet volontiers le conseil de la vérité ; il accepte sans difficulté l'observation légitime que S. Paul lui présente. » Sans difficulté ! effectivement, puisque l'Infaillibilité fait entrer ainsi la lumière en sa Foi.

---

1. Mais les accusations contre Honorius et Libère, on le sait aujourd'hui, ne reposent que sur des falsifications, comme déjà l'entrevoyait le comte de Maistre, et comme depuis l'a prouvé M. l'abbé Constant, dans un savant ouvrage, intitulé : *L'histoire et l'infaillibilité des Papes.*

2. Bossuet a désiré marquer cette différence par un mot nouveau, disant : le Pape n'est point infaillible, il est indéfectible. Mais c'est un mot substitué à un mot. Que l'on dise en latin : *non deficiat*, d'où vient *in-défectible*, ou en français : ne faillira pas, d'où vient *in-faillible*, c'est le même fait qu'on exprime... Allons ! plus la distinction sera parfaite, plus la force de la divine expression sera grande.

De ce que le Pape est infaillible, il ne faut donc point non plus conclure que le concile soit inutile. « Quoique le Pape ait la promesse que sa Foi ne manquera pas, dit le cardinal Litta, il n'en est pas moins obligé d'employer tous les moyens convenables avant de prononcer son jugement. De tous ces moyens, aucun n'est préférable à un concile. Le concile est quelquefois d'une telle utilité, que le Pape doit tout faire pour en procurer la célébration. » Il ne suffit pas toujours, surtout quand l'hérésie prend de grandes racines, de déclarer ce qui est de Foi. Il faut encore le faire sentir aux hommes; déduire savamment les conséquences aux yeux d'une foi surprise ou affaiblie ; enfin, exécuter des travaux qui incombent à la science d'un concile, auquel, du reste, l'Infaillibilité est promise, puisqu'il a le Pape pour Chef! Mais, ce qui devient utile pour des hérétiques, devrait-il l'être pour des chrétiens? Les conciles ne sont donc ni INDISPENSABLES, ni INUTILES. Et ce qui est nuisible, ce sont les idées exagérées qu'on s'en fait.

Les conciles provinciaux, soit que les évêques désirent se rendre compte des besoins et de l'état des esprits, soit qu'ils veuillent remédier à certains abus, sont dans une tout autre condition. Ils peuvent être d'une nécessité fréquente; tout le monde le comprend. Mais pour les conciles généraux, n'oublions plus nous-mêmes la maxime française, à savoir : que l'Infaillibilité du Saint-Père consiste d'abord en ce que toutes les questions dans lesquelles il se sent assisté d'assez de lumière pour les apercevoir et les juger, il les juge; et que pour les autres, il fait appel au concile. Or, le

Pape n'étant jamais plus infaillible que lorsqu'il s'agit de décider s'il importe de convoquer un concile, je crois aussi que l'on doit peser les observations suivantes, adressées non point aux conciles, mais à ceux qui pensent qu'il faut absolument, ou à tout propos, les convoquer : « Bien que je ne pense nullement, dit le comte de Maistre, à contester l'éminente prérogative des conciles généraux, je ne reconnais pas moins les immenses inconvénients de ces assemblées, et l'abus qu'on en fit dans les premiers siècles pour condescendre aux désirs de quelques Princes. Les empereurs grecs, dans leur rage théologique, étaient toujours prêts à demander des conciles, et l'Église ne doit refuser à la souveraineté qui s'obstine, rien de ce qui ne fait naître que des inconvénients. Les Évêques, de leur côté, s'accoutumèrent à regarder ces assemblées comme un tribunal permanent, ouvert au zèle et au doute. S'ils avaient vu d'autres temps, réfléchi sur les dimensions du globe, prévu ce qui arriverait un jour dans le monde, ils auraient senti qu'un tribunal accidentel, d'une réunion difficile, et que le caprice d'un Prince peut empêcher, ne saurait avoir été choisi de Dieu pour régir son Église... » « Pourquoi tant de conciles? s'écrie le cardinal Orsi. Ne le demandez point à nous, ne le demandez point aux papes Damase, Célestin, Agathon, Adrien, Léon, qui ont foudroyé toutes les hérésies depuis Arius jusqu'à Eutychès, avec le consentement de l'Eglise, et qui n'ont jamais imaginé qu'il fût besoin de conciles pour les réprimer! Demandez-le aux empereurs grecs, qui ont voulu absolument des conciles, qui les ont convoqués, ont exigé l'assentiment des Papes, ont excité tout ce fracas dans l'Église... » « Je n'ai jamais vu, dit S. Grégoire de Nazianze, de concile rassemblé sans quelque danger et sans inconvénient. Si je dois dire la vérité, j'évite autant que je puis les assemblées de prêtres et d'Évêques; je ne les ai pas toujours vues finir d'une manière heureuse et agréable [1]... » « Il ne faut point pousser trop loin les choses, ajoute le célèbre commentateur de ces textes, les conciles peuvent être utiles, je ne conteste nullement sur ce point. Je dis seulement qu'un corps représentatif intermittent, surtout s'il est accidentel et non périodique, est, par la nature même des choses, partout et toujours inhabile à gouverner; et que pendant ces sessions mêmes, il n'a d'existence et de légitimité que par son Chef. »

Que demandiez-vous des conciles? si le Saint-Père se retire, ils ne sont plus; et si le Saint-Père ne les convoque, ils ne sont pas. Lorsqu'ils ne sont pas, comment feront-ils pour s'en plaindre, pour réclamer, pour blâmer le gouvernement du Saint-Père? Quelle est donc cette portion indispensable, essentielle, de l'Autorité qu'on peut à volonté rendre à la vie ou au néant, et qui, pendant les trois premiers siècles de l'Église, *n'a point paru?* L'Infaillibilité, d'ailleurs, serait-elle comme une substance éparpillée dans l'Église, partout un peu et nulle part? L'essence de l'Église s'évanouirait quand se disperse le concile. S. Thomas, le

---

1. S. Grég. Naz. *Epis. LV.* Il faut se borner. Dans les modernes, je pourrais citer du R. P. Mattheucci, consult. de la Sac. Cong. des Rites, tout son chapitre intitulé : « *Que les conciles généraux ne sont pas d'une nécessité absolue.* » Autrement dit, ils sont d'une utilité relative.

plusgrand des théologiens, parce qu'il en a été le plus grand métaphysicien, s'écrie : « Point d'unité d'Église sans unité de foi, et point d'unité de foi sans un Chef suprême. » Et c'est pourquoi, selon ce théologien, et selon tous, l'Église n'est ni une démocratie, NI UNE ARISTOCRATIE, mais une Monarchie.

Si le Pape n'était infaillible qu'en présence du concile, ah! que les choses se passeraient bien autrement! Quelles recommandations ne ferait pas au Saint-Père le concile qui se retire? Dans quelles perplexités ne verrait-on pas tous ces conciles confier à celui qui n'aurait que la primauté d'honneur, le trésor inestimable des vérités qui viendraient d'être *momentanément* mises en lumière? Quel concile, conséquemment, a pensé que le Saint-Père ne restât pas infaillible précisément sans lui, et indépendamment de lui [1]? Quel Pape enfin, s'il n'est positivement infaillible, CONSERVERA, EXPLIQUERA, APPLIQUERA infailliblement les arrêts d'une source infaillible? Ne serait-il pas dans la situation du

---

[1]. Cette proposition ne doit point nous surprendre. Je la considérais comme évidente, lorsque, dernièrement, j'ai pu voir de quelle autorité elle était appuyée! « Dieu ne permettra jamais, dit Grégoire XVI, « que le Pape s'écarte de la Foi. Sinon, il arriverait que, par sa Primauté, par le Pouvoir qu'il a pour le maintien de l'unité, et comme « le dit S. Thomas, de donner le point de Foi, il entraînât l'Église « avec lui. Donc, Dieu a dû accorder au Pape, comme tel, *le privi-* « *lège d'une Infaillibilité* INDÉPENDANTE *de l'Église*, indépendante « de cette Société! Les novateurs ne peuvent rejeter ce point sans nier « la nécessité du concours du Pape, sans se ranger parmi les schisma- « tiques et les protestants, qui se font une Église *séparée* du Pape. » *Triomphe du Saint-Siége*, par Mgr Cappellari, plus tard Grégoire XVI.

A force d'écarter les ombres, de franchir les nuages, nous arrivons à quelque chose d'absolu! Il faut dans toute science arriver à ce point, autrement on n'a rien.

fidèle qui tient en mains les Écritures, du protestant qui les explique?.. Soulevez des questions qui tout à l'heure vous écraseront.

Il faut, dis-je, un Pape infaillible, ne fût-ce, premièrement, que pour interpréter et appliquer infailliblement les arrêts d'un concile infaillible, et secondement retirer le Pape de la situation d'un protestant en face de l'Écriture. Cela est si vrai que Pie IV, par sa bulle publiée en janvier 1565, défendit de publier des gloses et des interprétations du concile de Trente. Ce fut par suite de cette défense du Souverain-Pontife, que le Pape Clément VIII ordonna la suppression du Septième livre des Décrétales qui, cependant, avait été rédigé par une congrégation de Cardinaux et de Canonistes, dans l'intention de compléter le Corpus juris. Toute l'objection contre le Protestantisme est ici : qui m'assure qu'au lieu de me donner le sens de l'Écriture, vous ne me donniez votre propre sens? il me faut un organe infaillible pour me donner infailliblement le sens de l'infaillible Écriture. Le Protestantisme dirait donc à l'Église : hors de vos conciles vous retombez, et le Pape avec vous, dans la situation où nous sommes nous-mêmes, dans la nécessité d'interpréter par votre sens privé, soit l'Écriture, soit vos conciles... Mais Jésus-Christ a dit qu'il bâtissait son Église sur Pierre, et, à Pierre, que sa Foi ne faillirait pas : dès lors l'Église retourne à Pierre, à la Foi qui ne faillira pas, pour obtenir la vérité que renferme le vase de l'Écriture et du concile !

Si le Pape se trouve infaillible par le fait seul de l'existence des conciles, dont il faut confirmer et appliquer les arrêts, comme il l'est déjà par la Promesse de Jésus-Christ, l'Église conserve donc la permanence de son unité, de sa visibilité, de sa sainteté et de son Infaillibilité dans la permanence, l'unité, la visibilité, la sainteté et l'Infaillibilité de son Chef ! Dans l'unité, nous trouvons tout, Jésus-Christ, le fait, la logique, le bon sens...

CHAP. LVIII.

RIEN N'EST SÉPARÉ DE PIERRE, NI L'ÉGLISE, NI LE CONCILE, NI LES POUVOIRS D'ORDRE, NI CEUX DE JURIDICTION ORDINAIRE.

Tout est si clair dans la Parole et dans le plan de Jésus-Christ ! D'après un plan garanti par des Promesses qui ne cesseront de s'accomplir, s'écrie le cardinal Litta, il ne devrait plus y exister d'hypothèses contradictoires, surtout parmi des fidèles. Mais l'Église est le plan de Dieu, et ce sont des hommes qui le décrivent. Ils le font ordinairement sans en comprendre l'ensemble; ils en saisissent une partie, s'appuient sur une promesse, et puis en oublient une autre.

Il en est qui supposent que le successeur de Pierre pourra manquer dans la Foi, que ses décisions auront besoin d'être examinées : ceux-là oublient les promesses faites à Pierre.

Il en est qui supposent que l'enseignement des Evêques, soit dispersés, soit en concile uni à Pierre, différera de l'enseignement de Pierre : ceux-là oublient les promesses faites à Pierre, et aux Apôtres réunis à Pierre.

Il en est qui, considérant les promesses faites aux Apôtres réunis, en concluent la supériorité du concile sur Pierre : ceux-là oublient que Pierre, dans cette réunion, est déjà nommé leur Pasteur !

D'autres supposent divers patriarcats avec suprématie indépendante ; et d'autres, que la doctrine s'affaiblira un jour : ceux-là oublient les promesses qui regardent l'unité et la perpétuité de l'Église.

Enfin, il y en a qui rêvent des divisions, des disputes et le désaccord entre le Pape et le concile : ceux-là oublient toutes les promesses ensemble [1].

Quant à ceux qui invoquent une garantie, perdant de vue que, comme le monde, l'Infaillibilité repose immédiatement sur Dieu, ils oublient jusqu'à l'idée de cause et sacrifient la raison.

Lorsqu'on réfléchit que Jésus-Christ est la *pierre angulaire* annoncée par les Prophètes, et qu'il mit Pierre à sa place en l'appelant du même nom, il faut avoir l'esprit frappé pour concevoir l'Église ou le concile abstraction faite de cette *pierre*, leur assigner une existence indépendante de ce Chef, puis, les placer l'une et l'autre au-dessus ! Si une chose devait exister indépendamment de l'autre, ce serait la base, qui peut être sans l'édifice, non l'édifice, qui ne peut être sans la base.

Mais ici rien de semblable. Divisez-moi, je ne suis plus, s'écrie l'Église. « L'être composé n'a pas d'existence tant que ses parties sont divisées, » dit S. Thomas.

---

1. Voir les Lettres du cardinal Litta ; principalement la XIe.

Nullement nécessaire, intermittent et composé de plusieurs, le concile n'est point la souveraineté permanente et une ; il ne constitue donc pas la permanence et l'unité dans l'Église. Au sein du Concile, pas plus que au sein de l'Église, les évêques ne sauraient, renversant la Parole, se mettre au-*dessus* de Pierre lorsqu'ils doivent être *sur* Pierre : sur toi, je bâtirai ! Mais il existe une dernière objection, dès lors pour l'unité un dernier triomphe.

On a toujours distingué dans les Évêques le pouvoir d'ordre et le pouvoir de juridiction : le pouvoir d'ordre les fait évêques, le pouvoir de juridiction, qu'ils tiennent de l'institution canonique, les fait évêques de telle église désignée. De même aussi, on a toujours distingué dans l'Église, ce pouvoir d'ordre chez les évêques, et le pouvoir de haute Juridiction chez le Saint-Père, d'où cette institution canonique découle. C'est le pouvoir d'ordre qui donne le caractère épiscopal, ou qui les constitue évêques, c'est le Pouvoir de Juridiction du Saint-Père qui les dispose dans l'unité, les fixe sur la pierre, les lie à l'Infaillibilité. L'un établit leur *caractère*, l'autre les accomplit dans leur *fonction*.

Et il le faut remarquer ici, des pouvoirs d'ordre indépendants, tels qu'on les supposerait aux évêques, réduiraient à néant le pouvoir de haute Juridiction : tandis que le pouvoir de haute Juridiction, tel qu'il existe dans le Saint-Père, laisse et fait subsister les pouvoirs d'ordre, tels qu'ils existent dans les évêques.

Mais bientôt nous allons comprendre comment ils restent munis de tous leurs pouvoirs sans être pour cela les maîtres du concile, ni les souverains du Pontife. Et ici nous sommes d'autant plus à l'aise, qu'on parle d'une indépendance que tous nos Évêques s'empressent de rejeter! Tous, au sein de l'immortelle Catholicité, obéissent à celui qui tient la place de Jésus-Christ, avec un zèle, une joie, une unanimité que les Anges seuls pourraient suffisamment louer. Dans la pratique tout est romain[1]; la pensée que nous écartons ne vit qu'en théorie.

Il en est des évêques dans la chrétienté, comme des évêques dans le concile : ils ne sauraient être séparés du Saint-Père. Son Pouvoir de haute Juridiction transmet la licéité et l'efficacité pratique à leurs pouvoirs d'ordre et à leurs pouvoirs de juridiction particulière. Si le Saint-Père, d'abord, ne possédait le Droit d'institution canonique, premier élément de sa haute Juridiction, et s'il ne pouvait, ensuite, en suspendre les effets lorsque de très-graves raisons l'exigent, des entreprises illégitimes, par exemple, on aurait le moyen de se passer du Saint-Père... La haute Juridiction, comme un lien, rattache à Jésus-

---

[1]. En France, on dit par dérision *Ultra-montain*, car le Saint-Père est au delà des monts! Les principes s'arrêtent-ils aux montagnes? J'ai toujours été surpris de voir le jansénisme cheminer par son côté le plus lourd, surtout chez des hommes d'esprit. On connaît cette naïveté d'un prélat : *A Rome je serais ultramontain*. A Rome, en effet, il eût été au delà des monts... Mais le mot dit par dérision s'est trouvé dans la vérité. Que les ultramontains soient fiers si, pour eux, la vérité n'a pas de frontières, si leur foi reçoit un nom qui dit sa *catholicité*.

Après avoir rappelé l'admirable conduite de l'abbé Émery en 1809, le cardinal Consalvi ajoute : « Il était attaché aux principes gallicans, mais dans la pratique il en rejetait toujours les effets. » « Inconséquence, dit un écrivain, qui a peut-être sauvé la Foi dans la patrie de S. Louis! Sans doute il eût mieux valu redresser la logique. Mais les circonstances rendent parfois ce redressement difficile. Plus tard, ces circonstances disparaissant, l'accord entre la pratique et la théorie se rétablit. »

Christ tout le corps de l'Église : voilà pourquoi cette Juridiction est la source de la MISSION LÉGITIME.

Ce qui distingue le Pape des évêques, c'est le Pouvoir qu'il exerce sur toutes les églises : sa Juridiction est universelle ; tandis que les évêques n'exercent ce pouvoir que sur leurs églises respectives : leur juridiction est particulière. Et ce qui distingue les évêques du Pape, c'est leur affectation à une église particulière, et la mission reçue du Pape dans ce but. Enfin ce qui distingue le Pape des évêques, c'est sa juridiction sur l'Église universelle et la mission reçue de Jésus-Christ lui-même. Mais ce qui caractérise la haute Juridiction du Saint-Père, ce n'est pas seulement l'universalité, c'est l'unité même et l'Infaillibilité, qui en sont l'âme et la raison d'être. On peut en appeler des Évêques au Saint-Père, on ne peut en appeler du Saint-Père aux Évêques. Le Pape a la Juridiction première, parce qu'il est la PIERRE donnée par Jésus-Christ, parce qu'il est celui à qui il dit de paître ses Brebis comme ses agneaux. Il la possède par cela qu'il est le Pape, et dès lors d'une manière absolue ; les évêques possèdent la leur parce qu'ils la tiennent du Pape, et dès lors d'une manière relative : puisque dans les cas rares d'hérésies ou de schisme, elle peut leur être enlevée avec un jugement.

La haute Juridiction est donc ce qui caractérise particulièrement le Saint-Père, les pouvoirs d'ordre, ce qui caractérise spécialement les Évêques ; le Pape enfin tient cette Juridiction de Jésus-Christ, et l'Évêque tient du Pape celle qu'il exerce sur son église. Or, il en est ainsi non-seulement pour fonder l'unité, et pour que tout pouvoir vienne réellement de Dieu ; mais aussi pour que cette unité ne soit point attaquée par les hommes. Si, dans ce sublime Corps, les organes ne se rattachaient constamment à leur centre, s'ils pouvaient s'en détacher, avoir une vie propre, les hommes parviendraient à les séparer tout à fait ; ils détruiraient ces organes et feraient une blessure à l'Église... Vulgairement, on confond ici comme ailleurs les fonctions et la vie. Les organes ont leur fonction propre, mais la vie est universelle.

Sans la haute Juridiction, le gouvernement de l'Église, et l'Église elle-même, échapperaient au Chef visible, l'édifice glisserait de la PIERRE sur laquelle Jésus-Christ l'a bâti. Sans la haute Juridiction, les gouvernements des nations pénétreraient dans l'interstice qui se ferait entre les évêques et le Saint-Siége, et ils les constitueraient leurs employés, comme on le fait en Russie. Aussi, les États ne peuvent éluder les refus du Saint-Père dans l'institution canonique, imposer des Pasteurs de leur choix, empreints de leurs idées passagères, de vues toujours momentanées et opposées aux vues éternelles. Sans la haute Juridiction, on tombe dans le Schisme. « On voudrait, écrivait Pie VII au cardinal Maury, introduire dans l'Église un usage au moyen duquel le pouvoir civil puisse insensiblement n'établir dans les siéges vacants que les sujets qu'il lui plaira choisir. Qui ne voit que c'est non-seulement nuire à la liberté de l'Église, mais encore ouvrir la porte au Schisme[1] ? »

Si les Évêques, disséminés et enclavés comme ils le

---

1. Bref du Pape Pie VII au cardinal Maury, 1810. — L'hérésie et le schisme visent au même but. Dans le schisme, on se sépare de l'Autorité ; dans l'hérésie, on se sépare de la vérité. Mais on ne se sépare de l'Autorité que pour se séparer de la vérité ; et l'on ne se sépare de la vérité que pour se mieux séparer de l'Autorité même...

sont au milieu des nations les plus diverses et les plus éloignées, n'étaient retenus au Saint-Père par l'anneau d'or de la haute Juridiction, ils tomberaient précisément dans la situation que Dieu veut éviter à son Épouse sur la terre, lorsqu'il la revêt d'une Souveraineté temporelle ; avantage que Bonaparte appréciait si bien lorsqu'il expliquait à son entourage que le Pape ne devait habiter chez personne. Les inconvénients si graves dont Dieu voulut préserver le Saint-Siége, en lui donnant ici-bas une royauté, ne sauraient retomber sur l'Épiscopat. A quoi servirait l'indépendance du Saint-Père, si elle ne pouvait se communiquer à ses Frères, à ses Coopérateurs ? elle deviendrait une abstraction. Ce serait celle d'un roi qu'on laisse libre de commander, mais dont les ministres ne sont pas libres d'agir. Or, comme l'Évêque, « qui porte la lumière aux nations, » habite, lui-même, nécessairement chez quelqu'un, il ne faut pas qu'il en dépende et il importe qu'il continue de se relier, d'appartenir au Saint-Siége. Le sol, tout autour de l'Église, doit être frappé de neutralité comme un terrain sacré ; le sanctuaire a sa barrière.

Si les Évêques n'étaient pas dans un terrain neutre au milieu des nations, s'ils n'y pénétraient pas comme un prolongement de l'Église, comme les branches de l'arbre de Jésus-Christ, les États trouveraient le moyen de les détacher du tronc. Ce sont les rayons du soleil qui nous arrivent sans nous appartenir... Si après l'institution canonique, l'Évêque devenait son maître, s'il se détachait comme un fruit mûr de l'arbre du Saint-Siége, l'État le cueillerait pour lui. L'indépendance qu'on croirait obtenue du côté du Saint-Siége, se changerait en dépendance du côté des Etats ; et ces libertés d'église gallicane seraient, comme on a fini par en convenir, des servitudes très-réelles. L'arbre à fruit qui dépasse l'enclos paternel et s'avance sur le chemin, sera cueilli par l'étranger...

CHAP. LIX.

CONCORDANCE, EN L'ÉGLISE, DES POUVOIRS D'ORDRE ET DU POUVOIR DE HAUTE JURIDICTION.

Admirons-nous assez cette constitution de l'Église, à la fois monarchique et municipale, c'est-à-dire dans l'axe de la perfection politique? Elle est municipale par ses fonctions épiscopales, par la richesse de sa variété ; elle est monarchique par sa vie divine, par la gloire de son unité : municipale dans ses Évêques et monarchique dans son Chef. Aucun État n'a su conduire à ce point sa propre perfection ; aucun n'a pu offrir, dans son unité, une variété, une abondance d'autonomie comparable à la variété, à l'abondance d'autonomie, je ne dis pas de l'Épiscopat, mais de tous les Ordres qui brillent comme des pierres sacrées sur le sein de l'Église. Le Pape appelle les Évêques ses Frères, ses coopérateurs, ils agissent chez eux, ils font l'application des lois aux consciences dont ils ont la garde : les Évêques appellent le Pape leur Père, leur Pontife souverain, ils contemplent en lui l'unité de leur Foi, leur doctrine infaillible. Dans notre corps, rien de plus divers que les organes, et rien de plus un que leur vie, que la manière dont ils obéissent à l'innervation cérébrale et convergent, par leurs fonctions, vers un seul but. La comparaison du grand Apôtre est sublime : et nous sommes les membres de Jésus-Christ!! L'Église n'a point détruit *les églises*, elles existent comme au temps de S. Paul : les *églises* n'ont point détruit l'Église, elle existe comme dans la Promesse du Christ. C'est ainsi qu'elle est le modèle des premiers États de la terre, où la province et la cité brillent au sein de l'unité monarchique.

Remarquons bien que l'autorité solidaire qu'ont reçue les Évêques, ne saurait même subsister en dehors de l'Autorité spéciale qu'a reçue le Saint-Père. Si les Évêques ne gouvernaient que par l'autorité qu'ils ont reçue solidairement, et non par celle qui les établit dans l'unité de la Juridiction première, cette autorité solidaire se trouverait divisée en parties égales entre tous ; il y aurait mathématiquement autant d'autorités que d'Évêques : chacun d'eux rentrerait à l'égard des autres dans l'indépendance absolue, et l'Église dans l'anarchie [1]. Si, quant aux pouvoirs, les Évêques étaient égaux au Saint-Père, ils formeraient autant de Monarques dans l'Église. Si, en eux, tous les pouvoirs qu'ils exercent étaient *originaires* ; si, tout au moins, l'exercice n'en dépendait d'une délégation et d'une confirmation supérieure (comme l'a voulu Jésus-Christ en

---

1. C'est bien à tous les Apôtres qu'il fut dit : *Recevez le Saint-Esprit* ; mais il fut immédiatement ajouté : *et les péchés seront remis*, etc., pour mieux préciser les pouvoirs qu'ils reçoivent ici. Ces pouvoirs, dont ils se serviront séparément, ne les dispensent point d'être unis en celui que la même Parole leur a donné pour les *paître* et les *affermir*.

disant à Pierre de *paître et ses agneaux et ses Brebis*), ces pouvoirs resteraient à la fois indépendants les uns des autres et indépendants du centre ; de fait, il n'y aurait plus société, il n'y aurait plus Église. C'est à quoi les théoriciens n'ont point réfléchi. Qu'un homme ait seulement deux têtes ou deux langues pour s'exprimer, comment fera-t-il connaître ses vrais sentiments lorsque ces deux langues rendront des témoignages divers ? Comment, l'Église de Jésus-Christ, ayant une même doctrine, la pourrait-elle exprimer si, pour le faire, elle possède plusieurs volontés et plusieurs organes ?

L'Évêque ne relevant que de ses pouvoirs *originaires*, dès lors indépendant du centre et de la volonté de l'Église, perd naturellement le droit de parler au nom de l'Église. Son caractère sera le même, puisqu'il peut être immédiatement remis en fonctions par son contact avec le centre ; son savoir et sa piété lui conservent assurément une grande autorité ; mais celle de l'Église ne saurait émaner de lui ; sa compétence comme juge de la Foi nécessairement lui échappe.

« Confirme tes frères dans la Foi, » dit le Sauveur à Pierre : il faut donc qu'ils soient *confirmés dans la Foi* pour en être les juges !

Les évêques, comme tels, sont nés juges de la Foi ; mais ils passent de la puissance à l'acte par la vertu du Saint-Père, qui les unit et les fond dans l'Église. Tout colonel peut commander un régiment, et cependant ne le commande que s'il en tient la mission du Roi : telle est la confusion faite, telle est la distinction à faire entre le caractère et la fonction. Le caractère rend propre à la fonction ; la fonction met en exercice les pouvoirs attachés au caractère. Il faut être colonel pour commander un régiment : il faut recevoir un régiment pour commander en colonel, toute humble et imparfaite qu'est ici la comparaison.

Si, hors de l'Autorité du Saint-Père, ou de son consentement virtuel, les évêques pouvaient, par cela que leur caractère est ineffaçable et leur pouvoir originaire, agir encore comme juges de la Foi, qui ne comprend que ceux qui s'écartent, qui se trompent, qui s'obstinent ou se séparent et passent dans l'hérésie, resteraient juges de la Foi ! Le Pape dans l'Église universelle, les évêques dans leurs diocèses respectifs, sont juges effectivement de la morale et de la Foi : seulement, les jugements et la conduite de ceux-ci « restent toujours « soumis au jugement du Pontife romain, qui peut, « comme l'exprime avec candeur un saint Évêque, ré- « former Nos propres déclarations et réprouver Nos ac- « tions par son Autorité souveraine et infaillible. » On proclame, on admire l'unité dans le monde physique, et dans le monde moral on l'oublie. Il semble qu'on ne sente plus ici la nécessité d'une loi première pour tout mouvoir, pour tout fonder. Alors on n'y sent plus la raison !

Je ne m'explique point comment on peut échapper au fait, à la raison et à l'autorité... « Dans le gouvernement ecclésiastique, dit Mgr Capellari, depuis GRÉGOIRE XVI, de mémoire bénie, le pouvoir donné immédiatement de Dieu aux évêques n'exclut pas leur dépendance à l'égard du Gouvernement de l'Église. On conçoit facilement un pouvoir originaire, et cependant, de sa nature, *subordonné* dans son exercice à un pouvoir supérieur. On a toujours distingué le *pouvoir d'ordre* du Pouvoir de gouvernement, qui porte ordinairement le nom de *Pouvoir de Juridiction*. Qu'on lise Bolgeni, dans son livre l'*Episcopato*, il fait voir comment le droit de suffrage vient aux Évêques immédiatement de Dieu, tandis qu'ils reçoivent la juridiction particulière du Pape, chef de l'Église. Remontant de la manière la plus claire, avec l'érudition la plus vaste, aux temps apostoliques, il montre que depuis les Apôtres jusqu'aux Évêques, on a toujours demandé et reçu la juridiction particulière [1]. »

Peu de réflexion engendre beaucoup d'objections. On disait également que si le Pape est infaillible, les Évêques ne sont plus juges de la Foi. Cependant ils le sont, et en diverses manières.— D'abord, et avant tout, dans le Concile, lorsqu'il est confirmé par le Pape et que leur jugement devient celui de l'Église. — Ensuite, et ordinairement, dans leur propre juridiction, lorsqu'ils y condamnent des erreurs ; jugements qui ne sauraient également être infirmés que par le Pape ou le Concile. — De plus, dans une application à faire de la condamnation générale d'une erreur. Car souvent, après une condamnation semblable, il faut déterminer les divers points erronés, et de là fixer avec précision la doctrine de l'Église sur les divers points attaqués, ainsi que l'a fait le concile de Trente, relativement à la bulle de Léon X sur Luther et aux canons sur la justification. — Enfin, le Pape eût-il prévenu le jugement des Évê-

---

1. *Triomphe du Saint-Siége.* Préface.

ques, ceux-ci sont encore juges de la Foi ; car on peut être juge de la Foi sans contrarier la Foi ni les jugements du Saint-Père. On peut juger sans réformer, les Évêques pouvant tous avoir des raisons diverses pour fonder un même jugement. Mais, comme nous l'avons montré, il y a autre chose à dire, c'est que le Pouvoir du Saint-Père rehausse les pouvoirs des Évêques et en assure et la validité et l'existence !

Ainsi le Pape est infaillible, et les Evêques restent juges de la Foi.

Rien ne se heurte dans le plan de Jésus-Christ : ni le concile avec S. Pierre, ni les pouvoirs d'ordre et de juridiction ordinaire avec celui de haute Juridiction. Un seul pouvait être le fondement ; un seul, être l'unité ; un seul, être le Chef visible ; un seul, être la *pierre* à la place de Jésus-Christ ; un seul, recevoir d'abord tous les dons qui se communiquent. Un seul ne pouvait baptiser les nations ; un seul, distribuer à tous la lumière et la vie ; un seul, présider à la Tradition répandue sur la terre, et surveiller l'universalité des besoins. Pierre peut-il prendre la place des Apôtres ? les Apôtres peuvent-ils prendre la place de Pierre ? Ou, viendraient-ils pour confirmer celui *qui doit les confirmer ?..* Seraient-ils là pour veiller sur leur Chef chaque fois qu'il doit agir ?

Il est bien trop évident que Jésus-Christ a plutôt donné pour mission à ses Apôtres d'aller et d'enseigner sa doctrine aux nations, que de se rassembler autour de Pierre afin de la discuter et de la définir.

Je ne saurais blâmer personne ; mais si, réellement, l'on n'eût ressenti aucune méfiance ; si l'on eût été bien secrètement convaincu de l'Infaillibilité du Saint-Père, on se fût moins préoccupé du concile ; on se fût surtout moins préoccupé d'en appeler au futur concile, ou de le mettre au-dessus de Celui sans lequel il n'est ni au-dessus ni au-dessous... Cette méfiance en la Promesse se fit sentir, vous le savez, peu de temps après le Protestantisme. Ce n'était point le mal, mais c'en était l'impression lointaine. Le fléau était en Allemagne, et l'*influence* était en France. L'Europe moderne ne se fût pas de la sorte ébranlée, les grandes oscillations se fussent plutôt calmées si l'axe n'eût pas été déplacé. Ici l'imperceptible écartement produit plus loin une déviation sans limite [1].

Une bonne foi immense anime ceux qui ont affaire ici ; aujourd'hui ce n'est plus qu'une erreur de logique [2]. On le voit, les abstractions, quelquefois bon-

[1]. « Une des grandes mesures de la Providence, qui contribuera le plus à disperser de leur foyer les idées de 1682, c'est la dispersion des prêtres français en Europe. S'ils y ont donné de grands exemples, autre but de la Providence, ils y ont entendu de si solides raisons contre une opinion spéciale à leur pays, qu'un très-grand nombre y a renoncé. » *Disc. prélim.* aux Lettres du card. Litta.

[2]. On sait que cette doctrine était celle des Parlements ; et que ces idées, bien à tort imputées à l'Église gallicane, puisqu'elles devraient l'être à l'*église janséniste*, sont sorties, à la faveur de l'Édit de Louis XIV, de l'Assemblée du clergé de 1682 : où (pour employer les paroles de S. Ém. Mgr le cardinal Gousset) « trente-quatre Évêques « réunis *par l'Ordre du Roi*, ont eu la prétention de fixer les limites « de la puissance de l'Église, et particulièrement de son Chef ! » La première chose que fit la Révolution, parfaitement au courant de ses affaires, fut de compléter la séparation entre le clergé et son Chef. La Constitution civile du clergé tire les conséquences de la Déclaration du clergé.

Mais lisons : « La Déclaration du clergé de France de 1682, considérée en elle-même, est notoirement nulle et sans valeur aucune. » (*Théologie dogmatique;* de l'Église, 3ᵉ partie, chap. VII, article 2,

nes dans les idées, ne valent rien dans les faits. Imaginant des conciles sans le Pape, on a pu, sur ce point,

édit. 1857.) Par son bref du 11 avril, le Pape Innocent XI manifesta son mécontentement aux Prélats qui l'avaient composée. « Il cassa, il annula et improuva, dit le cardinal Litta, tous les actes de l'assemblée. Son successeur, Alexandre VIII (le 4 août 1690), dans la consultation *Inter multiplices*, les improuva, les cassa, les annula de même. » Et, ce qui n'est pas moins à remarquer, les Papes refusèrent pendant onze ans les Bulles aux Prélats, nommés aux évêchés, qui avaient signé la Déclaration de l'assemblée. Innocent XI finit en ces termes la Lettre qu'il adressait aux Prélats signataires :

« Comment n'avez-vous pas seulement daigné parler pour les inté-
« rêts et l'honneur de Jésus-Christ ? Qui a seulement proféré une pa-
« role qui ressentît l'ancienne liberté ?.. En vertu de l'Autorité que Dieu
« tout-puissant m'a confiée, nous improuvons, cassons, annulons
« tout ce qui s'est fait dans votre assemblée, ainsi que tout ce qui
« s'en est suivi et tout ce qu'on pourra attenter désormais. Nous
« déclarons qu'on doit regarder tous ces actes comme nuls et sans ef-
« fets, quoique, *étant par eux-mêmes manifestement vicieux*, nous
« n'eussions pas besoin d'en prononcer la nullité. »

En 1693, sous Innocent XII, il y eut un accommodement moyennant deux lettres, l'une écrite par les Prélats de la même assemblée, et l'autre par Louis XIV. — Dans la lettre des Prélats, on remarque ces expressions : « Qu'ils étaient affligés au delà de tout ce qu'on peut
« dire des actes de l'assemblée qui avaient déplu à Sa Sainteté et à ses
« prédécesseurs; que tout ce qui était *censé* y avoir été décrété tou-
« chant la puissance ecclésiastique et l'Autorité pontificale, ils le re-
« gardaient et voulaient qu'on le regardât comme non décrété. »
— Dans la lettre de Louis XIV au Pontife, on lit : « Je suis bien aise de
« faire savoir à Votre Sainteté que j'ai donné les ordres nécessaires
« *pour que les choses contenues dans mon Édit du 2 mars 1682,*
« touchant la Déclaration faite par le clergé de France, *ne soient pas*
« *observées.* »

« Cette lettre du roi Louis XIV, dit le chancelier d'Aguesseau (13e
« vol. de ses œuvres), fut le sceau de l'accommodement entre Rome
« et le clergé signataire de la Déclaration. Conformément à l'engage-
« ment qu'elle contenait, Sa Majesté ne *fit plus observer l'Édit de*
« *mars 1682, lequel obligeait ceux qui voulaient parvenir aux grades*
« *de soutenir la Déclaration du clergé.* » « Il est donc vrai de dire
que les Prélats qui avaient publié la Déclaration, et Louis XIV, qui
l'avait soutenue par son Édit, *lui ont eux-mêmes ôté* sa force. Et Bos-

raisonner de toutes manières. On eût fait mieux de raisonner sur le Pape sans concile : car il est tenu, d'abord, d'agir à tout instant, ensuite, de prononcer souvent, sans le Concile; tenu par Celui qui ordonne de *paître ses brebis* et non pas de les suivre. Seulement le Pape, dès qu'il le juge utile, rassemble précieusement les membres d'un concile, pour s'asseoir au milieu de ses Frères, et consulter avec solennité la Tradition et l'Écriture. Certes, l'Église est infaillible dans ses conciles; mais sur qui est bâtie l'Église, mais qui érige le concile, qui prononce et décide chez lui?

suet, dans sa défense, l'abandonne lui-même : *Abeat quò libuerit !* déclarant qu'il n'avait d'autre but que de soutenir la doctrine de l'école de Paris : *sententia Parisiensium*...

« Ainsi encore une fois, ajoute Mgr le cardinal Gousset, la déclaration de l'assemblée de 1682 est essentiellement nulle, sans aucune force obligatoire. Depuis, les Parlements n'ont pu donner à cet Édit une force qu'il n'avait pas, et que Louis XIV lui-même n'avait pu lui donner. » « Il est difficile, dit Benoît XIV, en parlant de la *Dé-*
« *fense de la Déclaration* par Bossuet, de trouver un ouvrage aussi
« contraire à la doctrine reçue dans l'Église, touchant l'Infaillibilité
« du Souverain-Pontife parlant *ex cathedrâ*. Si Clément XII s'est
« abstenu de la condamner *ouvertement*, c'est par la double considé-
« ration et des égards dus à un homme tel que Bossuet et de la crainte
« d'exciter de nouveaux troubles. » — C'est ainsi, seulement, qu'il est vrai de dire que la doctrine de la Déclaration de 1682 n'a été ni censurée, ni condamnée... Tout chrétien peut choisir entre la doctrine *reçue dans toute l'Église* et celle qu'on s'est *abstenu de condamner ouvertement* pour les deux raisons précédentes; choisir entre la logique et les puérilités d'une époque.

« La Déclaration de 1682, conclut le docte Cardinal que nous citons, est pour nous comme si elle n'avait jamais paru » : *Quidquid decretum censiri potuit, pro non decreto habemus*, ont dit eux-mêmes les auteurs.

CHAP. LX.

ADMIRABLE COEXISTENCE
DES POUVOIRS D'ORDRE, DE JURIDICTION
ET D'INFAILLIBILITÉ.

La monarchie du Saint-Père, pour nous servir de l'expression de S. Thomas, de Gerson, et de l'école française; la monarchie du Saint-Père, avec son pouvoir de haute Juridiction, n'exclut ni l'institution divine des évêques, ni leur juridiction propre, ni aucun des pouvoirs qui leur appartiennent.

Bien au contraire, le Pouvoir du Saint-Père élève ces pouvoirs à toute leur puissance; car il consiste à les conduire à leur fin, à les employer tous avec tout ce qu'ils sont, pour opérer dans l'Église l'œuvre sublime qu'il en attend. Le pouvoir d'un Général en chef n'exclut ni les pouvoirs, ni le savoir, ni les fonctions des officiers qui font mouvoir ses troupes dans leur vaste étendue. Il en retire, au contraire, un avantage d'autant meilleur, que ce savoir est plus complet, que ces fonctions sont plus élevées, plus puissantes, plus propres à remplir l'effet qu'il en doit espérer. Ainsi d'un Roi par rapport aux diverses autorités qu'il emploie pour administrer son royaume. La science profonde du juge, le talent supérieur du ministre, affaiblissent-ils le Pouvoir royal? A plus forte raison dans l'Église, où les Évêques ne sont ni des vicaires, ni des lieutenants du Saint-Père, mais des Coopérateurs et des

Frères, agissant en commun sous le pouvoir que Dieu a donné à l'un d'eux (« car vous savez, mes Frères, que j'ai été choisi parmi vous ») pour les *paître* et les *confirmer* dans la Foi. L'Autorité du Pape et celle des Évêques vont à la même fin.

D'ailleurs, sans la Juridiction, à quoi bon l'Infaillibilité : le Pape ne pourrait nous en faire jouir. Fixé, lui, dans la Foi qui ne faillira pas, il serait privé du pouvoir d'y fixer tous les autres. Et sans l'Infaillibilité, à quoi bon la Juridiction : le Pape ne saurait nous conduire. Il aurait le pouvoir sans en posséder la raison [1]. Entre tous ces pouvoirs dans l'Église, l'harmonie est complète, admirable ; ils marchent à la même fin. Gardons-nous de toucher à ce qui est divinement bon ! Quelle difficulté y a-t-il de concevoir en même temps des pouvoirs *originaires* et néanmoins *subordonnés* dans leur exercice à un Pouvoir premier [2] ? Déjà n'avons-nous pas observé les lois du monde, toutes également de Dieu, et toutes se subordonnant à celle qui les dirige et les retient dans l'unité ? Faute d'avoir des idées assez grandes, assez nobles, on manque la conception de l'Église.

Devant la raison, comme dans le fait, les pouvoirs

---

1. « Le fait seul de S. Pierre, déclaré la *Pierre* fondamentale, prouve qu'il reçut l'Infaillibilité. Que Opstract prouve, s'il le peut, que l'Infaillibilité ne résulte pas pour Pierre de sa qualité de fondement ! » *Triomphe du Saint-Siège ; De l'Infaillibilité du Pape*, par Mgr Capellari, depuis Grégoire XVI.

2. « Ce Pouvoir, supérieur à tout, et par sa nature toute divine, et par la sainteté de ses fonctions, et par la fin spirituelle qu'il se propose, est communiqué à tous les Évêques, mais sans être divisé, pour assurer l'unité de l'Église par l'obéissance à son Chef visible. » Mgr l'arch. J. de Mosquera.

que Dieu donne aux Évêques ne leur enlèvent donc point leur dépendance du Centre de l'Église : sinon ils leur enlèveraient ce qui les y rattache. Les pouvoirs qui les constituent ce qu'ils sont n'excluent pas leur soumission aux lois de la vie qui les conserve ce qu'ils sont. Ces pouvoirs donnés immédiatement de Dieu, n'excluent point leur dépendance de cet autre pouvoir aussi donné immédiatement de Dieu à celui qui, auparavant, fut *choisi parmi eux* pour les *paître* et les *affermir*. Ils peuvent exercer tous les pouvoirs d'ordre et de juridiction qui leur incombent, mais confirmés à leur place, ordonnés à leurs fonctions par le Pasteur, tranchons le mot, par Jésus-Christ, puisque le Pape est le Chef visible, c'est-à-dire revêtu de l'emploi du Chef invisible! Ils sont dans tous les cas Évêques, leur caractère reste indélébile. Ainsi, dans l'horloge bien faite, telle roue a une fonction déterminée, un caractère ineffaçable qu'elle a reçu de l'horloger, et qu'elle aura toujours. Mais il faut, d'abord, que cette roue *soit mise à sa place*, ensuite, *qu'elle reçoive le mouvement* du grand ressort. Tel est effectivement l'exemple : si toutefois il est permis, pour le besoin de la pensée, de comparer les choses petites aux grandes, les simples aux sublimes.

Un point peut encore nous arrêter sur le seuil de la doctrine pure, catholique par excellence. Oubliant peu à peu la profonde unité du plan, aussi bien que la force des paroles de Jésus-Christ, nous nous mettons à raisonner de nous-mêmes. Dans le secret, sans le vouloir, nous faisons comme une sorte de balance entre les deux espèces de pouvoirs. Nous pensons que *les pouvoirs d'ordre*, ou de ministère, que les Évêques tiennent de Notre-Seigneur Jésus-Christ et qu'ils se transmettent eux-mêmes, sont, après tout, les pouvoirs importants : ils communiquent la Grâce, ils forment les chrétiens, ils pourvoient au salut, ils satisfont à la Foi. Au lieu que les pouvoirs particuliers du Saint-Père sont des *pouvoirs de pure Juridiction* : pour l'administration, pour l'ordonnance de l'Église, il faut que chaque Évêque reçoive la circonscription des âmes qu'il doit paître; c'est une affaire d'ordre extérieur, de distribution de ministère, enfin de Primauté d'honneur. L'épiscopat demande un centre et une autorité, parce qu'il demande une unité. Mais, comment partir de là et se faire illusion au point de comparer les pouvoirs augustes, sanctifiants et tout divins que les Évêques, y compris l'Évêque de Rome, tiennent directement de Jésus-Christ, avec des pouvoirs ordinaires confiés à S. Pierre pour maintenir l'unité parmi les enfants de la Foi? Comment de ces pouvoirs, naturels à toute société sur la terre, déduire une Omnipotence spirituelle du Saint-Père sur des Évêques de droit divin comme lui, et en possession d'un caractère qu'il ne peut même leur ôter? Surtout, comment déclarer, dans le Saint-Père, une pareille Autorité irréformable, parfaitement souveraine, parfaitement au-dessus de la leur en fait de discipline et de Foi? Certes, le Pape est le premier évêque; mais ils sont Évêques aussi!

Assurément. Mais pour être Évêque, la condition inévitable, c'est d'appartenir à l'Église, c'est de résider dans la Foi. Or, pour appartenir à l'Église, il faut bien être lié[1] à celui *sur qui est bâtie l'Église;* et pour résider dans la Foi, être réellement soumis à celui *dont la Foi ne faillira pas*... A-t-on vu si les Évêques ou si les prêtres peuvent d'eux-mêmes habiter dans la Foi, d'eux-mêmes demeurer dans l'Église? A ce compte, Luther serait encore dans l'Église; jamais prêtre, jamais Évêque n'aurait pu sortir de la Foi. N'interrogeons que l'histoire. Presque toujours ce sont des prêtres, très-souvent ce sont des Évêques qui ont produit les plus funestes hérésies; des Évêques en grand nombre qui s'en sont déclarés les plus ardents, les plus obstinés défenseurs; ce qui, d'après l'histoire, s'est vu des prêtres, des Évêques, et jamais du Saint-Père...

D'après la seule expérience, les Évêques et les prêtres ne possédant point, par devers eux, le pouvoir qui maintient dans la Foi, il faut bien qu'ils viennent se fixer dans celui qui a expressément reçu ce pouvoir; se fixer dans celui que, pour cela même, Jésus-Christ a nommé d'après lui *le roc,* afin *d'affermir ses Frères,* et s'y fixer par les racines d'une invincible obéissance. En effet, il ne leur a pas été donné *la Foi qui ne faillira pas*, mais il leur a été donné *d'enseigner cette Foi aux nations!* Et remarquez bien, il ne s'agit pas de maintenir l'unité parmi les enfants de la Foi; mais de maintenir la Foi parmi ceux qui sont appelés à l'unité[2].

Ce n'est donc pas seulement pour établir l'Ordonnance visible qu'existe la haute Juridiction, mais pour établir

---

1 *Communione consocior.* S. Jérôme.

2. Car la première proposition inclinerait au protestantisme, en ce qu'elle supposerait que la Foi se maintient d'elle même en eux, et qu'il ne s'agit que de les organiser dans l'unité, comme le croient les Protestants avec leur église invisible, qui rencontre les saints tout faits.

la doctrine, l'Ordonnance invisible. Ce n'est donc pas pour la simple unité extérieure, mais pour l'unité intérieure et la réalité même de la Foi : unité qui est la substance et la force de l'autre. Aussi l'Infaillibilité est-elle une prérogative distincte et du Ministère et de la Juridiction ; l'Infaillibilité est un pouvoir radical, et le pivot précisément placé sous le pouvoir de Juridiction. Oui, pouvoirs de Ministère, pouvoirs de Juridiction, et pouvoir d'Infaillibilité : comptons bien les trésors de l'Église !... Est-ce qu'une société comme l'Église peut exister et peut agir en dehors de l'Infaillibilité ? Certainement, il lui faut un pouvoir comme à toute société possible, mais c'est un pouvoir dans la vérité... Jésus-Christ, image de l'Église, mit la base avant l'édifice : *Je suis la voie, la vérité*, dit il, ET *la vie*. (La *voie*, c'est par lui qu'on arrive au Père ; la *vérité*, c'est lui dès lors qu'il faut connaître ; la *vie*, c'est par lui qu'elle arrive à tout.)

L'Infaillibilité est la racine de l'Église, la séve de la doctrine, la moelle de l'Épiscopat. On ne dit pas pour cela que le Saint-Père soit tout dans l'Église ; mais, qu'il est la CONDITION de toute l'Église ; qu'il est *la Pierre sur laquelle elle est bâtie, Celui qui paît les Brebis, Celui qui confirme ses Frères,* le *Docteur de tous les chrétiens,* la *Foi qui ne faillira pas;* rien de plus... Et, bien que par la Clef qu'il a en mains, il agisse encore dans tous les pouvoirs et dans tous les sacrements, puisqu'ils seraient illicites hors de lui, on ne prétend point cependant que le Saint-Père se trouve sous chaque pouvoir, sous chaque sacrement ; mais, qu'il se trouve *sous toute* l'Église qui dispose de ce pouvoir, qui administre ce sacrement !!. Et, ce que vous nommiez en Lui un pouvoir ordinaire, est tout simplement le pouvoir extraordinaire de maintenir la vérité chez les hommes ! ce que vous appeliez une autorité naturelle à toute société, est tout simplement l'autorité surnaturelle que Dieu prête exclusivement à l'Église pour la maintenir dans la Foi, c'est-à-dire pour la maintenir Église et nous conduire au salut !

Et Jésus-Christ serait sur la terre que les choses ne se passeraient pas autrement : il faudrait bien qu'il déléguât les pouvoirs sacrés aux Évêques, pour qu'ils pussent étendre l'Église à tout l'univers, et qu'il conservât néanmoins l'autorité de Juridiction en lui-même, qu'il demeurât le Chef visible, pour les maintenir dans la Foi et pour que l'on reconnût à leur obéissance, à leur étroite union, ceux dont *il est la vigne* et qui restent *ses branches !* Enfin, s'il devenait nécessaire de fixer plus solidement un dogme dans leur esprit ou dans celui des fidèles, il faudrait bien qu'il s'y prît de quelque manière : soit en les rappelant autour de lui, soit en leur adressant ses décisions souveraines [1]. Car, lors-

---

1. Ainsi que cela s'est passé dernièrement encore et d'une manière touchante, lors de la proclamation du Dogme de l'Immaculée-Conception.

Le cardinal Brunelli, assisté des cardinaux Santucci et Caterini, présidait la congrégation des Évêques que N. S. P. Pie IX avait appelés. Il commença par déclarer : « Que le Saint-Père *n'avait aucunement l'intention de convoquer un Concile, mais seulement d'entendre l'avis des Évêques présents sur le projet de rédaction de la Bulle.* » Sur la fin du dernier Consistoire, le cardinal Brunelli demanda s'il restait encore quelque réflexion à émettre. Un membre de l'Épiscopat français proposa d'ajouter ces mots à la teneur du Décret : *Annuentibus omnibus Episcopis...* Un véritable cri de désapprobation s'éleva dans l'auguste assemblée ; il n'y eut qu'une voix pour repousser cette proposition. Le consistoire fut levé pendant que circulaient ces mots

que nous arrivons à la suprême comparaison, à savoir :
« Jésus-Christ est le Chef invisible de l'Église, et Notre

remplis de Foi : *Petrus solus loquatur, Petrum solum sequamur.*

Dans l'ouvrage publié à ce sujet par S. Ém. le cardinal Gousset, intitulé : *La Croyance de l'Église sur l'Immaculée-Conception de la B. Vierge Marie*, on peut lire ce qui suit : « C'est au Saint-Siége, c'est au Pape à juger de l'opportunité de la manifestation et de l'enseignement d'une vérité qui n'a pas encore été définie comme article de Foi : soit qu'il confirme par son Autorité la définition d'un concile, soit que, sans recourir à une assemblée conciliaire, il définisse et décrète la croyance sous peine d'anathème. C'est ainsi qu'on l'a toujours compris dans l'Église ; c'est ainsi qu'animé du même esprit que ses prédécesseurs, N. S. Père Pie IX l'a entendu dans son mémorable décret sur l'Immaculée-Conception. Il avait consulté, il est vrai, le Sacré-Collège et les Évêques de la chrétienté ; mais il s'était réservé de juger lui-même, et sur la vérité, et sur l'opportunité d'une définition solennelle, et sur la teneur du décret. En demandant leur avis aux Cardinaux et aux Évêques, il a fait un acte de cette haute sagesse qui distingue le Siège Apostolique ; en décrétant le dogme, *il a fait un acte de l'Autorité suprême qu'il tient de Dieu...* Certainement les Évêques sont juges de la Foi, mais leur jugement est subordonné à celui du Vicaire de Jésus-Christ, du Successeur de Pierre, qui a reçu de Notre-Seigneur l'ordre de paître les agneaux et les brebis. »

Plus loin, son Éminence rend témoignage en ces termes à l'orthodoxie de ses collègues : « Tous les Évêques, de quelque nation qu'ils fussent, ont adhéré d'avance, *sans restriction, sans réserve aucune*, au décret *qui* SERAIT *porté* par le Souverain-Pontife sur l'Immaculée-Conception de la B. Vierge Marie. On peut d'ailleurs juger de leurs sentiments sur ce point par la correspondance de l'Épiscopat catholique, imprimée à Rome avec l'agrément de sa Sainteté et de tous les Prélats qui ont exprimé le désir d'une définition. *Il n'en est aucun qui ait réclamé la* CONVOCATION D'UN CONCILE, *aucun qui ait cru un concile* NÉCESSAIRE, malgré la très-grande importance de cette question, que le concile de Trente lui-même n'avait pas cru devoir définir. Et, à l'exception de *quatre* ou *cinq* au plus, qui semblaient faire dépendre leur adhésion du jugement de la majorité de leurs collègues dans l'épiscopat, tous les Évêques, quel que fût leur sentiment tant sur la *définibilité* que sur l'*opportunité*, déclaraient s'en rapporter à l'Autorité suprême du Successeur de S. Pierre, qu'ils regardent comme celui qui tient la place de Jésus-Christ, comme le Père et le Docteur de tous les chrétiens : les décrets émanés de la Chaire Apos-

Saint-Père en est le Chef visible, » que disons-nous ? sinon que le Chef visible remplit complétement pour nous les fonctions du Chef invisible ? Autrement, à cette grande question : Quel est le Chef visible de l'Église ? nous ne répondrions que des mots...

Enfin, la Hiérarchie est reconstruite dans notre esprit comme elle est établie dans les faits. Voyons-en les effets sublimes.

tolique étant *irréformables, infaillibles, obligatoires* pour les fidèles comme pour les prêtres, pour les prêtres comme pour les Patriarches et les Cardinaux, » etc.

Dans cette faible exception semblait se rencontrer Mgr de Mosquera, archevêque de Bogota, par suite d'un passage mal interprété de sa lettre à S. S. Pie IX. Mais il faut voir avec quelle chaleur et quelle indignation l'accusation fut repoussée ! Voici le passage soupçonné : « Quoique le dernier de tous, j'ose prier votre Sainteté de proclamer du haut de la Chaire Apostolique, comme Chef à qui Dieu a donné l'Infaillibilité, *et qui est uni par le consentement unanime au corps de l'Église dispersée*, que Marie, Mère de Dieu, etc. » Il est évident, s'écrie la réclamation, « que Mgr de Mosquera n'a pas entendu dire, ne pouvait pas dire et n'a pas dit que le Pape a reçu le don de l'Infaillibilité *comme Chef uni, par le consentement unanime, au corps de l'Église*, et que, dans ces expressions : « Et qui est uni en parfaite unanimité de sentiment avec le corps, » etc., il parlait pertinemment des sentiments unanimes des Églises particulières, que la dévotion du Souverain Pontife désirait de connaître de plus en plus. Comment, en vérité, concevoir le Pape infaillible, ET FAIRE DÉPENDRE SON INFAILLIBILITÉ *d'un certain consentement unanime du corps de l'Église ?* Où Notre-Seigneur aurait-il mis une telle condition limitative à l'Infaillibilité promise à Pierre ? » — Après avoir cité des lettres et des mandements admirables où Monseigneur avait placé cette vérité au-dessus de tous les doutes, on ajoute : « Et qui croira jamais que l'archevêque de Mosquera *ravalait* le Souverain Pontife au rôle d'un président de congrès dont l'Infaillibilité serait réduite à proclamer la décision d'une certaine majorité, après avoir constaté le nombre des voix ? » (Apologie de Mgr J. de Mosquera, archev. de Bogota, adressée à S. Émin. le card. Gousset, par M. P. de Mosquera, avec l'assentiment de son Émin. Mgr Gousset et de Sa Grand. Mgr de Salinis.)

CHAP. LXI.

EFFETS SUBLIMES DE LA HIÉRARCHIE.

Si tout pouvoir vient de Dieu, il faut que le canal qui transmet le pouvoir se maintienne. Telle est, nous l'avons vu, l'importance métaphysique, ou en soi, de la Hiérarchie, et la nécessité de l'indissoluble union entre les anneaux de la chaîne. Le fluide électrique se perd lorsque se rompt le fil conducteur. Les raisons métaphysiques sont les nécessités mêmes de l'être, et je n'ai rien trouvé de plus métaphysique en réalité que les choses sacrées et la constitution de l'Église. Alors donc que la Hiérarchie est rompue, ce qui vient après elle est mort. La branche séparée du tronc se dessèche. Rien de plus clair, de plus réel, de plus conforme à la nature, ou au principe de cette première nature qui est l'être en soi, et d'où découlent toute loi et toute vérité nécessaire.

Mais la Hiérarchie n'est pas seulement le moyen de transmission jusqu'à nous de la Vérité et du Pouvoir d'administrer les sacrements; elle est aussi la condition de l'unité externe de l'Église. C'est parce qu'elle est la loi, qu'elle pourvoit à la forme; ce qui fait la vie fait aussi la constitution extérieure. Trois choses sont nécessaires pour l'auguste unité de l'Église : 1° un centre commun; 2° un principe commun; 3° une autorité infaillible en celui qui fixe ce centre et ce principe communs.

Car si l'unité intrinsèque de la doctrine naît de sa vérité, de sa divinité, l'établissement de cette unité parmi les hommes ne saurait s'accomplir hors de ces trois points.

« Si l'homme était un, disait Hippocrate, il ne mour-
« rait pas. » L'Église est une, précisément, de l'unité que rêvait Hippocrate. Car ici, ce n'est point l'unité dans le nombre, qui est l'unité collective, ni l'unité dans la variété, qui est l'universalité, mais bien l'unité dans l'essence, qui est l'identité : car c'est l'unité en soi de la pure lumière, l'unité même du vrai, l'unité même de Dieu. L'Église est une de l'identité ineffable de l'Infini, de la Perfection éternelle, qui est Dieu. « Dieu n'est qu'une très-simple infinie perfection, dit S. François de Sales, et cette très-uniquement souveraine perfection est un seul acte très-purement simple, lequel n'est autre chose que la propre essence divine [1]. » A cause de cette identité si sainte, celle de la pure lumière, l'Église peut puiser sur tous les points de sa doctrine et y trouver partout la doctrine parfaite et la vérité pure ; ainsi, sur tous les points du globe, l'homme respire le même air et reçoit la même lumière. Voilà pourquoi cette unité pure, qui est celle de la Lumière, doit trouver ici-bas, pour s'y revêtir de l'unité visible : 1° ce centre commun, 2° ce principe commun, 3° cette autorité infaillible qui fixe ce centre et ce principe communs.... Quand l'homme considère le Corps de l'Église, il doit savoir que c'est

1. S. François de Sales, *de l'Amour de Dieu*, liv. II, ch. II : Qu'en Dieu il n'y a qu'un seul acte, qui est sa propre divinité.

un cep dont la racine est divine, dont la séve vient du Ciel.

Aussi l'hérésie a-t-elle été toujours impuissante, soit à former un corps, soit à se définir comme corps, soit enfin à établir une hiérarchie. Que se serait-elle transmis ? Elle ne naît donc jamais viable. Elle ne subsiste que par cette incessante destruction d'elle-même qui la fait incessamment reparaître sous un nom et un caractère nouveaux. Elle ne persiste qu'à changer. C'est un fleuve qui passe avec son flot de chaque jour; et c'est là ce qui trompe ceux qui ne jettent sur elle qu'un regard privé d'attention. Au fond l'hérésie s'aperçoit bien de sa nature, par ce fait, d'abord, qu'elle ne peut réussir à se définir comme Église, ensuite, qu'elle n'a pas la condition première d'une Société, l'autorité complète au faîte, avec des pouvoirs gradués qui la distribuent jusqu'à ses extrémités. Comme dans les corps, comme dans les globes, l'affinité s'étend du centre à la circonférence. Tout ce qui ne sort pas des mains de Dieu n'offre rien de semblable. Leibnitz a plus d'une fois déploré la situation des communions dissidentes.

C'est par ces trois liens : le centre commun, le principe commun, et l'infaillible autorité de celui qui est ce principe et ce centre, que les membres du CORPS de Jésus-Christ, suivant l'expression inspirée à S. Paul, sont rattachés ensemble, et doués dès lors d'une vie dont la source est dans l'Infini, dans l'union de ces trois Personnes divines, qui, selon la prière et le désir de Jésus, lui serviront de modèle : *O mon Père, qu'ils soient un comme nous sommes un !*

Nous l'avons remarqué, S. Paul en parlant de l'Église,

éloigne immédiatement de nous l'idée d'une agglomération, en l'appelant à diverses reprises du nom de Corps. Et il sentait si bien toute la portée de l'expression, qu'il nommait les chrétiens *les membres*, *la chair et les os* de ce Corps du Sauveur, ajoutant aussitôt que « c'était là un grand mystère ». Cette idée d'une vie organique, c'est-à-dire d'une vie communiquée par le Verbe à l'Église, d'une vie qui se répand de Lui dans ses membres, rentre dans la pensée qu'exprimait souvent le Sauveur : « Je suis la vigne, et vous êtes les branches. »

Ce Corps auguste étant ainsi constitué par la Hiérarchie qui le relie à Dieu, la vie sacrée, la vie de Dieu, pénètre toutes ses fonctions. Rien n'est plus beau que la manière dont l'annonce S. Paul : « Le Seigneur, écrit-il tantôt aux Corinthiens, tantôt aux Ephésiens, a établi dans son Église, premièrement des Apôtres ; puis des Pasteurs et des Docteurs ; puis ceux qui ont le don de guérir, le don d'assister les affligés, le don de gouverner, etc., afin qu'ils travaillent tous aux fonctions de leur ministère, à l'édification du Corps de Jésus-Christ. Car nous ne sommes tous qu'un seul Corps en Jésus Christ, et c'est un seul et même Esprit qui opère toutes ces choses. Par là, il se fait une connexion de toutes les parties unies ensemble, avec une telle proportion qu'elles en reçoivent, au moyen des vaisseaux qui portent l'Esprit et la vie, l'accroissement et la perfection dans la charité.... Vous êtes comme un édifice bâti sur le fondement des Apôtres, dont Jésus-Christ est lui-même la Pierre d'angle. C'est sur lui que tout l'Édifice s'élève et s'accroît ; et c'est par lui que vous entrez dans la structure de cet Édifice et devenez le sanctuaire où Dieu réside. C'est pour cela même que j'ai reçu mon ministère, moi Paul ; c'est pour cela que je fléchis les genoux devant le Père de Notre-Seigneur Jésus-Christ, de qui toute paternité découle dans le Ciel et sur la terre. Conservez donc l'unité d'un même esprit, car vous n'êtes qu'un Corps et qu'un esprit, de même que vous avez tous été appelés à une même espérance. Il n'y a qu'un Seigneur, qu'une Foi, qu'un baptême. »

« Le Sacrement de l'Ordre, ou de la Hiérarchie ecclésiastique, dit Leibnitz, insistant sur la réalité d'un pareil Sacrement, est celui par lequel le pouvoir divin est conféré, à des degrés distincts, aux hommes *dont Dieu se sert* pour dispenser la grâce des sacrements, instruire les hommes et les *diriger dans l'Unité* de la Foi, de l'obéissance et de la charité. Cette Hiérarchie des ministres de l'Église comprend depuis le degré préparatoire jusqu'au rang suprême du Souverain-Pontife, que nous devons tous regarder *comme institué de* Droit divin. Ainsi les prêtres sont ordonnés par l'Évêque ; mais l'ÉVÊQUE à qui est commis le soin de l'Eglise entière, auquel Dieu a donné l'Autorité de la Juridiction, et surtout l'usage des Clefs, a même le pouvoir de limiter le ministère du prêtre. » A moins de dérober la plume du saint Aréopagite, comment exposer ici l'Ordre magnifique et la sainte discipline de l'Église, discipline qui forme le prêtre, discipline qui fait le saint, discipline qui conduit le fidèle et met tout le troupeau à l'abri de l'erreur ?

Non, je ne saurais dire cette Ordonnance, divine

dans sa source, dans sa nature, dans ses pouvoirs et dans ses liens, qui établit l'union des fidèles avec les pasteurs, de tous les membres avec le Chef, au sein de ce Corps animé de Dieu même, *terrible comme une armée rangée en bataille*. Je sais seulement que tous ceux qui veulent prendre vie dans ces artères divines participent à l'être et à la vie de nature céleste de ce Corps, qui n'est appelé mystique que parce qu'il est réel dans l'Infini. Aussi bien, n'ai-je voulu donner de l'Église et de son Infaillibilité qu'une démonstration métaphysique, qu'une appréciation en quelque sorte humaine, prise de notre point de vue, sachant m'arrêter au seuil de l'auguste science. Je ne signalerai plus que deux ou trois points, qui s'échappent eux-mêmes du sujet. J'indiquerai d'un mot les effets extérieurs de la sainte Hiérarchie, puis les conditions temporelles d'existence de cette Église et de cette Hiérarchie sur la terre.

La nature, dans tous les corps organisés, en même temps qu'elle répare, élimine ce qui lui est inutile ou nuisible. Le prêtre, ou le fidèle, qui fait obstacle à l'unité, qui sort de l'enseignement de l'Église, est rejeté de son sein ou rappelé à la Foi. La nature organique rejette les corps morts. C'est une fonction naturelle à la Hiérarchie. L'hérésie ne l'a pu produire[1]. La Hiérarchie rend l'Église toute sainte et toute vivante. Sous l'impulsion du Saint-Esprit, constamment elle opère les trois grandes fonctions : innervation, circulation, élimination. C'est parce que le prêtre

---

1. Pour les atteindre, sait-elle où sont ses membres? Et pour les diriger, sait-elle où est la vérité?

est enté comme une branche dans l'arbre de Jésus-Christ, qu'il porte exactement les mêmes fruits. Même racine, même séve, même soleil, mêmes fruits !

Et c'est parce que le moindre prêtre qui se détache de l'enseignement est aussitôt interdit par l'Évêque (comme, en pareil cas, l'Évêque le serait par le Saint-Père), que le simple curé, au sein de nos campagnes, est écouté comme l'Église ; que le simple curé possède l'autorité de Notre-Seigneur Jésus-Christ. Et voilà ce que c'est qu'un prêtre ! C'est ainsi que, sur chaque point, l'Église est toute présente, comme l'âme sur tous les points du corps, comme Dieu, avec toute sa divinité, est présent sur tous les points de son Être. Cette double et sainte opération s'accomplit depuis dix-huit cents ans, à l'admiration du monde. Le Corps qu'anime Jésus-Christ a pu seul remplir l'auguste fonction d'enseigner les nations dans l'unité de la doctrine, avec un pouvoir avéré et dans les vertus qu'elle inspire.

Voilà le prêtre ! voilà le fruit de la divine Hiérarchie ! Et que cette pensée, qui illumine le chrétien en transfigurant son Église, soit écrite en lettres d'or aux yeux de tous les hommes jaloux de leur dignité ! Par la divine Hiérarchie, l'homme n'obéit qu'à Dieu. Et c'est ainsi que l'homme est libre : que ses actes procèdent de sa volonté, sa volonté de sa conscience, sa conscience de la vérité. Et c'est ainsi que l'Église, s'interposant devant notre âme, vient empêcher l'État de l'étouffer, de la remplacer par la loi. Et l'Europe, la plus noble partie du monde, peut s'écrier : Je suis catholique, parce que je suis dans le bon sens, parce que je suis reliée à Dieu, et que par la Hiérarchie, je vis de la vie et de la loi de Dieu !

« Nations approchez-vous de Jésus-Christ, de la
« PIERRE VIVANTE : et vous-mêmes, comme des pierres
« vivantes, soyez édifiées sur lui pour former l'édifice
« spirituel[1] ! »

Ah ! c'est bien moins pour rappeler à ces prêtres les vertus qu'ils doivent avoir, que pour les bénir de toutes les vertus qu'ils ont, que dans sa noble Encyclique du mois de mai dernier (1857), le Souverain Père leur adresse ces immortelles paroles : « Que les prêtres se distinguent par cette intégrité et cette gravité de mœurs, par cette innocence, par cette perpétuelle sainteté de vie qui convient si bien à ceux qui ont seuls reçu le pouvoir de consacrer la divine Hostie, d'accomplir le saint et redoutable Sacrifice. Que, pensant toujours sérieusement au ministère qu'ils ont reçu dans le Seigneur, qu'ayant toujours présents à l'esprit le pouvoir céleste et la dignité dont ils sont revêtus, ils brillent autant par l'éclat de toutes les vertus que par le mérite de la saine Doctrine ; que, voués tout entiers aux choses divines et au salut des âmes, s'offrant eux-mêmes au Seigneur comme une hostie vivante, et portant toujours dans leur corps la mortification de Jésus, ils offrent dignement à Dieu, avec des mains et un cœur purs, l'Hostie de propitiation pour leur propre salut et pour celui du monde entier ! »......
Pour moi, connaissant les hommes, l'infirmité des faits, la débilité de ce monde, je suis tous les jours plus surpris de voir des choses si belles sur la terre...

---

1. Offertoire de l'Octave du Saint-Sacrement. Rituel de Paris.

Mais je touche à la fin de ma tâche. J'ai étudié l'Infaillibilité dans la raison; je l'ai étudiée dans le fait, c'est-à-dire dans l'Église; je l'ai étudiée dans sa racine, c'est-à-dire dans le sein où le Sauveur l'a déposée en quittant la terre. Ce sont nos propres divisions, bien que je ne les aie point cherchées, et que je sois entré dans la route qu'avait primitivement et spontanément suivie mon esprit [1]. Ou, si l'on veut, dans la Première partie, on trouve la démonstration rationnelle; dans la Seconde, la preuve par le fait; dans la Troisième, la source d'où elle se répand sur la terre. Je n'offre en définitive qu'une pensée. D'ailleurs, je n'ai pas le droit d'enseigner. Je ne suis qu'un homme du monde, qui n'a pu certainement en dépouiller toute l'erreur, mais qui ne peut passer devant la vérité sans un frisson de joie.

Après avoir étudié l'Église en elle-même, dans ses conditions divines d'existence, il reste à dire un mot des conditions temporelles de sa Hiérarchie. De là nous ferons l'application de ces grandes vérités, que Jésus-Christ nous garantit, à la situation où se trouvent aujourd'hui les Sociétés modernes. Et ce sera la Conclusion.

---

1. Soit dit sans préjudice du blâme qui s'attache ici aux lacunes et aux autres défauts de l'auteur. Mais redoutant surtout les résultats artificiels, je n'ai rien commandé à mon esprit; j'en ai tout reçu, au contraire : préférant, à ce que fait l'homme, ce qui se fait en lui...

CHAP. LXII.

ATTEINTE A LA HIÉRARCHIE,
ATTEINTE A NOTRE CIVILISATION...

Par suite du divin phénomène de la Hiérarchie, de cette parfaite circulation de toute vie, de tout pouvoir qui vient de Dieu, le prêtre devient pour nous l'Église, c'est-à-dire Notre-Seigneur Jésus-Christ. La moindre interruption dans ce canal, surtout près de la source, affaiblirait le fait divin, en suspendrait la puissance. Si l'interruption est complète, il y a schisme comme en Russie ; si elle est partielle, il y a, comme autrefois, le joséphisme en Autriche et le gallicanisme en France. La compression de l'artère empêche le sang de circuler.

Il y a atteinte au phénomène de la Hiérarchie, si le prêtre est paralysé dans l'édification du fidèle, l'Évêque, dans l'éducation et l'ordination du prêtre, le Pape, dans le choix et l'institution canonique de l'évêque. Atteinte, si le prêtre perd de son pouvoir dans le gouvernement des âmes, l'Évêque, dans la doctrine et la discipline du prêtre, le Saint-Père, dans ses constantes relations avec ceux qu'il appelle ses Frères, ses Coopérateurs ! L'artère divine de la Hiérarchie peut être comprimée, ou par la résistance des hommes, ou par la législation des États : ce qu'on nomme en France *gallicanisme*. Il ne s'agit plus ici du gallicanisme qui, en théorie, croyait à une supériorité du concile sur le Pape, mais de celui qui, en pratique, veut une domination de l'État sur l'Église, gallicanisme que Bossuet, certes! prévoyait peu...

Nous héritons en ce moment de deux siècles de gallicanisme... Le peuple ne sait plus aujourd'hui ce que c'est que le Pape! Celui que les souverains plaçaient au dernier rang, ne saurait tout à coup reparaître le Chef de la civilisation! Celui que l'on croyait un patriarche avec la Primauté d'honneur, *primus inter* PARES; qui nous semblait un étranger, un principe éloigné, et au delà des monts, ne saurait tout à coup paraître la pièce capitale de l'édifice européen [1]! En apprenant ses maux, les peuples se sont-ils ébranlés? sont-ils venus, avec leurs Rois, lui offrir leur secours?.. Indifférence en haut se traduit, dans la foule, par un sentiment qu'on ne saurait nommer. De cette indifférence, vous savez maintenant où l'on peut arriver... [2]

Nous héritons en ce moment de deux siècles de gallicanisme. D'une part, on a diminué l'influence des

---

1. « Tout ce qui avilit, dans l'imagination de la multitude, l'Autorité du Saint-Siége par une apparence de faiblesse, dit Fénelon, *mène insensiblement les peuples au schisme.* C'est par là que les personnes zélées se découragent, que les partis croissent en témérité. » (Lettre de Fénelon au P. Daubenton, 12 avril 1714.) C'est par là que les peuples apprennent la désobéissance, et les rois, comment bientôt on cesse de leur obéir...

2. La France hérite de deux siècles de gallicanisme; la Russie, de sept, c'est-à-dire des fruits de son schisme; et la race qui rompit même avec l'Évangile, sait la part que lui fait l'islamisme... Chacune, suivant la faute, met ses lèvres dans la coupe du despotisme. Celle qui fit un pas en dehors, a déjà le pied pris; celle qui s'y mit à moitié, ne saurait plus rentrer; celle qui s'y est mise en plein, baigne en plein dans les eaux de sa dissolution...

évêques, de l'autre, habitué la France à croire l'édifice de la Foi achevé dans l'Évêque. On croit que le Corps de l'Église, l'ensemble de ses divins organes, se complète à l'Épiscopat. Le Saint-Père nous paraît comme un astre éloigné, dont l'influence n'est point directe; c'est un couronnement pour la beauté de l'édifice. On ne sent plus qu'il est la racine de l'arbre! qu'il est la tête dans ce corps, le principe vital dans cet ensemble sacré d'organes qu'on appelle l'Épiscopat! Mais notre axe a fléchi dans toute l'étendue. Affaiblissement du principe du Pouvoir religieux, affaiblissement du principe du Pouvoir politique, affaiblissement du principe des droits qui sont indispensables à l'homme. C'est l'absence du contre-poids de l'Église qui a rendu les Rois despotes, qui les a rendus faibles... Les hommes ont écarté le bras de Jésus-Christ, et déjà les nations retombent.

Nous héritons de deux siècles de gallicanisme. Et nous ne parlons point uniquement de la situation où les hommes mettent en ce moment le Saint-Siége, mais de l'état de faiblesse, de corruption mentale où sont nos populations; nous ne parlons point uniquement de la position où se trouve l'Autorité de l'Église, mais de l'état où nous voyons l'Autorité des Rois. Ils ont enseigné à l'Europe comment on désobéit. Dès ce moment la révolte et la division sont allées croissant chez les peuples : on le sent aujourd'hui ! Le pouvoir de Dieu même attaqué, comment celui *qui vient* de Dieu restera-t-il debout? Il ne faut pas que l'Autorité cons-pire contre elle-même. Dans un ordre moral, dans une Civilisation comme la nôtre, le pouvoir politique, loin du Pouvoir spirituel, n'est plus qu'une illusion...

Que le gallicanisme fut antipolitique ! Aujourd'hui, même impuissance à défendre l'autorité politique et l'Autorité religieuse. Le malheur est si grand, l'abîme si profond, que la Société n'attend de salut que d'une intervention de Dieu... Mais pourquoi avoir fait descendre le Pouvoir dans cette région inférieure où il devient étranger à la conscience, où il reste mort pour notre âme, où il se prive de l'appui du devoir? Eh ! qu'est-ce qu'un arbre mort, sinon un tronc coupé au-dessus des racines ? Eh ! qu'est-ce que le Pouvoir politique aujourd'hui ? Combien de temps subsistera-t-il de la sorte ? Des étais, des appuis au dehors, ne remplacent point *les racines qui poussaient dans la conscience !* L'éloquence est dans ceux qui écoutent, l'Autorité, dans ceux qui obéissent... L'Église est frappée dans sa vie de relation, mais le Pouvoir, dans sa vie de nutrition même.

Que le gallicanisme, enfin, est antipatriotique ! Après la chute de nos Provinces, de nos cités, de nos corporations, de toute aristocratie, quel plus terrible cataclysme que celui du Clergé s'abîmant à son tour dans l'État ! Quel coup plus fatal porté à toute aristocratie supérieure, à toute réaction dans l'avenir, à la vie même d'une nation ! Après en avoir détruit les forces agissantes, n'est-ce pas attaquer les forces radicales ? Constamment poursuivis par l'esprit de la domination romaine, dévorés de l'idée d'une unité factice et absolue, les légistes ont accompli leur œuvre, ils ont donné le jour à la Révolution, à la destruction des Provinces et des Ordres ; ils ont démoli les coutumes, effacé partout la vie propre, détruit les libertés publiques, aboli toute autonomie, ramené parmi nous l'idéal de l'État antique [1]. Tout s'abîme à la fois, et la nation et le principe d'Autorité, dans lequel vivaient tous nos droits ! Ce qui faisait la racine de l'Église, faisait la racine du Pouvoir, la raison de son droit, de notre obéissance, la raison de nos droits acquis. La Foi, la politique, le citoyen, sont à la fois frappés dans leur vie...

Chute de la Province, dès lors des droits publics ! chute des Aristocraties, dès lors de la propriété, de la famille, des éléments de la nation ! chute du Clergé comme corps, dès lors de toute aristocratie possible, vous voilà en face de la Démocratie, de toutes ses conséquences, sans remède, sans répit, sans recours... Que les événements dessillent les paupières ; ils pourraient ne pas nous éclairer deux fois. Si les Anglais se trouvaient dans une situation analogue, et qu'ils vissent les faits comme à cette heure nous les voyons, que leur patriotisme saurait bien revenir au remède ! Ils embrasseraient le catholicisme plutôt que de périr. Chez nous, on voit encore de la piété ; mais une chose est plus rare que la piété, c'est le bon sens ; et une chose plus rare que le bon sens, ce sont des idées politiques...

1. Combattant constamment la Coutume au nom d'une loi idéale, absolue, empruntée à la législation romaine, les légistes donnèrent le jour aux philosophes, qui nous firent connaître à leur tour l'homme idéal et absolu, l'homme *de la nature*, et couronnèrent le système. Développant, dans la pensée, la thèse que les légistes avaient si longtemps répandue dans les faits, les philosophes précipitèrent la Révolution.

On dit l'enfer pavé de bonnes intentions : il sera pavé de prétextes. C'est le moule où la lâcheté vient couler ses mensonges. Le Pape rappelle les Princes à la justice; il les rappelle aux mœurs, au devoir, à leur Foi. Les Princes supportaient, les uns loyalement, les autres avec quelque impatience, le regard vigilant du vicaire de Dieu, lorsque, pour les flatter[1], on vint leur faire entendre que les Papes voulaient disposer des couronnes, s'emparer des empires... Combien en ont-ils pris? Mais, ainsi que le chiffre inscrit sur l'écorce, ce conte offert à la jeunesse a grandi avec nous. Et le peuple le croit, le peuple toujours mû par l'attrait ou par l'épouvantail d'un mot. France! on ne méprise pas la haute philosophie quand on veut devenir la reine de la pensée, surtout quand on ne veut pas être la proie des événements... C'est avec ce mépris, qu'au sein d'une nation, on augmente la couche du vulgaire, qui, depuis la chute des principes, semble établi chez nous comme un règne de la nature. Tout se brise aujourd'hui sous ses couches épaisses; il pèse de tous ses préjugés, il écrase comme la masse, que *l'esprit ne peut agiter*... Son unique frayeur est de rencontrer Dieu! Oui, écartez les principes, en tout il a besoin de la médiocrité. De chaque idée, il ne lui faut qu'une partie, le reste pourrait heurter son éternelle foi en lui. Otez la vérité devers ses yeux; la lumière a toujours quelque chose qui blesse, elle agite le cœur, elle priverait de repos le vulgaire... Mais rien ne troublera sa paix! Contre la tradition étincelante de l'Église,

---

1. *Omnia serviliter pro dominatione.* Dévouement toujours prêt, quand il est bien payé...

contre sa vieille Foi, contre ceux qui la gardent, il tient quelque chose de tout-puissant, un mot.

Ultra-montains! Aussi, que d'esprit dans un mot! La vérité doit-elle ainsi franchir les Monts, oublier la géographie, les races, les nationalités? Penser comme Notre-Seigneur, tenir de lui la morale, la Foi, c'est bon *au delà des montagnes*. Mettre la conscience à l'abri sur la terre! établir en Europe un Empire du Droit, donner un sceptre à l'âme, vouloir qu'elle soit préservée, quelque part en ce monde, des attouchements de la force! quoi! un Trône à la liberté pure, à la Foi, à celui qui la garde, à celui qui garde l'homme, c'est bon *au delà des montagnes!* Les Russes, effectivement, ne furent point ultramontains; et, par économie, la même main leur fait donner le knout et le pain de la vérité. Ah! le bon peuple que le vulgaire...

Après le mot *égalité*, qui nous jette au règne animal, jamais semblable mot ne vint servir le despotisme. L'un le rend praticable, mais le vôtre le rend complet...

CHAP. LXIII.

INDÉPENDANCE TEMPORELLE DE L'ÉGLISE.

Comme l'homme, l'Église est sur la terre. Comme l'homme, elle est composée d'une âme et d'un corps inséparablement unis par la vie. Et ce corps des apôtres a ses fonctions, ses relations, ses conditions extérieures d'existence. Enfin, quoique divinement fondée, l'Église est une société humaine, et les sociétés ont ici-bas une existence temporelle. De ce que l'homme n'est sur la terre que pour son âme, peut-on le priver de son corps? De ce que l'Église n'est sur la terre que pour son Pouvoir spirituel, peut-on la séparer d'un pouvoir temporel auquel se lie également son existence? Le spirituel, dans l'Église, peut-il réellement se détacher du temporel? Ce serait dire que, dans l'homme, l'âme ici-bas peut se passer du corps.

Le spirituel, dans l'Église, est ce qui se rapporte au salut des âmes. Ainsi, tout ce qui entrave le salut des âmes porte atteinte au spirituel, comme tout ce qui vient l'assurer en est un prolongement nécessaire. Dès lors ne voit-on pas que, sans sortir de l'ordre matériel, on peut paralyser l'Église, mettre obstacle à ses fonctions sublimes? Qu'on retire à ses ministres la liberté, le respect, ou même la protection qu'on leur doit, comment exerceront-ils les fonctions de l'Église? Toutes les fois qu'on est contrarié dans le salut des âmes, dit encore l'illustre évêque d'Arras, on est atteint dans le spirituel : or de telles entraves ne peuvent venir, le plus souvent, que de l'ordre temporel. Et peut-on soutenir que le Pouvoir spirituel n'est pas lui-même atteint, lorsque son exercice est en question, exercice sans lequel ce Pouvoir est inutile? Si l'homme se disait tout entier dans son âme, que pourrait-il contre le meurtrier, qui n'en veut qu'à sa vie, contre le ravisseur, qui n'en veut qu'à ses biens?

D'autres ont dit : l'Église ne peut périr; ravissez-lui son *Patrimoine*, elle rentre dans les catacombes : qu'on ne s'inquiète point de l'Église, elle a les promesses divines! — On ne s'inquiète point de l'Église, mais du monde qu'elle est venue sauver... Ce n'est pas l'Église, mais le monde qui peut périr ! Et pour sauver le monde, ou le conduire à Dieu, il faut, par l'élévation de son Trône, que le monde la voie ! Des catacombes, l'Église possède deux cent mille âmes ; et du siége où Charlemagne l'a assise, elle en gouverne deux cents millions. C'est à quoi l'on ne réfléchit point...

Le Pouvoir spirituel sans le Pouvoir temporel devient une illusion. Qui nous délivrera des esprits sans expérience ? Le génie est rare chez les hommes ; plus rare encore est le bon sens, le sens réellement pratique. En dirigeant les hommes, la tradition leur rend un service dont leur orgueil se doute peu ! M. de la Mennais pensa que le Clergé vivrait sans traitement au sein de nos campagnes ; ses disciples et la Révolution, tous les esprits légers, déclarent après lui que l'Église peut vivre en mendiant sur la terre. Où est la liberté, la hardiesse, la grandeur de celui qui tend la main ? Qui n'a observé la mortelle impuissance où la Révolution a jeté le Clergé, en le mettant dans la nécessité de percevoir une quête chez des paysans, d'en exiger un salaire, un casuel ? Salarié par l'État, salarié par le fidèle, humilié devant tous deux ! La Révolution peut s'en flatter, elle l'a découronné ; elle l'a privé de sa dignité première, de sa plus haute, de sa plus délicate influence... Qui a vu cette situation, et pense la faire partager à l'Église elle-même ? Mais ce n'est point assez : tous ces esprits demandent qu'elle s'efface entièrement de la terre, qu'elle se renferme dans une vie, dans un pouvoir uniquement spirituel. Quand Jésus a parlé d'une *pierre*, il a voulu un édifice, un sol pour le porter [1]! Non, elle ne sera point la lampe solitaire que l'on peut mettre sous le boisseau. Comme le soleil, l'Église se lèvera chaque jour sur l'horizon du monde pour l'éclairer.

D'ailleurs, oublions-nous le divin phénomène de la Hiérarchie? Par son évêque, le simple prêtre remonte au Pape, du Pape à Dieu. Et ce Pape, ce miracle que Dieu entretient ici-bas pour conserver la liberté humaine, est à la fois un Père, un Roi et le gardien de nos âmes. Comme Père, comme Roi, comme lieutenant de Jésus-Christ, il faut qu'il soit indépendant de la terre, qu'il ne relève que de Dieu, pour que nos âmes, libres, n'obéissent qu'à Dieu. Son inviolabilité fait notre grandeur, son indépendance est la nôtre.

Et par le fait de la Hiérarchie, ce prêtre qui, au sein des campagnes, est là comme l'Église, peut dire à son troupeau : Si vos âmes sont libres, vos consciences dans le vrai, c'est parce que je suis l'envoyé du Saint-Père, parce que je suis évidemment l'homme de Jésus-Christ. Otez le Pape, je deviens l'homme de l'État, je suis un gendarme auprès de vos âmes, l'espion délégué à vos consciences! c'est de la terre qu'on vous demande l'obéissance : vos âmes ne sont plus libres, je ne relève plus de S. Pierre, de celui dont Dieu vous a

---

[1]. La question du pouvoir temporel est une question psychologiquement identique à celle du culte. Il faut un culte, parce que l'homme est composé d'une âme et d'un corps, qu'il faut parler aux sens pour réveiller son âme ; de même, un pouvoir uniquement spirituel serait au milieu de nous comme une âme privée d'organes. « L'homme n'est ni ange ni bête, dit Pascal, et qui fait l'ange fait la bête. » Et c'est le cas de ces esprits qui veulent borner l'Église à une vie spirituelle...

répondu... Car voilà ce que fait l'Église! C'est le Pape, c'est cet être éloigné et pour vous invisible, qui fait que vous êtes libres à la face du Ciel comme à la face des hommes; de même que c'est le Dieu trois fois Saint qui fait que vous existez pour être libres et méritants dans sa Gloire éternelle. La question du Pape, c'est la question de votre liberté, de votre dignité, de la noblesse de votre obéissance! Voilà pour l'individu.

L'homme d'État, à son tour, tiendra aux peuples le langage si simple et si vrai du Prince de Metternich : « Une portée d'esprit supérieure n'est point nécessaire pour comprendre que l'indépendance du Souverain-Pontife intéresse également tous les peuples, et reste un objet de première importance pour l'Europe. Il n'est pas besoin de fonder la nécessité de la liberté du Pontife sur des raisons spirituelles, que nos faibles politiques ne comprendraient pas; il suffit de leur dire : Vous ne pouvez nier que l'Europe ne vive du Christianisme, que par conséquent le Chef de la religion Chrétienne ne soit un très-grand et très-puissant personnage. Il faut que ce grand personnage habite quelque part; il faut qu'il soit chez lui ou chez quelqu'un. S'il habite chez quelqu'un, il est au pouvoir de quelqu'un. Or, moi qui ai des sujets catholiques, c'est-à-dire qui relèvent du Pape, comment, sans m'exposer aux plus grands inconvénients, pourrais-je tolérer que le Pape eût un maître? Par le Pape placé sous sa dépendance, ce quelqu'un-là serait maître chez moi, et, très-souvent, bien plus maître que moi... Ce n'est pas comme catholique, mais comme ministre d'Autriche que je veux le Pape chez le Pape et non chez un autre... » C'est la leçon que le Prince de Metternich fit sentir par un exemple à Napoléon, qui pensait sérieusement à établir le Saint-Siége à Paris! Napoléon eut l'art un jour de la redire en termes excellents, mais il n'eut pas celui d'en sentir toujours la portée...

Chef visible, Chef envoyé du Ciel, institué pour n'obéir qu'à Dieu, le Pape doit être indépendant et des Rois et des peuples. Il faut qu'il soit Roi au milieu des Rois, qu'il possède son peuple au milieu des peuples, et que lui et son peuple restent sacrés chez les nations. Aussi la Providence, qui parle aux yeux par des symboles, en établit le Siége dans la ville du peuple-Roi. *Imperium sine fine dedi...* Oterez-vous sa demeure à celui qui a *tout reçu de son Père* [1]? Oterez-vous le rang de nation à celle qui a *reçu les nations en héritage* [2]? Priverez vous d'un Roi celle qui fut nommée *la Reine des nations* [3]? Ravirez-vous les biens de cette Epouse à qui Dieu a donné les Rois pour *nourriciers* et les peuples pour tributaires [4]?

L'Église est la Société de nos âmes, l'Empire spirituel. Comment un pareil Empire subsisterait-il sur la terre sans y avoir son territoire, sans y posséder des frontières? Comment se pourrait-il que la Providence qui, pour établir l'indépendance de la famille humaine, institue ici-bas la propriété, n'eût pas songé au Patrimoine de S. Pierre, et n'eût pas assuré son domaine à la famille, à la race de Dieu? Ce Patrimoine, au reste,

---

1. *Omnia tibi dabo*, Malachie, 7.
2. *Dabo tibi gentes hæreditatem tuam.*
3. *Domina gentium.*
4. Isaïe, XLIX, *et passim.*

est nécessaire, non seulement à l'indépendance, mais encore aux besoins, aux fonctions de Celui qui est à la fois un Père, un Roi, un Pontife souverain.

Il est Père, mais père des pasteurs vénérés de cette bergerie sacrée; père des brebis précieuses qu'ils ont ramenées dans son sein; enfin, de toutes les créatures qui gémissent sur la terre... Comme père, il doit justifier de son titre, d'abord en entretenant cette famille d'apôtres toujours assemblée près de lui; ensuite en protégeant ses fils répandus sur le monde; enfin, en versant des aumônes sur les malheureux qui de tous les points du globe espèrent en cette universelle bienfaisance.

Il est Roi, mais Roi d'une société aussi vaste que la terre, Roi d'un empire dont les confins sont dans le Ciel, enfin premier ministre du Très-Haut, dispensateur des trésors mêmes de l'Infini. Dans cette grandeur surhumaine, il pourrait se passer, pour lui, des grandeurs de la terre, mais il ne saurait *les voiler* pour la créature mise ici-bas dans une enveloppe de chair. Entretenant le plus grand culte du monde, objet lui-même d'un culte, il doit attirer le respect et l'obéissance des hommes, faire éclater une sainte magnificence, soutenir à leurs yeux la gloire de ce Roi des rois dont il est la vivante image.

Il est Pontife, mais pontife désigné de Dieu même pour offrir les sacrifices que doit lui présenter la terre. Et, pour le monde entier, les Offrandes seront offertes par ses mains vénérables à la Majesté Souveraine! Sans doute, pour parler le langage vulgaire, une subvention à la charge des nations catholiques aurait pourvu à ces besoins augustes de Père, de Pontife et de Roi. Mais ici, il fût devenu le fonctionnaire salarié du monde ; ici, il n'eût plus été Père, il n'eût plus été Roi, il n'eût plus été homme [1]... Qui a prévu combien un expédient de ce genre eût blessé les consciences et abaissé la Chrétienté ? En le créant Pontife, Dieu l'a fait libre, Dieu l'a fait Roi, il lui a donné, par un lambeau de cette terre, une Souveraineté temporelle.

Et d'ailleurs, l'élection de ce Pontife, souverain de nos âmes ; le choix de ses Cardinaux, princes et pairs de l'Église ; la nomination des Évêques, ses frères, ses coopérateurs ; la célébration des Conciles, qui les ramènent autour de lui ; ses brefs, ses décisions apostoliques, ses rapports avec ces Évêques, qui portent la lumière aux nations, avec les Princes, qui règnent pour la leur maintenir, avec les peuples, avec les âmes, tous ces actes doivent rester indépendants... Et non-seulement rester indépendants, mais encore le paraître, pour n'être suspectés de personne, pour conserver force de loi sur les consciences, et pour que toutes se sentent libres et inviolables !

Pour Lui, pour le culte divin, pour l'exercice de la charité, pour la propagation de la Foi, pour l'entretien de ses conseils, de son corps diplomatique, de ses congrégations, de sa Cour, de ses tribunaux de Consultation sur les dogmes, sur la morale, la discipline, la liturgie, les consciences, et les écrits

---

1. « La Papauté, s'écrie Mgr d'Orléans, serait salariée, comme le sont les curés ! Le Pape sera le grand fonctionnaire européen du culte, auquel on pourra, à tel jour, en telle occurence, supprimer son trimestre ? »

qui se publient; enfin, comme Prince des Évêques, comme Pasteur des âmes, conseiller des Rois, Roi lui-même, le Saint-Père, de même que tout souverain, tout État, toute famille, tout individu, doit posséder ses biens, ne relever que de son droit! Encore une fois, Dieu eût assuré l'indépendance à tout homme ici-bas en créant la Propriété, et il en eût privé Celui de qui procède l'indépendance de toutes les âmes, de tous les hommes! Songeons que l'Église est divine, dès lors souverainement rationnelle...

Aussi, de toutes les souverainetés de la terre, celle du Vicaire de Dieu est-elle la plus ancienne, la plus légitime, la plus purement divine, j'allais dire la plus humaine, celle qui accomplit le plus parfaitement le but de toute propriété, de toute souveraineté sur la terre.

La plus ancienne! Aussitôt que l'arbre sacré de l'Église est suffisamment arrosé par le sang des martyrs, Dieu pourvoit à son accroissement. Constantin transporte le siége de l'Empire à Byzance; l'Italie mal défendue contre les Barbares tourne ses regards vers le Chef de l'Église; Cassiodore, préfet du Prétoire, écrit au Pape Jean II : « C'est vous qui êtes désormais le gar-
« dien de la société chrétienne. Sans doute vous êtes le
« Pasteur spirituel du troupeau, mais vous ne pouvez
« négliger ses besoins temporels, etc. » Et le chef de l'Église revêt le Pouvoir au même titre que les Rois de la terre. La plus légitime! Quoi de plus légitime que ce fait immortel de l'histoire? La plus purement divine! Quoi de plus divin par l'origine et dans le but? D'une part, les circonstances par lesquelles Dieu trans-

met une royauté que les Empereurs, dont le siège était trop éloigné, ne conservaient que de nom ; d'autre part, les concessions de Pépin, de Charlemagne, de la pieuse Mathilde, sans parler des droits antérieurs, investirent le Saint-Père d'un Pouvoir temporel dont nous venons d'indiquer les ineffables raisons divines, les suprêmes raisons humaines [1]. De toutes les souverainetés, celle-là est assurément la plus ancienne, la plus légitime, la plus purement divine, celle qui accomplit le plus profondément le but de tout droit ici-bas : l'inviolabilité de nos âmes!

Et si les hommes devenaient assez malheureux pour renverser une Souveraineté dont relève leur dignité, la noblesse de leur obéissance, ils consommeraient l'acte de folie le plus irrémédiable et le plus grand des sacriléges... Ils attenteraient au Droit de Dieu, à celui des âmes, à l'honneur de la Création.

---

[1]. L'usurpation, la violence et l'intrigue n'ont donc aucune part à l'établissement de cette Souveraineté temporelle, revêtue de cet auguste caractère de la durée que la Providence n'accorde qu'aux choses indispensables au monde. Elle possède à la fois la sainteté de l'origine et la sanction du temps, dernière attestation de Dieu.

CHAP. LXIV.

DU DROIT DE DIEU.

Cette indépendance de l'Église, qui est celle des États, qui est celle de l'homme, celle de l'âme, celle du monde, repose sur le Pouvoir temporel de l'Église. Mais écoutons Notre-Seigneur.

« Que celui que l'on instruit dans la Foi, assiste en toute manière de ses biens celui qui l'instruit : ne vous y trompez pas, on ne se moque point de Dieu[1] ! » Puis il dit à ses Apôtres : « Allez ; et dans quelque ville ou maison que vous entriez, demeurez-y, mangeant et buvant de ce qu'ils ont : car l'ouvrier est digne de son salaire. Et si quelque ville ou quelque maison se ferme devant vous, secouez contre elle la poussière de vos pieds, tout en l'avertissant que le Royaume de Dieu s'approche. Je vous le dis, au jour du jugement, moins terrible sera la sentence de Sodome et de Gomorrhe que celle de cette ville-là[2] ». — Refuser l'assistance à l'un de ses Apôtres est un crime qui dépasse celui de

---

1. S. Matthieu, chap. X, v. 11 ; et S. Luc, chap. X, v. 7.
2. Si Dieu, sous les plus terribles menaces, ordonne aux nations de pourvoir aux besoins de l'Église, quel sera son langage aux nations qui lui ôtent ses biens ? Dieu ne dira-t-il pas : C'est mon Église, venue vers toi pour te sauver, que tu as privée de son pain et de sa dignité sur la terre ! C'est moi dont tu as renversé les desseins, moi que tu as privé d'une part immense de ma gloire !

Sodome, que sera-ce de laisser sans ressource l'Église entière… que sera-ce de lui ôter ses propres biens ?

Les biens que possède l'Église ne sont pas seulement de droit divin, ils sont du droit de Dieu même, puisque c'est à Dieu que ces biens furent donnés, suivant les intentions expresses des donateurs, Princes, peuples, familles et particuliers.

Ce n'est point à des hommes, en effet, ni à une institution humaine, qu'ils entendirent faire un don, mais à Dieu : soit qu'ils aient eu l'intention de sauver leur âme par un acte de repentir, soit qu'ils aient désiré lui plaire par un acte direct d'amour. Et ces biens étant les biens de Dieu, la possession n'en est pas seulement de droit divin, mais du Droit de Dieu même, du Droit le plus élevé qu'il y ait au Ciel et sur la terre.

Le droit divin est un droit qui nous vient de Dieu; un droit qu'il communique à l'homme pour que celui-ci ait une autorité réelle ici-bas, qu'il puisse arguer d'un droit inattaquable. Ainsi, l'autorité du père, que l'homme exerce sur ceux que Dieu lui donne pour enfants, l'autorité du Roi, que le monarque exerce sur ceux que Dieu lui donne pour sujets, et la propriété, qu'elle soit le fruit des facultés que l'homme tient de Dieu, ou qu'elle vienne de l'hérédité, dans laquelle il choisit les âmes qui arrivent en successive possession des biens, sont toutes trois de droit divin. Mais au-dessus du droit qui vient de Dieu, est le Droit de Dieu même, Droit qu'il conserve sur les biens comme sur les âmes, qui sont à lui, et, comme telles, inviolables. Ce droit qui garantit les âmes et les choses de Dieu est considéré comme si supérieur aux autres droits, que les langues, lui affectant une expression particulière, en qualifient la violation de SACRILÉGE.

Le Droit qui protége les âmes et les choses de Dieu, ne procédant pas des conventions humaines, ne relève en aucune sorte des lois civiles. Ce Droit est antérieur et supérieur à ces lois ; bien loin d'en dériver, il en est la base, la raison d'être, et l'appui chez les hommes. Si le droit de Dieu n'était ainsi reconnu par toutes les consciences, quelle valeur auraient les droits qui se rapportent à l'homme? Or, ce Droit ne provenant ni des hommes, ni de leurs lois, ne saurait être aboli ni par les hommes ni par leurs lois. Ce Droit reste absolu, indépendant des législations et des Pouvoirs de ce monde. Le crime de ceux qui se croiraient en droit de le suspendre, dépasserait le crime de celui qui attenterait aux droits les plus respectés, les plus incontestés sur la terre : sacré, il ne saurait sans *sacrilége* être violé [1].

Ces grands principes forment le sentiment et la doctrine des Conciles et des Pères. Que les biens offerts à l'Église appartiennent à Dieu, et soient au-dessus de tout droit, c'est là un fait si anciennement compris en ce sens [2], que Charlemagne, lui donateur, exige qu'il

---

1. Excommunicamus et anathematizamus omnes illos, qui per se, seu alios, directe vel indirecte, sub quocumque titulo, vel colore, invadere, destruere, et detinere præsumpserint in totum, vel in partem, Almam Urbem et alias civitates, terras et loca, vel jura ad ipsam Romanam Ecclesiam pertinentia, dictæque Romanæ Ecclesiæ mediate vel immediate subjecta, etc., etc. CONCIL. TRIDENT., sess. XXII.

2. Que les biens offerts à l'Église soient offerts à Dieu et lui appartiennent, c'est ce que disent formellement : 1° les canons des Apôtres, c. 37 ; 2° le troisième concile de Carthage, c. 49 ; 3° le quatrième, tenu en 397 et 398, c. 31 ; 4° le sixième concile romain sous le Pape S. Symmaque, en l'an 504, sans parler d'une infinité de conciles plus

soit entendu de la sorte dans ses Capitulaires (lib. V, c. 370), où il dit : « Que ni lui, ni ses successeurs ne pourront *ullo unquam tempore absque consensu et voluntate Episcoporum res Ecclesiæ petere;* parce que : *omnia quæ offeruntur, procul dubio et consecrantur, et non solum sacrificio, sed quidquid ei a fidelibus offertur,* Domino ipso indubitanter consecratur, *et ad jus pertinet Sacerdotum.* »

« Les plus anciennes monarchies, particulièrement celle de France, s'écriait Dumesnil devant la cour suprême, en 1563, ont toujours eu pour maxime, que les biens meubles et immeubles de l'Église sont réputés inviolables et hors de l'usage des hommes ». On ne saurait mieux caractériser le droit qui couvre les choses consacrées à Dieu. « Clotaire, dit Le Vayer, voulant s'approprier le droit de percevoir des rentes appartenant à l'Église, un saint Évêque lui dit : que s'il voulait s'emparer des biens de Dieu, Dieu à son tour lui ravirait sa couronne. »

En 1646, le Clergé de France adressait ces paroles à la Reine régente, mère de Louis XIV : « Nous serions prévaricateurs de la cause de Dieu et de la dignité de notre caractère, si nous ne vous disions que l'Église *n'est point tributaire;* que ses immunités, aussi antiques que le christianisme, ont traversé tous les siècles;

modernes trop longs à citer ; c'est ce que déclarent les Pères, et particulièrement S. Grégoire de Nazianze (épît. 166, homil. 3), S. Bazile (Regul. Brev. interog. 187), S. Jean Chrysostome (homil. 70), S. Cyprien (Epist, 42), S. Maxime (Serm. de S. L.), lesquels déclarent que : « ravir ses biens à l'Église, c'est les ravir à Jésus-Christ, se rendre « coupable d'impiété, d'un sacrilége semblable à celui de Judas, et « tomber sous le coup des plus foudroyants anathèmes. »

qu'elles sont confirmées au besoin par toutes les lois Canoniques, royales et impériales ; que ceux qui les violent ont été frappés d'anathème par les Conciles ; et que c'est une impiété de ne point mettre les biens temporels de l'Église au rang des choses sacrées : que ces biens sont comme de l'essence de la Religion, puisqu'ils en soutiennent LE CULTE et L'INDÉPENDANCE. »

« Nous enseignons hautement, dit à son tour Bossuet (Defens. decl. Cler. Galli., liv. I), que les biens, les droits et les gouvernements temporels acquis aux Pontifes romains sont, d'abord, quant à leur autorité, possédés à un titre aussi parfait qu'il puisse en exister parmi les hommes ; qu'en outre, tous ces biens et ces droits, comme étant affectés à Dieu et à son Église, doivent être considérés comme saints et sacrés, et ne peuvent sans sacrilége être envahis, enlevés, ni appelés sous la domination séculière. »

Voilà pourquoi l'évêque illustre de Poitiers s'écriait naguère, en rappelant ce texte : « Ici Bossuet est l'écho de la tradition chrétienne aussi bien que du Clergé de France ; il ne fait qu'appliquer les principes des Conciles œcuméniques et des constitutions apostoliques. » Ajoutons, il ne fait qu'appliquer les principes éternels du droit et de la raison.

« O toi qui sembles en ce moment stérile et délaissée,
« s'écriait Isaïe, quelle sera ton admiration lorsque tes
« enfants, lorsque *les peuples que tu ne connais pas*,
« viendront construire eux mêmes tes remparts, abattre
« les cèdres des montagnes, arracher l'or, l'argent et
« l'airain de la terre pour l'ornement de tes murs ? Leurs

« Princes se feront gloire de te servir, à cause du Sei-
« gneur ; tu suceras le lait des nations, et tu seras nour-
« rie de la substance des rois. Ainsi l'ordonne le Dieu
« fort : tout royaume qui refusera d'obéir sentira le
« poids de sa vengeance ! » Paroles inouïes, paroles
solennelles, et dont les derniers termes menacent aussi
de s'accomplir...

Si de tels biens sont menacés, c'est pour nous, Français, un devoir d'honneur et de reconnaissance de les défendre et de les maintenir. D'honneur ! ce sont nos Rois, nos premiers Rois, qui les ont transmis à l'Église, ce sont des biens qui viennent en quelque sorte de la France... De reconnaissance ! cette France, si jalouse de sa gloire, n'a-t-elle pas été pendant quatorze siècles redevable de sa prospérité et de sa grandeur à l'Église ? Civilisée par ses premiers Apôtres, défrichée par ses moines, administrée par ses Évêques, instruite par ses religieux, qui bâtirent les bourgs, les hameaux, les églises, fondèrent les écoles, les universités, les académies, érigèrent les hospices, créèrent les bibliothèques, lui conservèrent les lettres, les sciences et les arts, la France doit tout à ce Clergé sublime. Il fit son sol, éleva ses grands capitaines, forma le cœur de ses Princes comme celui de ses enfants, fournissant à ses Rois des conseillers et des ministres comme Grégoire de Tours, comme Suger, comme d'Amboise, comme Richelieu et Fleury. Suivez-les jusque dans nos malheureuses Assemblées, jusque sur l'échafaud, ces Évêques, ces prêtres, et dites s'il était possible de s'ensevelir avec plus de gloire sous les ruines de la Religion et de la patrie ! France, France, ne laisse point à l'Église le temps de te dire : Est-ce parce que je t'ai engendrée ici-bas à la gloire, est-ce parce que je t'ai enfantée à la Vie immortelle, que tu demandes aujourd'hui ma mort ?

CHAP. LXV.

RÉFLEXIONS RELATIVES A NOTRE TEMPS.

Viennent les considérations civiles et politiques ; la Civilisation aussi a ses conditions d'existence !

Il n'y a qu'un Droit. Le Pape en est la racine ; les autres droits n'en sont que les branches, car tout droit vient de Dieu. En vain l'homme voudrait soutenir le point sur lequel lui-même il s'appuie. Si le Droit de Dieu est détruit, quelle valeur aura celui qui se rapporte à l'homme ? L'expropriation du Saint-Père serait pour l'Europe, l'expropriation des couronnes, l'abolition de la propriété, l'extinction de tous droits.

Les hommes, créés libres, ne doivent obéir qu'à Dieu : il faut bien que le Pouvoir, de même que l'obéissance, nous arrive en définitive de lui ! L'homme ne peut reconnaître de souveraineté réelle, éternellement légitime, qu'en Celui de qui la vérité, la justice, la liberté et toute autorité découlent... Que deviendra sa conscience, que deviendront son droit, sa dignité, son honneur, si c'est le droit de l'homme qui prévaut sur le droit divin ? Serons-nous aveuglés au point d'abattre d'un seul coup la Civilisation moderne, de sortir du règne de l'Eglise pour rentrer dans celui de l'État, et de nous enfermer après dix-huit cents ans, dans ce champ de servitude et de misère qu'on appelle l'Antiquité [1] ? Est-ce la Royauté, ou l'Église qui nous donna la liberté?.. C'est à nous, c'est à tout ce qui repose sur le droit qu'il faut songer lorsqu'on veut renverser le droit sur lequel tous les droits reposent. En défendant son droit, le Pape défend aujourd'hui tous les nôtres

Voilà les considérations morales ; venons aux considérations politiques. L'État qui repousse la suprématie de l'Église, attente à sa propre existence en ébranlant la suprématie définitive ; il enlève à ses propres lois l'appui décisif de la conscience. Ses efforts pour réduire le peuple à une soumission plus humaine ont pour effet d'anéantir la soumission. Tout principe supérieur d'obligation morale étant détruit, le pouvoir n'est plus que la force, et l'obéissance qu'un esclavage... Ici, comment décider aux yeux des consciences quand une loi est réellement juste ou injuste? Qu'une loi rencontre des obstacles, qu'elle soulève des difficultés, il faudra recourir au bras terrible, et dès lors persécuteur, du Pouvoir. O imprudence ! l'État a refusé d'avoir une conscience saintement dirigée par l'Église qui aurait en même temps dirigé celle des sujets dans la même voie de justice ! le Prince a repoussé cette arme spirituelle qui traverse les âmes comme un doux rayon de lumière, et il faut qu'il impose par la violence sa volonté, qu'il s'ouvre avec l'épée le chemin de nos consciences ! Eh ! qu'est-ce donc que la Tyrannie ?. Ne

---

1. Quels dangers dans l'orgueil ! Les hommes aujourd'hui se persuadent qu'ils garderont toujours ce qu'ils n'ont pu se donner pendant quatre mille ans...

la trouvez-vous pas toujours persécutant d'une main l'Église, et de l'autre les peuples ?.. Les princes n'ont eu intérêt à se séparer du Saint-Siége que pour devenir souverains absolus [1], que pour posséder corps et âmes leurs peuples et les gouverner sans contrôle. Mais ils les ont conduits par le chemin de la désobéissance à la révolution ; le contrôle qu'ils désiraient écarter du côté de Dieu, leur arrive du côté des hommes... Ils voulurent dérober les consciences à l'Église : ils se sont dérobé leurs couronnes.

Tant que les Princes ont obéi à l'Église, les peuples ont obéi aux Princes. Car c'est l'ordre établi de Dieu, l'ordre voulu pour l'affranchissement de nos âmes. Ici, plus d'interruption de Dieu à l'homme : la liberté est sans rupture. Comme l'Église ne saurait émettre une loi opposée à la loi divine, de même ici le Prince ne saurait promulguer de lois contraires à celle de l'Église. Et, comme l'Esprit divin conduit l'Église en une sainte conformité avec les lois éternelles, celles du Prince, plus exposées aux caprices de l'homme, se trouvent ramenées de la sorte dans la vraie direction : la liberté et la justice forment une seule ligne droite, de Dieu jusqu'au moindre sujet ; et l'homme accepte une loi qui règle sa volonté, mais ne l'enchaîne pas... Non! un Prince convaincu de la nécessité d'une religion pour affermir l'ordre et obtenir l'obéissance, ne saurait vouloir une loi divine obligeant les sujets et ne l'obligeant pas lui-même, une Église qui commande à

---

1. Aussi, partout où s'établissait le protestantisme, le despotisme antique renaissait. Avant la Réformation, le despotisme n'existait pas en Europe. Et l'omnipotence de l'État date en France de 89.

ses peuples, et à laquelle il commande lui-même. Le stratagème ne peut durer longtemps...

Ce qu'on voit en Europe prouve trop clairement, de la part des souverains, le peu de science politique, et, de la part des hommes abîmés dans l'erreur, un immense besoin d'Autorité. Tout baisse, la Société s'en va... Les hommes périront par manque de génie. La Foi y suppléait ; mais voilà que, par manque de noblesse, les hommes abandonnent la Foi.

L'Europe doit au Pape la garantie des Trônes, parce que c'est au droit chrétien qu'elle doit l'obéissance sur laquelle ils reposent. Et elle doit au Pape la liberté des âmes, parce qu'elle doit au principe qui les rend responsables devant Dieu, leur inviolabilité devant les hommes. Avec le Pape, tout disparaît, le commandement comme l'obéissance, la conscience comme la liberté. Si l'Europe foule aux pieds le droit de l'Église, elle abdique son propre droit !! Qu'elle essaye de renverser le droit divin, elle sentira d'où lui venait l'obéissance, et si l'homme peut la fonder ! On voudrait une société que tout l'or de la terre et tous les efforts du despotisme ne sauraient soutenir... Oui, si l'Europe appelle sa fin, qu'elle retire la PIERRE sur laquelle son vieil édifice repose !

C'est parce qu'on a renversé le droit, et égaré les consciences, que les hommes ne veulent plus obéir... On ne fera rien pour l'Europe qu'on ne remonte à l'Autorité, rien pour l'Autorité qu'on ne remonte à Dieu.

Est-ce par enchantement que vivent pressées et en paix ces formidables masses que nous nommons les nations? Où est le droit des souverains à leur obéissance, où est le devoir des nations de la leur confier ?.. Au lieu de voir, dans la Société, ce qui en fait la merveille, et, dans l'homme, ce qui en fait la grandeur, nos politiques mesurent la solidité et la gloire des peuples au chemin qu'ils ont fait dans une liberté abstraite, dérisoire, dans une liberté prétendue *politique* qui leur a jusqu'ici ôté toutes leurs libertés *publiques* et toutes leurs libertés privées ! A leurs yeux, le grand but sur la terre est de rendre absolue une semblable liberté. Et d'abord, quelle confiance en l'homme ! quel oubli de la Chute ! quel terrible aveuglement ! En perdant la vérité, perd-on donc à ce point l'expérience ? Sous les Trônes, comme sous les Empires, se trouve la Théologie, se trouve la réalité, c'est-à-dire l'homme tel que nous l'a laissé la Chute. Le gouvernerez-vous sans le connaître et sans savoir son but sur la terre ? Cette terre n'est qu'un chemin ; un chemin pour cet être royal, cet être créé libre, à l'image de Dieu, prenant lui-même par la Grâce sa route vers l'Infini... En perdant de vue nos destinées, vous anéantirez une Civilisation qui n'est, pour l'âme humaine, qu'une préparation divine.

Ces questions intéressent trop sérieusement les États pour disparaître sous l'ignorance où nous plonge aujourd'hui l'erreur. Elles seront l'objet de la Conclusion de ce livre.

J'ajoute encore quelques paroles ; je les emprunterai à la plus noble, à la plus grande voix de ce siècle. « Après l'horrible tempête qui vient de tourmenter l'Église, s'écrie en concluant le comte de Maistre, que ses enfants lui donnent au moins le spectacle de la concorde ;

qu'ils cessent de l'affliger par leurs discussions insensées. C'est à nous d'abord, heureux enfants de l'unité, qu'il appartient de professer hautement des principes dont l'expérience la plus terrible vient de nous faire sentir l'importance. Nous avons trop méconnu notre bonheur; égarés par les doctrines dont l'Europe a retenti dans le siècle dernier; égarés peut-être davantage par un esprit d'indépendance allumé dans le sein même de notre Église, nous avons *presque brisé* des liens dont nous ne pourrions, sans nous rendre absolument inexcusables, méconnaître aujourd'hui l'inestimable prix..... Il est temps d'abjurer des systèmes si coupables, de revenir au Père commun, de nous jeter franchement dans ses bras, de faire tomber le mur d'airain que l'erreur, le préjugé et la malveillance avaient élevé entre nous et lui. Mais, *dans ce moment solennel*, TOUT ANNONCE QUE L'EUROPE TOUCHE A UNE RÉVOLUTION MÉMORABLE, dont celle que nous avons vue ne fut que l'indispensable préliminaire; c'est aux protestants que doivent s'adresser avant tout nos paternelles remontrances, nos ferventes supplications. Qu'attendent-ils, et que cherchent-ils? Ils ont parcouru le cercle entier de l'erreur; la moitié de l'Europe se trouve enfin sans religion. L'ère des passions a passé; nous pouvons nous parler sans nous haïr..... Que les Princes, surtout, s'aperçoivent que le pouvoir leur échappe; que la monarchie européenne n'a pu être constituée et ne peut être conservée que par la religion une; que si cet allié leur manque, il faut qu'ils succombent. Tout ce qu'on a dit, pour effrayer les Puissances protestantes, sur l'influence d'un pouvoir étranger, est un épouvantail dressé dans le seizième siècle, et qui ne signifie plus rien dans le nôtre..... Que les Anglais surtout réfléchissent profondément sur ce point ; car le grand mouvement doit partir de chez eux. S'ils ne se hâtent de saisir la palme immortelle qui leur est offerte, un autre peuple la leur ravira. Cependant tout semble démontrer que les Anglais [1] sont destinés à donner le branle au GRAND MOUVEMENT RELIGIEUX QUI SE PRÉPARE, et qui sera une époque sacrée dans les fastes du genre humain... Aidez-nous à faire disparaître la division. Pour rétablir une religion et une morale en Europe ; pour donner à la vérité les forces qu'exigent les conquêtes qu'elle médite ; surtout pour raffermir le trône des souverains et calmer doucement cette fermentation des esprits qui nous menace des plus grands malheurs, un préliminaire indispensable est d'effacer du dictionnaire européen ce mot fatal : PROTESTANTISME. Il est impossible que d'aussi importantes considérations ne se fassent pas jour dans les cabinets protestants, et n'y demeurent en réserve pour en descendre ensuite comme une eau bienfaisante qui arrosera la vallée. Ce grand changement doit commencer par les Princes..... Enfin, dans la fermentation générale, les Français, et parmi eux le Clergé en particulier, doivent s'examiner soigneusement ; et ils ne doivent pas laisser échapper cette grande occasion de s'employer en première ligne à la reconstruction du saint édifice. Ils ont sans doute de grands préjugés à vaincre ; mais ils ont aussi de grands moyens, et, ce qui est beaucoup, de puissants

---

1. Dieu a fait les nations guérissables !

ennemis de moins. Les Parlements n'existent plus. L'esprit parlementaire ne peut plus agir que par des efforts individuels. On peut donc espérer que rien n'empêchera le sacerdoce de se *rapprocher sincèrement* du Saint-Siége, dont les circonstances l'avaient éloigné plus peut-être qu'il ne le croyait. L'expérience a dû convaincre les peuples séparés; il ne leur manque plus rien pour reconnaître la vérité; mais nous sommes bien plus coupables qu'eux, nous qui, nés et élevés dans cette sainte unité, osons cependant l'attrister par des systèmes déplorables, vains enfants de l'orgueil, qui ne serait plus l'orgueil s'il savait obéir..... » ! Telles sont les conclusions de ce grand homme.

En perdant la foi religieuse, nous perdîmes la foi politique; elles ne sauraient l'une sans l'autre se rétablir. Il faut que l'arbre divin reparaisse jusqu'au faîte. L'obéissance ne peut descendre que de Dieu. Toute diminution du christianisme est une diminution de la Société et une diminution de l'homme; toute attaque à l'autorité de l'Église, une attaque à l'autorité politique elle-même. L'homme ne saurait diviser sa pensée, ni se former deux consciences... C'est pourquoi, aux brûlantes supplications de celui qui fut aussi *prophète dans sa Foi*, je dois joindre d'autres paroles, également venues de haut : « Comme la destinée de l'Église est liée au
« grand mouvement qui se prépare, il est clair qu'en
« définitive, c'est à elle que restera la victoire : et
« comme la France, malgré ses *longues* erreurs, n'en
« est pas moins toujours la fille aînée de l'Église, il est
« à croire qu'elle sortira elle-même victorieuse de
« cette lutte. Tant de foi, tant de saintes œuvres qui

« se font chaque jour sur cette chère et noble terre,
« trouveront grâce devant Dieu. Puissent tous les
« hommes de foi, d'intelligence et de cœur, recon-
« naître enfin qu'il est impossible de *séparer ce que*
« *Dieu a uni*, et revenir, aux principes qui seuls
peuvent assurer le salut et la grandeur de notre bien-
« aimée patrie ! »

Comme le monde, l'hérésie passe ; attachons-nous à
ce qui est immortel, à cette main que Dieu nous tend
par l'Église Apostolique et Romaine.... J'avoue qu'a-
près ce qu'il m'a été donné de connaître de sa source,
de sa nature et de ses résultats, je ne sais que m'écrier :
Profonde, profonde métaphysique, et bon sens inouï !
Je laisse à des bouches augustes[1] le soin d'en célébrer
la sainteté ; mon âme ne pourrait suffire à exprimer la
tendresse et l'admiration que j'éprouve, ni la reconnaissance que ce monde lui doit.

---

1. Qui lira sans être ému d'admiration les Mandements de nos
Évêques ? Quelle richesse, quelle étendue, quelle profondeur dans les
questions ! Par la noblesse des choses, par l'élévation des pensées, ces
pages rappellent, de nos jours, les *Dialogues* de Platon ; et, par la sublimité du sujet, si nouveau pour la plupart des hommes, elles semblent
y reproduire celles de la *Cité de Dieu*. Ces Mandements, particulièrement sur la Foi, la raison, la révélation, sur l'ordre surnaturel, le
naturalisme, notre état social, tous nos besoins, enfin sur le Pouvoir temporel et les imprescriptibles droits du Saint-Siége, formeraient le livre le plus fort qu'ait produit notre époque, le plus réellement philosophique qui ait paru depuis Fénelon et Bossuet. Mais
l'ignorance ôte aujourd'hui l'admiration à la plupart des hommes.

CHAP. LXVI ET DERNIER.

VOUS ÊTES LA LUMIÈRE DU MONDE!

Après la première parole : Que la lumière soit! les Cieux n'en connurent point qui fût plus magnifiquement accomplie que cette autre parole : Allez, enseignez les nations au nom du Père, du Fils, du Saint-Esprit! Et jamais Dieu, devant une de ses œuvres, ne dit avec plus de complaisance qu'*elle était bien*, que devant celle qui sortit du néant à ces mots : Allez, enseignez les nations au nom du Père, du Fils, du Saint-Esprit!

Les hommes pourront célébrer les biens que vous leur avez faits; mais c'est Dieu qui vous louera, ô saints Évêques, de ce qu'en paissant les agneaux, vous fûtes fidèles au Pasteur, accomplissant ce vœu suprême : « Il n'y aura qu'un troupeau et qu'un Pasteur! » Au reste, comment vous loueraient les hommes quand on a entendu cette voix : Vous êtes la Lumière du monde?

Vous êtes la Lumière du monde : c'est la parole du Créateur. Lorsqu'il dit : Que la lumière soit! il s'adresse à l'abîme; c'est de son propre sein qu'il tire cette autre Lumière, à ces mots : Vous êtes la Lumière du monde. Le néant répondit à la première parole, le Ciel entendit la seconde. Vos cœurs s'approchèrent

comme des flambeaux pour s'allumer, et Dieu leur dit :
Vous êtes la Lumière du monde !

Et, comme ils sont venus éclairer cette terre, de même ils iront briller au Ciel. La même voix dira : J'ai envoyé ma Lumière dans le monde, et c'est vous qui l'avez reçue, qui l'avez portée aux nations ! j'y ai versé le Sang de mon Fils afin d'y faire éclore des âmes pour la Félicité, et vos saints, comme des calices, l'ont recueilli ! Amenez-les vers moi : Vous êtes la Lumière du monde !

L'Église se réfléchira dans les Cieux, comme les cités du rivage se réfléchissent au sein des mers. Là tout revêt sa beauté ; chaque vertu reprend sa couronne, l'amour, son immortalité. Venez, vous êtes l'orgueil du Très-Haut. Ces mots brilleront comme votre devise jusque dans sa splendeur, et vous les trouverez à leur source sacrée, aux lèvres du Sauveur : Vous êtes la Lumière du monde !

Le fleuve qui vient des Alpes, apporte la pensée des lieux charmants traversés par son onde, à ceux qui les ont visités. Ainsi, le torrent des Délices divines descend dans les âmes qui connurent toutes les Vérités de la Foi. Ainsi coulera-t-il dans les vôtres, qui en connurent et toutes les vérités et toutes les vertus. Car vous fûtes un baume au cœur de Jésus blessé d'amour ; car vous fûtes le sel de la terre, Vous qui avez été la Lumière du monde !

Le juste trouvera dans sa couronne les pleurs qui permettent à la vertu de Dieu de l'inonder de ses douceurs. Et ceux qui s'agenouillèrent au nom trois fois saint de Jésus, se relèveront dans la gloire. Mais, comme tout ce qui a aimé et souffert, ceux qui vécurent dans la pureté suivront partout l'Agneau, lorsqu'il dira d'un accent ineffable : Partout, ici, j'entends la voix de ceux qui ont été la Lumière et la beauté du monde!

Comme un air plus limpide conduit mieux l'œil vers les objets, ainsi le Ciel pénétrera dans les âmes plus pures. Ainsi vos âmes, qui s'embrasèrent des saints désirs dès qu'elles virent la Lumière, s'élèveront parmi les Anges. Et les divines Hiérarchies, ouvrant leurs Chœurs glorieux, s'écrieront : Ils étaient la Lumière du monde; ils ont enseigné les nations au nom du Père, du Fils, du Saint-Esprit! Et leur voix, se mêlant à la voix des nations, se perdra dans le son éternel des Cieux, le Père, le Fils, le Saint-Esprit....

Après la première parole : Que la lumière soit! il n'en est point qui ait été plus glorieusement accomplie que cette autre parole : Allez, enseignez les nations au nom du Père, du Fils, du Saint-Esprit. Et jamais, devant une de ses œuvres, le Seigneur n'a dit avec plus de complaisance : qu'*elle était bien*, que devant celle qui sortit du néant à ces mots : Allez, enseignez les nations au nom du Père, du Fils, du Saint-Esprit!

FIN DE LA TROISIÈME PARTIE.

CONCLUSION.

QUATRIÈME PARTIE.

NÉCESSITÉ DE LA THÉOLOGIE,

ou

POLITIQUE RÉELLE.

I.

La Société moderne repose sur la Théologie. Elle en a reçu son idée de Dieu, son idée du pouvoir, son idée de la justice, son idée du droit, son idée du bien et du mal, son idée du vrai, son idée de l'homme, de son origine, de son but, de la loi, de la liberté, de l'imputabilité, de l'inviolabilité humaine, de l'obéissance, de la vertu, et de la sainteté; elle en a reçu ses mœurs, sa philosophie et ses lois. D'une pareille Société, re-

Base de la société moderne.

tirez la Théologie, c'est comme si vous retiriez la vie ou l'affinité d'un corps, il retombe en dissolution. N'espérons pas vivre sur un miracle.

Déjà la Société est moralement dissoute ; elle n'est retenue que par l'ordre politique, lequel dépend d'un événement. A la place de la loi de Dieu, librement acceptée par les âmes, partout la loi fortifiée, rétablissant entre les hommes, entre les classes, des rapports sociaux qui n'existent plus dans les cœurs. Le respect, cet amour de ce qui est plus grand, ne cimente plus la spirale merveilleuse de la hiérarchie. L'orgueil disjoint maintenant les pierres, que l'erreur avait ramollies. La force descend partout se mettre à la place de l'Autorité. Plus d'ordonnance, plus de croissance, tout reste bas ; les peuples vont comme des troupeaux. Les armées qui maintiennent la paix intérieure sont trois fois plus considérables que celles qui défendaient autrefois les États ; et les nations deviennent policées, de civilisées qu'elles étaient. Le jour approche où la Société elle-même ne fera plus ses frais. La banqueroute finale suivra la dissolution morale, et la barbarie sera là.

Si la force morale est méprisée des hommes, une autre force viendra la remplacer...

En repoussant l'Église, nous nous sommes ruinés. Ce qui ne se fera plus par la vérité, se fera par l'argent ; la conscience se verra remplacée par la loi : vous voulez le despotisme pour vos vieux jours. En perdant de vue le Ciel, l'âme a perdu ses droits, et rendu sa vie de plus en plus douloureuse sur la terre. Que ne puis-je ici pénétrer les cœurs comme la conviction a pénétré mon âme ! que ne puis-je les ouvrir à la lumière et redire aux hommes si fiers de notre Société moderne, comme à ceux qui voudraient la sauver :

Une société est une UNITÉ SPIRITUELLE, un ordre, un monde dans les esprits. Voyez le mécanisme divin de la liberté de l'homme, de l'être que l'on forme ici-bas pour le Ciel : ses lois reposent sur ses mœurs, ses mœurs sur les consciences, les consciences sur les devoirs, et les devoirs sur l'Autorité spirituelle qui les éclaire et les prescrit. Notre civilisation roule sur l'Infaillibilité sans la voir[1]. Otez l'Infaillibilité, et les devoirs, les consciences, les mœurs, les lois, les institutions disparaissent successivement[2]. Otez l'Infaillibilité, les tyrans la remplaceront...

Répétons-le jusqu'à la fin à ceux qui désirent sauver la Civilisation moderne : tout pouvoir et toute obéissance viennent de Dieu. Vous sentez que l'homme est un esprit, et qu'il lui faut une logique.

Ne nous abusons pas plus longtemps sur une politique idéale, prise en dehors des faits. L'homme est là ; s'il naissait réellement bon, l'ordre politique ne serait pas seulement inutile, il ne serait pas né. Mais voilà six mille ans que l'ordre politique combat sur cette terre pour y lier le mal, pour rendre la liberté au bien, pour imposer la justice à l'homme, qui ne la voudrait pas. La Chute continue tous les jours : dès qu'on ôte l'arrêt, tout glisse dans l'abyme. Les hommes abandonnés à eux-mêmes retombent vers l'état sau-

1. Hors de là, l'homme glisse insensiblement du schisme dans le despotisme, du despotisme dans la barbarie.
2. Si l'Église se retirait, ce n'est pas le Protestantisme qui maintiendrait le Christianisme. On ne saurait dire que la réciproque soit vraie : la chute du Protestantisme n'entraînerait point celle du Catholicisme.

vage, vers l'état naturel de l'homme que la Chute a renversé de son état surnaturel. Car, fait en vue de l'état surnaturel, l'homme n'a point d''état de nature ici-bas !

La Société humaine telle que nous l'avons eue, est une merveille soutenue par Dieu, une merveille appuyée sur les deux forces d'en-Haut, la Grâce et l'Autorité. Que penser de ceux qui ébranlent à la fois les deux colonnes du temple ? Ne nous obstinons plus à méconnaître nos origines. Et prenons garde ! avec des saints et des Barbares on fonde une civilisation ; avec des saints et des populations qui se sont ruinées, et qui ont perdu la simplicité en même temps que la Foi, on ne produit que des martyrs au sein de la dispersion finale. Les races qui ont péché longtemps contre le Saint-Esprit, ne sont jamais remontées sur le trône de la civilisation.

Les nations ont été élevées par leurs religions comme les enfants par leurs mères. Elles ont été mises debout par des lois qu'elles ne sauraient quitter. Si l'édifice penche, on ne peut que le ramener dans l'équilibre qu'il a perdu. Enfin les religions ne sont pas des abstractions privées, mais des lois générales manifestées dans les esprits. La fontaine sacrée où les âmes et les lois vont puiser la vie doit s'offrir à tous les regards. Sans l'Église, le Christianisme eût été l'idée la plus belle de la terre ; mais elle s'y fût elle-même effacée, comme s'effaçait tous les jours chez les Juifs l'idée de l'unité de Dieu. Si le Christianisme est la plus grande des merveilles, l'Église en est la plus précieuse, elle qui nous l'a conservé, et en a transmis la substance au corps entier. C'est ce Christianisme, divinement conservé dans l'urne sacrée de l'Église, que les peuples appellent le Catholicisme, du nom de la vérité qui est universelle, ou plus simplement encore, l'Église catholique. Elle est le centre, elle est la source ; c'est d'elle que notre Civilisation reçoit la vitalité. Que serait-ce, ô philosophie ! si nous abordions la donnée d'une Création, pareillement inexplicable sans l'Église, sans l'établissement de la vérité au sein des êtres intelligents ? Retrancher l'Église de la Création, c'est en retrancher l'homme... sa liberté, sa haute inviolabilité spirituelle. L'Église, c'est la vérité. Elle nous donne le mot de la création, le sens de l'homme ici-bas.

Non-seulement elle est l'âme de la Civilisation, par cette ordonnance morale dans laquelle elle établit elle-même les hommes et nous offre la Société intérieurement faite ; mais, politiquement, et à cette heure, elle est la vie des États, soit par la loi qu'elle met dans les âmes, soit par la direction qu'elle imprime aux esprits. Il faudra en convenir le jour où l'on réfléchira à l'instabilité où se trouve l'Europe. Il n'y a pas là d'abstraction, mais une simple déduction. L'homme n'agit que d'après sa pensée : il faut en chercher les sources et trouver ce qui les altère.

Allons donc au siége du mal, voyons de quelles vérités l'erreur est venue occuper la place. Le temps n'est plus où les lois n'étaient qu'une déduction ; où l'on faisait de la politique en appliquant les principes : il faut aujourd'hui les fonder. Il faut remonter dans l'ordre moral pour rétablir la politique, et dans la métaphysique pour rétablir l'ordre moral... Les croyances ne servent plus.

II.

Erreur qui détruit cette base.

Il faut savoir ce qu'il y a dans l'homme pour savoir ce qu'il y a dans la Société ; il faut voir si les idées qu'il reçoit de son point de vue actuel, le maintiennent dans la Civilisation ou le conduisent en dehors. Le point de vue où se place l'esprit humain, nous fait ce que nous sommes.

Mais il ressort plus qu'on ne pense du point où s'arrête le cœur [1]. Nos convictions naissent dans nos vertus ; aussi se forment-elles lentement, et par un emprunt invisible fait à notre croyance ; mais une fois établies, la puissance en est aussi irrésistible qu'inépuisable. Comment se fait-il alors que, dans son esprit, toute une doctrine se présente à la fois, que sa pensée lui arrive toute formée? l'homme ne le sait plus. Une époque est toujours toute prête. On ne repousse vulgairement la métaphysique que parce qu'on y obéit toujours. Aussi ne saurait-on comprendre la difficulté de modifier la moindre idée en nous. Les idées ne changent qu'en masse et par système, avec leur axe entier. Un homme n'en persuade jamais un autre, à moins qu'il n'offre à celui-ci une de ses propres conséquences, ou que déjà son point de vue n'ait changé. Les esprits ne sont pas libres de résister à leur logique.

1. Le cœur a le pouvoir d'emporter tout notre esprit où il le veut, selon les mouvements de son amour : ce qui rend l'homme responsable de ses pensées.

On ne peut qu'en changer la direction par une lumière très-vive, capable d'entraîner le cœur. C'est pourquoi les hommes ont quelquefois besoin de grands événements.

C'est donc l'état de la raison qu'il faut visiter en nous; là se tiennent les sources d'un siècle. Là nos croyances préparent en secret nos mobiles et produisent conséquemment nos mœurs. En définitive, ce qui fait l'homme, c'est sa foi. L'ordre civil et politique, l'histoire ne le peut ignorer, découle de l'ordre moral, l'ordre moral de l'ordre spirituel ou des dogmes. Les axiomes unis aux dogmes donnent l'état de la raison : de là celui de la Société. N'appelez point cela de la spéculation, vous laisseriez échapper vos lois mêmes.

On doit examiner l'état bon ou mauvais de la raison si l'on veut découvrir celui de l'homme, et, toujours, quoi qu'il dise, revenir se placer vers Dieu, vers celui qui l'a fait, si on veut le comprendre. Nous ne saurions échapper au plan de la Création, oublier les lois divines, puisque ce sont ces lois qui nous conduisent. Toute la politique est là-Haut : seulement, on oublie d'y porter les yeux. Nous ne savons plus voir comment les causes premières entraînent les causes secondes, ni celles-ci l'ensemble des faits. Cependant, c'est une cause toute métaphysique, l'affaiblissement d'un axiome, un simple dérangement dans la pensée qui produit toute la Situation... Si nous ne comprenons pas cela, nous entrerons dans une impuissance absolue, nous tomberons écrasés sous les faits. L'époque est plus mal qu'il ne semble, c'est l'esprit qui est atteint.

Or, aujourd'hui, deux notions nous échappent de plus en plus, celle de la Création et celle de la Chute. La première disparaît de la raison, et la seconde de l'expérience même. En nous l'idée de cause s'affaiblit; nous oublions que l'Infini seul peut exister par lui-même, et que notre propre racine est constamment fixée dans l'Être. Nous n'avons pas assez présente cette notion, que la piété maintenait aussi vive en chacun de nous que dans l'esprit du plus grand métaphysicien. La Foi entretenait plus de métaphysique[1] que les efforts d'une raison que l'on détourne et qui se lasse. Nous ne sommes plus assez préoccupés de Dieu: bien que là soient toute raison et toute cause. D'ailleurs, c'est la raison qui s'affaiblit. Quoi! l'homme peut-il sentir une seule fois battre son cœur sans remercier au même instant l'Infini? D'ordinaire, les gens de bon sens doutent d'eux mêmes et croient en Dieu, ceux d'aujourd'hui ont des doutes sur Dieu et croient en eux : où l'on voit le chemin que le néant fait dans les cœurs!

L'orgueil, qui déjà affaiblit en nous l'idée de l'Être, le cache, et nous empêche de voir tout notre néant, dissipe également cette autre idée : que nous avons essuyé une Chute; qu'affaissés dans le mal, nous

---

1. L'homme n'ayant pas assez de portée philosophique pour préférer tout de suite le Ciel à la terre, ce qui serait de stricte logique, la piété vient quelquefois demander au cœur ce que ne saurait donner la pensée. La philosophie, irritée, s'en aperçoit, et se hâte d'appeler mysticisme ce qui s'élève à Dieu par une autre voie que la sienne. « Pour arriver à Dieu, dit-elle, il n'y a qu'une voie, la raison; le « reste est du mysticisme. » Pour arriver à Dieu, il y a toutes les voies qu'il a tracées, celles de la grâce et celles de l'amour, celles de la volonté et de l'obéissance. Les peuples n'emploient pas la philosophie.

dépendons de Dieu non-seulement pour la création, mais aussi pour la réparation de notre être. Bien que le mal découle de toutes parts, qu'il nous consume, qu'il nous dévore, nous ne le voulons plus voir au fond de notre propre nature. Il vient du dehors, il le faut repousser par une autre méthode. Et nous ne le voulons plus voir en nous, afin de ne point contracter d'obligations intérieures, de n'avoir pas plus à nous soumettre à notre Réparateur qu'à notre Créateur. Toujours la même pensée. C'est là le fond métaphysique de nos âmes, et, qu'on le sache ou qu'on l'ignore, la source de notre situation politique... Perdant peu à peu la raison, par l'affaiblissement de l'idée de cause, qui en est la racine, et la pratique, par la négation d'un fait qui sert de base à l'expérience universelle, nous quittons les grandes directions, nous poussons de plus en plus les Sociétés modernes hors de la réalité.

Dès que le mal ne tient plus à l'homme, il doit céder à une autre méthode, la religion n'est plus le grand remède. Le mal n'est qu'un accident du dehors, le résultat d'une fausse organisation sociale : c'est sur la Société, non sur l'homme, que pèse la responsabilité du mal. Il faut l'empêcher de naitre en enlevant de la Société la pauvreté, la misère, les douleurs qui l'ont produit ; enfin prendre l'œuvre par le pied, en restituant à l'homme les droits inhérents à sa nature immaculée. Tout, effectivement, doit changer, quand les effets sont pris pour cause! Ainsi l'orgueil, dans lequel nous oublions que pas une seconde ne s'ajoute à notre être qu'elle ne vienne de Dieu, nous conduit à penser qu'un système de réparation est encore bien moins nécessaire à cet être pour lui rendre ce que le mal lui a ôté; et par cette brèche tout le Christianisme s'échappe de notre esprit... Le principe d'Autorité, qui ne peut évidemment s'y maintenir qu'en raison du besoin que nous avons de nous rattacher à Dieu et de nous garantir de l'homme, s'enfuit par la même voie. On ne sent plus assez l'immensité de Dieu et le peu que nous sommes; cela suffit pour renverser l'axe de notre esprit et fausser tous les grands problèmes. La dépendance où nous restons du Créateur est, en définitive, la source de l'Autorité, si ce que nous devons craindre des hommes en est le motif ostensible. Il les faut gouverner, et non-seulement pour les retenir dans le bien, mais d'abord pour ôter de devant eux les obstacles que leur opposerait le mal.

Hors de l'Église, je défie de trouver un principe d'Autorité, une base suffisante pour gouverner. Les hommes veulent y voir. Si l'on consent au despotisme, tout est dit [1]... Mais hors de l'Église vous ne pourrez plus gouverner. L'homme est moralement libre, il est l'enfant responsable de Dieu. Les hommes réunis ne pourraient donner une loi à l'un d'entre eux, toucher au droit de cette créature qui puise son inviolabilité dans sa responsabilité devant Dieu.

Hors du Saint-Père, où nous voyons justement le canal de l'Autorité remonter jusqu'à Dieu, et de la doc-

---

1. Le despotisme, qui substitue la volonté humaine à la volonté de Dieu, est nécessairement en raison inverse de la présence de Dieu sur la terre. Le despotisme existe quand le Souverain, par exemple, se substitue à la justice. Mais comme les volontés doivent être dans la justice, elles restent toutes libres, quelque énergique que se montre la volonté du Souverain pour faire exécuter la justice.

trine de l'Église, où nous savons que les Puissances sont ordonnées de Dieu, on ne maintiendra plus de gouvernement chez les peuples, chez ceux du moins qui ont possédé le Christianisme jusqu'à ce jour. Toutes nos lois d'équilibre, toutes nos constitutions ne sont que du papier. Avec les notions de liberté morale, recueillies dans des dogmes que la démocratie leur a fait rejeter comme une écorce dont on a pris le fruit, ces peuples vous répéteront en termes si clairs que les hommes sont égaux, tous inviolables, que la Révolution sera là avant vous, toujours debout, toujours prête, et plus légitime à leurs yeux que la Société!

On le voit maintenant, la Révolution s'est accrue dans le monde en raison de la décroissance en nos âmes de la pensée de Dieu. En Politique, dans les sciences et dans la vie, on n'a pas la pensée de Dieu suffisamment présente; on ne sent pas à chaque instant que tout absolument vient de lui. L'idée de cause se perd, et la raison s'en va parce que la Foi se retire. Qu'est-ce que l'esprit de l'homme détaché de l'idée de cause? une feuille tombée de sa branche et chassée par le vent. C'est à l'énergie de l'idée de cause que se mesure la force et l'étendue de notre intelligence. Or cette idée s'entretient dans notre âme par la présence de la pensée de Dieu. On peut se livrer à d'immenses labeurs, entasser les observations, sans faire un pas vers la lumière. Les faits s'amassent sur les faits comme les pierres dans la carrière, la science ne s'élève pas. Mais au sein de la Société, où il s'agit de tout tenir debout ensemble, la perte de l'idée de cause amène un cataclysme affreux. Détaché du principe divin, l'ordre moral s'écroule, et l'ordre politique n'offre plus qu'une ruine. Les sciences ont achevé d'entraîner une raison déjà chancelante ; la Théologie seule pourrait la relever. Que la Théologie paraisse, et verse sa lumière sur toute l'étendue de notre enseignement ! L'histoire, la morale, la politique, l'économique, les sciences physiques elles-mêmes, ne sauraient entrer dans le monde sans allumer là leur flambeau. Les États songeront qu'il y va de leur existence.

III.

<small>Comment l'erreur s'érige en doctrine.</small>

Le Christianisme avait fait croître simultanément l'arbre de la liberté et celui de de l'autorité ; il avait élevé la nature humaine en même temps que son tuteur et son support. C'était un portique appuyé sur deux colonnes précieuses ; retirer l'une, enlever l'autre, c'est le faire écrouler. Et, comme on n'a point à redouter que l'homme se brise lui-même et veuille étouffer son moi, dans ce merveilleux édifice, la colonne de l'Autorité sembla toujours du plus grand prix et la plus importante à maintenir sur sa base. Dieu disait : C'EST MOI QUI FAIS LES ROIS ; il voulait qu'ils fussent sacrés par ses pontifes, promus par sa grâce, enfin héréditaires, pour que les hommes sentissent que ces Rois étaient à mesure formés et donnés de sa main. Chaque jour, leurs prières les lui demandaient justes et sages.

Ceux qui heurtent cet admirable plan par leurs théories insensées, par leur fabuleuse histoire ; qui, oubliant le mal que recèle notre âme, estiment le déploiement de la pure volonté humaine comme un bien supérieur à celui de l'Autorité ; qui bornent aujourd'hui leur mission à obtenir des libertés politiques destructives des droits publics et privés des peuples, en sont en ce moment les plus terribles ennemis. Ils coupent le seul fil qui retienne encore la Civilisation au bord du gouffre où ils l'ont amenée. C'est d'en-Haut, c'est par l'Autorité divine que tout arrive à notre faible humanité. Si la foule possédait si bien la sagesse, qu'on en pût tirer les lois et les gouvernements ; si elle était naturellement éclairée, naturellement ordonnée, il n'eût pas été question de gouvernement en ce monde. Viendrait-on faire ce qui est fait, gouverner ce dont on tire l'essence du gouvernement ? Il faut comprendre ce que l'on dit... Quand les systèmes verront-ils ces cercles vicieux ?

Doctrine nouvelle multiplie les docteurs (tout un nouveau cercle d'idées, toute une révolution doit sortir du point de vue qui exclut le mal originel). Pour eux, l'homme a grandi ; il est tout élevé, il faut ôter maintenant les étais. Sans doute, ajoutent-ils, il s'est formé à l'abri de l'Autorité, comme la chrysalide à l'abri de son enveloppe. Aujourd'hui le papillon rejette les téguments ; ses progrès dans la liberté politique sont exactement ceux qui se sont opérés dans son essence [1]. L'homme

---

1. C'est vrai sans doute en un sens. Mais ces progrès imprimés par le Christianisme aux aristocraties et aux institutions, ne s'étendent jamais suffisamment à la foule, qui, dans ses mœurs, se traite elle-même d'une manière barbare dès qu'elle peut échapper à des lois, par malheur toujours au-dessus d'elle.

est parti, et les pouvoirs restent debout! Mais ils seraient bientôt un obstacle au développement de cette progressive nature, à l'entière évolution sociale. Les renverser d'un coup est la folie de la Révolution, qui ne voit qu'un côté du problème ; les maintenir en entier est la sottise du vieux Régime, qui ne voit rien. Oter deux pierres à l'édifice, en fixer une prête à tomber ; maintenir tout à la fois un pouvoir et une négation du pouvoir, c'est-à-dire un pouvoir mixte ; un gouvernement qu'on attaque en restant dans l'ordre et qui de même se défend, c'est-à-dire un gouvernement parlementaire, telle est la véritable politique. Le grand art est de placer le sabot à la roue du progrès. Gloire aux gouvernements quand la chaîne résiste ; mais gloire aux peuples qui s'avancent dans la liberté politique et y arrivent sans verser. — O le grand, le bel art de professer l'illusion !

A ce mot de progrès, si attrayant pour de nobles âmes, vinrent quelques chrétiens surpris de l'oubli du passé dans un fait si considérable. Ils pensèrent y remédier, remplacer le rationalisme par un néochristianisme. Aussitôt la voix des docteurs reprit avec un accent plus doux : L'homme se perfectionne, par le christianisme sans doute, mais il se perfectionne. Si le Christ l'a racheté, s'il le répare sans cesse par les mains de l'Église, la statue renversée dans Éden doit être relevée au milieu des Sociétés modernes. Et tout le dit. La terre refleurit sous notre culture, la ronce a laissé passer la machine, et l'antique malédiction semble fuir devant les pas de l'industrie. Devant nos Codes améliorés; la ronce tombe aussi de nos cœurs, et le mal, de notre volonté si fâcheusement inclinée. Que les gouvernements ont fait de mal à l'âme si noble de l'homme! Cependant l'ordre politique, qui n'était que le garde-fou, se retire à mesure que l'homme s'avance. La loi s'abolit par la grâce. Nos progrès mêmes sont le degré d'élévation que le Christianisme atteint dans nos cœurs. Que les peuples restés dans le sensualisme gardent encore un système d'autorité qui les met intérieurement à l'abri de leur propre barbarie. Chez nous, en présence de la loi de justice et d'amour, la force doit s'éloigner, l'Autorité se renfermer dans son temple. Elle règne, mais ne gouverne pas! Dans ce jour attendu, où les hommes se reconnaîtront pour frères, où le paradis perdu sera pour jamais reconquis, la vieille société disparaîtra pour faire place à la Société véritable, à cette phalange glorieuse de la Communion des saints. La Royauté, l'Église elle-même.....

Mais passons quelque chose aux caprices que M. de Chateaubriand[1] caressait sur ses vieux jours. Cependant,

---

[1]. M. de Chateaubriand, énumérant ce qu'a perdu le siècle lorsque les RR. PP. Deplace et Druilhet lui furent préférés dans l'éducation du duc de Bordeaux... ajoute, pour stupéfier ses admirateurs :
« Si Henri V eût recouvré sa couronne, je lui aurais conseillé de ne
« la porter que pour la déposer au temps venu. J'eusse voulu voir
« disparaître les Capets d'une façon digne de leur grandeur. Quel beau,
« quel illustre jour que celui où, après avoir relevé la religion, per-
« fectionné la Constitution, élargi les droits des citoyens, rompu les
« *derniers liens de la presse*, émancipé les communes, balancé équita-
« blement *le salaire avec le travail*, raffermi la propriété en contenant
« les abus, assuré par des *frontières reculées* (etc., etc.), quel beau
« jour que celui où, ces choses accomplies, MON ÉLÈVE eût dit à la
« Nation solennellement convoquée :
« Français! votre éducation est finie avec la mienne. Mon premier

je redoute moins ceux qui déclarent franchement que la Société n'a d'autre forme légitime que l'An-archie, et que l'homme doit y être dans une égalité, dans une liberté d'autant plus parfaites qu'il y vient recevoir son apothéose. Au fond de leur logique, nous voyons tout entière et toute horrible, l'idée dont vous n'osez déposer au seuil qu'un germe enveloppé ! Si ce n'était le blasphème dont on est navré pour celui qui, dévoilant jusqu'au fond nos pensées, a su du moins conclure, on préférerait la voix qui crie : « Le pain dont l'humanité
« s'est nourrie depuis six mille ans, est un poison ; l'air
« qu'elle a respiré, la chaleur qui l'a réchauffée, les
« idées qui l'ont éclairée sont des poisons ! Dieu, ce
« Dieu sur lequel vous vous appuyez depuis soixante
« siècles pour fermer l'homme dans la servitude et la
« douleur, c'est le mal ! La justice, cette justice avec
« laquelle vous partagez inégalement les honneurs, les
« produits de l'industrie et de la terre, c'est là l'iniquité !
« Et votre Société, affichant Dieu, proclamant la jus-
« tice, avouant la propriété, c'est l'abomination ! Elle
« pousse l'imbécillité jusqu'à favoriser l'échelle des
« mérites entre les hommes, jusqu'à consolider une
« hiérarchie impie, alors que son triomphe serait de

« aïeul, Robert-le-Fort, mourut pour vous, et mon père a demandé
« grâce pour l'homme qui lui arracha la vie. Mes ancêtres ont élevé
« et formé la France à travers la barbarie : maintenant les progrès
« de la civilisation ne permettent plus que vous ayez *un tuteur*, JE
« DESCENDS DU TRÔNE : je confirme les bienfaits de mes pères, en
« vous déliant de vos serments envers la Monarchie. » Dites si jamais
« temple assez magnifique aurait pu être élevé à sa mémoire? » etc.

— Qui se lasserait d'admirer les voies de la Providence !..

« présenter des hommes partout égaux, et sa gloire d'ê-
« tre une An-archie ! ¹ » Oui, nous devons moins redouter celui qui oppose audacieusement ce qu'il nomme *La
justice de l'humanité* à *La justice de l'Église* : ses paroles n'auront pas le pouvoir de maintenir pendant dix-
sept ans, sur la France, un règne habilement hostile à
l'Église ; elles ne gardent point au bord de la coupe, le
miel que les vôtres portent aux lèvres des hommes
qu'on pourra toujours enivrer. Je les redoute moins,
parce que l'honnêteté reconnaîtra l'erreur en la trouvant
dans les bras du crime ; parce que la foule jugera, aux
traces laissées par le feu, jusqu'où l'aberration est montée ; je les redoute moins, le canon des peuples civilisés
peut faire justice de ceux qu'elles armeraient du poignard ; je les redoute moins, Dieu tiendra l'homme
dans le bon sens, tant qu'il voudra conserver le
monde...

Ce qui effraye, c'est l'erreur sous les habits de la
science et prenant tous les accents de la raison ; c'est
la vérité unie, par un triste mélange, à toutes les erreurs ; c'est l'orgueil des docteurs frappant d'ivresse
les hommes les plus habiles et faisant, hélas ! parmi
nous, chanceler les plus grands !

---

1. J'ai connu des hommes disant très-sérieusement que, sans les
lois, la Société irait beaucoup mieux, et qui comptaient sur 1848 pour
nous délivrer du fatras des législations...

IV.

<small>Le fait contredit cette erreur.</small>

Si l'Église répare sans cesse l'homme, c'est que sans cesse il a besoin d'être réparé... Les générations marchent, mais l'homme reparaît toujours. Dieu lui pardonne le mal : il ne l'en a pas affranchi, ni, conséquemment, des lois qui lui en épargnent les suites.

Si Jésus-Christ en a pris sur lui le côté qui donnait la mort, il a laissé celui qui sert d'argument au mérite, d'exercice à la vertu de cet être qui demeure le fils de ses œuvres. Les générations repartent du même point ; elles se communiquent leurs sciences, leurs procédés ; elles n'en ont pas pour se communiquer la vertu ; l'homme conserve le même mérite à l'atteindre. La Société, comme la famille, se transmet ses biens et ses lois, mais il lui reste à s'élever. Pourquoi confondre le perfectionnement des choses avec celui de l'âme, perpétuellement suspendue entre le bien et le mal ? Les crimes sont toujours là, l'État ne peut changer les codes, ni retirer ses lois. La Chute continue [1], puisque Dieu continue de nous relever ; les fautes se renouvellent, puisqu'il ne cesse de pardonner ; les maux ne sont point sortis de notre âme, puisqu'il nous laisse une Église qui ne doit pas périr : la Chute dure encore, puisque le mal est sur la terre !

---

1. Non dans son essence, mais dans ses effets.

L'âme, il est vrai, peut rentrer à sa place, le chemin lui est rouvert; mais elle est à la même distance de Dieu. Sa position n'a donc pas changé sur la terre. L'homme y reste incapable de s'élever naturellement à la justice et à la vérité perdues. De là l'Autorité, pour lui assurer la première, et l'Église pour lui assurer la seconde : l'Église, surnaturellement; l'Autorité, artificiellement. Le genre humain est relevé de la Chute, mais il est sous la loi et dans les sentiers de la Chute, puisqu'il y trouve les bons et les méchants. L'Église, pas plus que l'Autorité, ne saurait quitter cette terre devant la thèse du progrès. La Civilisation y est encore, en définitive, une association des bons, travaillant par les lois, par l'instruction, par les exemples, par la justice, par la police, par tous les moyens, à y maintenir les autres.

Avez-vous changé les rapports de Dieu et de l'homme ? Eh bien ! vous ne sauriez changer ceux qui fixent la Société.

Et c'est parce que l'ordre politique est le garde-fou de la Société, qu'il faut se garder d'y toucher. Et c'est parce que nos progrès sont le degré d'élévation du Christianisme dans nos cœurs, qu'il faut garantir les cœurs qui le possèdent de ceux qui l'ont rejeté; puis, au moyen de l'Autorité, établir ces derniers dans ce bien relatif de l'ordre qui fournit la première discipline à leur âme, la met de plain-pied avec le bien, et lui permet d'arriver aux vertus positives. C'est, enfin, parce que ces progrès viennent du Christianisme, qu'il faut laisser toute son énergie à l'Église, pour qu'elle continue de les répandre en nous.

Une méprise inouïe frappe la pensée actuelle d'impuissance en philosophie aussi bien qu'en politique. On raisonne constamment sans savoir si on le fait dans *l'ordre amené par la Chute*, ou dans *l'ordre premier*, dans l'ordre où la création fût restée sans la Chute. Et cependant, s'il y a une Chute, c'est le premier des faits historiques, le fait d'où les autres dépendent, le fait que l'homme d'État, que le Législateur, doit étudier avant tout...

De là, d'une part, les empiriques, et de l'autre les rêveurs : les uns partant de ce qui est, les autres de ce qui devrait être, mais sans savoir pourquoi. Les théoriciens peuvent courir dans un idéal entièrement tracé, sans que les empiriques apportent des raisons suffisantes à les retenir; et les empiriques, rentrer d'autant plus vite au fond de l'expérience, qu'ils ont entrevu les dangers.

V.

L'état de nature.   Ici la routine et l'imagination se partagent les têtes; comment persuader à l'idéal de consulter l'expérience, ou à l'expérience de ne point perdre de vue l'idéal? Pour peu que les peuples souffrent, ou que l'orgueil soit réveillé, quelques hommes, comme le firent les légistes, et plus tard Voltaire, Montesquieu et Rousseau, pourront toujours les bercer de l'espoir de revenir à un état meilleur, *à l'état de Nature*, à cet idéal d'autant plus aisé à saisir qu'il se rattache au sentiment d'une perfection que Dieu a nécessairement mise en ses œuvres. Otez les hommes d'un rare bon sens, tous les cœurs bons ou exaltés partageront les beaux désirs, et nous voilà la proie des empiriques ou des rêveurs. Raisonner dans l'ordre amené par la Chute, ou dans l'ordre qui eût précédé la Chute : certes, les deux points de vue sont assez dissemblables ! eh bien, personne n'y fait attention. Chacun prend l'un ou l'autre de ces chemins, sans le savoir, et y marche obstinément jusqu'à la fin. Aussi la pensée, de nos jours, n'a-t-elle pu avancer d'un pas. Ceux qui s'égarent les yeux fixés sur l'idéal, ne savent à quoi cela peut tenir.

Entre ceux qui partent d'une sorte d'immaculée conception de l'homme, c'est-à-dire d'un pur naturalisme, et ceux qui s'enferment dans l'empirisme sans comprendre la légitimité du passé, il n'y a pas place à la philosophie, il n'y en a pas conséquemment à la Politique.

Aussi, depuis longtemps, on n'en fait plus. On court au plus pressé ; on cherche à se garantir des chocs, plutôt qu'à suivre une route. Car, on n'entre pas plus dans la politique en réduisant les difficultés du moment, que dans les hautes mathématiques en arpentant un champ[1]. Peut-on se servir de la loi de Dieu sans la connaître ? et, sans la consulter, en faire une application si difficile ? Où conduire l'humanité, si l'on n'apprend du Créateur où elle va ? Tout marche ici-bas à la réali-

---

1. Politique et fatalisme sont deux mots qui s'excluent ; bien que de nos jours on procède, par le fatalisme, à l'étude de l'histoire et de la politique... Invoquer la fatalité, en présence des événements, c'est avouer, ce semble, qu'on n'y comprend plus rien.

sation des desseins éternels. En fait, plus un peuple se rattache d'abord aux lois de l'humanité, plus il saisit ensuite dans l'humanité la loi qui la rattache à Dieu, plus sa marche est certaine et sa politique profonde. Les véritables hommes d'État suivirent cette ligne ; et l'histoire proclame les peuples qui y sont entrés. Celui qui ne voit pas les vraies causes, ne saurait espérer de pénétrer dans les effets. Connaître les hommes, n'est pas une mince science ; mais, ce n'est là qu'un point, si l'on ne peut les juger à la lumière de leur Loi. Peu sert à l'homme d'État de saisir le but et l'avenir, s'il n'aperçoit les difficultés du présent ; mais peu lui sert de les connaître, s'il ne sait où se porter pour les résoudre. On ne pénétrera dans la politique que par les chemins de la Théologie.

Il n'est point aisé de saisir des sottises en nombre, il vaut mieux aller à la source pour en couper le cours. Sur ces questions, il faut atteindre l'erreur jusque dans la raison, ou plutôt jusque dans l'illusion qui l'engendre. D'ailleurs, il faut voir d'un peu haut pour bien voir. Souriez donc : pendant que vous tenez le terrain des faits, je vais, comme un enfant, dans l'invisible région en surprendre les causes.

VI.

Il n'y a pas d'état de Nature.

Pour un être surnaturel, il ne peut y avoir un état de Nature ici-bas. A le chercher, Rousseau a perdu son génie, et la Révolution, malgré le sang qu'elle a versé pour se faire un passage, a succombé sous ses propres horreurs. Enumérant nos maux, Rousseau voulut donc revenir à l'état de Nature [1]; et de là, toutes les illusions que nous fit partager son éloquence. Il crut que l'on retrouverait la perfection de l'homme en supprimant les lois, les religions, l'éducation qu'on lui avait jusqu'alors appliquée : chose facile, si elle eût été vraie. Suivant lui, il fallait écarter tout ce que nous tenions de la civilisation, pour retrouver l'homme de la nature. *L'homme est né libre, et partout il est dans les fers... Il est bon, et la Société le déprave... L'homme qui pense est un animal dépravé...* (Il parlait des pensées que le matérialisme commençait à répandre.) Certainement, l'homme devait avoir été créé bon; le point de vue était tout simple. Et quant à l'homme, il comprit vite qu'il devait être parfait! que tout le mal venait d'ailleurs...

Et puis, dans cette alternative, comment préférer la Société à la nature? la Société que nous avions faite, qui est pleine de nous, à la nature, qui est pleine de Dieu? Partout l'homme vit dans le mal, et Dieu ne peut l'y avoir mis! Ici les évidences se multiplient; et pouvaient-elles ne pas envelopper, comme d'un filet, les esprits qui sortaient des enceintes de la Théologie pour admirer si follement l'antiquité? Le clergé seul échappa à tant d'évidence; bien que, en littérature, en poésie, même en philosophie, des intelligences de toutes sortes aient été prises au piége. Constamment rencontrer le mal, l'ignorance, la concupiscence, la misère, la mort! évidemment, nous étions sortis des voies de la nature.

---

[1]. Hors de l'enseignement théologique, il avait toute raison; la perfection est quelque part.

Dieu ne pouvait avoir créé ces choses et s'écrier : Qu'elles étaient bien ! Que dire à des pensées si justes ? Pour comble, en ce moment l'Antiquité venait d'apparaître si belle, et le Christianisme si laid, au jugement de Boileau ! Assurément le genre humain s'écartait de jour en jour de sa voie.

L'idée ne vint pas que notre liberté avait pu se jeter elle-même hors de la perfection ; ni que le fait avait eu lieu dès l'origine, puisque le fleuve entier des volontés roule le mal !

VII.

La Révolution sort de l'idée d'un état de Nature.

Il fallut donc étudier la Nature, et juger à ce point de vue, connu de la pensée seule, une Société dont pas un iota ne devait subsister, puisqu'elle n'avait point été formée sur ce principe de l'état de Nature, de l'état qui n'existe pas. Il fallut donc tout renverser, car tout apparut faux, illégitime. Au point de vue divin, les hommes obtiennent des mérites, et de là, ils s'échelonnent. Au point de vue de la Nature, les hommes, comme les bêtes, sont tous égaux, et de là on les comprime. Les lois, ici, ne sauraient provenir que d'une convention nationale. Toute autre source est tyrannique.

On eut la Convention nationale ; et la Révolution, rétablissant l'égalité, vint combler les désirs des légistes et des rhéteurs, au nom répété de Rousseau, qui présentait l'idée nouvelle avec tant d'éloquence, et de Voltaire, qui, à travers des écrits universellement goûtés, noyait le passé dans l'outrage [1]. Les novateurs étaient pressés ; il était temps de retrouver la Nature ! Il fallut écarter les hommes aussi bien que les lois. Le sang coula : la foule y avait mis la main ! mais comment déblayer ?. Or l'état de Nature n'existant point, on trouva, quoi ? l'état sauvage : exactement comme les peuples tombés de la civilisation... On avait vu des Sauvages, on aurait pu s'édifier. Mais, aux mains d'une époque, la logique est si forte, qu'on aima mieux croire à des idées qu'à ses yeux.

Cependant la lassitude des bourreaux apporta quelque trêve. Des victoires éblouissantes, puis des revers, captivèrent un instant notre attention. Mais les loisirs reparaissant avec la paix, notre pensée se remit à suivre la donnée de l'homme né bon, toujours indiquée par Rousseau et maintenue par les légistes. Les économistes, à leur tour, nous apprirent d'où nous venaient l'injustice, la misère, enfin la mort ! ils publièrent les moyens sûrs de rétablir partout et l'abondance et le bonheur, si positivement promis par la Nature. Pour une fin si désirable, il suffisait de rompre tous nos droits, de mettre les biens en commun et d'appeler des machines à les produire...

Ce Fourier, qui charme encore tant d'heureux esprits, fut le disciple des légistes et le nourrisson de

---

[1]. « La Convention décrète que les honneurs du Panthéon seront rendus aux libérateurs de la pensée. » La translation des restes de Voltaire eut lieu le 11 juillet 1791. La Révolution reconnaît Rousseau pour son père, et lui décerne les mêmes honneurs. « A peine sortis des « forêts, nos pères n'avaient que le bon sens de la nature, et les philo- « sophes nous apprirent les premiers le chemin du bonheur et de la li- « berté, etc. » (Disc. de Baudin). — Quel bonheur ? et quelle liberté ?

Rousseau, comme Jean-Jacques fut celui de la Renaissance[1]. De l'égalité devant la loi politique, de Montesquieu et de Rousseau, Fourier arrive très-sensément à l'égalité devant la loi économique : pendant qu'on marchait, en Allemagne, de l'idée de notre indépendance de l'Infini à l'idée de nous le subordonner lui-même[2]... Partager le pain, c'était rendre la vie à la question. Inutile d'avertir comment, prises au point de vue païen, mais écloses de 1820 à 1848, les idées économiques offertes par la Révolution, — et enseignant à l'homme que le travail est une misère dont on le délivrera, l'épargne, un ridicule, la consommation, le but et dès lors le remède, — préparent une catastrophe analogue aux catastrophes politiques. Ajoutons, pour finir, que ceux qui, depuis quarante ans, demandent compte aux gouvernements de toutes nos imperfections et de tous nos maux, comme M. Fourier, sont au service de la vieille pensée qu'a recueillie le philosophe de Genève.

En logique, les gouvernements ne peuvent subsister une heure devant un pareil point de vue ; et, en fait, ils n'ont cessé de rencontrer chez les peuples l'Opposition toujours debout, et des révolutions périodiques. On ne saurait subsister quand on a tort. Les gens sensés sont peu nombreux pour arrêter un courant de ce genre. Qu'on a donc travaillé, fait d'essais, et souffert;

---

1. Filiation reconnue : « Nous sommes philosophes et révolution-
« naires, s'écrie le *Journal des Débats* ; mais nous sommes les fils
« de la Renaissance et de la Philosophie avant d'être fils de la Révo-
« lution. » Avril 1852.

2. « Dieu n'est que l'Être en croissance ; il lui faut l'homme pour se
« développer, pour prendre conscience de lui-même, tandis que
« l'homme n'a pas besoin de Dieu. » Hégel, Feuerbach, Stirner, etc.

qu'on a exposé d'âmes et couru de périls pour une seule erreur, pour une erreur théologique! Rousseau y laissa son génie; et notre siècle peut dire s'il y perdit son temps et sa valeur jusqu'à ce jour. Toutes nos thèses politiques et économiques ne s'en iront qu'avec la thèse de Rousseau, et celle-ci ne tombera que devant l'idée de la Théologie, l'idée de l'expérience : le mal!

Tant que ces points de vue subsisteront, les États ne pourront compter sur l'existence. La foule croit sérieusement que ses intérêts sont là. On ne saurait tenir contre les prétendus intérêts de tous, le bon sens le déclare. C'est donc toujours sur la pensée d'où naquit la Révolution, que roule la question politique.

VIII.

Le compte en est facile. D'abord, ne voyant plus le mal comme inhérent à notre âme; puis, croyant que l'homme existe un peu par lui-même, du moins quant à son intelligence et à sa volonté, on oublie sa dépendance de l'Infini, on en fait, qu'on le proclame ou qu'on le nie, une sorte de Dieu au sein des choses, Dieu fort à plaindre d'être soumis à tant d'abjections ici-bas. Dès lors la Création n'est plus exempte de reproches, ni plus juste envers lui que la civilisation. Tel est le sentiment qui domine les cœurs, celui que les littérateurs, faisant suite aux historiens, aux politiques et aux économistes, envoient à tous leurs échos; car la littérature est toujours fille soumise de la philosophie, quand

Le Panthéisme, métaphysique de la Révolution.

il en existe une, ou des sens, quand ils ont étouffé la philosophie.

Depuis trente ans, cette triste expression de la Société met ses joies à exalter la nature de l'homme, à nous montrer la Création fort au-dessous de ce grand cœur, à en plaindre le sort dans d'inépuisables romans. Tous ses héros, grands par le génie et par le caractère, d'une nature supérieure, à la façon des dieux, veulent tous, pour le prouver, briser nos lois, depuis celles de la pensée jusqu'à celles du mariage, puis s'échapper de cette détestable vie par la porte de la débauche ou celle du suicide... Taisez-vous ! cette littérature, sous des formes maladives, ne fait que rendre à la foule l'idée qui fait le fond de votre thèse philosophique, historique et politique. Entre vous, la différence est dans les mots : vos livres, depuis soixante ans, soulèvent chez l'homme le même orgueil, les mêmes passions.

D'abord vous demandez tous la même chose. N'est-on pas toujours sûr, philosophes, politiques et littérateurs, de vous voir soulevés, premièrement, contre tout ce qui s'oppose à votre thèse de l'Égalité; et secondement, contre tout ce qui favorise la Foi ?. Eh ! que dit cette Foi ? Que nous dépendons totalement de Dieu. Et votre Égalité ? Qu'on ne doit rien avoir au-dessus de soi. Aveu complet.. que pouvez-vous répondre ? Ce siècle vous contient tous dans sa pensée, non sur le même point, mais sur la même ligne : il ne faut que la suivre. Depuis la thèse qui proclame les droits innés de l'homme, en histoire, en politique et en économie, partout où l'on veut se passer de Dieu, jusques aux héros incompris, jusqu'au travail attrayant, à la mer de Fourier prête à tourner en limonade, je ne sens pas de différence [1]. C'est toujours la nature courbée devant le moi, et non celle que le mal souleva contre lui. En nous est l'essence des choses ; loin de dépendre, et de bénir Celui dont il dépend, l'homme n'a ici-bas que des droits à faire connaître, et puis quelques appétits... Que les savants et les littérateurs doivent mépriser la métaphysique, qui les fait tous ainsi obéir à la fois !

Vérifiez vos points de contact : faut-il qu'on vous aide à les reconnaître? La Société, c'est l'homme dont on n'a pas compris les droits! la Religion, une heureuse imposture, à laquelle il faut bien renoncer! l'histoire, un long passé dans l'erreur! l'économique, l'homme sacrifié dans sa chair! Mais la philosophie, c'est l'homme dont on a retrouvé la nature ; l'homme avec un droit à lui, une pensée à lui, une substance à lui, et ne relevant que de lui. Sur ces trois points, il peut pourvoir à tout ; l'Infini n'y est que pour bien peu, si tant est qu'il y soit pour quelque chose encore...
— Ah ! pourquoi l'Autorité met-elle tous ses soins à contenir l'homme, si, d'autre part, tous les livres en France conspirent à l'égarer? Espérez-vous que les Sociétés pourront tenir longtemps contre l'ensemble des consciences abusées, contre les foules exaltées qu'elles renferment dans leur sein? Mal sans bornes, auquel le bras ne pourra rien, si l'Autorité politique ne laisse redescendre la vérité chez les hommes par toutes les voies

---

[1]. Les premiers ne sortent pas de l'officine où l'opium est préparé pour des gens au-dessus de la foule. Et les seconds, sachant les goûts de celle-ci, lui montrent des objets qui parlent à son appétit.

de l'enseignement, si l'Autorité ne les ramène à l'éternelle expérience, à la Théologie [1].

L'homme d'État sourit de me voir aller si haut; et moi, de le voir marcher si bas, si loin des causes qui emportent un monde qui lui échappe entièrement. Tout ce qui s'agite en dehors du problème fixé par la Foi est nul : voyez-le bien. De près ou de loin, affirmation ou négation, tout se rattache à la Foi, tout se décide par elle : PARCE QU'ELLE EST LA PLUS GRANDE CONCEPTION EXPLICATIVE DE CE MONDE... Et, aujourd'hui, les politiques et les légistes ne la dédaignent avec une affectation si marquée, que parce qu'ils le sentent trop bien et qu'ils font les derniers efforts pour s'en débarrasser. Mais, sans entrer dans la Théologie, avant de mettre le pied dans l'expérience, entr'ouvrons la porte de la philosophie. Que se fait-il, que se dit-il maintenant au fond de notre âme ? Voyons jusqu'à quel point, en ce moment, elle est à même de se conduire et de diriger la pensée et la Société à la fois.

---

[1]. Pendant que vous dites l'homme fait ici-bas pour le repos et les jouissances, la Théologie le déclare fait pour le travail et pour la pénitence. Pendant que vous le proclamez indépendant, et que vous faites de ce point une application à la fois métaphysique et politique, les catholiques déclarent que tout pouvoir vient de Dieu, doit être dès lors exercé conformément à sa Loi, et non conformément à celle de l'homme. Ceux-ci voient le plus saint des devoirs dans l'obéissance, et ceux-là, dans l'insurrection... Voilà bien une différence en morale et en politique !

IX.

Quelles inconséquences jusque dans notre propre manière de sentir ! Il y a un être près de moi qui me donne à toutes les secondes ce qu'il y a de plus précieux, l'existence ; ce qu'il y a de plus inouï pour moi qui viens du néant, la pensée ; tout ce qu'il y a de divin, la volonté, l'amour ; cet être n'est rien moins que l'Être divin lui-même, et cependant il n'est pas sans cesse appelé dans mon sein par la reconnaissance et par le besoin de mon cœur ! Notre pensée devrait être telle que l'amour de Dieu fût comme une nécessité de notre existence... Après m'avoir donné la vie, il me tend le pain qui doit conserver les jours qui me sont donnés pour déployer ma volonté, puis deux choses plus précieuses encore que tout ce qui n'est pas éternel, notre liberté et la Grâce, pour fonder en cette volonté un mérite de nature infinie, et cependant je ne sais ni m'attacher à cet Être inouï de bonté, ni m'y soumettre, ni traiter avec lui autrement qu'à ma guise et comme si je pouvais m'en passer [1] ! Non, je ne songe point que, si je suis incapable de l'existence, je le suis plus encore de l'Infini !

Car, si je pouvais m'élever vers l'Infini sans le secours de l'Infini, j'aurais moi-même quelque chose de l'Infini. Et

Faiblesse actuelle de la pensée.

---

1. Parce que je subsiste depuis quarante années, et que le monde subsiste depuis six mille. sans qu'il y ait eu l'interruption d'un instant, faut-il croire que tout cela ait subsisté, un instant. sans l'éternelle Bonté? M'en ferai-je une arme contre elle?

ne réfléchissant pas que si j'avais l'Infini en quelque manière, je l'aurais en toute manière et serais moi-même Infini, je ne sais plus me rendre à l'évidente nécessité pour moi d'un Secours infini, aveuglé, ébloui que je suis par ce que je possède de l'existence. Ce qu'il y a d'être en moi me dérobe totalement l'être... oui, je suis si petit et si vain! Perdant toute notion première, ne songeant plus à la nécessité de Celui qui obtient pour moi ce Secours infini, que nulle créature ne saurait mériter d'elle-même, puisqu'elle ne saurait, d'elle-même, rien posséder de l'Infini; ne songeant plus à ce médiateur par lequel mon néant est appelé à ce qui est éternel, comment m'inquiéterais-je alors de ce qui se passe entre lui et moi? comment me demanderais-je si mon âme a su conserver ce Secours, ou s'il a fallu le lui rendre? Le Christianisme, en un mot, cette métaphysique de toute métaphysique ici-bas, où se tiendra-t-il dans ma pensée?

Dès lors, perdant le point de vue divin, ne sachant ni moi-même, ni mon but, comment retrouverai-je le moyen, la loi, ma destination, ma morale, ma politique? Dans l'Absolu, ma substance me semble indépendante, là je ne suis point lié; ici-bas, d'où serais-je lié à des devoirs, à une obligation? Je suis : voilà l'évidence! J'apparais dans l'être; en moi se trouve conséquemment une perfection considérable. Et ma conclusion a une tout autre force, une tout autre portée que celle de Descartes. Pourquoi ce : *donc je suis?* Qui me dit que je ne suis pas? Je suis, au contraire; c'est mon point de départ : donnez les conséquences. Je suis parfait, puisque je suis... Car, s'il m'avait manqué une des conditions de l'existence, je n'y serais point arrivé; j'appartiendrais en-

core au néant. Je ne suis ni roi, ni homme ; être, je suis !
et entre comme je le dois dans le domaine de l'existence.
Tout ce qui revient à l'être, assurément je le tiens de
cette nature même de laquelle je tiens mon être...

Ainsi, l'orgueil aveugle l'homme jusque sur les conceptions indispensables au maintien de la raison humaine. Celui qui, dans l'ordre de son existence, ne se sent point dépendre, peut-il, dans l'ordre politique, dépendre d'autre chose que de son plein vouloir? Voilà cependant les idées qui planent sur l'Europe, et pénètrent aussi irrésistiblement dans les esprits que la chaleur pénètre dans les corps. Qu'une pareille métaphysique doit donner du pied avec mépris à notre échafaudage européen! Combien les radicaux de la pensée doivent nous trouver misérables! Heureusement, les faits sont ici-bas la pierre de touche des lois de l'Infini, et, sur ces faits, vont se briser ceux qui s'élèvent dans les illusions de l'orgueil.

Chose merveilleuse, le genre humain, par la voie de ses traditions, me tient le même langage que les faits. Il me raconte la faiblesse et l'inexpérience de mon être à porter le don sacré de l'existence et les dons tout divins que Dieu y avait attachés. La pratique elle-même m'en avertit! J'ouvre les yeux, je vois le mal au sein de l'homme, je le vois répandu sur toute la terre.

Combien il faut que la Théologie soit dans le vrai, dans le réel, que toutes les sciences et toutes les idées venant d'un point de vue formé par l'exclusion du sien, se trouvent dans la plus notoire, la plus impraticable erreur! Et vous devez maintenant le sentir ; blâmer m'est odieux, mais puis-je m'empêcher de le dire ?

vos systèmes panthéistes, socialistes, rationalistes, parlementaristes, suivant l'intensité de l'erreur, tous absolument tombent devant ce fait, le Mal... Le Mal, qu'il faut nous expliquer; ce n'est pas tout, le Mal dont il faut nous garantir! Et, pour vous, deux choses en même temps qu'il vous faut effacer du monde, toute la Théologie et toute la Politique, en un mot, le Passé!

X.

L'existence du mal dissipe les théories.

Vous pensiez que Dieu avait apporté sur la terre la plus puissante des doctrines, et la plus élevée, sans laisser un témoin dans les faits! Reprenez tous vos discours sur l'omnipotence absolue de la liberté; faites vos théories sur les lois de pondération politique; précipitez-vous dans les causes secondes et obstruez les passages par une intarissable érudition; allez en haut, allez en bas, je vous arrête avec un mot: le Mal! Est-il, oui ou non? Eh bien! levez-vous et expliquez-le moi! (Surtout sans insulter un des grands dons de Dieu, la liberté humaine, en disant que ce mal en est l'inévitable fruit.) Oui, dites en quoi il consiste; indiquez-en la source, l'étendue : il faut bien guérir l'homme, et d'abord, le garantir! Après, vous nous direz si ce qu'a fait sur ce point le Passé, vous semble méprisable, et si vous-mêmes, dans votre sagesse et dans vos lois, vous lui êtes si supérieurs? Le Mal, voilà bien la question : il faut la discuter ou s'y rendre. Je signale le point qui fait pâlir à la fois vos doctrines : et tout y est mis en échec.

Car, et la question s'adresse à tous : pourquoi pensez-vous qu'on puisse restreindre l'autorité des Rois, donner aux peuples une liberté illimitée, leur offrir celle des cultes, répandre sans discernement la science et la littérature, rompre les douanes, associer tous les hommes, leur faire voter leurs lois, et mettre leurs personnes et leurs biens en commun? pourquoi pensez-vous qu'ils soient désormais en état de se passer de la Foi, du Culte, de la pénitence, de tous les sacrements, y compris celui du mariage ; que la raison leur suffise, et que le Christianisme, au reste, n'*en ait que pour quatre-vingts ans dans le ventre?* pourquoi, au nom de la philosophie, les investissez-vous pleinement de la liberté de conscience, de la liberté de penser, d'écrire, de parler, de tout faire [1], sinon parce que vous avez confiance absolue en la nature de l'homme? sinon parce que vous perdez de vue ce mal originel, qui le suivra jusqu'à la dernière génération? Vos doctrines, enfin, sur la liberté illimitée de l'industrie, sur le luxe, le crédit, le libre échange, les progrès indéfinis, les nationalités à faire, etc., le bagage en un mot des idées de l'époque se lie à ce même point.

Votre psychologie, au reste, justifie tout. Elle aurait enfanté l'erreur si elle n'avait pas existé.

Vous-mêmes, examinez. Déclarer la raison impersonnelle, c'est-à-dire divine, c'est la déclarer infaillible ; et déclarer notre liberté pleine, c'est-à-dire intacte, c'est la déclarer dans le bien. Raison infaillible

---

1. On croit indiquer à peu près le programme et les vœux réunis, mais logiques entre eux, du libéralisme, du rationalisme et du socialisme.

et volonté droite, voilà au fond ce que dit la psychologie, ou la psychologie ne dit rien. Pourquoi l'expérience vient-elle la démentir; vient-elle nous montrer l'homme en proie au mal et plongé dans l'erreur? Par la pensée, je le trouve parfait, et par l'observation, je le trouve coupable! la différence est trop frappante. Voilà qui devait surprendre, qui devait empêcher de transporter dans la pratique l'homme de la théorie. Si la raison est impersonnelle, elle est infaillible, et ici je ne le nie pas. Mais je demande si l'homme a conservé cette raison, et s'il lui obéit? Je demande si une science de fantaisie peut servir d'argument à la morale, de base à la Politique? Quelque intéressante qu'elle soit en effet, la psychologie est une étude bien légère et bien vacillante à côté de la Théologie, pour en prendre le rôle et en avoir les applications. Pascal, qui en vit aussitôt le fond dans les limites de la raison et les faiblesses de notre volonté, la quitta, comme Bossuet du reste, pour revenir à la Théologie. Maine de Biran, notre plus grand esprit psychologique avec M. Cousin, fit de même. Le génie tend à la pratique.

Quoi! le mal est une conséquence inévitable de cette liberté que nous tenons de Dieu, même le mal qui détruit notre liberté? Comment font donc les Anges? On confond notre libre arbitre affaibli, c'est-à-dire la liberté atteinte et la liberté pure. Oui, de la liberté pouvait naître du mal [1], mais c'est le bien surtout qui devait en sortir.

1. Car c'est l'intensité du mal qui embarrasse : l'enfant de cette liberté ne devait pas dévorer sa mère! Le rationalisme, seule école qui ait conservé la thèse de la liberté, abandonnée par les autres,

Je pousserai la thèse au bout; sans la Chute, sans le mal originel, vos systèmes sont complétement vrais. Mais aussi, dans la Chute, ils restent complétement faux, et frappés de cette futilité étrange et fatale qui présage la fin de la pensée sur plusieurs points, et peut-être celle des temps. Il faut y réfléchir! Bien qu'obscur en ce siècle, si je proclamais vos doctrines, je ne voudrais pas laisser derrière moi un fait comme celui qui vient d'être énoncé. Hégel, non plus que vous, n'a point parlé du mal. L'aurait-on oublié? Quelle philosophie! Voudrait-on le nier? Nier n'est pas répondre.

pourra balbutier que le mal est dans la trame du monde, qu'il est un appel à l'activité, un exercice, une épreuve de la volonté. Mais le Créateur ne ménagea pas à la volonté un exercice pour l'étouffer, une épreuve pour qu'elle y meure. L'épreuve dans certaines limites, oui; mais par delà sa mesure? Entrer dans le mal et y périr, est-ce un succès, est-ce un chemin pour notre liberté? Le scandaleux, le parricide, l'adultère, le mal irréparable, apportent-ils au bien un tribut qui lui soit nécessaire? Confondrait-on avec le mal moral, la peine physique ou morale, suffisante au déploiement du caractère? Et les peuples barbares plus nombreux que les peuples civilisés? Et les méchants instincts plus forts dans nos cœurs que les bons? Et tous les codes de la terre armés, formés contre le mal?.. Avouons qu'il en existe un peu trop! Et ne confondons point le mal, qui vient de l'homme et le déborde, avec l'obstacle, qui vient de la nature. Ne confondons pas la plus belle des notions, celle de la liberté, pouvoir de faire le bien quand on pourrait faire le mal, avec la joie universelle qu'éprouve l'homme à faire le mal quand il pourrait faire le bien. N'essayons pas non plus de fuir sur les rives de l'ontologie pour déclarer que le mal, en fin de compte, n'est qu'une privation du bien, un non-être, quelque chose de peu d'importance : car nous sentons assez que le non-être, étant néant pour l'homme, ne le rendrait point coupable. Faire le mal, au reste, c'est retourner dans ce néant par la haine de l'être.

Vous eûtes en psychologie des analyses si parfaites, que vous ne sauriez confondre le mal avec une volonté en état de l'éviter et de le vaincre. Qui sut découvrir un fétu dans notre âme, y saura voir la poutre logée en travers. Le mal moral, ou qui détruit la volonté, voilà le fait : on ne vous parle pas d'autre chose.

Il faut que, depuis leur ontologie jusqu'à leur dernière application économique, les systèmes nous expliquent le mal. Qu'elle nous l'explique, surtout, cette philosophie qui se pose dans la sagesse! On ne saurait être abusé plus longtemps par des feintes. Convenez-en, les idées qui servent de point de départ secret à votre pensée, servent aux autres de maximes ostensibles. Vous ne le voulez pas, mais toutes les conséquences et leur point de départ sont là. En haut, en bas, partout vous êtes liés. Vous n'aimez point vos disciples; dans vos fiertés vous leur tournez le dos, mais vos idées s'embrassent... Ne croyez pas qu'un jour on fasse une exception pour vous, dans les jugements à porter sur ce siècle annulé jusqu'ici par l'erreur. Vous l'avez dit assez : Tout siècle est un.

Le malheur est que vous ne tiriez point les conséquences; elles vous montreraient vos principes! Mais déjà votre pensée succombe sous les coups de l'expérience. Pas une tentative, une révolution, un mouvement désiré de vous qui ne vous ait fait sa blessure. Le Mal, une seule idée que lance la pratique, vous tue philosophiquement et politiquement. Et vous ne pouvez la mépriser, bien qu'elle vienne de la Théologie!.. Ne criez pas au mysticisme. Ne dites pas que l'idée du mal est trop loin pour atteindre la Politique, ou niez l'ordre moral et toute son économie. Niez que les mœurs décident des lois, et les croyances, des idées et des mœurs; niez le cercle entier de la pensée et de la liberté humaine! Si vous criez au mysticisme, vous avouez que vous vous jugez dans l'erreur [1].

---

1. *Impius cùm in profundum.... contemnit!* On peut dire aujour-

Tout à l'heure, quand pour éclairer le fait politique, nous remontions dans l'âme, dans la Théologie, je l'avoue, c'était le prendre d'un peu haut. Et cependant! sans partir du principe, comment pénétrer dans les conséquences?

XI.

Voici le fait : il y eut une Chute, il y a le mal, il est au sein de l'homme, il faut le préserver des suites, et lui rendre le bien ainsi que la vérité perdue. Il faut, à l'aide du secours divin, que l'homme remonte à l'état de justice et d'innocence, où il avait été placé, enfin à l'état de vertu et de charité, qu'il aurait dû primitivement atteindre. C'est là tout ce qui se passe sur la terre. Saisir l'idée du mal, c'est saisir la vraie clef, c'est toucher le grand point : et l'on ne peut sortir de ce point sans tomber dans l'abîme. {La Politique est née du mal.}

(En métaphysique, remplaçons l'idée de l'Infini par l'idée du Développement, comme les Allemands l'ont osé faire; en politique, l'idée d'une Autorité venue de Dieu, par l'idée du progrès continu, comme on l'a fait chez nous, et nous passons, au premier cas, hors de la raison, au second cas, hors de l'expérience! Mais déjà nous sommes si avant sur ces voies que nous ne distinguons plus notre point de départ; nous ne

---

d'hui : il crie au mysticisme! L'un prétend la chose *mystique*, et l'autre, *renouvelée* du moyen âge. La Révolution qui nous dévore, le socialisme qui nous atteint, arrivent-ils du moyen âge?

voyons plus les vérités que nous fuyons. Remontez à la source de votre érudition, de vos doctrines en histoire, en économique, en politique humanitaire, vous trouverez ceci : d'abord la négation du mal inhérent à l'homme, comme effet d'une chute, ensuite l'affirmation de son indépendance absolue. Le niez-vous? Déclarez alors que vous n'excluez point le mal originel, aussitôt je me tais, vous-mêmes vous tirerez les conséquences. Vous ne le ferez pas. Vous n'avez point le droit dès lors de condamner les tentatives métaphysiques de l'Allemagne pour donner à l'homme au sein de l'Être, pas plus que les tentatives du socialisme en France pour lui donner au sein des faits, une position analogue à celle que la Révolution croit lui avoir assurée, en l'arrachant au point de vue de l'Église. Un peu de fierté, et déclarez que l'homme dépend de Dieu pour la conservation, la réparation et la perfection de son être, ou avouez les conclusions du livre *De la Justice dans l'Humanité!* Il n'y a pas d'autre issue, il faut être ou catholique ou socialiste, croire que l'homme dépend de Dieu, ou croire qu'il en est indépendant, sous peine de ne présenter qu'un lambeau, de n'avoir qu'un fragment de logique. Reprenez vos systèmes, et quels qu'ils soient, ils ne font que résoudre directement ou indirectement cette question, qu'ils ne peuvent écarter, et dont ils ne peuvent sortir : L'HOMME SE DÉVELOPPE DE LUI-MÊME, ET SANS AVOIR SUBI DE CHUTE. Votre science est toute là : et vous l'avez dans le creux de la main. Or, comme L'HOMME NE SE DÉVELOPPE PAS DE LUI-MÊME, ce que nous démontre la Grâce [1], et QU'IL A SUBI UNE CHUTE, ce que nous apprend

---

1. Philosophiquement, l'absence du développement spontané en

le plus ancien livre du monde, l'erreur que vous accumulez vous paraît-elle maintenant suffisante?.. Enchantés des merveilles qu'en politique, elle présentait à vos désirs, vous courûtes saisir, par une Révolution facile, les uns les profits du Pouvoir, les autres ceux de la popularité. La France en 1830 semblait entraînée sur vos pas. Mais les désirs des masses, soulevées pour vous exhausser, ne furent point rassasiés en même temps que les vôtres. Et dix-huit ans plus tard, le jour où la foule, montrant plus de logique que ses maîtres, réclama la totalité des droits innés de l'homme, de l'homme non déchu, qu'avez-vous dit? Il a fallu se taire; il a fallu attendre qu'un fait en dehors de toutes vos prévisions, de toutes vos idées, vînt vous rendre à la vie, à vos biens, et par la voie que vous aviez le plus méprisée! Vous avez tout ébranlé; mais vous n'avez pas ébranlé le point sur lequel roule le monde, sur lequel toute pratique est assise, qui embrasse, qui explique tout chez les hommes, depuis les châtiments jusqu'à la charité. Le Mal, enfin, qu'on oubliait, s'est trouvé là. Et c'est la pierre contre laquelle tout système ira se briser...)

Je reprends !

Il y eut une Chute, il y a le mal, il est dans l'homme, il l'éloigne du bien et de la vérité pure: il y eut un Rédempteur, il y a l'Église, elle rend à l'homme la vérité et la Vie, pendant qu'il est abrité, dans la justice et dans la paix, par une autorité également venue de Dieu. C'est par groupe que ces vérités se recueillent. Combien c'est simple et beau, que le plus

l'homme est un fait historique dont l'évidence contrastant avec les vertus élevées du chrétien, révèle le fait caché de la Grâce.

simple enfant et les plus beaux génies saisissent cette logique ! si beau, si simple, que tout ce qui marche atteint d'erreur, ou pris d'envie, se hâte de la fuir...

Mais voici votre point retrouvé (car le vrai même nous trompe dès que nous l'abordons par l'orgueil) : l'ordre politique n'eût pas existé sans la Chute ; sur la terre, les hommes se fussent entendus et unis pour le bien, comme les anges dans le Ciel. Le garde-fou eût été inutile, au moins dans sa partie répressive ; et, sans doute, les pasteurs des peuples en eussent aussi guidé les âmes. Cette vérité, qui se perd dans le sentiment que nous avons de l'idéal, et que Rousseau prit pour celui d'un état de perfection auquel la Société s'était substituée, vous fit conclure à une diminution graduelle de l'Autorité correspondant au développement continu de l'homme, comme elle fit soutenir à vos disciples, déjà plus loin du bon sens, l'abolition de cette Autorité même, la suppression des codes, la communauté angélique des biens, l'absence totale de gouvernement, en un mot l'An-archie. A mesure en effet que la loi morale s'étend sur les consciences, l'Autorité restreint son action sur nous.

Mais le fait n'a point lieu par la loi d'un progrès continu, semblable à celle qui conduit la nature dans l'échelle de la série animale [1]. Il n'est pas un résultat inévitable du temps ; l'homme est le fruit de ses œu-

---

1. Si le progrès était réellement la loi de notre histoire, où serait la liberté, où serait le mérite ? Ce n'est pas l'idée du progrès, mais l'idée de la décadence qui est universelle dans l'antiquité, remarque si judicieusement M. Coquille. Il n'y est question que de l'âge d'or ; on y rappelle constamment les anciens, on ne cite que les vertus des ancêtres.

vres. L'histoire, au reste, le déclare. L'Église seule amène ce progrès, parce que seule elle tient de la vérité le sceptre des consciences, aussi bien que le pouvoir d'administrer aux âmes les secours de l'Infini. C'est le contraire de la proposition de Rousseau qu'il faut prendre : l'homme naît méchant, et la Société le répare. Ou plutôt, il naît dans le mal, la Société le recueille, et c'est l'Église qui le répare. Voilà la doctrine, et voilà le fait. Il faut avouer une fois, il faut proclamer enfin la position, le rôle véritable des Sociétés humaines ! Et si la Politique veut être une science, qu'elle sache son origine ; qu'elle connaisse son principe et comprenne sa légitimité !

XII.

Qu'est donc la Loi politique ? D'un bout à l'autre le bien armé, le droit que l'on rétablit, la morale fortifiée, la Société garantie à l'homme malgré le mal, malgré l'égoïsme, malgré ses vices, hélas ! et la méchanceté de son cœur.[1] La Société n'est rien de moins. Elle est mère et non fille de l'homme. Jamais elle ne fut faite pour obéir à ses caprices, céder à son orgueil ou descendre dans ses passions. Le bien armé ! la Politique, hélas ! introduit parmi nous la force, parce que la liberté y introduit le mal. Ou plutôt, le mal

La Loi politique.

---

1. Dans sa 4ᵉ Conférence, à Notre-Dame, en 1859, le T. R. P. Félix fit, à l'auteur de cette Politique, l'honneur d'en citer ce passage en Chaire. — Voir l'*Univers* du 9 avril 1859. — (NOTE des Éditeurs.)

exige l'emploi de la force, et de là l'ordre politique.

Le bien armé! c'est là notre humiliation. Et cependant, quelque libre que devienne notre âme, quelque noble qu'en soit la nature, ne faisons point mépris de la force : nous lui devons la Société. Chez les êtres libres, la force introduit l'ordre, elle fait rentrer la justice et la paix, afin qu'il y ait des êtres libres! Ils ne le sont point partout où elle ne les a pas recueillis et placés au sein de la justice et de la paix. Il faut bien que la force protége le droit; qu'elle protége la justice, la vérité, l'innocence, tout ce qu'il y a de pur, de sacré sur la terre. Vous-mêmes, qui voudriez qu'elle en fût bannie, vous n'existeriez point sans la force. Elle est réellement une force morale, celle qui oblige les hommes à devenir des êtres moraux ; celle qui rend leurs consciences libres, leurs volontés et leurs actes libres, dans le bien, dans le vrai, dans tout ce qui se rapporte au développement de leur noble nature; elle est réellement une force morale, celle qui ôte l'obstacle devant la conscience et rend à l'homme la liberté!. [1] Certes! la force n'a pas la vertu de changer les cœurs, mais elle a celle de les soustraire à la discorde; aussi ne doit-elle plus intervenir chez ceux que la vertu rend libres. Mais la perte des idées chrétiennes nous dérobe les choses les plus simples ; ou la force, chez nous, vient dépasser le but, ou nous désirons la bannir.

Le bien armé! là est notre humiliation; là est aussi

---

[1]. Parmi des êtres libres, pourquoi est-ce la force qui a la Souveraineté? Voilà qui devait vous surprendre! Vos théories ne donnent aucun fait...

tout l'ordre politique, le rempart de l'Ordre moral. Toutefois, le bien armé n'est pas le bien ; et le soutien de l'ordre moral n'en est pas plus le souverain que le gendarme n'est le maître de celui qu'il délivra des assassins. Soyons humiliés si la justice prend un glaive pour pénétrer parmi les hommes, humiliés de rencontrer la force au milieu des êtres moraux : fait inouï, fait odieux s'il n'était justifié par ce fait malheureux que l'on nomme le mal ; cependant, félicitons-nous si cette force reste au pouvoir de la justice, si l'arme détestée ne passe pas des mains du droit dans celles de la tyrannie, destructrice des droits ; si la force, en un mot, est la force du droit et non le droit de la force...

Car la force n'est point le droit. Ici, nous voulions uniquement remarquer cette incomparable misère, que notre droit ne puisse régner sans la force. Le droit certes! est le but ; mais n'ayons pas l'illusion de croire qu'il doive s'affranchir du moyen et puisse un jour se passer de la force. Les vœux, les rêves et les révolutions ne la détruiront pas ; la vertu seule, en multipliant la justice et la paix, a le pouvoir de restreindre l'office des gouvernements et le triste emploi de la force. Mettons aujourd'hui notre espoir à ce qu'elle soit avec et non contre le droit. Voilà pourquoi l'instrument redoutable ne doit être que dans les mains de celui qui est légitime, c'est-à-dire, conforme à la loi, à Dieu qui nous le donne pour qu'il soit selon lui, et pour que ni le Roi ni le peuple ne puisse confondre la force avec le droit.

La force politique établit donc au sein de la justice, des hommes qui d'eux-mêmes ne l'accompliraient pas ;

pendant ce temps, la Société se forme parmi eux. Ici le méchant ne pourra s'emparer de la femme de son prochain, ni de son champ, ni de son bœuf, qu'il désire... L'homme de bien partout circule, dans cette voie merveilleuse, où le méchant se voit cloué à tous les pas par les précautions de la force... Cette force si souvent maudite, arrête l'anthropophagie, suspend le meurtre et l'infanticide, met un frein aux plus cruelles injustices, calme insensiblement les haines, rend libres les consciences, les volontés, la vérité, le bien et l'innocence ; prépare la place au droit, au mérite, à la vertu, à la bonté, puis à la charité, à laquelle les hommes peuvent dès-lors paisiblement obéir ; cette force en un mot leur assure tous les biens de la terre lorsque Dieu l'a placée entre les mains d'un Roi, « *Donne-leur un Roi*, dit le prophète, *afin qu'ils sachent qu'ils sont des hommes.* » Car son Autorité n'est que le droit qui prend force ; ou, si l'on veut, qui prend la force pour qu'elle soit, non du côté du mal, mais du côté du bien. Et la force déposée dans les mains du Droit s'appelle l'Autorité. Voilà pourquoi l'Autorité est souveraine : le Ciel veut qu'elle soit au-dessus de tout homme, alors qu'elle lui rend un service au-dessus de tout.

Quelle est cette parole que j'entendis en mon enfance : *les Rois s'en vont !* et qu'un chansonnier redisait aux foules dans son refrain : *Faites l'aumône au dernier de nos Rois ?* S'il existe une aumône, c'est celle de la justice, celle de la sûreté et de la paix, faite par la main des Rois à cette humanité que, hors de la Grâce ou de l'Autorité, vous voyez depuis six mille ans *assise à l'ombre de la mort.* Et si les Rois s'en vont, alors les peuples les suivent [1]...

XIII.

L'ordre politique ne dérive donc point de l'ordre primitif de la Création, mais des impérieuses nécessités de notre nature déchue. Il n'y a d'absolu au fond du pouvoir qu'il exerce que sa nécessité pour nous, et l'obligation où il est de conserver l'autorité suffisante à ses nobles fins. Mais d'une semblable situation va naître cette multitude de droits et de faits légitimes, bien qu'inexplicables aux yeux de la philosophie pure, de la théorie puérile qui sert de point de départ et de principe à la Révolution.

<small>Dieu confie la politique aux Rois.</small>

Le pouvoir des Rois est issu de la Chute; l'Écriture les nomme, dans sa précision magnifique, *les ministres de Dieu* POUR LE BIEN. Les races qui ont maintenu le ministère de ce bien ont été, avant toutes, aimées et protégées de Dieu; il les a portées dans ses bras par-dessus les périls et les siècles. Sondant les cœurs et les reins, il leur verse avec abondance les trésors de la vie et de l'intelligence; et le temps nous fait compter les anneaux d'une légitimité ainsi fondée au Ciel et consacrée par Dieu. Lorsque le comte de Maistre releva

---

[1]. J'ai toujours en tête un professeur qui voulait m'enseigner l'histoire. « Jusqu'ici, me dit-il à sa première leçon, on n'a fait que l'histoire des rois : il faut faire celle des peuples. » J'attendais tous les jours cette *histoire*; je devais croire que les peuples avaient fait quelque chose d'eux-mêmes et sans les Rois !

cette expression de l'Écriture : *C'est moi qui fais les Rois*, il ne manqua pas d'ajouter : « Ceci n'est point une métaphore, mais une loi du monde politique. Dieu *fait* les Rois, au pied de la lettre. Il prépare les races royales ; il les mûrit au milieu d'un nuage qui cache leur origine. Elles paraissent ainsi couronnées de gloire et d'honneur. »

Si nous avions vu les nations d'abord exister par elles-mêmes, ensuite prendre des Princes par une sorte de luxe, et comme les villes se choisissent un maire, nous croirions à la réalité du point de vue offert par le siècle dernier. Mais l'histoire nous montre au contraire des Familles princières formant la clef de voûte et même quelquefois le germe des nations ; puis ces nations se déployant corrélativement à ces Familles centrales, toujours en proportion de leur grandeur, de leur génie, de leur sentiment de la justice et des destinées définitives de l'homme. La Russie, par exemple, ne vint sur la scène du monde qu'avec les Romanow.

Certainement, entre ces Familles principales et leurs peuples, il a dû s'établir des échanges de diverses natures ; ceux-ci présentaient leurs coutumes, leurs droits acquis, celles-là inspiraient leurs sentiments à la noblesse, d'où ils se versaient dans le cœur de ces peuples, car Dieu sut tout proportionner. Néanmoins, on a dû remarquer qu'en fait de hautes qualités morales, politiques et religieuses, les peuples reçurent infiniment plus de ces grandes Familles, que celles-ci n'acceptèrent d'eux : à tel point qu'on voit encore chez ces Familles, quelle qu'en soit la situation aujourd'hui, des vertus et des aspirations qui sont loin d'être absorbées par leurs peuples. Dans les derniers temps, les filles de nos Rois étaient des Saintes, et leurs petits-fils des héros.

Quand celui qui *sonde les cœurs et les reins* choisit une Famille parmi toutes les autres, son choix est réel et divin. Celle-ci le prouve bientôt (quoique la liberté lui reste pour recueillir ou dissiper ses dons) en fournissant plus de législateurs, de guerriers et de saints, que les familles les plus nobles, bien qu'en ce point celles-ci l'emportent déjà sur les autres dans une proportion prodigieuse [1]. Elle le prouve en fournissant au sein des prospérités continuelles une carrière qui dépasse également celle des familles chez lesquelles la frugalité et la paix réunissent les conditions de la longévité. Elles subsistent depuis huit siècles, ces puissantes Familles de Bourbon et de Hapsbourg; depuis huit siècles, elles demeurent plongées dans ce bain dissolvant des prospérités, qui a ramolli tant de cœurs et tari tant de sang, pour montrer ce que sont *les cœurs et les reins* chez les hommes à qui Dieu a voulu confier les nations ! Comme l'exprime un grand écrivain, les arguments ne feraient pas défaut pour démontrer que la royauté élective doit mettre à la tête des nations les hommes les meilleurs; que, de la sorte, n'abandonnant rien au hasard, celles-ci marcheraient dans l'ère des prospérités : et cependant l'expérience est accablante.

Les hommes ne restent surpris de ce fait que parce qu'ils ne jettent pas les yeux assez haut; dans l'hérédité, Dieu lui-même se charge de nous donner le souverain... Ne croyons pas que les apparences nous trompent beau-

---

[1]. Voir, sous ce point de vue, le Bréviaire romain, qui renferme du reste les noms des saints canonisés les plus connus...

coup plus en politique que sur tout autre point. Certainement les hommes superficiels ne cesseront de dire : « La monarchie héréditaire est une chose absurde, « l'élection est évidemment supérieure ; le talent de « gouverner ne se transmet point comme un champ ; le « système qui doit toujours porter le plus digne au « Trône l'emporte raisonnablement sur celui qui peut « y placer un Néron. Qu'est-ce que le mérite a de « commun avec la naissance? Dès lors comment asseoir une nation sur l'hérédité, ainsi que l'a voulu « l'histoire? » — Ce qu'elle a voulu est bien simple : par l'élection, ce sont les hommes qui choisissent; et par l'hérédité, c'est Dieu qu'on a chargé du choix.

Ce fait coupe court à l'erreur de ceux qui croient la Théocratie seule légitime en ce monde, parce que le Pape seul y étant infaillible, les hommes, pour obéir à des lois légitimes, devraient évidemment les tenir de celui qui par lui-même est conforme à la loi. Mais ils oublient que l'Infaillibilité du Saint-Père dans la discipline et la Foi, ne se rapporte qu'au Gouvernement de l'Église. Enfin, ils aperçoivent là, et sans trop s'écarter du noble instinct qui les dirige, que, à côté du fait de l'Infaillibilité, se place un autre fait divin, comme le veut leur âme élevée; le fait désigné, dans la langue chrétienne, sous le nom de *Puissance de seconde Majesté,* fait réservé dans la distinction aussi soigneusement établie, au reste, par le Sauveur [1] que par l'histoire. L'ordre temporel ne fut pas déshérité plus que l'autre : l'homme entre bien dans tous les deux...

---

[1]. Jésus-Christ ne voulut point fonder une Théocratie, puisqu'il n'a pas imposé de code politique !

Les hommes, étant libres, ne peuvent légitimement obéir qu'à Dieu ; il faut dès lors que le Pouvoir qui leur commande possède un Droit divin. La Providence veut sa part dans les choses humaines, elle veut former les Rois justes et sages, les donner aux peuples qui les ont mérités. Et l'histoire s'unit à la thèse première de la Théologie pour rejeter le point de vue mis en avant par le siècle dernier, dans son ignorance des origines, dans son ignorance de la destinée sublime de l'homme.

XIV.

Revenons à la pensée fondamentale. L'ordre politique ne dérive point de l'ordre primitif ; il n'y a d'absolu dans le pouvoir qu'il exerce que sa nécessité pour nous ; et si les hommes voulaient rentrer suffisamment dans la justice, on verrait l'ordre politique se retirer dans une même proportion. Aussi bien, est-ce la marche de l'histoire. Sur toute la terre, le pouvoir des gouvernements est en raison inverse de celui de la vertu... Telle est la conclusion pratique, infiniment précieuse, infiniment morale et pleine de consolations, qui résulte d'abord du fait que nous venons de rétablir.

La position réelle de l'ordre politique.

De cette position de la Société humaine, découle ensuite, comme nous le disions tout à l'heure, la légitimité de cette série de situations qui semblent fausses, de faits sociaux qui paraissent injustes et ne cessent de réveiller l'étonnement des philosophes de second ordre ou l'éloquence des faibles penseurs. Hors du point de vue de la Chute, comment expliquer en effet la Pénalité, nécessitée par l'homme qui reste dans le mal? puis l'Inégalité, fruit des divers degrés par où les âmes remontent dans le bien? puis la Propriété, conservation du capital non consommé, refusé à la jouissance? puis toutes les Aristocraties, zones suivant lesquelles une population s'élève successivement dans les voies de l'épargne, de la justice, de l'honneur, de la charité et de la Sainteté? enfin l'Autorité, qui protége les phases de cette végétation d'un peuple et de ses droits acquis, au sein d'une même unité nationale? Oui, comment cette inégalité radicale serait-elle l'équité? et comment serait-elle aussi ancienne que le monde? Comment, hors de la Chute, s'expliqueraient de tels faits, et comment se trouveraient-ils les colonnes mêmes de la Société?... On le voit, les faits qui produisent l'étonnement des esprits venus de l'idéal, c'est-à-dire du droit pur, tel qu'il eût été sans la Chute, ne trouvent leur explication et n'offrent celle de l'histoire, que dans le point de vue sur lequel nous avons désiré attirer enfin l'attention.

La Société humaine, telle que nous l'avons, est issue de la Chute. De là son éternelle imperfection; de là celle de nos libertés, de nos droits, de nos lois et de l'Autorité elle-même!

L'ordre politique, encore une fois, ne tire point son origine de l'ordre absolu, de l'ordre primitif et parfait, mais du besoin où sont les hommes, par le fait de la Chute, de recevoir la justice et la paix, qu'ils n'apportent plus avec eux. Les Rois nous RENDENT la justice, suivant l'expression, volontaire ou involontaire, de nos langues. — La Politique n'a-t-elle jamais abusé de ce rôle ? — Souvent elle en abusa chez les peuples modernes, bien plus souvent, si vous le voulez, chez les autres ; mais quel que soit le nombre de ces abus, elle en empêcha, chez tous, un nombre incommensurablement plus grand. Sans le Pouvoir, l'abus lui-même eût disparu au milieu de l'abus, comme la goutte d'eau en tombant dans la mer, et l'homme n'eût pas existé. Il faut songer, d'ailleurs, qu'une pareille chute de notre liberté morale n'a pu s'accomplir sans entamer le système de notre liberté civile, ni sans laisser de funestes traces sur celui de notre liberté politique. Un être renversé de l'état surnaturel de justice et d'innocence, doit s'attendre à des inconvénients. Il ne saurait croire qu'il peut tout retrouver dans un ordre qui, déjà, l'empêche de rouler jusqu'au fond de cet état de *nature*, où la loi des brutes, où la loi du plus fort s'emparerait de lui [1].

Exiger aujourd'hui une perfection qui ne se retrouve que dans la pensée, c'est ne plus se souvenir de l'homme. Le monde est ancien ; eh bien ! qu'a-t-il su faire à tout cela ? Contentons-nous loyalement du possible ; puisons nos jugements dans notre conscience. Quand on échappe successivement à la mort, à l'état sauvage, à la barbarie, à l'esclavage, à l'ignorance, au despotisme, et que, toujours, dans l'état d'égoïsme où nous sommes, on trouve la Civilisation, le bon sens peut en bénir Dieu ! Mais nous ne le remercions ni

---

1. « Tout ce que vous nous avez fait, Seigneur, vous l'avez fait très-justement, car nous avons péché contre vous ; mais traitez-nous selon la grandeur de votre miséricorde. » — *Introït* du ixe dim. après la Pentecôte.

de notre être, ni de la Grâce : comment le remercierions-nous de la Société?

Entrons une fois dans ces vérités, et nous verrons sous un autre jour les Sociétés humaines, les pouvoirs qui les soutiennent et l'ineffable mission de l'Église ; nous prendrons une idée tout autre des difficultés qu'ils rencontrent, de l'éminence du but atteint, du service incomparable qu'ils nous rendent, et, peut-être, ainsi que l'ont fait de plus grands, viendrons-nous baiser la main sacrée que notre orgueil et nos efforts secrets tendaient à écarter. Voilà les données véritables, l'horizon dans lequel doit entrer l'esprit, s'il veut observer les choses réelles. On a tenté de la politique expérimentale [1], de la politique rationnelle [2], voilà de la Politique réelle [3].

Mais nous ne sommes pas tout-à-fait en haut... Nous avons touché à la Chute, au premier des faits historiques, à celui d'où les autres dérivent ; arrivons jusqu'à l'Être, où se trouve la raison première des faits, en histoire comme en politique. L'homme est la clef de la politique, et l'Être, la clef de l'homme. La question du moins sera vidée philosophiquement.

---

1. Tirée des lois de l'animal...
2. Tirée des Droits de l'homme...
3. Toute, comme on le voit, dans les faits.

XV.

Connaissons l'homme et son histoire ; pour cela remontons vers Dieu.

Ontologie de la politique.

L'homme est le fils de l'Être, l'homme est créé pour l'Infini, il ne peut point ne pas sentir s'agiter en son sein l'esprit de l'Infini, l'homme tend à la vie absolue. L'Orgueil est ce mouvement intempestif à l'asséité, ce mouvement pris en sens inverse de notre existence toute subordonnée, toute conditionnelle ; c'est un retour vers le néant. Il est vrai, l'Infini seul devait posséder l'être : et le Moi, cette ineffable tentative de la bonté de Dieu, va passer par les inconvénients du fini, traverser les difficultés de l'être, la formation de la personne, la sanctification qui l'approche de Dieu, entrer enfin dans l'épreuve de la séparation momentanée de l'être et de la félicité. Car la Félicité est le mode éternel de l'Être, comme l'Infini, dont elle est le fruit éternel.....

Que l'homme donc ait ressenti le mouvement de l'être à la vie absolue [1], on le conçoit : mais qu'il n'en ait pas ressenti l'absurdité hors de Dieu, l'ingratitude seule l'explique. L'orgueil et l'amour opèrent tous deux le mouvement, mais par tendances opposées, l'un dans le moi, et l'autre en Dieu ; celui-ci par la loi même de

---

1. L'Infini a cette vie par lui-même, par l'amour, qui le rend un et fait de tout son Être comme un don infini... Le fini la reçoit, puisqu'il est le fini. Car l'Infini est par lui-même, et le fini non par lui-même : méprise éternelle de l'orgueil !

l'Infini, qui est de se donner ; l'autre par la propension du moi, qui voudrait même absorber l'Infini. Au lieu de suivre le mouvement divin, le moi retourne en lui-même. L'orgueil est la faiblesse et la chute. Hélas ! l'erreur du moi, est de n'être pas l'Infini.. et son crime, de lui refuser sa reconnaissance.....

L'être, en lui, l'éblouit et l'abuse ; ingrat, il écoute l'aveugle instinct de la substance ; il prétend se suffire, il tend à se séparer de sa source, il veut ne rien devoir et devenir indépendant. Rompant avec Dieu, qui lui demande de conserver l'humilité, de tenir ouvert ce canal du consentement par lequel il reçoit avec mérite l'existence, il brise sa racine dans l'être, rend divinement impossibles sa croissance et sa perfection. L'humilité est la plus grande preuve de sens que puisse donner l'être créé, ce que nous nommerions sa plus haute métaphysique. Le vice de notre être est de s'exalter dans sa force, au lieu de courir vers ses limites et de voir sa faiblesse infinie. L'orgueil est notre débilité, et l'humilité notre force.....

L'égoïsme est assurément ce qu'il y a de plus naturel, mais de plus honteux pour le moi. Il ne veut, il ne voit que son être ; il s'enfonce, il s'écrase en lui-même, il emploie son effort à repousser le mouvement d'Amour qui le soulève vers l'existence éternelle : il ne donne que des signes de néant. Il est créé, mais il en reste là ; il se ferme sur lui et se laisse attirer par l'abîme. Il se ressent des ténèbres d'où il vient, et non de la lumière où il entre : il refuse de connaître et d'aimer. Son être ne lui sert point à concevoir l'Être, à voir la merveille qu'il a reçue, à laquelle il assiste ; « *Non serviam!* »

Il parle comme le néant : Je ne connaîtrai point et je n'aimerai point! L'Orgueil est la différence entre notre petitesse et Dieu [1].....

Aimer est un commencement de Dieu, c'est entrer dans l'acte même de l'Infini... L'homme voulut donc posséder l'Infini sans l'atteindre, sans l'obtenir ; son cœur se refuse à aimer, il désire violer la Divinité, *être lui-même comme la Trinité* : SICUT DII!! Tel fut le crime commis en toute connaissance par Adam, le crime dans lequel s'est arrêtée l'essence humaine en son épreuve, où elle s'arrête encore tous les jours; le crime qui se répète, complet, en chacun de ses fils, comme l'objet dans les fragments de la glace brisée. L'homme en est là, c'est la portée du moi, du fini dans lequel l'a fermé son orgueil. Nous n'avons plus l'élan ; il faut un secours nouveau de l'Infini pour en atteindre la rive. Au lieu de se donner, comme l'Infini, notre moi aussi désire être le centre et tout ravir ; il le veut, il s'obstine, il s'exalte, il entre dans une fureur qui parmi nous ne s'arrête qu'au crime. Un amour qui rebrousse, qui revient sur lui même, précipite le moi, en accroît le néant, l'Orgueil enfin, tel est l'homme : et tel le montre l'expérience universelle.....

On parle des abîmes du cœur : eh bien! le fond est là. L'ORGUEIL, — masqué par l'éducation, retenu par l'honneur, contenu par les lois, et combattu par le libre arbitre animé de la Grâce, — VOILA L'HOMME!... Ses

---

1. C'est dans l'amour que l'homme est plus petit que Dieu... Cette histoire de l'homme s'accomplit tous les jours dans le sein de l'âme rebelle. Celui qui agit par philosophie, par protestantisme, par les égoïsmes divers, accomplit exactement le même fait dans le cercle étroit de son cœur.

vœux, ses désirs, ses passions, ses penchants, sa haine, ses fureurs, ses vengeances, les difficultés inouïes que son éducation rencontre, que la Société vient neutraliser ou vaincre, ne sont que les soupirs et les éclats de cet antique et toujours jeune Orgueil. Le travail, la peine, la douleur, ce monde, enfin, en est le traitement[1]. L'amour-propre, l'égoïsme et l'envie en sont les démembrements, ou plutôt les degrés divers; et l'étendue de cet orgueil en l'homme établit sa distance de Dieu. L'homme voudrait absorber tout ce qui l'environne, ses semblables, la Société entière, comme Adam voulut absorber l'Infini. Voilà ce qu'aucune utopie ne saurait empêcher.

C'est tout à fait ici la dernière racine; mais c'est celle qu'il faut tenir! En morale ou en politique, ne pesons plus l'homme sans l'orgueil. La raison en est bonne, puisqu'il faudrait lui ôter l'être pour lui ôter l'orgueil! Comprenons que, pour l'étouffer, il faudrait étouffer son cœur; que la Grâce peut seule, par une action renouvelée, substituer en lui le pur mouvement de l'Infini, la justice et l'amour, à ce mouvement de retour sur soi, signe de sa débilité, de sa méchanceté. Un seul être ici-bas triomphe de l'orgueil, et c'est le saint. Sans la Grâce, dès lors, qui neutralise le mouvement aveugle de la nature et la ramène à Dieu, et sans

1. Ceux qui promettent le bonheur aux peuples par des voies politiques, partagent la naïveté de ceux qui veulent les dispenser du travail et de la douleur, institués après la Chute pour relever notre volonté expirante, tout en lui apportant ses freins. Les choses les plus admirablement appropriées à l'homme pour l'élever, la Foi, l'Autorité, le Travail et la Pénitence, tous ses leviers devaient disparaître à la fois!...

l'Autorité, qui force l'homme à l'enfermer comme il peut dans le moi, l'orgueil détruirait le monde [1]. Tel est l'indubitable fait sur lequel il faut se baser, le fait d'où part la Politique universelle. Jamais on ne pourra suspendre en l'homme le mouvement de l'être à la vie absolue; jamais, par des systèmes, des rêves politiques, on ne le pourra transformer en justice, en amour pur.

Et c'est là, si l'on veut en croire les faits, la Foi, l'ontologie la plus profonde, qu'il faut étudier notre situation. Le reste est phénoménique et transitoire.

Et quoique puisé haut, l'enseignement en est plus pratique et plus lumineux, que les plus riches thèses humanitaires, les politiques et les histoires étudiées. On ne se défera point de l'orgueil, ni, conséquemment, du Pouvoir. Reconnaissons notre nature. Philosophes, ne prenons pas pour de la grandeur les instincts grossiers de notre être; ne nous laissons plus aveugler par *l'orgueil de la vie*. L'homme se peut tromper d'une manière terrible. Ah! qu'il serait à plaindre si rien n'était venu l'avertir; si, comme le navire que pousse un vent de côte, il avançait dans l'Océan de sa sottise sans le savoir! Pour nous, placés au centre éblouissant de la Foi, recevant tout d'une main comme celle de l'Eglise, restons du moins hommes d'esprit! Comprenons que le mouvement qui se fit sentir la première fois dans notre être s'y fait sentir aujourd'hui; que l'homme veut partout la domination, qu'il voudrait dérober ce que possède la Société, comme il voulut, au premier jour,

---

1. Et sans la vérité, l'orgueil usurperait tous les noms, même celui de la vertu, comme chez les Anciens et les faux philosophes, où il en était le mobile.

dérober Dieu; que, dans cette voie, il n'est pas de système absurde qui ne lui semble éclatant de lumière; qu'à l'instant où les barrières se briseraient, il se précipiterait sur les biens qu'il ne produisit point, mais pour lesquels il se reconnaîtrait des droits imprescriptibles! qu'en un mot le Pouvoir, devant lui, est comme l'ange au glaive de feu placé aux portes du paradis terrestre... Plus de politique hors de l'homme : soyons théologiens, si nous désirons le conduire.

XVI.

Comment la Politique peut aboutir au despotisme.

Dès lors, si l'action du Pouvoir politique peut naturellement s'affaiblir, c'est lorsque notre orgueil s'affaiblit par les effets du Christianisme. Mais si l'action politique peut être atténuée partout où les hommes obéissent et font d'eux-mêmes le bien, elle doit être multipliée partout où ils veulent le mal. Le fait est clair. Que le nombre de ceux que ne règle point la loi morale aille croissant, et l'Autorité s'élève à toute sa puissance. C'est ce que les hommes appellent le despotisme, bien qu'il ne soit jamais permis. Comme le despotisme est une substitution de la volonté à la loi, il serait d'autant plus urgent alors de l'écarter et d'appliquer exclusivement cette loi, que les hommes veulent s'en éloigner. Le souverain doit être d'autant moins despote qu'il devient plus nécessaire de mettre en œuvre toute l'Autorité, qui est la justice armée, le bien fortifié et rétabli.

Au contraire, que les gens de bien se multiplient, qu'ils obtiennent parmi nous plus d'empire; que les aristocraties s'étendent, que la justice et la paix descendent plus avant dans les masses, et l'Autorité peut détendre les rênes. Lorsqu'elle est dans la nécessité de s'immiscer partout, il faut s'attendre à sentir de plus près le poids de sa vigilance et de son attention. Ceci est l'évidence; quand le nombre de ceux qui d'eux-mêmes concourent à la Société diminue, quand les aristocraties morales et politiques s'en vont, il faut que le Pouvoir se rapproche, se multiplie en raison de l'absence de l'unité et des mœurs. Mal qu'on ne réprime pas aisément, car c'est l'arbre qui se couronne. La centralisation n'est point un fait à notre honneur; elle se substitue à ce qu'on a perdu. Elle nous fait vivement craindre qu'il n'y ait plus parmi nous que les aristocraties morales; et que ces aristocraties, hélas! sans corps et sans lien, n'agissent sur les peuples que d'une manière individuelle, dès-lors, que toute action sociale ne vienne du Pouvoir. Les vices et les folies du siècle dernier, entretenus par les entêtements du nôtre, nous mènent à grands pas vers cette situation extrême, si exposée au despotisme.

Craignez que la liberté n'aille en diminuant parmi nous, et l'administration en augmentant; que toute notre liberté ne soit peu à peu changée en ce socialisme déguisé. Au lieu de marquer de plus en plus son empreinte dans sa famille, dans son champ, dans sa cité, dans sa province, l'homme se perd dans un droit vague et impersonnel, comme la goutte d'eau dans la mer. Fatale illusion, et que personne ne songe à dissiper, sous prétexte d'investir l'homme de droits politiques immenses, mais qui ne lui servent à rien, on lui ravit ses droits publics, on lui ravit ses droits privés! Sa liberté disparaît hélas! à mesure que l'orgueil rentre en lui, y paralyse ses développements intérieurs et le ramène dans les conditions de cette civilisation antique, qui déjà tend en Europe à étouffer la Civilisation moderne. Pour conjurer ce malheur, il faudrait que la Révolution fût tout-à-coup paralysée par un événement immense, suivi d'un retour vers la Foi... Or l'administration absolue, comme dans les provinces conquises, devient la forme des États. Tel est l'expédient du despotisme, lequel naît à mesure de la Révolution, comme la Révolution naît à mesure de notre orgueil. Car l'orgueil envahit à ce point les âmes qu'il semble presser le monde vers sa fin. Quand l'homme aura échangé toutes ses libertés personnelles, qui développaient son âme, contre ces libertés vides et éloignées, qui développent son orgueil, la Civilisation aura perdu effectivement toute utilité pour lui. Les institutions parlementaires ont accéléré ce résultat, les États ressaisissant d'un côté la puissance qu'on leur ôtait de l'autre. Malheur à nous quand la bureaucratie achèvera d'envahir les nations, quand on enfermera l'autonomie entière, dans le moule trompeur des Constitutions par écrit! Vous qui abandonnez la Foi pour croître dans l'orgueil, vous attirez le despotisme sur votre tête, sur celle de vos fils. Quand la bureaucratie remplace toute aristocratie, il n'y a plus de libertés pratiques; plus rien ne croît; il reste encore une population, il n'existe plus de nation.

Il faut une Aristocratie : et il lui faut un Corps, parce qu'il lui faut un lien, parce qu'il lui faut une action sociale en même temps qu'une action morale. En détruisant les Aristocraties d'un peuple, on en détruit les traditions, les mœurs, les fonctions propres, les droits acquis, la vie locale, et dès lors il faut recourir à l'artifice d'une Constitution. Mais que constituer alors qu'on veut tout renverser? Et que constituer, sinon les idées mêmes qui ont produit la *déconstitution?* Indépendamment de la nécessité d'une Aristocratie pour maintenir partout les droits pratiques, les fonctions propres, la vie locale au sein d'un peuple, le Pouvoir lui-même veut entendre la voix de la tradition et des grands intérêts ; le Pouvoir lui-même veut sentir son précieux contre-poids. La balance entre l'état des mœurs et celui de l'Autorité, cet équilibre entre nos consciences et le Pouvoir ne peut d'avance se régler par des lois. Qui peut dire par anticipation les besoins du Pouvoir, ou l'étendue qu'une amélioration des mœurs doit ouvrir à nos droits privés? On ne saurait, par des *à priori,* trancher des questions si graves. Aussi bien ces Constitutions ont passé comme autant de rêves.

Les lois civiles, nécessairement variables, ne sont pas la loi morale, nécessairement immuable, bien qu'elles doivent en procéder dans la mesure de nos progrès, dans la mesure de nos mœurs. Et l'État est précisément là pour élever ces lois suivant cette mesure. Les codes, jalons échelonnés sur notre route, tout en visant à un bien supérieur, doivent sous peine d'échouer n'exiger chaque fois qu'un degré d'avancement moral. Dans une Société bien conduite, les lois bonnes aujourd'hui, sont insuffisantes demain : le seul point indispensable est un bon Souverain pour les faire, et une Aristocratie pour empêcher le mauvais Souverain de les enfreindre, ou la révolution de les anéantir. Enfin partout les *meilleurs* sont groupés pour servir et de guide et de frein ; c'est alors que les meilleures lois, qui, dans les autres hypothèses, demeurent inutiles, éclosent et se succèdent aisément. Après tout, les nations sont faites avec des hommes, non avec du papier. Ce sont des hommes qui vivent dans leur sein, et non ces abstractions formulées des partis, que, depuis soixante et onze ans, on nomme des Constitutions.

Ces Constitutions ont été les constructions des partis; celles surtout qui ont eu constamment en vue de mettre nos mœurs d'accord avec nos erreurs, et ces erreurs avec les difficultés que leur opposent les faits. Nos Constitutions sont le fruit de nos révolutions; on ne veut tant constituer que parce qu'on sent tout remuer. Ce ne sont pas les factions qu'il faut constituer, mais les éléments des nations ; ces éléments sont la famille, la propriété, la cité, les provinces, leurs corporations, leurs Aristocraties, l'hérédité enfin, qui vient pour perpétuer ces faits, et la Foi, pour leur donner la vie : tout ce qu'on a cherché malheureusement à détruire. Sieyès avec son génie construisit un peuple idéal, détruisit la nation réelle! C'est à lui qu'on aurait pu dire : Mais qu'avez-vous constitué? Rien. Que fallait-il constituer? Tout : puisqu'on venait de tout détruire... En renversant les droits pratiques et les faits nationaux, ces lois artificielles ont conduit les peuples abusés jusqu'au bord de l'abîme, où les précipitait le premier mouvement. Quand il ne reste que du papier, une révolution a bientôt enlevé toutes traces. Lorsqu'il faut renverser la nation même toute constituée, ses ordres, ses municipalités, ses provinces, ses mœurs, ses droits publics et privés, l'opération se fait moins vite, elle ne revient pas tous les quinze ans.

Les mœurs et les coutumes conservées chez les hommes, et la justice chez les Princes, voilà la vraie constitution. Les hommes d'État ne cherchent pas des formes nouvelles ou étrangères aux nations ; celles qu'elles ont sont les leurs, et, dès lors, celles qui leur conviennent. Les peuples ne reçoivent pas ainsi de constitution, ils en ont une naturelle ; il faut toujours y revenir ! Nous avons demandé tant de Constitutions parce que nous pensions avoir changé les choses, bâti tant de systèmes parce qu'on s'était bâti un autre homme ! Enfin, ce ne sont pas ces Constitutions *à priori* qui protégent les libertés locales et défendent les droits, mais les classes indépendantes et constituées, les véritables Aristocraties. Ce sont les Aristocraties qui les firent naître, ce sont les Aristocraties qui les conserveront. Elles seules ont préservé les peuples du despotisme.

XVII.

Parler des Aristocraties, c'est offrir un breuvage amer à notre soif d'égalité, à notre faim d'indépendance. Des Aristocraties, nous n'en voudrions pas ! Nous ne voudrions pas qu'il y eût des hommes qui

Qu'est-ce que les Aristocraties?

enseignassent quand il y en a tant qui ignorent ; qui
répandissent la richesse et la paix, la justice et la Société, quand le grand nombre s'affaisse dans la barbarie, dans toutes les misères. Qui défendra le bien, le
fera voir dans les exemples, le fixera par des institutions, et formera sur tous les points le capital dont vit
la foule ; qui l'administrera elle-même, lui donnera des
lois, l'élèvera à la vertu, à la grandeur, à ces délicatesses d'âme, d'honneur et d'esprit que le peuple, appliqué au pain de chaque jour, ne peut cultiver le premier de lui-même ? Non-seulement nous redoutons toute
Aristocratie, mais nous considérons le fait comme injurieux à la nature de l'homme, à sa grandeur et au bon
sens [1] !

Cependant, si les hommes naissent tous dans le mal,
et si, de ce point de départ, la vérité et la Société les
conduisent peu à peu vers le bien, tous n'y arrivent pas à la fois, et le fait le démontre. Il en est qui
l'atteignent avant les autres. Ceux qui sont *les premiers*,
ne doivent-ils pas aider ceux qui les suivent, et surtout
les servir dans les choses élevées ? « *Que les premiers
parmi vous...*, etc. » Les premiers qui profitent dans
leur corps et dans leur âme des bénéfices de la Rédemp-

---

1. L'Aristocratie, chez un peuple, se compose d'abord de tous les
honnêtes gens, et de tous ceux qui créent un capital véritable. Il y a
de l'aristocratie au beau milieu du peuple, et du peuple jusque dans
les classes élevées. Jouer, dévorer son or et son temps, déraisonner et ne rien faire, c'est imiter l'ouvrier qui se mange et se dirige
sur l'hôpital.

Un fait qui brille dans toute l'Antiquité, et qui reparaît avec plus
d'éclat que jamais chez les peuples modernes, est il, à première vue,
d'une telle sottise ?

tion, de la Civilisation, tendent la main et font la route à ceux qui viennent après eux. Ce progrès que vous vouliez appliquer comme un réglement à tous les hommes, ne se déclare, hélas! que sur un petit nombre à la fois : par les traditions, l'éducation, les habitudes contractées, par mille peines, par les délicatesses infinies de l'honneur, il s'établit et se conserve dans des familles qui se trouvent alors les meilleures, ΑΡΙΣΤΟΙ. Faut-il les en blâmer? Faut-il à chaque génération les remettre au point de départ? Alors, plus rien de grand, plus rien de fait parmi les peuples.

Quand une race a vu sa tige s'élever de terre, croître et s'épanouir au sein de la vertu, pourquoi la briser si vite et la rendre à l'obscurité[1]? La Société aussi doit recueillir son capital précieux. Ce capital est l'Aristocratie. La Civilisation ne peut recommencer tous les jours. Elle repose sur la rente, à plus forte raison, sur l'aristocratie acquise. Par leur noblesse, leur vertu, leur grandeur, leur bienfaisance, leur sainteté, il y a des familles dans lesquelles la Civilisation est toute faite. Au milieu du champ social, la noblesse est une gerbe debout qui continue de produire et de donner son grain, et le clergé, sa racine, est source de la séve. Pourquoi ce qui est fait devrait-il se défaire? Pourquoi, sur cette plante libre et merveilleuse de l'homme, ne restera-t-il

---

1. On ne peut la remettre à semer le grain! La Civilisation ne vit pas seulement de pain, mais de toutes bonnes pensées cultivées par l'esprit. Et malheureusement, les muscles s'affaiblissent quand les centres et l'énergie supérieure absorbent le développement. Les familles distinguées et les organisations scientifiques hors de leur place, succomberaient presque toujours. Les bois, la pierre s'emploient au temple, et l'or et l'argent sur l'autel...

rien, ni dans le sang ni dans l'âme, de la nature reconquise ? Cependant, si nous naissons avec l'hérédité du mal, il faut que nous naissions avec l'hérédité du bien... Voyez comme, à chaque pas, vous rompiez un fil en logique pour courir après votre orgueil ! Ici encore, l'homme doit mériter, et non ravir par des révolutions qui ne ramènent plus bas la société qu'en la démolissant. Qui empêche de s'élever ? la hiérarchie n'est qu'une échelle. Prélevons d'abord sur nos sens pour établir un capital, que le travail prépare ; puis employons ce capital au service de la vertu, de la justice, de la pensée, de l'honneur, de l'État, et nous serons les hommes de la nation, les *gentils*hommes. Les chemins sont ouverts. Le Pouvoir politique ôte-t-il à quelqu'un la liberté de bien faire ?

XVIII.

Dès lors, qu'est-ce que le peuple ?

Dès lors, qu'est-ce que le peuple ? Un fruit des Aristocraties. Elles sont toujours trois : celle qui nous donne la Foi, celle qui nous donne le gouvernement, enfin celle qui nous donne l'exemple et le capital [1]. Il en résulte aussi qu'en étouffant les Aristocraties, on suspend leur effet, et le peuple, sans qu'on y songe, retombe peu à peu dans la barbarie. « Les classes éclairées, dit M. Thiers, ne sont pas la nation tout entière, mais leurs penchants bons ou mauvais sont bientôt ceux de la nation entière : elles font le peuple par la

---

1. Car on voit rentrer dans le peuple tous ceux qui le consument.

contagion de leurs idées et de leurs sentiments. » Que serait l'Angleterre sans l'Aristocratie? Que deviennent les mœurs et les goûts des Français depuis qu'ils ont perdu la leur? Le peuple, en Angleterre, admire l'Aristocratie qui lui a donné le commerce du monde, et lui-même travaille, par des efforts que la vertu peut seule multiplier, à en réparer incessamment les rangs. Les masses ne sont point initiatrices. Les masses ne peuvent que recevoir le mouvement; dès qu'elles ne sont ni enseignées, ni protégées, ni dirigées, elles se retournent contre elles-mêmes et se détruisent. Les masses ! nous voilà, c'est nous-mêmes, accablés par notre nature, traînant la chaîne du premier péché; c'est ce que n'a pas encore relevé le mérite, c'est le poids brut du genre humain. La chute pèse toujours sur nous. Ce n'est point d'un seul coup que l'homme se relève, ni qu'il peut se réhabiliter. Par la grâce qui leur est envoyée, sans doute en vue de leurs semblables, un certain nombre d'âmes parviennent à soulever les chaînes qui compriment la liberté morale de la race d'Adam. Mais partout où l'Autorité se retire, partout où s'éteint l'Aristocratie, le peuple s'affaisse et disparaît. Où sont les foules qui se pressaient dans Rome? où est le peuple de Venise? Car le peuple, puisque tel est le nom que vos idées mêmes lui laissent, est une création de la Foi et de la justice, appuyées sur l'Autorité; il est celui que l'on éclaire, que l'on sustente, que l'on établit dans la loi, à qui l'on donne la Société; le peuple est le produit de la Civilisation [1].

[1]. « Qu'est-ce que le Tiers-État? dit Sieyès. — Rien. — Que doit-il être?—Tout ». Que le fils de Rousseau le dise, comment le tiers peut-il être le tout?

Et lui-même, il sent si bien qu'il est un fait inaccompli, un perpétuel commencement, qu'il n'a qu'une pensée, qu'une envie, c'est de quitter ses propres rangs. Dès qu'un homme s'est fait un capital ou un nom, il ne veut plus être du peuple. Comme aussi, dès que le bourgeois ou le gentilhomme a dissipé corps, âme et biens, il disparaît dans le peuple. Les faits politiques proviennent de la nature des choses, qui provient elle-même de notre propre fait, de l'état où la Chute nous laisse. La hiérarchie n'est pas une échelle arbitraire. C'est le fait, et non un système, qui place toute bourgeoisie au-dessus de la foule. — La Foi n'agirait-elle point sur le peuple s'il n'y avait pas de bourgeoisie? — D'abord, aussitôt que la Foi agit sur le peuple, elle en fait naître une bourgeoisie, elle en fait sortir les *meilleurs,* en le pénétrant des deux vertus chrétiennes, le travail et la modération dans les jouissances, d'où sort le capital.. d'où sort la bourgeoisie. Puis, dès que la Foi agit sur cette bourgeoisie, c'est en lui inspirant la grandeur, la charité, l'esprit de la plus haute aristocratie [1]. La puissance de la Foi, appliquée à un peuple, en tire ses Aristocraties. Elles sont la gloire de la na-

---

1. La Foi n'agirait-elle pas aussi bien sur le peuple sans Aristocratie? Mais l'Aristocratie se compose des âmes qui les premières sortirent du peuple en voyant la lumière. Comme la lumière pure, la vérité ne se voit pas toujours; et d'ailleurs les exemples donnés par le clergé ne remplacent pas ceux qui viennent des hommes riches, admirés, et dans nos conditions de vie. C'est un fait social de première importance. Si, à la voix du Clergé, ne se constitue aussitôt une Aristocratie chrétienne et dès-lors un État, l'œuvre du Clergé reste inachevée, comme autrefois aux Indes et en Chine; bien que dans cette formation des Aristocraties un élément païen reste toujours mêlé à l'élément chrétien.

tion qui les voit croître, comme les moissons et les forêts, du sol qui leur donne le jour. Les hommes sont personnellement libres ; ce qui est fixe, ou absolu, c'est l'échelle que les individus, suivant leur mérite et leur aptitude, montent ou descendent tour à tour.

Qu'est-ce que le bourgeois ? Un homme du peuple qui a économisé. Et le gentilhomme ? Un bourgeois qui s'est illustré. Et l'homme du peuple ? Celui qui, s'il le veut, dépassant encore ces degrés, peut toujours devenir un saint ; car la Grâce prévient tous les hommes ; elle ne fait point acception de classes qui ne sont après tout que le fait. Au reste, entendez votre propre langue, vos discours ont roulé sur ces mots : *Classe inférieure, classe moyenne, classe élevée;* c'est bien pour nommer des réalités ! — Depuis notre Révolution, le peuple a reconquis sa place. — Laquelle ? le genre humain en aurait-il changé [1] ? La vertu, la justice sont toujours aussi rares ; les mains débiles, dans la foule, ont toujours même peine à recueillir le capital. Enfin, c'est par pure exception que le peuple garde la vérité, ou qu'il la choisit de lui-même. Il fera bien peu pour la Foi. Dans la cité providentielle, dans Jérusalem elle-même, le peuple fut idolâtre sous les Chananéens, fidèle sous les Hébreux, chrétien sous les Apôtres, musulman sous les Sarrasins. Le peuple relève en tout de ceux qui le gouvernent : anglican sous le parlement d'Angleterre, grec, luthérien, calviniste, suivant ses Rois. C'est le

---

1. La chair, plus forte que la volonté, empêche encore les trois quarts de la foule de mettre un second sou sur le premier ; et le moi, plus fort que l'amour, empêche encore les volontés déjà plus libres de s'élever au dévouement...

marbre de Paros, attendant que la main de l'artiste en fasse une borne ou un Dieu…

Dès lors comment considérer le peuple ? — Il ne peut y avoir deux manières : comme les membres que Jésus-Christ s'est appropriés dans ses souffrances, qu'il a recommandés aux siens de servir, à ses Apôtres d'enseigner, aux Rois de gouverner dans la justice et la paix ! c'est le troupeau qu'il a confié à l'Église, lui enseignant à le chérir de cet amour de préférence qu'une mère a pour le plus jeune et pour le plus faible de ses fils. Car là se trouvent ceux que le Sauveur a sacrés du nom de faibles et de simples, de pauvres et de petits en ce monde, afin qu'ils y soient protégés dans les besoins du corps et de l'esprit ; ceux qui peut-être reçurent moins de lumières et à qui il sera moins demandé ; ceux qui se présentent après les autres aux portes de la Civilisation, afin qu'elle les reçoive et les y édifie dans le vrai, dans le bien, non dans l'orgueil : puisque le fruit d'Adam est encore, en leur sein, la cause de cette infériorité relative. Car, pas plus que le Roi dans l'administration de la justice, l'Église ne connaît ces démarcations ; ses bras s'ouvrent à tous ses enfants, tous viennent indistinctement s'asseoir au foyer et à la table de leur Mère… Le plus faible, le plus petit, le plus à plaindre, à protéger, à secourir par la vertu, les lois et les institutions, voilà celui que vous faisiez souverain ! celui dont le triomphe devait rendre bientôt l'Église et les Rois inutiles ! celui de qui allaient découler le droit, la justice, la vérité, le progrès, tous les biens [1]… Hélas ! le peuple n'a que son sang. Reste

---

[1]. Ceux qui tiennent au peuple ce langage, et brûlent devant lui

fidèle au Dieu qui t'a donné le sien, sang de l'homme, sang racheté, sang ennobli, toujours prêt à couler dans les veines du soldat ou du prêtre, à te répandre en larges couches de vertus, à t'élever par les degrés de la justice, de l'honneur, du dévouement et de la sainteté, de gloire en gloire, selon que la Vérité et la Vie ont jeté leur ferment divin dans ta coupe écumante !

Le grand principe est rétabli ; bientôt, le serrant de plus près, nous en verrons sortir tout un ruisseau de conséquences. Plusieurs déroulent leur pensée comme une chaîne, et ils font bien. Moins savante, la mienne se développe comme une plante ; elle a sa racine et sa tige, qui s'ouvre à chaque instant pour laisser passer ses rameaux.

XIX.

En rétablissant la liberté morale, en formant des hommes qui d'eux-mêmes obéissent au bien, en produisant cette quantité et cette diversité d'aristocratie que jamais les peuples n'ont pu atteindre hors de son sein, l'Église seule permet aux pouvoirs politiques de se relâcher de leur autorité, et aux peuples de croître dans leurs libertés légitimes. Mais le fait, on le sent, ne saurait avoir lieu que chez les nations chrétiennes ; toutes les autres, enfermées dans le despotisme, ne crois-

Les peuples chrétiens développent leurs libertés.

---

leur encens, sont des esprits déclassés que veut réprimer la fortune, des lâches toujours à ses pieds, ou prêts à baiser ceux des tyrans.

sent plus. Il faut aussi se rappeler que vérité et liberté illimitée font parmi nous le trajet du pot de verre et du pot de fer. Chez l'homme, il est des points qu'on doit mettre à l'abri, comme le fait la nature pour l'organe précieux du cerveau. La presse, par exemple, ne saurait librement attaquer les sources de la vie. Ce qui doit être illimité, sans condition, au-dessus de tout, c'est la vérité, qui est le droit de l'âme.

Peut-on livrer au premier venu la faculté d'introduire ses erreurs dans les âmes, ou de leur souffler l'ardente haleine du mal? Les aristocraties, quand l'heure est belle, réclament de ces libertés-là sans regarder ce qu'on en fait au-dessous d'elles. Une même chose peut-elle être bonne pour tous? Par exemple, il est louable de prêter, prêterons-nous à tout le monde? Donnerez-vous à nos littérateurs, à tant d'esprits formés par le hasard, à ces victimes de l'opinion, des préjugés et des mots, la même liberté qu'à l'Église? Il n'est besoin que d'y réfléchir. Les classes élevées veulent souvent une arme qui deviendrait terrible entre les mains des classes inférieures ou des méchants. Qu'en conclure? Qu'il faut, ou maintenir dans la Société une liberté moyenne, mesurée à celle qui convient à ces derniers, ou en établir deux degrés : l'un réservé à ceux qui offrent les garanties, et l'autre à ceux qui peuvent abuser. Enfin, chez des peuples sérieux, peut-on traiter de la Politique sans être docteur dans les sciences qu'elle suppose, et sans fournir des garanties considérables d'attachement à l'État? Chez nous, la Politique est la proie des écoliers délivrés du collège, l'affaire des littérateurs... O France! ô esprits que la presse conduit!

Comme l'esprit gouverne dans l'homme, il doit gouverner dans la Société. Et ces désirs d'une liberté absolue de la presse partent d'un sentiment obscur du rôle merveilleux de l'Église. Un immortel instinct redit aux peuples modernes : L'homme ne peut obéir qu'à Dieu, c'est l'ordre moral qui nous gouverne ! La question de la liberté de la presse, loin d'avoir été épuisée, en est encore au début. Cette liberté se rattache à la grande question de notre liberté même, dont il faut cependant avoir une idée, à cette heure où les hommes font tout pour la perdre, et rassemblent les matériaux d'un despotisme immense.

XX.

La liberté humaine, qu'on définit fort mal et qu'on rend ainsi cause d'incalculables maux, est la faculté de faire le bien alors qu'on a la possibilité de faire le mal. C'est l'ineffable pouvoir d'agir par soi-même, d'être cause, et dès lors, responsable. L'homme est cause, la liberté c'est l'homme même. Mais, de ce que l'homme pourra choisir le mal, il ne s'ensuit aucunement qu'il ait le droit de le faire ; que ce soit là, comme on le fait entendre, une dépendance de sa liberté souveraine [1].

La liberté humaine.

---

1. Nos savants, quand ils ne la nient pas, définissent la liberté : le pouvoir de faire le bien et le mal. Dites au moins, de choisir entre le bien et le mal ! Aussi les révolutionnaires les ont-ils pris au mot ; ils déclarent la liberté absolue, n'ayant d'autre loi qu'elle-même. De là ils tiennent au même rang celle du bien et celle du mal, pour que la pente naturelle choisisse la dernière. C'est ainsi qu'on arrive à ne plus voir la dignité de la vertu, à mépriser les bons, et, peu à peu, à les

Voici le fait. Dieu impose sa loi à la nature, et il la propose à l'homme. La liberté est donc, au fond, le pouvoir qu'a l'homme d'accomplir lui-même sa loi [1] : pouvoir sublime qui le met au-dessus de la création entière (les anges exceptés), le rend *semblable à Dieu*. L'homme, effectivement, a été *fait à cette image*, afin qu'il puisse un jour lui ressembler : *Estote perfecti sicut Pater!* Il faut y prendre garde, le pouvoir d'accomplir soi-même la loi, n'est point le droit de la violer, parce que sous le pouvoir d'accomplir se rencontre celui de ne pas accomplir : interprétation qui serait digne du néant, d'où nous sommes, et non de l'être que Dieu veut en faire sortir !

Et d'ailleurs, croyons-nous que ce soit là un complément, un attribut de notre liberté ?. C'en est, tout au contraire, la faiblesse et l'absence. Dieu, qui est libre, fait-il le mal ? La sainte Vierge, née sans péché, les anges et les saints dans le Ciel, font-ils le mal parce qu'ils conservent la liberté ? Le mal en est exactement l'imperfection momentanée, la débilité ou l'enfance : l'aigle n'a pas encore quitté terre. La perfection de la liberté, pouvoir d'accomplir la loi, est dans la permanence de l'accomplissement de la Loi. Sur cette terre, l'homme n'est qu'un enfant; il en demande et la surveillance et les soins... Dieu remet la liberté à l'homme pour le conduire à la divine Gloire, pour lui faire obtenir un mérite

vouer à cette haine qui, dans les triomphes de cette liberté, dresse les échafauds ! « On coupe les têtes sans scrupule, dit un écrivain religieux, parce qu'on les coupe par principe. »

1. De là, résulte sa grandeur; sa dignité vient de ce qu'il l'accomplit...

éternel. Par cette communication de l'essence absolue, l'homme est cause, l'homme mérite, il se crée un titre réel aux yeux de l'Infini! Qui peut se glorifier de rejeter la loi éternelle de l'Être? Et qui croit faire acte d'indépendance en refusant la loi qui l'ennoblit pour se donner à celle qui l'asservit, le fait descendre au-dessous de lui-même, le repousse vers le néant?

Ceci modifie étrangement une thèse dont notre époque, privée de métaphysique, n'a vu que le côté vulgaire. La liberté donnée à l'homme pour l'élever au Ciel, est un pouvoir dont on ne peut se jouer sur la terre; un pouvoir sacré qu'on ne saurait tourner en dérision en l'appelant illimité, qu'on ne saurait immoler en le laissant écraser de son poids la foule des volontés débiles ou déjà en proie aux passions.

Et d'abord, Dieu n'a pas remis à l'homme une liberté illimitée, dont l'usage anéantirait précisément sa liberté. Il a eu soin, au contraire, de placer partout devant elle un arrêt pour la retenir sur l'abîme : dans notre corps, c'est la douleur; dans notre âme, le remords; dans la Société, la loi et la nécessité. Il a tout disposé pour que l'homme fût ramené dans son libre arbitre au moment où l'abus l'en ferait sortir. Ensuite, une liberté illimitée, en l'homme, prouverait qu'il est parfait; s'il l'était, il ne recevrait pas ici-bas la grâce avec la liberté afin de le devenir. Loin de naître parfait, il est réservé à cette gloire immense de n'être rien pour pouvoir tout par la divine Grâce. Enfin, ce serait le prendre pour bon et comme exempt des suites de la Chute, alors qu'il n'est sur la terre que pour rétablir sa nature et l'accomplir. De cette idée, on s'empressait également de déduire la thèse d'une société parfaite, exempte de gouvernement, lorsqu'elle n'est au contraire qu'un vaste système d'éducation. Au reste, on sait les inepties que les vains esprits ont entassées sur un fait dont ils ont ignoré le sens.

XXI.

Usage de la liberté.

Pour fixer l'usage et l'étendue de notre liberté, il fallait en connaître l'essence! Le pouvoir d'accomplir soi-même la loi, ne saurait devenir celui de la violer, moins encore celui de la perdre et de la tourner contre elle-même. La liberté n'est pas pour elle, mais pour l'homme, mais pour son bien, mais pour la loi. A qui d'abord appartient-elle, sinon au bien et à la loi? D'ici, l'on voit où elle se développe et où elle s'amoindrit; où elle doit être illimitée, et où il lui importe d'être réglée et conservée. Créée en vue du bien, la liberté ne saurait attaquer le bien sans se détruire, sans être le contraire de la liberté. De là les conséquences, que l'histoire a tirées : *liberté illimitée pour le bien*, pour l'Église, par exemple, parce qu'elle est l'action de Dieu sur l'homme; *liberté réglée pour l'individu*, pour la presse, par exemple, parce qu'elle est l'action de l'homme sur autrui [1]!

N'oublions point ceci : la liberté, créée pour le mé-

---

1. Pour l'homme, pour celui qui se trompe, liberté complète d'écrire, de penser et d'agir : pour l'Église, pour celle que Dieu dirige, surveillance sévère dans tous les mouvements! Voilà la logique du siècle : il ne saurait manquer d'en recueillir les fruits...

rite, se circonscrit au terrain du mérite. Tout ce qui le dépasse est autant de perdu pour l'homme, de détruit dans la Société. Multiplions autant que possible, devant la liberté, les occasions de mériter ; réduisons celles où elle peut démériter, et dès lors s'affaiblir. C'est le principe, c'est le point éclairé, et d'où il faut discrètement mener la lumière sur le reste ; c'est le nœud des difficultés contemporaines. Personne ne demande l'inquisition telle que les princes l'exercèrent en Espagne, ni la licence telle qu'elle éclate chez les peuples en révolution. On demande le bien dans la liberté possible : et cette thèse, une fois démontrée, rallierait tous les esprits honnêtes et sensés. On doit toujours poser la question de la liberté dans son rapport avec le bien.

Ne serait-elle point guidée partout où elle pourrait nuire, soit à elle-même, soit à autrui ? L'homme, en effet, n'est pas seul, et sa liberté se limite encore à celle de ses semblables. Il y eut évidemment confusion ! c'est la Justice qui est sans limites, parce qu'elle est l'accomplissement de toutes les libertés. Et ici, l'homme possède un bien plus doux et plus vénéré que la liberté, parce que ce bien contient et toutes les libertés et toute l'égalité possible. Ceux qui font leur unique thèse de la liberté absolue, et l'opposent à la justice, à la famille, aux droits acquis, à la vérité, à la loi, à la Société elle-même, nous offrent une triste idée de leur jugement ! L'homme ne doit être attaqué ni dans son âme, ni dans sa famille, ni dans ses biens, ni dans ses mœurs, ni dans ses droits acquis, ni dans la Société, qui les garantit tous. Car c'est elle qui le recueille, qui l'édifie, et le respecte dans tout son être. L'État défend sa personne contre la violence, l'Église défend son âme contre l'erreur. Enclin au mal, condamné au travail, en proie à la misère et aux passions, il est ouvert de tous côtés aux entreprises du mensonge : et lui laisser la faculté de communiquer ses erreurs aux foules sans expérience, c'est attenter au plus sacré des droits de l'homme. Accorder à la presse une liberté illimitée, c'est vouloir que le peuple appartienne au premier venu.

La liberté n'est point là. Elle naît avec notre âme, elle se lie à tout homme, se développe comme lui, et c'est à quoi l'on reconnaît la véritable liberté. Elle n'est ni l'apanage ni le profit de l'écrivain, qu'on peut toujours acheter ou mettre en prison. « Esclave né, dit Boileau, de quiconque l'achète ». La liberté a pour gardien les Aristocraties. Chez les peuples chrétiens, elle s'ouvre pour l'homme avec la vie, s'assied à son foyer, l'accompagne en son champ, paraît avec lui au sein de la cité, s'épanouit dans ses vertus et dans ses mœurs. Elle veille à ce qu'il ne soit frustré de ses droits, ni comme homme, ni comme père, ni comme propriétaire, ni comme citoyen; à ce qu'on ne lui ôte point, par exemple, la faculté de tester, celle d'élever entièrement ses fils dans sa foi, de défendre les droits qui s'attachent à ses biens, à sa cité, à sa Province, sous le prétexte dérisoire de lui offrir des libertés dont les hommes de lettres sont seuls appelés à jouir.

XXII.

Peut-on laisser, en conscience, la charge auguste d'enseigner les Nations à quelques hommes formés par la rhétorique, et en dehors précisément des études que réclame la politique ? Docteur en théologie, docteur en histoire, docteur en morale, docteur en économique, docteur dès lors en Politique ! Tels sont, aux yeux de tout homme sérieux, les titres à présenter pour obtenir du Souverain le privilége redoutable de parler aux nations. Vous demandez la liberté de la presse, c'est sans doute pour annoncer aux hommes des vérités nouvelles, et dont vous les croyez privés ? Où sont les détenteurs de ces vérités supérieures au bon sens et à la tradition ?.. Et qui peut croire à une presse instruisant les nations ?

La liberté de la presse annule celle de l'Église.

Non, vous voulez ôter l'homme des mains maternelles de l'Église pour le livrer à des littérateurs. Égarer l'homme ou le séduire est une étrange profession. Les pasteurs des peuples peuvent-ils fermer les yeux sur cette iniquité fatale ?

Mais la science n'est pas ici la seule condition ; il en existe une seconde, et c'est sur ce point qu'on s'oublie ! Le droit d'enseigner les nations, qui appartient à l'Église, ne saurait même s'exercer par les Rois d'une manière absolue. Ce droit dont les Rois, appelés par l'Église évêques extérieurs, ne disposent auprès des âmes que dans les choses extérieures [1], telles que les

---

[1]. Il se rapporte, directement, au bien temporel de l'État, et indirectement, à l'exécution des lois divines, dit S. Thomas.

Sciences, les Lettres et les Arts, dans les choses qui se lient aux besoins de l'État, telles que la justice et les lois, l'agriculture et l'industrie, la guerre, le commerce et l'administration ; ce droit de pénétrer dans l'esprit de leurs peuples, de captiver leurs cœurs, est le plus grand, le plus auguste de la Couronne. Le Prince peut seul le conférer. Le Prince qui abandonne cette charge vraiment épiscopale, ce pouvoir précieux, n'est pas digne de conserver les autres : il a fait peu de cas de l'âme de ses peuples. Quand il accorde ce droit si cher, au citoyen qu'il en a jugé digne, le Souverain lui confère une charge non moins grave que celle dont il investit le gouverneur d'une Province ou le commandant d'une armée. Et lorsqu'il la confie, il ne reconnaît point un droit, il cède un *privilége* [1], un privilége de la Couronne.

Le Christianisme en s'éloignant nous laisse dans la nuit ; les hommes, comme saisis d'un rêve, répètent des mots et demandent des choses dont ils n'ont pas le sens. Dans le mouvement qui entraîne les nations catholiques depuis que l'absolutisme se substitue à l'action de l'Église ; dans le besoin qui appelle partout la liberté de la presse, se manifeste cet instinct sacré : que la loi de l'esprit doit régner chez les hommes. Cette idée affaiblie du triomphe de l'ordre moral, nourrit en nous une image trompeuse des biens que nous avons perdus ; tant notre cœur désire la lumière et redoute la force qui menace la conscience, la liberté des enfants de Dieu !

---

1. Sous la Monarchie française, qui conservait le sens des nobles choses et de la dignité de l'homme, aucun livre ne se publiait qu'avec *Privilége du Roi*.

XXIII.

La liberté politique annule la liberté pratique.

Au sein des nations chrétiennes, les hommes ont toujours possédé des droits privés et des droits publics ; les uns, pour l'individu, les autres, pour la Société. Les libertés véritables reposent sur la famille, sur la propriété, sur la commune, sur la Province. Quand l'État se substitue à ces grands faits, il n'y a plus de libertés chez les peuples. Ces libertés réelles se forment avec eux ; elles demandent des Aristocraties pour les produire et pour les protéger. Un peuple privé d'Aristocratie appartient au despotisme. Ces Aristocraties elles-mêmes sont fondées sur des conditions morales et politiques qu'on ne saurait ébranler sans renverser les peuples et leur propre constitution historique.

Au reste, tout le monde sait que les nations chrétiennes arrivent à une sage liberté. Mais une sage liberté est une *liberté sage,* facile à définir : accroître sans mesure la liberté du bien, et réduire avec soin celle de faire le mal, celle de se détruire[1]. Repousser une semblable liberté, serait avouer qu'on réclame les droits de l'orgueil et non ceux de la liberté. Car, dès qu'elle prétend se donner à elle-même sa Loi,

---

1. La Révolution se garde bien de faire la grande distinction entre la liberté de bien faire et la liberté de mal faire ! Pour découvrir laquelle des deux est chère à ceux qui demandent à si grands cris la liberté, regardons à leurs mœurs...

décider de l'existence qu'il faut laisser à Dieu, à l'homme, à la famille, à la propriété, aux aristocraties, à la commune, à la cité, à la Société elle-même, c'est d'une pareille liberté qu'il faut dire, *elle n'a ni foi ni loi, ni feu ni lieu.* On croit la France avide de cette liberté, qu'on appelle illimitée ou absolue. On la disait aussi folle d'égalité ! Mais la France précisément ne reprit confiance, après 1848, que parce qu'on retirait à la Tribune, à la presse, aux associations politiques, cette liberté illimitée. Voilà qui doit tranquilliser. Car s'il fallait combler l'orgueil, chacun sait quand on y parviendrait !

En politique, l'extrême liberté est la servitude des bons. La liberté politique, telle qu'on la voulait de nos jours, détruit la liberté pratique, et, pour peu qu'on la laisse aller, nous ôte celle d'exister... Ce n'est pas d'elle que viennent au peuple la Foi, la justice et la paix, mais de la solidité de la loi. Eh bien ! ceux qui produisent ces trois choses, le prêtre, le juge et le paysan, ne songent qu'à la liberté vraie, qui est le triomphe de la loi ; ils songent au droit de l'homme qui possède la Foi, au droit de l'homme qui crée un capital, au droit de l'homme qui crée une famille, au droit de l'homme qui défend les intérêts de sa cité. Voilà des libertés pratiques, auxquelles ils songent avant tout ! Restent les beaux esprits. Faut-il exposer une Nation pour deux ou trois cents hommes de lettres ? Ne puisons pas de conseils dans la foule. Les désirs du peuple sont comme les appétits du corps, on ne peut les écouter sans le détruire.

Dernièrement l'Angleterre, par la voix du journal

qui exprime le mieux ses secrètes pensées, disait naïvement en parlant de la France : « C'est un pays « auquel il faut imposer le rétablissement de la *liberté* « *de la presse* et de la *discussion parlementaire* [1] ; de « façon que si l'on ne peut en supprimer la force ma- « térielle, on supprime du moins la puissance que trouve « ce pays dans l'unité de ses conseils. » C'est ainsi qu'en 1815, en compensation des frontières qu'on laissait encore à la France, l'ambassadeur anglais demandait le maintien, au Code civil, de ce partage des successions qui, brisant les familles à mesure qu'elles se forment, prive à jamais les nations d'une aristocratie, arrête leur croissance, les condamne à passer alternativement de l'anarchie au despotisme. L'Angleterre, qui en doute? nous féliciterait d'une brèche nouvelle faite à l'hérédité, à ce dernier rempart de la famille et de tout capital ! Avant de repousser les inspirations de l'Église et les faits de l'histoire, que la France écoute du moins les leçons de ses ennemis...

[1]. Nous parlons de la liberté de la presse, et souvent celle de la Tribune devient plus dangereuse encore par la régularité avec laquelle elle peut miner le siége d'un malheureux gouvernement. Cet esprit d'opposition que les parlementaires, encore étonnés de leur chute, appellent, pour la justifier, « LA PENTE FATALE DE NOTRE TEMPS », est la pente éternelle de l'homme, le fatal besoin de briser tous les jougs, d'envier tous les biens. Pente de notre temps? En dehors de la vérité, comme on peut se payer de mots !

XXIV.

La Révolution et notre liberté.

Un matin la France s'éveille et ne trouve plus ni son Église, ni ses Rois, ni sa Noblesse, ni ses ordres, ni ses corporations, ni ses Provinces, ni ses municipalités, ni ses coutumes, ni son droit public, ni ses libertés dans la famille, dans la propriété, dans la commune, dans la cité ; enfin, ni ses universités, ni ses abbayes, ni sa marine, ni ses colonies... plus rien de son histoire, plus rien de son passé. Qui détruisit en un jour toute la constitution historique d'un peuple? La Révolution ! Et ce peuple dansait de joie autour de ce monceau de ruines.. et les grands, les hommes d'État et les savants, fatigués de ne plus attirer l'attention de la foule, s'écrièrent aussi : Gloire à la Révolution, à qui nous devons tous nos droits, à qui nous devons tous nos biens !... Jamais l'homme de cœur ne vit un spectacle plus navrant.

La Révolution est la grande illusion, le mensonge le plus vaste qui ait paru sur la terre. Aux méchants pressés sous ses drapeaux, elle joint la multitude des cœurs qu'elle a séduits : les méchants seuls, jusqu'à ce jour, s'armaient contre le monde. L'Islamisme n'entraînait que les âmes déjà captives de leurs sens, et le Protestantisme, que celles que dominait leur moi ; mais, atteignant la raison même, la Révolution voit peu à peu les âmes généreuses entrer dans ses redoutables filets. Là est l'immensité du péril... Avouer que les cœurs dans l'humilité, secourus par des traditions ou de fortes doctrines, pourront seuls désormais échapper ; c'est dire que le monde est à la veille de périr.

L'illusion ! Qui comptera les cœurs déjà tombés sous son empire, — depuis ceux qui prétendent à l'égalité absolue, au partage des biens, à l'inutilité des Trônes, à la félicité sur la terre, — jusqu'à ceux qui veulent y proclamer une liberté sans limite, y restreindre l'action des lois, prier les Souverains de partager leurs sceptres, rompre l'écluse du capital, — enfin, jusqu'aux imaginations convaincues que la vérité va par elle-même triompher de l'erreur, que la liberté suffira pour assurer le règne de l'Église, qu'elle peut aliéner son Patrimoine, se passer de l'État, et abdiquer tout pouvoir temporel ?. car, telle est la progression, lorsqu'on redescend l'échelle de l'erreur. Que d'hommes aujourd'hui pensent conduire le monde à une ère nouvelle, à une ère plus grande, et le conduisent à sa fin [1] ! Oui, ce que la Révolution renferme de plus terrible, c'est l'illusion. Pas une vérité dont elle n'ait tiré un mensonge, pas un mensonge qu'elle n'appuie sur une vérité ! C'est au nom de ce qu'il y a de plus divin en nous, la liberté humaine, qu'elle a détruit la Foi dans la moitié de l'Europe,

---

1. Sur cette terre, le mensonge et la séduction seront les derniers maux... « Cette conjuration contre le Ciel revêt un caractère qu'elle n'avait point pris dans les siècles passés, celui d'une profonde et séduisante hypocrisie. On veut épurer l'œuvre de Dieu, qu'on démolit ! Et telle est la sagesse avec laquelle l'esprit du mal a dressé ses embûches qu'il égare des esprits droits, qu'il les fascine au point de s'en faire des défenseurs. Il s'opère sous nos yeux ce qu'on verra au dernier jour : un grand mystère de séduction. Il semble, si cela était possible, que les élus mêmes n'y échapperaient pas. » — Mandement de Mgr l'Évêque de Digne, au clergé de son diocèse ; 1861.

brisé les droits acquis par les provinces, par les cités, par la famille, par la propriété, jeté les âmes dans l'athéisme et la Société moderne sur le bord de l'abîme.

Et l'homme moderne est si vain, il a gardé si peu du bon sens que possédaient nos pères, qu'il s'est vu dépouiller des libertés acquises par dix-huit cents ans de pratique chrétienne! des libertés réelles, qui s'attachaient à la propriété, à la famille, à la cité, à l'individu même pour lui faire une place au milieu des nations. Il a lui-même échangé ces libertés, propres au bien, contre des libertés illusoires, propres au mal, et dans lesquelles il voit insensiblement disparaître la famille, la propriété, sa personnalité même, sa Foi, ses coutumes, ses droits!

Si une illusion, une hérésie, a suffi jusqu'ici pour ébranler l'Europe, y renverser les plus puissants États, qu'attendre de la Révolution, qu'attendre de l'illusion définitive [1] ? Les axiomes sont ébranlés ; déjà les Rois ont douté d'eux-mêmes, et sont descendus de leurs Trônes ; de grands esprits, rappelant ces mots redoutables : *Les étoiles tomberont du Ciel*, sont tombés du sein de la lumière ; et le sublime écrivain de l'époque a disparu dans l'abîme aux regards consternés de ses contemporains. A quoi servira le génie ? Si les chrétiens eux-mêmes mettent un pied sur les bords de l'illu-

---

1. « La Révolution, s'écrie S. S. Pie IX, dans l'Encyclique du 8 dé-
« cembre 1849 ; la Révolution est inspirée par Satan lui-même. (Ex-
« pression qui rappelle involontairement la pensée si connue du comte
« de Maistre!). Son but est de détruire de fond en comble l'édifice du
« Christianisme, et de reconstituer sur les ruines l'ordre social du
« Paganisme ! »

sion immense, tout est perdu. Laissons des insensés, laissons tous ceux qu'emportent les hérésies, le libéralisme ou le panthéisme, ces âmes privées des ailes du véritable amour, désirer pour l'Église les trois libertés mêmes qui conspirent sa ruine, liberté de conscience, de la presse et des cultes, ces libertés qu'ont proclamé ses ennemis...

XXV.

Le trop malheureux écrivain qui lui-même arrêtait ce programme, et conseillait au Clergé de France de mendier son pain à travers nos campagnes, pour y trouver la liberté, réclamait de plus la rupture entre l'Église et l'État, afin de séparer la cause de l'Église de celle du Pouvoir monarchique, qu'il croyait seul en butte aux haines de la Révolution [1]. Les illusions perdront ce monde... Pour un Théologien, que c'était peu connaître l'homme! Si déjà les âmes qu'agite le mal, portent une haine si grande au Pouvoir, parce qu'il surveille leurs actes extérieurs, quelle horreur n'éprouvent-elles pas contre l'Église, dont le regard les suit dans leur cons-

La Révolution séduit plusieurs esprits chrétiens.

---

[1]. « L'Église, pour rester ce qu'elle doit être, sera contrainte de « s'isoler de la Société politique, afin de recouvrer sa force première « et divine. »..... « Que l'Église donc, évitant de lier sa cause à celle des gouvernements, se concentre en elle-même. » *Des progrès de la Révolution cont. l'Égl.*, par M. l'abbé de La Mennais, chap. IX : Devoirs du Clergé dans les circonstances présentes; Paris, 1829! — « La séparation de l'Église et de l'État a l'avantage d'attaquer le gallicanisme pratique. » *Affaires de Rome*, 1836.

cience ? Les populations déchaînées n'ont-elles pas poursuivi les prêtres avec plus de fureur que tous les agents du Pouvoir ? Croire que les hommes se porteraient d'eux-mêmes vers la Foi, c'est-à-dire vers le bien, vers la justice et vers la vérité, s'ils trouvaient une liberté sans limite dans la presse, la conscience et les lois, n'est-ce point oublier et la Foi et le motif qui la fit donner à la terre ? oublier la thèse chrétienne elle-même ?

C'est sur ces points, malheureusement, que les disciples de M. de La Mennais virent le génie du maître. On crut qu'il venait ouvrir le passage entre le monde ancien et un monde nouveau, éclos de la Révolution. Était-ce un monde moderne, ou bien un monde malade ? « La Révolution, s'écriait le maître, donne au Catholicisme une seconde naissance[1]. » « La Révolution française sortit de l'Évangile », écrivait un disciple à l'écart, en tête de ses vastes publications[2]. La chute du puissant esprit n'emporta point les traces faites dans l'imagination. Des âmes possédées d'un noble mais trop pressant désir de conduire à la Foi une Révolution qu'elles croyaient pleine de grands instincts, voulurent en ménager d'abord, mais en épousèrent bientôt les sympathies. Pour diriger des sentiments qu'ils pensaient mieux connaître, associer la Foi à ces progrès nouveaux, ils continuèrent de présenter la liberté de la presse, de la conscience et des cultes comme l'unique voie de salut pour l'Église ; ils continuèrent de repousser pour elle la protection, toujours dans la pensée

---

1. *Affaires de Rome*, par M. de La Mennais.
2. Début de *l'Hist. parlement. de la Révol.*, par M. Buchez.

qu'une liberté illimitée suffit à son triomphe... C'est bien peu connaître ce monde. L'Église n'est affligée, ni dans la Chine ni dans les Indes, de la protection de l'État, et elle trouve en Amérique la pleine liberté de lutter : son triomphe y est-il plus grand ?

C'est l'illusion du jour. On croit que la liberté fera tout, et qu'elle va couvrir la terre des biens que dix-huit cents ans de Foi n'ont pas su lui donner! La liberté, c'est l'homme même, et l'homme est atteint par le mal...

On a pris une circonstance passagère pour une règle de tous les temps. 1830 bannissait l'Église de l'ordre légal; vaincue par la Révolution, et, toujours au nom de la liberté nouvelle, l'Église fut enfermée dans un réseau de lois. On crut renverser cet échafaudage en venant demander pour Elle sa part légale dans cette liberté. Ceux qui, rompant la maille du libéralisme, surprirent alors quelques immunités pour l'Église, ont bien mérité de la Foi, ils ont acquis une gloire immortelle. Mais, cet état ne pouvait durer. Aujourd'hui que, furieux d'en avoir si long-temps attendu la ruine, les ennemis de l'Église voudraient l'*étouffer dans la boue*, faut-il leur en laisser la liberté parce que cette liberté servit un jour à les confondre? — Ce fut notre principe : nous demandions des libertés complètes, nous devons les demander encore. — Soyons fidèles à nos principes, mais d'abord recevons de l'Église les principes auxquels nous devons cette fidélité. « Ces doctrines sur la *liberté de la presse* et *des cultes*, écrit le Cardinal Pacca à M. de La Mennais, sont en opposition avec l'enseignement, avec les maximes et la pratique de l'Église.

Elles ont beaucoup *étonné* et affligé le S. Père. Si, en certaines circonstances, la prudence exige de les tolérer *comme un moindre mal*, de telles doctrines NE PEUVENT JAMAIS ÊTRE PRÉSENTÉES PAR UN CATHOLIQUE COMME UNE CHOSE DÉSIRABLE[1]. »

Penser qu'une liberté sans limite rétablira le règne de la Foi, et la fera chérir des hommes, c'est avant tout oublier ce qu'est l'homme. Pour assurer ce triomphe, certes, il ne faut point la contrainte : mais il faut l'appui de l'État, le respect de l'État, les exemples donnés par l'État, parce que le peuple est attentif à la pensée des grands ; parce que le peuple veut toujours imiter ceux qu'il admire et dont il sent le pouvoir sur lui. La contrainte extérieure est absurde et abominable, parce qu'elle prend la place de la contrainte morale, de cette noble fille de la lumière et de l'exemple. C'est pour la liberté de notre âme que l'Église combat, en réclamant les exemples et la protection de l'État !. Mais l'absence de Théologie a réduit partout les questions à des proportions littéraires.

Si déjà la justice et la paix, si désirées des hommes, demandent sur la terre ces organisations puissantes qu'on nomme Gouvernements, combien plus encore faut-il assurer une protection à la Vérité, si méconnue, et si peu désirée des cœurs[2] ? La liberté pour l'Église ; oui d'abord si vous la lui avez ôtée, et si votre société n'est plus qu'une concurrence horrible entre le bien et

---

[1]. Lett. de S. E. le Card. Pacca à M. de La Mennais ; écrite par l'ordre de S. S. Grégoire XVI. Rome, août 1832.
[2]. De glace pour la vérité, l'homme est de feu pour le mensonge.

le mal ; mais si, avec cette liberté, vous méprisez l'Église, si vous la laissez veuve du respect, des exemples et de l'amour du Souverain, vous la verrez mourir comme au sein des États protestants. Et, pour asseoir la liberté, rêver lorsqu'on est catholique, un Souverain protestant sur le trône de France, est une idée étrange, un triste expédient...

Tout provient d'une même illusion, d'une impression qu'on se cache à soi-même : on a moins confiance en l'Église qu'aux promesses de la liberté ! De cette liberté doit sortir l'avenir des nations, et l'Église ne le voit point...

XXVI.

De la Révolution naquit le néo-christianisme.

Entre ceux qui considèrent la religion comme une infirmité, une susceptibilité maladive de l'homme, et ceux qui voient sa gloire dans cet élan du cœur vers Dieu, dans ce retour de l'âme vers sa Cause première, il y a place à bien des systèmes, dont le plus odieux est celui qui voudrait abolir chez les hommes de pareils sentiments. Ecartez Dieu, l'homme n'a plus de comptes à rendre ; il n'est pas seulement libre, il est indépendant, il devient absolu, SICUT DII. En devenant fragment de la divinité, il doit être fraction de la Souveraineté : une telle conception aura ses retentissements[1].

1. Après Voltaire, d'Alembert et Dupuis, viennent Hégel, Feuerbach et Stirner, pour conclure « que Dieu est encore au néant, et qu'il
« ne prend conscience de lui que dans l'homme... Que l'homme doit
« s'adorer lui-même, car il n'a pas d'autre Dieu ; et que celui qu'on
« imagine n'est qu'une abstraction destructrice de l'Humanité. »

Du point de vue d'une complète indépendance ontologique et religieuse, se déduit aussitôt celui d'une complète indépendance politique. Le passé, ses coutumes, nos principes, la Foi, deviennent des absurdités. Telle est, en soi, la thèse du libéralisme, la thèse qui part de la liberté pour nier toute loi. Rien de plus beau que d'être libéral, de plus mauvais que de fausser et de perdre la liberté par le libéralisme...

Avec le libéralisme n'espérez pas trouver votre point de suture, la liberté ne le fournira pas. Au fond vous demandez la liberté du bien, c'est-à-dire de l'Église; au fond il vous demande la liberté du mal, c'est-à-dire de la Révolution. S'il désirait sérieusement la liberté, il la verrait d'abord dans un passé où pendant dix-huit cents ans le christianisme s'est appliqué à la faire croître dans les âmes, dans les droits privés et dans les droits publics des peuples, dans la famille et dans l'hérédité, dans la cité, dans la propriété, dans toutes ces institutions aujourd'hui abattues ou ébranlées de la main du libéralisme. Mais il a en horreur ce passé parce que le Christianisme, la liberté du bien, y pouvait triompher. Le libéralisme éclate en France aussitôt que le siècle dernier achève d'étouffer la Théologie. Ce fut la chute des grandes notions, la décadence de la pensée, la route faite au despotisme. Ce sont, au reste, les enfants du libéralisme qui viendront le servir... Hommes de trop de foi, alors seulement vous les reconnaîtrez! Mais ceux à qui vous présentez la main préféreront le despotisme à la confession.

Or ici arrivent en foule les imaginations avides, dont la sincérité alimente la thèse de la Révolution. A la suite des cœurs révoltés contre Dieu, accourt la longue série des âmes éblouies par les *nouveautés* et dévorées par l'illusion. Rien ne leur paraît plus sensé que cette liberté nouvelle, que l'Église semble oublier!

Croire que l'on puisse confier la justice et les droits au bon vouloir des hommes : voilà le libéralisme; croire que l'on puisse leur confier la vérité : voilà le néochristianisme. C'est-à-dire que la première erreur engendra la seconde chez des âmes plus élevées, mais aussi inexpérimentées. C'est encore l'oubli de la Chute, encore de la politique faite en dehors de la Théologie.

Mais oubliant la Chute, on oublie ce qui vient de la Rédemption. Aujourd'hui, on ne voit plus le Christianisme, tant il est bien assimilé à la nature humaine. Pour les uns, la confusion est complète, et de là le socialisme; pour les autres, elle est partielle, et de là diverses écoles qui viennent expirer vers la Foi. Les philosophes attribuent à l'homme tout ce qui lui vient de la Grâce; les libéraux, au citoyen tous les droits qui lui viennent de la Société[1]! Eh! comment la politique et la philosophie échapperaient-elles à l'illusion lorsque, sur tant de points, des chrétiens la partagent?. Dernièrement, j'exprimais cette observation, lorsque M. l'abbé Noirot me dit : « Si la philosophie, si le monde aujourd'hui se trompe, c'est la faute du Chris-

---

[1]. Les anciens étaient grands par la tradition; et l'on vit succomber les peuples à mesure qu'ils la perdaient. Les modernes ne sont grands que par le christianisme; la liberté et la raison les quittent à mesure qu'ils veulent s'en éloigner.

tianisme, il a mis dans la nature humaine une puissance de liberté et de raison que l'on prend maintenant pour des faits naturels. »

L'Église n'a pu voir plus longtemps ses chers fils désunis sur ces questions graves. Elle a parlé ; il suffit de rappeler aujourd'hui des Paroles sacrées que les événements, sans doute, nous ont fait oublier.

Après avoir demandé « une *régénération* dans l'Église », le grand écrivain, condensant ses erreurs, ajoutait : « Nos vues tendent à unir la cause de l'Église à la cause de la liberté, par conséquent, à rompre l'alliance entre l'Église et les vieilles Souverainetés, [1] » etc. Et l'Encyclique de Sa Sainteté Grégoire XVI répondit : « Comme il est constant,
« d'après les paroles du Concile de Trente, que l'Église
« est instruite par Jésus-Christ et enseignée par l'Esprit
« Saint, il est souverainement absurde et injurieux de
« mettre en avant une prétendue *régénération* devenue
« nécessaire à son existence »... Et ensuite : « De la
« source infecte de l'indifférentisme découle cette
« maxime absurde, ou plutôt ce délire, qu'il faut garan-
« tir à chacun la *liberté de conscience*. On prépare la
« voie à cette pernicieuse erreur par la *liberté d'opi-*
« *nions* sans bornes ; et pour le malheur de la Société,
« religieuse et civile, on répète avec impudence qu'il
« en résultera un avantage pour la Foi. Mais qui peut
« mieux donner la mort à l'âme, s'écrie S. Augus-

---

1. « ... Dès lors à détruire ce fait que, de part et d'autre, on croyait
« avoir un égal intérêt à conserver. Je viens dire à l'Église : Séparez-
« vous des Rois, tendez la main aux peuples, ils vous soutiendront de
« leurs *robustes bras*..... La liberté de l'Église sortira de la liberté
« des peuples... etc. » ... Introd., tome X^e des OEuv. *Affaires de Rome*, pag. 25.

« tin, que la *liberté de l'erreur?* Tout frein étant ôté
« pour retenir les hommes, leur nature inclinée suc-
« combe au mal; nous pouvons dire avec vérité que le
« puits de l'abîme est ouvert »... Et enfin : « De là le
« fléau le plus mortel pour la Société, car, de toute
« antiquité, les États qui ont brillé par leur puissance
« ont péri par ce seul mal : *la liberté illimitée des opi-*
« *nions*... Là se rapporte cette liberté funeste, et DONT
« ON NE SAURAIT AVOIR ASSEZ D'HORREUR, la liberté de la
« presse pour publier quelque écrit que ce soit, liberté
« que quelques-uns osent solliciter avec tant d'ardeur!
« Nous sommes épouvantés, Vénérables Frères, en
« considérant de quelles erreurs monstrueuses nous
« sommes accablés! O douleur! on a l'impudence de
« soutenir que le déluge d'erreurs qui découle de là est
« bien compensé par tout livre qui paraîtrait pour dé-
« fendre la vérité! Quel homme en son bon sens dira :
« Il faut laisser librement se vendre les poisons, les
« boire même, puisqu'il est un remède tel que celui qui
« en use parvient, quelquefois, à échapper à la mort [1]? »

Mais, avant de poursuivre, revenons à cette thèse d'une liberté qui devrait remplacer la Protection pour l'Église.

---

1. Encyclique *Mirari*, de S. S. Grégoire XVI, à tous les Patriarches, Archevêques et Évêques; donnée à Rome le jour de l'Assomption de la B. Vierge Marie, l'an 1832, 2ᵉ de son Pontificat.

XXVII.

L'Église a droit à la protection comme à la liberté.

Si par liberté pour l'Église, on entend qu'elle sera l'objet suprême de la sollicitude de l'État, qu'elle se verra entourée de son respect, de son amour, rien de plus juste, rien de plus sage. Si par ces mots on veut laisser au mal, à l'erreur, à la multitude de ses ennemis, les mêmes libertés qu'à l'Église, nous glissons dans l'abîme.

Eh! quoi, l'État protégera la justice, il protégera l'innocence, les arts, les sciences, la propriété, le droit, la liberté, et il ne protégera pas la vérité, cette liberté et ce droit de notre âme? Tout sera secouru, hormis la vérité? L'homme vaut moins, alors, que les choses qui sont faites pour lui. Mais il est évident qu'on n'y avait point réfléchi... Pour étendre la protection à tout, excepté à la vérité, c'est-à-dire à la base des lois, du droit et de la Société, il fallait là quelque grand préjugé.

Des chrétiens, des esprits qui, dès-lors, partent du dogme de la Chute, ne demanderont pour l'Église exactement que la liberté? la liberté pour la vérité et l'erreur pêle-mêle?. Et le penchant au mal qui l'emporte dans notre cœur sur le désir du bien! Il faut donc vous le dire : mettre la vérité en champ clos avec l'erreur, le bien avec le mal, la justice avec nos passions, c'est livrer la vérité à l'erreur, le bien au mal, la justice à nos passions... Je lus un jour ces mots de celui qui nous effraya par sa chute : *Le malheur est qu'on n'a pas assez foi en la puissance de la vérité!* Je vis tout à coup que cet esprit merveilleux ne possédait pas le premier mot de la science qui l'élevait au Sacerdoce [1]. Quelle illusion chez un théologien ! Avoir la Foi et oublier les résultats de la faute d'Adam ! oublier que l'homme livré à lui-même ne saurait arriver à la vérité et s'établir dans la justice, que l'Église est là précisément pour lui rapporter l'une, et l'Autorité pour lui assurer l'autre ! Ne plus voir ce qui nécessite la constante intervention des sacrements, dans l'homme, et des lois, dans la Société ! Enfin, perdre de vue que la vérité et la justice, réunies, ont une peine extrême à maintenir la Civilisation, à l'empêcher de rentrer dans la barbarie, où l'entraîne éternellement la Chute ! La Chute ! Mais la Société entière n'est établie qu'en vue de cet immense événement... On croit la Société chrétienne un fait entièrement humain, une chose toute naturelle : après l'Église, rien en vérité n'est plus surnaturel...

Les bons, organisés pour maintenir chez les autres la justice et la paix, voilà toute la Société. Et sans l'autorité qui le protége, comment le petit nombre chez les hommes produirait-il le miracle de contenir le plus grand ?.. On ferme les yeux aux faits ; il n'y a pas, sur la terre, de prodige plus étonnant après celui de la Grâce, qui nous y fait opérer le bien ! L'Autorité

---

[1]. Cette illusion est à ce point le centre de nos erreurs contemporaines, qu'on la retrouve aussi naïve, trente ans après, sur les lèvres du libéralisme officiel. « On pensait donc qu'en laissant la vérité et le « mensonge aux prises, la vérité finirait par l'emporter. On avait dans « notre liberté, ajoute M. Thiers, une confiance, hélas ! bien altérée « aujourd'hui. » (*Hist. du Cons. et de l'Emp.*, t. XVIII, p. 270.) La vérité aurait cette puissance si l'homme était innocent...

tire les hommes du néant de l'état sauvage ; ils y retombent aussitôt qu'ils repoussent sa main. Les civilisations anciennes, dont on a tant parlé, étaient le fruit d'une tradition et de l'Autorité, elles succombaient à mesure que s'affaiblissaient ces deux faits [1]. Trouvez une nation hors de l'Autorité, une Civilisation réelle hors de la Grâce et de la Vérité ! L'Autorité est le point qui excite le plus l'admiration des sages : après ces deux incomparables dons, elle est le don le plus précieux fait aux hommes.

En contenant le mal, c'est elle qui crée la liberté, qui conserve les droits et les biens acquis. *Toute justice vient du Roi* : c'est en ce sens qu'il faut l'entendre. Ne voyons-nous donc plus cette phalange sacrée qui, suivant les diverses fonctions, nous apporte la justice, le sacerdoce, l'enseignement, l'administration, les exemples, la bienfaisance, l'industrie et la production ? Il est des hommes qui, sans le Code, ne seraient jamais dans la justice, et qui, sans la force, ne seraient jamais dans la paix ; de même, sans le droit, sans la propriété, il en est qui consommeraient tout ce que produisent les autres, et en trois pas nous mèneraient à l'état sauvage. C'est à l'Autorité qu'on doit toute la Société ; pourquoi dès lors soustraire à sa protection la Vérité, sur laquelle, chez des êtres libres, tout le reste

---

[1]. Diminuez l'Autorité, et le bien diminue ; renversez-la, le bien s'arrête, la révolution commence, la foule cesse de travailler, s'abandonne à l'ivresse et entre dans le crime en raison de la durée de la révolution. Voilà, l'homme rendu à la liberté, redevenu ce qu'il est ! Et ne pas voir le fait, se laisser éblouir par les mots que trouve notre orgueil, c'est reprendre la route ouverte par les Girondins.

s'appuie?.. Certes ! il faut être homme de bien pour comprendre ce monde, mais pas au point de n'y voir que le bien, surtout de croire qu'il triomphera sûrement si l'on nous laisse liberté entière. Dans ma jeunesse j'entendais dire que l'humanité ne rencontrait d'autre obstacle en ce monde que les gouvernements; que tout progrès y consistait à restreindre l'Autorité et à nous délivrer peu à peu de l'oppression des lois. Aussitôt que j'ai pu par moi-même voir l'homme, et l'étudier d'assez près, j'ai compris combien ces idées étaient vaines, et où se trouvait le bon sens.

Alors, ne voulez-vous aucune liberté ? — C'est-à-dire que nous les voulons toutes, et d'abord celle qui les produit. Aucune liberté ! Nous voulons la plus grande, celle que Dieu a faite pour l'homme, la liberté elle-même, la faculté d'accomplir de soi-même sa loi, le pouvoir de bien faire : ce que nous repoussons, c'est la facilité avouée de violer de soi-même sa loi, le pouvoir de mal faire, l'orgueil, plaçant l'homme au-dessus de Dieu ! C'est parce que nous méprisons une liberté puérile, qui n'est venue au monde que sur les ruines des libertés positives, acquises par les peuples chrétiens; c'est parce que des insensés nous enferment dans une révolution qui aboutit de toute part au despotisme, et qu'il faut pourtant échapper à une servitude ou à une barbarie sans bornes, que nous réclamons la liberté réelle, cette liberté des enfants de Dieu qui fit naître les droits privés et les droits publics des peuples, ces droits que, par illusion et par égarement, vous avez renversés ! Avec le bon sens, avec l'histoire nous demandons la liberté de ceux qui accroissent la Foi, les droits, la justice, la paix, la vertu, la charité et le pain chez les hommes ; avec le bon sens, avec l'histoire nous repoussons la violence de ceux qui diminuent la Foi, les droits, la justice, la paix, la vertu, la charité, le pain ! Il est aisé d'être logique et franc lorsqu'on part d'un principe, contrairement à une époque qui ne fait que répéter un mot ; lorsque l'on sait que notre liberté est le pouvoir angélique du bien, l'instrument du mérite, et que, hors du mérite, elle expire ! car, de là, se déduit la Société tout entière.... Et vous, montrez-nous vos principes jusque dans la racine ; nous attendons vos métaphysiciens ! De tant d'éclat dans le talent est-il sorti une lumière ? Déjà vous subissez le sort des esprits littéraires. Pour résister à une époque, il faut être enraciné plus profond...

Les idées pures aujourd'hui nous abusent ; on persiste à les interroger comme on l'eût fait avant la Chute. L'Homme est tombé ; en vain Rousseau voudrait en invoquer la nature première, en rétablir les droits innés, retrouver les prérogatives d'un état d'innocence : ses *à priori* ne sont plus. Les idées philosophiques nous trompent ; la Doctrine complète ne peut sortir que de l'Église, les idées politiques, que de l'expérience. Voilà pourquoi si peu d'hommes sont aptes à gouverner, et pourquoi la Providence nous procure, par l'Hérédité, des Rois préparés de sa main.... Croire à la liberté illimitée de la presse, de la conscience et des cultes, croire que l'on puisse confier la vérité, la justice au bon vouloir des peuples, n'est pas une ignorance légère, ou une illusion éphémère, mais l'erreur capitale, l'illusion qui déracinera la Chrétienté. C'est sur le principe opposé que la Civilisation s'est assise. Si au moment le plus alarmant, si lorsqu'elle a de la Protection un plus pressant besoin, ses premiers défenseurs déclarent qu'elle doit s'en passer, tout est perdu...

Il n'y a plus de traditions, plus de métaphysique, et l'on veut faire de la Politique ! Dans la Foi, il existe un trésor de lumière, mais on ne l'ouvre pas. On ne rencontre que des esprits littéraires. En France effectivement les phrases sont très-claires ; c'est la pensée qui est obscure, qui est toujours dans le néant. Aussi, que la moindre idée s'avance et se découvre entièrement, on crie à l'exagération. Mais tirez la vôtre des limbes, que nous la connaissions enfin [1]. Ne croyez pas défendre les principes parce que vous en présentez

---

[1]. Entrer dans toutes les questions sans Doctrines ni obéissance, comme le fait notre époque, est une grande frivolité. L'esprit, en France, dépouillé des principes par le siècle dernier, puis de la pensée, par le nôtre, se nourrit d'un pain doré, mais bien léger.

Détrompé sur la vérité, étourdi de l'éternel retour d'un langage vulgaire, empesé, mais brillant, le public ne peut plus distinguer le produit de la rhétorique du fruit de la pensée. Il abandonne la doctrine pour le discours. Notre esprit est tombé dans la servilité : la place du despotisme est faite. Après avoir frappé nos aristocraties politiques, la frivolité atteint la fragile tige de l'aristocratie de l'esprit. La vérité que fera-t-elle ? la rhétorique nous inonde, et couvre tout d'un émail emprunté à la langue. Idée vieille, idée fausse, idée nulle, sans ombre de réalité, tout revient et prend vie sous ce vernis banal.

Et c'est ce qu'on nomme talent... On ne vit que pour l'apparence. Nos thèses et nos livres, par le titre, la nature et la forme, semblent écrits par des marchands : tout dans la devanture, et rien dans la maison... La rhétorique achèvera d'énerver les notions de la Foi après avoir éteint, chez nous, jusqu'à la dernière idée philosophique. Elle a remplacé l'âme, elle a tué l'esprit, annulé la vérité même, elle porte le dernier coup à la Société française. La littérature est le linceul de la pensée. A cette heure elle descend dans la lâcheté, et nous pousse comme un troupeau aux portes de la barbarie.

quelques-uns. Les principes sont les branches d'un arbre : vous leur ôtez la vie si vous les détachez du tronc, et vous faites périr le tronc si vous offensez la racine. Montrez une doctrine sous tant de thèses empruntées à ces temps ! Si l'on est à la fois privé de doctrines et d'obéissance, vous le sentez, il ne reste plus rien... Honneur aux personnes, à toute pensée magnanime, à toute noble intention ; mais que les idées particulières s'effacent dans le danger commun ! Le monde est à cette heure dans la crise fatale, l'avenir se décide demain. Le libéralisme et le gallicanisme vont cette fois périr, ou la Civilisation ne s'en relève pas...

Justement alarmée de l'invasion de ces erreurs chez les peuples chrétiens, l'Église, répétons-le, a élevé la voix. Dans l'Encyclique de 1832, S. S. Grégoire XVI, continuant, s'écrie : « Ces faits condamnent l'insolence « de ceux qui, enflammés de l'ardeur d'une liberté im- « modérée, travaillent à ébranler les Droits des puis- « sances, lorsqu'ils n'apportent aux peuples que la « servitude sous le masque de la liberté. Et nous n'a- « vons rien de plus heureux à attendre, ni pour la Re- « ligion ni pour les Gouvernements, en écoutant les « vœux de ceux qui désirent voir l'Église séparée de « l'État, la concorde se rompre entre le Sacerdoce et « l'Empire. Il est certain que cette union, qui FUT « TOUJOURS SI SALUTAIRE AUX INTÉRÊTS DE LA SOCIÉTÉ RELI- « GIEUSE ET DE LA SOCIÉTÉ CIVILE, est redoutée de tous « les partisans d'une liberté sans frein.[1] » A coup sûr, on ne saurait nier que, parmi les prérogatives sacrées

---

1. L'Encyclique, *Mirari ; idem*, 1832.

de l'Église, l'une des principales ne soit celle de discerner ce qui est nécessaire à sa défense, utile à sa conservation. Eh bien! puisqu'elle a prononcé, sera-t-il bien, sera-t-il sage d'ouvrir un avis opposé? Entendons-nous mieux que l'Église elle-même les premiers intérêts de l'Église? Hélas! ceux qui prétendent la conseiller restent si convaincus de s'être mis au bon chemin, qu'ils croient voir l'Église elle-même s'en écarter, s'écarter des voies de l'avenir! Elle aurait égaré sa boussole; 89 l'aurait trouvée, et le libéralisme se hâte d'en avertir la sainte Église... Il ne sent point qu'il dérive, il pense que c'est l'Église qui s'éloigne du bord : ainsi l'homme emporté par un fleuve rapide, voit le rivage fuir...

Non, quelles que soient ces menaces d'un schisme qui envelopperait les nations, l'Église, pour les flatter, ne les laissera point tomber dans un mensonge, dans un abîme qui les engloutirait. Et comme entre ceux qui chérissent l'Église, la bonne foi est profonde, la bonne foi est sans bornes, nous entrerons dans le sens des grandes paroles qui suivent le texte déjà cité : « Que « les Princes, nos très-chers fils, considèrent que ce « n'est pas seulement pour le Gouvernement de la « Société temporelle, mais surtout pour la PROTECTION « de l'Église, *que le Pouvoir leur a été donné;* que d'ail-« leurs tout ce qui se fait pour l'avantage de l'Église, « se fait dans l'intérêt de leur puissance, dans l'intérêt « de leur repos. »

XXVIII.

La tolérance dans l'État, et non l'indifférence.

En parlant du devoir qu'a l'État de protéger la vérité, nous raisonnons comme on doit raisonner en Europe, dans cette portion du monde supérieure aux autres par la vérité, et qui n'est telle que par la vérité.

— Si l'État doit protéger un culte, la Prusse maintiendra donc le Luthéranisme et l'Angleterre l'Anglicanisme? — Oui, sans doute, tant qu'elles ne reprendront pas la vraie Foi ! car leur civilisation précisément se rattache à ce qui leur reste de vérité. Aussi, se gardent-elles de l'attaquer officiellement en proclamant l'indifférence. (Au reste, des publicistes sérieux ont récemment fait justice d'une civilisation trop vantée; mais il en resterait moins encore sans cet attachement si noble des États protestants et de leurs aristocraties au culte officiel. Tous les cœurs bien placés leur rendent, sur ce point, un hommage empreint de respect.) Certes, la Prusse et l'Angleterre ont dégénéré de la vérité, puisque l'une s'en rapporte à un homme plutôt qu'à Dieu, l'autre à une religion locale plutôt qu'à l'Universelle; mais la Prusse se garde bien de descendre au-dessous du Luthéranisme, et l'Angleterre, au-dessous de l'Anglicanisme : tout en usant de tolérance, ces deux États font leurs efforts pour écarter l'athéisme pratique et soutenir le niveau de leur foi. C'est en se rattachant à ce qu'elles croient le plus vrai, que ces Puissances se maintiendront plus près du Catholicisme, et non en proclamant une licence qui ferait écrouler le reste de leurs dogmes. D'ailleurs, c'est des classes supérieures, des têtes les plus éclairées, non des sectes obscures, que part tout retour vers la Foi. — Mais qu'ai-je dit? les États dissidents protégeront leur culte! Pour eux, d'abord, partant tous du libre examen, ils ne sauraient, sans rompre la logique et sans ruiner leur thèse, parler de protéger leur culte : ce qu'ils font cependant! Pour nous, ensuite, nous n'avons prétendu parler que de la vérité [1]...

La liberté de conscience et des cultes, avec laquelle on a détruit et la conscience et le culte, ne rétablira pas la Foi. A coup sûr, il faut tolérer, mais tolérer les personnes, et non pas toutes leurs doctrines! à coup sûr, il faut supporter des erreurs, mais aussi, confesser une vérité! Oui, il faut tolérer, mais non encourager, engendrer soi-même le faux par un officiel aveu de scepticisme. C'est la Révolution, elle, qui réclame une tolérance illimitée pour les doctrines : quant à sa tolérance pour les personnes, elle en donna trop la mesure en 93, pour qu'il soit nécessaire d'en attendre les nouveaux effets.

L'État évidemment ne saurait lui-même enseigner : mais, si le père de famille n'enseigne ni les humanités

---

1. Vérité, dont la noblesse est garantie par dix-huit siècles, et par les sacrifices toujours nouveaux de ses martyrs! En sa présence, faut-il que l'erreur, qui allume l'orgueil et souffle les passions, soit offerte à un être si faible que les leçons de l'éducation, sa propre conscience, ne peuvent dérober aux plus honteux penchants? Un père chrétien tolère-t-il chez lui l'homélie du sectaire ou le roman du jour? Ne ferme-t-il pas sa porte à tous les genres de poisons? Eh bien! n'est-ce pas le devoir du Souverain, du père de ses peuples?

ni la philosophie à ses fils, il veille du moins à ce qu'elles leur soient enseignées. L'État, enfin, ne saurait se montrer plus exigeant, plus impatient que Dieu, qui tolère, qui attend les personnes. Mais tolérance ne fut jamais indifférence; l'une existe pour la personne, et la seconde tue les âmes. On confond tout; on prétend fixer des principes, on n'a pas même des idées. Avant de tolérer le mal, commençons par proclamer le bien, par avouer le vrai, et par le protéger dans ceux qui nous l'apportent. Un État ne peut être sans foi; sinon la gendarmerie sera le fond de ses principes, fera seule exécuter ses lois.

Nous admettons la liberté de la conscience : mais nous voulons le droit de la vérité! Certes, la liberté est dans la conscience, mais c'est le don de Dieu; et elle y est pour que la conscience puisse d'elle-même obéir à sa loi, et non pour qu'elle puisse la repousser. Aurait-on l'infamie de jouer sur le mot? et, de ce que Dieu fait la conscience libre pour accomplir sa loi, prétendre qu'elle l'est pour la méconnaître et pour la rejeter [1]? La

---

1. On n'y a pas manqué. La feuille qu'on distribue en France au plus grand nombre d'exemplaires, publiait l'an dernier : « Quand il « serait prouvé que Dieu a donné mission à un Clergé de le représenter « sur la terre, resterait la question de savoir si, AU NOM DE LA « LIBERTÉ DE CONSCIENCE, chacun n'a pas le droit d'*accepter* ou de « *méconnaître* ce mandat! » Et pour fixer l'application de cette pensée merveilleuse, tout récemment la même feuille ajoute : « Nous « ne devons compte de notre parole qu'à Dieu »! s'écrie Mgr. de Bonald. « Oui, mais Dieu parle ici-bas par la voix des peuples, et non « par la voix des prêtres. » Et qui nous traduira la voix des peuples? Sans doute ces Messieurs.

Il est douloureux d'entendre parler publiquement des hommes qui ignorent les premières notions, et compliquent de folie l'ignorance du peuple.

liberté, encore une fois, donnée à l'homme pour le mérite, ne vit et ne s'accroît que sur le terrain du mérite. Hors de là, elle se soulève contre l'homme, au lieu de se lever pour lui. Que dis-je? à un pas de là s'ouvre l'abîme où elle disparaîtrait [1].

Définissons ici la nature de la Protection que l'État doit à la morale et au Dogme... Bien qu'en ce point la pratique soit tout, mettons en saillie le principe qui doit la diriger.

Prise dans ses limites, la lutte entre l'erreur et la vérité est nécessaire à la liberté même comme l'effort l'est à la vertu, utile aux bons comme les hérésies furent utiles à l'Église. La lutte contre l'erreur écarte l'indolence, entretient la ferveur, conserve l'énergie dans les âmes, en fait jaillir souvent la lumière et le zèle comme l'éclair de la nue. Enfin la Providence nous avoue qu'elle laisse quelque ivraie au milieu de son grain, et les Rois doivent gouverner la Société un peu comme la Providence nous gouverne elle-même. Or si la lutte de la vérité contre l'erreur est utile, la destruction de la vérité par l'erreur est non-seulement nuisible, mais le point que tout le monde veut éviter. Quand cette lutte empoisonne les âmes qu'elle doit ranimer, quand elle arrive à étouffer au sein des peuples la vérité sous le mensonge, elle sort des vues de Dieu, renverse la Civilisation. La licence est antisociale, et détruit la liberté même.

---

[1]. La moralité seule a engendré les droits au sein des Sociétés modernes. Les Civilisations élevées reposent sur des vertus. La vertu est l'hymen sacré du libre arbitre avec sa loi.

Une Civilisation ne peut abdiquer, devant l'individu, le droit d'éclairer la conscience publique. Toute Société ne reposant que sur des principes, ne se fonde que sur ce droit, et ne saurait y renoncer sans s'abdiquer elle-même. Voilà le principe, il est clair : mais il est absolu comme tous les principes, et la pratique est relative aux temps, aux mœurs, aux hommes. Reste donc la question de savoir de quelle manière la Société exercera ce droit. Or la réponse est simple, c'est celle qui se présente toutes les fois que l'on veut préciser l'usage d'une jouissance ou d'un droit, autrement dit : l'État exercera ce droit *en bon père de famille*. Un véritable père n'est jamais fanatique en son droit. De fait, les peuples se sont toujours montrés d'autant plus fanatiques qu'ils offraient un culte plus pauvre. La proportion demeure exacte : des puritains et des mormons, on passe aux Turcs, et des Turcs aux Indous. La tolérance fut révélée par le Catholicisme, qui nous apprit celle que l'on doit, non aux erreurs, mais aux personnes.

Nos lois civiles mêmes ont quelque chose d'absolu ; partout la Société demande que l'État la traite en bon père de famille : *summum jus, summa injuria*. C'est pourquoi, en dépit des légistes, le bon sens et les peuples se montrent toujours plus ardemment préoccupés de la question des Princes, que de celle des Constitutions par écrit. C'est la pratique qui nous importe. Enfin, c'est ici-bas que naît la liberté humaine, et au Ciel seulement qu'elle doit s'accomplir. L'homme n'est point si grand que la Révolution veut le dire, quand elle vient l'écraser d'une liberté absolue. L'homme a cette liberté qui commence, qui mérite, qui grandit avec la vertu, et non cette liberté angélique, cette liberté pleine qui, le constituant parfait, rendrait les gouvernements inutiles. Comme nous l'avons fait remarquer, ici-bas notre liberté est positivement dans l'état de l'enfance ; elle en demande et la surveillance et les soins. Nos lois, la Société, ont-elles une autre signification ? et font-elles autre chose que d'affaiblir ou d'écarter le mal pour mieux laisser passer le bien ? Or le Pouvoir, par ses nobles exemples, étend et complète cette action, réduisant d'autant plus les dures nécessités du Code, accroissant d'autant plus notre vraie liberté qu'il l'affranchit tout à la fois de l'étreinte du mal et du respect humain.

Ainsi, la raison pure veut que la vérité triomphe, mais la raison pratique, qu'on en prenne la voie, qu'on écarte la pure contrainte, la force extérieure, pour faire place à la conviction, à la force intérieure, et que l'État enfin travaille à fonder celle-ci pour mieux éloigner l'autre. Le bien avec la liberté possible, et non la liberté sans le bien, telle est la mesure de la Protection que l'on doit assurer à la morale, et à son fondement, le Dogme. En tout, procédons des principes, puis, entrons dans le bon sens et dans les faits, où gît l'application des principes. La liberté et la vérité sont nées évidemment l'une pour l'autre, mais avec cette distinction radicale : qu'on ne saurait aller de la liberté à la vérité, comme le veut la thèse protestante, mais de la vérité à la liberté, qui est la gloire des enfants de Dieu.

M. de La Mennais conseillait lâchement à l'Église de séparer sa cause de celle du Pouvoir, pour n'en point partager l'impopularité auprès des hommes de l'époque : des courtisans conseilleraient au Pouvoir de séparer sa cause de celle de la Foi, pour ne point non plus hériter des haines qu'elle rencontre dans le vulgaire. C'est, d'un côté, sacrifier la souveraineté, de l'autre, sacrifier la vérité, abandonner l'Église ; de part et d'autre, commettre une stupidité, diviser ce que les siècles ont lié, séparer ce que Dieu a uni [1] !

Pour achever d'éclairer la question, il suffit de poser celle de la distinction des deux Puissances, question dans laquelle nos écrivains, nos légistes, courent droit au despotisme...

XXIX.

La distinction des puissances.

Les mots, dans un siècle de littérature, exercent sur l'opinion une plus grande influence que les idées. Ils s'enfoncent dans les esprits, et sans en faire jaillir de lumière. Ce terme de séparation des deux Puissances nous abuse profondément. Et d'abord, la distinction des deux Puissances n'en est point la séparation absolue. Que l'une offre les Dogmes pour asseoir la vertu, les mœurs, toute la Société ; que l'autre les reçoive avec indifférence, ou les laisse officiellement en butte à l'erreur, et voilà, non pas une séparation, mais une

---

1. « C'est bien le moins, s'écriait Calvin lui-même, que ceux à qui Dieu a donné le glaive et l'autorité, ne permettent point qu'on blasphème la foi en laquelle ils sont enseignés! » *Lettres franç. de Calvin*, éd. B., t. II, p. 20.

dissolution qui atteint la Civilisation même. La philosophie démontre la distinction de l'âme et du corps, elle n'en proclame point la séparation, qui est la mort. Le corps protége l'âme, protége l'homme même; leur parfaite union est la vie. Mais ici, comme ailleurs, la vérité nous abandonne et fait place à la confusion.

Séparation entre les deux Puissances? oui, dans l'ordre politique, dans l'ordre des Puissances. Mais dans l'ordre moral, et même dans l'ordre civil, le fait change de caractère! Comment les mœurs pourraient-elles être séparées des croyances, ou les lois être séparées des mœurs sans ramener les Sociétés sous un despotisme semblable à celui de la Rome païenne? La liberté moderne, la liberté de l'homme, est toute dans cet ordre social fondé par le Christianisme, où les lois découlent des mœurs et les mœurs des croyances. Et c'est ainsi que notre âme a l'empire, que le pouvoir, au fond, appartient à la conscience. Séparez ici le spirituel du temporel, c'est-à-dire les croyances des mœurs et des lois, vous renversez de fond en comble la Société moderne. Au lieu de reposer sur la conscience, la voilà de nouveau assise sur le pouvoir absolu [1]. Dans l'ordre politique, au contraire, cette séparation des deux Puissances est le Catholicisme même, est tout notre triomphe; ici leur réunion serait la confusion, confusion qui devient un schisme lorsqu'elle est partielle, et un retour au paganisme lorsqu'elle est absolue.

1. Cette séparation des deux Pouvoirs n'a lieu que chez les peuples et dans les pays catholiques. Partout ailleurs, en Allemagne, en Angleterre, en Russie, en Chine, et dans le reste, la même main tient le sceptre et fixe le dogme. Et l'homme cède à l'homme, c'est-à-dire qu'il n'obéit plus...

La séparation du Spirituel et du Temporel dans l'ordre politique, leur union dans l'ordre moral, sont pour le même but, concourent à la même fin. Une semblable séparation n'est au fond qu'un admirable accord dans l'intérêt de notre âme !

Or, la séparation des deux Puissances fut opérée de droit il y a dix-huit cents ans, et, de fait, même avant que Constantin eût abandonné Rome. C'est sur ce droit, c'est sur ce fait que repose la liberté de conscience : laquelle ainsi fut soustraite à César. Mais Jésus-Christ l'a opérée pour délivrer la conscience et non pour qu'elle soit abandonnée. Cette précieuse séparation, par Jésus-Christ, ne saurait s'étendre à l'ordre moral et civil sans nous séparer nous-mêmes de Dieu. Jésus n'est point venu dépouiller l'âme de sa loi. Séparez-moi de la force, ne me séparez pas de la vie ! Dieu a voulu nous délivrer, enlever notre conscience à César, à qui elle était liée : « Rendez à César ce qui est à César, mais A DIEU CE QUI EST A DIEU… » Et la séparation opérée, la conscience rendue à Dieu, la scission ne peut se poursuivre au sein de la Société humaine ; la conscience a besoin d'y retrouver sa loi en pleine vie ; sinon la Société même se verrait séquestrée de Dieu !… Sans s'élever dans la Théologie, sans découvrir tout notre but, comment le siècle peut-il débrouiller une question de cette importance ?

---

1. « Qu'est-ce donc que l'ordre social, s'écrie l'éloquent, l'admirable Évêque d'Orléans, et comment l'entendez-vous ? Est-ce que la Société humaine n'est pas aussi de droit divin ? Et quelle est cette incompatibilité nouvelle, qu'après dix-huit siècles de christianisme, vous venez proclamer entre le Christianisme et l'ordre social ? »

Les deux Pouvoirs se séparent, en ce sens que le temporel ne saurait imposer la loi spirituelle comme ses propres lois : ce serait annuler la séparation et ressaisir la conscience. Mais s'il ne peut imposer cette loi, il peut la protéger. Il peut en défendre la vie, en soutenir l'honneur, et l'asseoir dans tout son empire. Et, comme il ne saurait subsister lui-même si cette loi ne s'accomplit, il veut lui-même en être le noble défenseur : le bras fut placé si haut pour protéger la tête. Mais demander que la séparation soit totale, c'est déclarer que la puissance spirituelle est exclue de la Société, c'est tomber dans l'abîme qu'on voulait éviter. La puissance spirituelle écartée, on passe sous celle de César. Avec la proscription du droit chrétien, l'ère du césarisme commence : c'est à la fois ici l'histoire ancienne et l'histoire moderne. Les hommes répètent, sans le comprendre, que cette grande séparation a été le salut de l'Europe moderne : ils devraient dire, l'origine! Mais, en la façon dont on l'entend, il faudrait dire qu'elle en sera la rupture et la mort...

Pas de théocratie, c'est-à-dire de Pouvoir politique qui soit le prolongement du Pouvoir spirituel : et pas d'absolutisme, c'est-à dire de Pouvoir spirituel qui soit un prolongement du Pouvoir politique! Et c'est ce qu'a fait Jésus-Christ. C'est ce qu'il a voulu, ce que demande l'Église, et au fond tous les hommes. En écartant le premier des deux faits, le Sauveur écarta le second ; il détruisit deux puissantes erreurs. La religion de Mahomet est une théocratie, l'autorité du Czar est un absolutisme, et tout gallicanisme pratiqué par l'État oscille entre ces deux termes du despotisme[1]. Mais si Jésus-Christ ne voulut pas la théocratie, il voulut moins encore l'absolutisme, puisqu'il sépara les Pouvoirs, rendit à la conscience la liberté des enfants de Dieu ; et ici se dévoile un des sens de cette admirable expression.

Celui qui tient le corps ne doit pas tenir l'âme : car il ne tient le corps que pour protéger l'âme et la servir. Sinon, quelle serait la mission du Pouvoir dans une Société où les âmes sont libres et sous la conduite de Dieu ?.. L'État qui ne défend pas la vérité, défend l'erreur, ou du moins paraît la défendre aux yeux des foules, ce qui produit un effet tout aussi désastreux.

XXX.

Les Encycliques, et la liberté de conscience, de la presse, et des cultes.

Avançons à la lueur de ce principe tout divin que la métaphysique donne, le seul que la raison puisse avouer, à savoir : que la liberté est le pouvoir du bien, alors qu'on a la possibilité du mal ; le pouvoir en un mot d'accomplir de soi-même la loi, pouvoir qui est l'attribut de Dieu, et qui lui rend l'homme semblable. Car, cette possibilité du mal n'est ni un complément ni un attribut de notre liberté, mais une imperfection, une

---

1. « La Théocratie, dit un esprit tout à fait étranger à nos vues, « en attribuant au Pouvoir une origine spirituelle, plaît aux esprits « élevés ; mais elle renferme un poison caché : elle ne peut produire « que des pouvoirs absolus. » (*Rev. des Deux-Mondes*, 15 octobre 1860.) En France, on trouve à tous les pas des hommes de talent ; c'est la doctrine, c'est la conception qui leur manque. La rhétorique et les sciences ont mûré les esprits.

débilité, une absence. L'homme, avons-nous dit, commence sur cette terre ; il n'y est qu'un enfant ; il en demande et la surveillance et les soins : et la Société est pour lui une mère.

Il y a un fait qu'on ne veut plus comprendre, c'est celui de la Société. On ne voit que l'homme, l'homme avec sa liberté, la raison et la grâce, et l'on croit que cela suffit : les gouvernements n'apportent qu'une entrave, l'Autorité ne produit rien... C'est une négation de la Société. La liberté aveugle des esprits trop faibles, et le reste disparaît pour eux. Enfin, nous ne pensons qu'au moi ! Quand la philosophie et l'amour à la fois se retirent, notre horizon se rétrécit. Avec ces idées littéraires on a brisé les doctrines, on a ruiné les principes, on a épuisé la raison.

Ceux qui manquent la question de la Société, qui croient que la liberté suffit à tout et suffirait à l'Église, devaient naturellement réclamer la liberté *de conscience, de la presse et des cultes*. Les trois points s'engendrent en effet : toute illusion d'ailleurs ne peut subsister que complète. Cependant il était très-aisé de voir qu'on tombait pleinement d'accord avec la Révolution, que l'on demandait après elle l'indifférence de l'État... Dieu nous garde effectivement de son intolérance ! mais que reprocherait à cette thèse l'auteur des mots : *la loi doit être athée*, qu'un politique du dernier règne et un légiste de celui-ci nous ont complétés de la sorte : *l'État, l'enseignement doivent être laïques ?* au fait, toutes les idées de l'époque ?... Un État ne peut pas être sans religion ; il tomberait au-dessous de l'État antique, toujours appuyé sur ses Dieux. Heureusement pour nous, ces quatre points : liberté de conscience, liberté de la presse, liberté publique des cultes, et liberté toute pareille pour l'Église, ce qui veut dire abandon par l'État, ont été frappés par les condamnations réitérées du Saint-Siége.

Dans ses Brefs ultérieurs, S. S. Grégoire XVI ne fait exactement que rappeler la gravité des censures infligées par l'Encyclique *Mirari*. Et d'abord, voyez le Bref du 5 octobre 1833, adressé à l'Évêque de Rennes. M. de La Mennais demande en quels termes il peut le mieux exprimer son obéissance au Saint-Siége : « A
« cela, Nous ne répondons qu'une chose : qu'il s'engage
« à suivre *uniquement, absolument,* la Doctrine exposée
« dans notre Encyclique ; à *ne rien écrire,* à *ne rien*
« *approuver* qui ne soit conforme à cette Doctrine, sui-
« vant en ceci l'exemple d'hommes remplis de sainteté
« qui *recoururent*, selon l'expression de S. Damien,
« *à l'enseignement de Pierre.* » Et plus loin, à lui-même (Lettre de S. S. Grégoire XVI du 28 décembre 1833) : « Employez les dons du talent que vous
« possédez si éminemment *pour que les autres pensent*
« *et parlent tous suivant la Doctrine tracée* dans notre
« Encyclique. » Et, dans l'Encyclique nouvelle, de 1834, où, s'adressant encore aux Évêques du monde, le S. Père s'écrie : « Accueillez notre Encyclique du
« 15 août 1832, où nous annoncions à l'universalité des
« Brebis catholiques la saine Doctrine, *la seule qu'il*
« *soit permis de suivre sur* chacun des points qui y
« sont traités. » Or, l'on connaît ces points ! Et enfin :
« Nous avons été vraiment saisi d'horreur, et avons
« compris à quel excès emporte la science qui est selon

« l'esprit du monde. Quoi ! au mépris de la foi jurée,
« l'auteur a entrepris d'ébranler la *Doctrine que nous*
« *avons définie*, soit sur *la soumission due aux Puis-*
« *sances*, soit sur l'obligation de *réfréner la liberté*
« *illimitée de la presse*, soit enfin sur *la liberté de*
« *conscience*, liberté si condamnable ! De plus, il re-
« présente l'Autorité des Princes comme contraire à la
« loi divine, et il flétrit ceux qui président aux choses
« divines comme s'ils avaient conclu avec eux une al-
« liance contre les droits des peuples ! Non satisfait
« d'une pareille audace, il veut qu'on impose par la vio-
« lence cette liberté absolue d'*opinions*, de *discours* et
« de *conscience*... Dissimuler, par notre silence, un si
« funeste coup porté à la sainte Doctrine, nous est
« défendu par Celui, etc.; c'est pourquoi, après avoir
« entendu nos Vénérables Frères les Cardinaux, *de*
« *notre propre mouvement, de notre science certaine*,
« de TOUTE LA PLÉNITUDE DE NOTRE PUISSANCE APOSTOLIQUE,
« nous réprouvons, condamnons et voulons qu'à perpé-
« tuité on tienne pour réprouvé et condamné, etc.[2] »

Franchement, tous ceux qui parmi nous renouvellent ces thèses, *n'écrivent-ils rien*, et *n'approuvent-ils rien* qui ne soit conforme à la sainte Encyclique ? Consciencieusement, entrent-ils dans la seule Doctrine *qu'il soit permis de suivre sur chacun des points* qui y sont traités ? Emploient-ils leur savoir *à ce que les autres*

---

1. De la distinction de l'Église et de l'État n'en découle point, nous l'avons vu, la séparation. Encore une fois, on démontre en philosophie la distinction de l'âme et du corps, et leur séparation serait tout autre chose... Mais notre époque est plus savante que cela !

2. Encyclique *Singulari*: du 7 juillet 1834.

pensent et parlent suivant la Doctrine tracée, appliquant leur talent à en développer *tous les points définis*, soit sur la *soumission due aux Princes*, soit sur la *liberté sans borne de la presse*, la *liberté de conscience et des cultes ?*.. Je crains, s'il faut livrer une inquiétude, que, rêvant des alliances impossibles, on n'ait encore en ce moment, moins de confiance dans la doctrine du Saint-Père qu'en celle de la Révolution [1]...

Pour l'époque, c'est la pierre d'achoppement ! Où aller ? les idées sont interrompues, on ne voit plus de doctrines ? Les esprits se fatiguent à quitter des erreurs pour les reprendre encore, à s'écarter de la Révolution pour se remettre dans son chemin. Le scepticisme gagne les âmes, elles perdent confiance en la vérité. Oui, c'est la pierre d'achoppement ! D'abord, le nombre déjà si faible de ceux qui ont conservé les principes, est encore divisé par ces opinions ; ensuite, elles offensent une Doctrine qui semblerait accueillir des idées qu'elle aurait jusqu'ici méconnues. Enfin, et c'est le pire, elles justifient les tendances de la Révolution chez cette masse honnête, mais impersonnelle, qui sert alternativement d'appoint à l'ordre et aux révo-

---

1. Le Pape, nous assure-t-on, *n'est point infaillible en politique*. Bien : mais en morale, d'où découle la politique ? Et prenez-vous pour de la politique la position qui sera faite à l'âme au sein des Sociétés chrétiennes, ou ce qui fait la substance, la constitution même de ces Sociétés ? Et le Pape lui-même violerait l'Infaillibilité, en étendant ses jugements sur les matières qui lui échappent ? Le Jansénisme aussi avait ses fines réparties. « Le Pape, disait-il, n'est point l'Église ; ou, « son infaillibilité n'est point là. » Non, la racine n'est pas l'Église, ni la cause l'effet ! Mon Dieu ! que de témérité à croire que le Pape soit éclairé sur son droit et sur ce qui convient à la défense de l'Église ?...

lutions[1]. Où vont tous ces démembrements? il serait navrant de calculer ce qui reste de vie au monde, de forces à la Civilisation.... Mais remontons dans l'espérance, auprès d'un Dieu que nous verrons intervenir, s'il veut encore conserver un monde qui, de lui-même, ne pourrait se continuer. Ailleurs nous avons signalé le péril de la situation économique, indiqué la pente fatale sur laquelle on lance les peuples; ne pensons aujourd'hui qu'au péril de la situation morale! Que ceux qui ont reçu la Foi, s'ils n'en ont le génie, aient du moins le bon sens d'en embrasser les conséquences! La Foi n'est pas un vêtement, une façon d'écrire, mais une âme nouvelle ajoutée à notre âme; elle nous revêt de l'homme nouveau.

Liberté complète des cultes, quelle confiance en l'homme!... Mais ce sont les questions de l'époque, ce sont celles qu'il faut vider.

XXXI.

Après avoir replacé sous nos yeux des Paroles qu'il importe, à cette heure, de ne plus oublier, faisons une dernière observation sur cette *liberté des cultes,* dans l'espoir où nous sommes que le lecteur sincère a partagé précédemment nos sentiments, d'abord sur la li-

L'homme adroit à la vérité dans les États chrétiens.

---

1. La Révolution ne tarda pas à s'enorgueillir des premiers pas que fit vers elle M. de La Mennais. Ceux qui la mènent à cette heure n'oublièrent point, dernièrement, de réclamer pour eux les disciples, en politique, que nous a laissés l'écrivain.

berté de notre âme, ensuite sur celle de la presse, enfin sur la pensée qui prétend que la liberté doit suffire à l'Église. Les trois thèses sortirent de ce fleuve d'illusions et d'erreurs qui grossissait de jour en jour pendant le dernier règne. Celle de l'athéisme de la loi, de la séparation complète entre l'Église et l'État, ou de la liberté des cultes, a la même origine. Évidemment nous voulons tous la liberté de la conscience, mais aussi le droit de la vérité !

La liberté des cultes ! n'est-ce point là trop de candeur ? Si l'homme pouvait si bien choisir son culte, il n'en aurait pas tant besoin. Et l'attrait naturel du vice, et l'effort surnaturel qu'exige la vertu ? Toujours la même ignorance de la nature humaine, de sa situation réelle ici-bas. Cette inadvertance est un fléau sur notre époque. En proie à l'orgueil, à l'ignorance, à toutes les misères, à toutes les passions, l'homme est une créature trop fragile et trop précieuse, son âme a trop de droit à la protection, trop de droit à la vérité au sein des Sociétés chrétiennes, pour y rester abandonnée aux entreprises du mensonge, à celles de la méchanceté. S'il faut protéger son esprit contre la presse, il ne faut pas moins protéger sa raison contre l'hérésie, enfin, pouvoir sauver son âme. Avec le droit de choisir tous les cultes, on choisira toujours le plus bas... Voyez-vous l'homme possédé du désir de la justice et de l'amour de la perfection ? Alors, pourquoi la religion ? pourquoi vos lois, votre police, pourquoi votre Société ? On ne peut sortir du dilemme...

L'État offrira la liberté à tous les cultes, et tous les *honnêtes* gens prendront cette liberté politique pour une liberté théologique, et comme si l'on pouvait être indifféremment, devant Dieu, catholique, déiste ou athée. Prouvez à la foule qu'elle doit faire mieux que l'État! De cette liberté des cultes, elle déduira qu'il ne faut aucun culte. Nous perdons le bon sens chrétien, c'est-à-dire le bon sens moderne. De grâce, évitons au peuple les suites de toutes ces démences, dépouillons-nous enfin d'un vil libéralisme. Et si l'État se persuade qu'il n'a aucune charge d'âmes, aucun droit d'enseigner, qu'il comprenne aussi qu'il n'en a aucun pour détruire tout enseignement. Entre Dieu et l'homme, il y a des rapports immuables, qui précèdent en quelque sorte les temps et qui suivront les temps, rapports indépendants des mesures que la politique peut prendre à l'égard de la Religion, qui est l'expression de ces rapports. Et si l'État prétend faire abstraction de cela seul qui ait en l'homme une valeur éternelle, qui soit d'ailleurs le but de cet être étonnant, le but de la Civilisation, il témoigne d'une sinistre ignorance, il entre lui-même dans la voie qui mène à sa destruction. D'où sort l'anarchie politique, sinon de l'anarchie des croyances?

En elle-même, la vérité est intolérante comme les mathématiques; elle ne peut déclarer qu'une ligne droite soit courbe, ni que deux et deux fassent cinq. La loi divine étant donnée, la Foi ne saurait faire qu'elle ne soit point la Loi ; que la justice ne soit pas la justice ; que le bien ne soit pas le bien, et que l'homme se puisse sauver en ne le pratiquant point. Ce n'est pas tout, elle ne peut se dispenser de le déclarer hautement, et de proscrire une absurde, une lâche liberté de conscience. Vouloir qu'en présence du vrai, la Foi laisse la pensée libre de ne le point croire, qu'en présence du bien, elle laisse le cœur libre de ne le point aimer! vous n'y aviez point réfléchi... Et si tel est le devoir de la vérité, croyez-vous qu'il n'y en ait aucun pour l'Autorité?

Oui, l'homme a le droit d'adhérer de lui-même à la vérité, afin d'en avoir le mérite, mais il n'a pas le droit de s'en écarter sciemment pour pratiquer l'erreur et préférer le culte qui déprave son âme ou la prive de biens qui seront éternels : et l'État a moins encore le droit de prêter les mains à une pareille iniquité, à une pareille destruction de la liberté de nos âmes. Or, en proclamant l'indifférence politique, n'est-ce pas ce qu'il pratique officiellement? Indifférence, conséquemment scepticisme, conséquemment anarchie.. et l'État saura bientôt lui-même s'il peut séparer à ce point l'ordre naturel, sur lequel il prétend s'établir, de l'ordre surnaturel, d'où découlent ce devoir et cette obéissance sur lesquels il est en définitive établi! L'État n'est pas une brute, l'État doit reconnaître une vérité! la moralité du peuple le veut. L'homme en Société a droit à la vérité de la part de l'État. On ne demande, il est évident, ni l'inquisition ni la licence, mais la profession de cette vérité. Quand un pays est sain, on l'environne avec soin d'un cordon sanitaire. Mais quand l'épidémie, mais quand l'erreur l'a envahi, on cherche par l'exemple, par le zèle et la charité, à ranimer une vérité expirante. Au reste, comment recourir à l'inquisition quand on a vu la manière dont en abusaient les pouvoirs politiques[1]?

---

1. « Beaucoup en ont parlé, mais peu l'ont bien connue », a-t-on

La liberté des cultes peut-elle réellement descendre jusqu'à la faculté d'admettre tous les cultes? Non, évidemment.. Eh bien! que le Pouvoir s'élève jusqu'à la mission de reconnaître le vrai culte ; qu'il s'élève à l'honneur de le pratiquer ! A cette incomparable Église qui place elle-même les cœurs dans la justice, dans l'obéissance et la paix, à cette Église qui lui fournit la Société à peu près faite, qu'il accorde du moins le se-

---

dit de l'inquisition. Ici ce sont les faits que surtout on ignore. Les Papes ont eu constamment à se plaindre de la manière dont les Princes la pratiquaient. En Espagne d'abord, elle fut à tout instant soustraite à l'autorité du Saint-Siége, c'est pourquoi les Papes en ont déploré les excès et allèrent jusqu'à invoquer la piété de cette nation pour modérer ses rigueurs. « Dès l'origine, dit le R. P. Franco, citant Llorente, Sixte IV fit au roi Ferdinand des observations si vives sur la manière dont on exerçait l'inquisition en Espagne, que les deux cours en vinrent à l'inimitié et suspendirent mutuellement leurs relations diplomatiques. Ce Pape obligea les inquisiteurs de Séville à introduire les évêques dans leur tribunal, et s'opposa à l'établissement de tout tribunal d'inquisition dans les autres provinces. Enfin il nomma un Juge papal d'appel pour recevoir les réclamations de ceux qui auraient été injustement ou trop vivement persécutés. Il voulut même que, des sentences d'appel on eût recours directement à lui ; il supprima des procès, mitigea des peines et conjura le Roi et la Reine, « *per viscera Christi* », de se montrer plus miséricordieux envers leurs sujets. Léon X, à son tour, excommunia plusieurs inquisiteurs qui avaient agi avec trop de sévérité, et entre autres ceux de Tolède en dépit de Charles-Quint. Ce prince voulait empêcher tout recours à Rome, et étudiait les moyens d'éluder les effets des trois Brefs du souverain Pontife. Plus tard, Paul III et Pie IV continuèrent les mêmes efforts pour maintenir la mansuétude en Espagne. Les Papes veillèrent en tous temps à ce qu'on rendit l'honneur civil et les biens temporels à ceux qui avaient été condamnés, et surtout à ce que leurs enfants ne fussent point lésés ; fréquemment ils recommandèrent aux inquisiteurs d'absoudre secrètement les inculpés disposés à la pénitence pour les soustraire aux peines civiles. En février 1486, rapporte Llorente, le souverain Pontife en fit absoudre un grand nombre »...., etc. (*Obiezioni cont. la Relig.*, del R. P. S. Franco. D. C. D. Gesù.)

cours de sa loi et de son amour avéré! Puisque la liberté des cultes ne saurait s'entendre comme la faculté de n'en avoir aucun, qu'il se fasse une gloire de posséder le véritable! On ne lui demande pas d'imposer la vérité, mais de l'honorer pour que les hommes se l'imposent. Ce n'est point pour nous abaisser au scepticisme, mais pour nous élever à la foi de Celui qu'on *adore en vérité*, que la LIBERTÉ fut donnée à l'homme, l'AUTORITÉ à ceux qui viennent le gouverner. L'État doit protection à la morale, il la doit donc au dogme... c'est la logique qui lui parle! Or cette protection de sa part, C'EST L'AVEU DE LA VÉRITÉ; et l'aveu de la vérité, l'exclusion d'une profanation, d'une prostitution des cultes publiquement avouée. « Que le souverain se « souvienne, dit l'Encyclique, dans sa langue élevée, « que c'est surtout pour la protection et la défense de « l'Église que le Pouvoir lui a été donné! »

XXXII.

Idée de l'État; son devoir.

L'État doit avant tout l'exemple : et c'est uniquement lorsque les hommes franchissent la loi morale au point d'entamer la loi civile ou la loi politique, qu'il doit la répression.

Car pour lui cette répression est le second devoir, et, qu'on l'observe bien, le côté le moins noble de ses hautes fonctions. Mais, il ne saurait diminuer la répression qu'en étendant, par ses exemples, le pouvoir de la vérité. C'est ici qu'il révèle un véritable libéralisme. Il agira en même temps dans l'intérêt de la vérité, sans

POLITIQUE RÉELLE.

laquelle il n'y a plus de liberté, et dans celui de la liberté, sans laquelle il n'est pas de mérite en l'homme. Voilà pourquoi l'État ouvre d'abord la source de conviction dont il dispose : l'exemple et l'aveu de la vérité.

Les peuples eux-mêmes honorent les gouvernements qui remplissent ce grand devoir, car ces gouvernements sont les amis du peuple, les bienfaiteurs des nations. Il est clair que l'État qui accueillera toutes les erreurs aura d'abord pour lui la foule, où elles règnent dès qu'on les lui fait voir ; qu'il soulèvera moins d'embarras, rencontrera moins de difficultés, si sa lâcheté le désire ; et qu'au contraire, l'État qui défendra toutes les vérités, multipliera les difficultés et sera, non pas d'autant plus faible, mais, au début, d'autant plus attaqué. Il ne sera plus faible que s'il le fait sans l'avouer... La vérité dissimulée, offerte avec timidité est une preuve ineffaçable de faiblesse. Quand on possède le noble droit de la défendre, il faut d'abord l'exercer, mais ensuite le déclarer ouvertement, pour que les hommes en soient bien avertis, et qu'ils apprennent en même temps à s'y soumettre et A VOUS ESTIMER. C'est sur ces points, les plus élevés et les plus délicats, que les peuples prendront surtout l'idée de votre force.

Pour agir en père de famille, l'État éloignera donc à la fois, comme nous l'avons vu, la licence absolue et ce qu'on pourrait appeler la protection absolue. Si la première est un principe désastreux, la seconde est une voie dangereuse. Mais si la théorie pure, privée d'expérience, amène le fanatisme, l'indifférence pure, née de la lâcheté, amène l'athéisme brutal et la destruction des États. La Sagesse seule est complète, et devient la reine du monde aussitôt qu'elle y apparaît! Elle y réunit la loi pure à l'expérience, la vérité à la bonté et à la fermeté. Les Livres Saints et les nations l'ont appelée le plus précieux don du Ciel, et la plus grande chose de la terre.

Telle est la thèse qui découle de l'expérience et de la notion métaphysique de notre liberté, la thèse qui réunira tous les esprits pratiques, honnêtes et sensés. Personne, encore une fois, ne demande ni la licence ni l'inquisition; mais, toute la liberté que comporte le bien, et non la liberté sans le bien. Dans cet emploi des soins qui feront triompher la vérité sur la contrainte, ou la force morale sur la force brutale, nous trouvons l'idée de l'État et de son devoir: car là est l'idée de la Civilisation elle-même.

L'État, avons-nous dit, doit avant tout l'exemple; la répression est le second devoir, et le moindre côté de ses nobles fonctions. Les hommes ne lui ont point été confiés pour qu'il les abandonne, et attende leurs fautes afin de réprimer. Triste conception de l'État, si c'est la nôtre! qu'elle suppose peu de fierté!... Avoir une morale pour ceux qui gouvernent, et une pour ceux qui sont gouvernés, est un crime de haute politique, une source profonde de démoralisation. Quoi! pour l'individu, rien de plus cher que la vérité, et pour l'État, rien qui lui soit plus indifférent? Que les gouvernements se relèvent; qu'ils sortent de l'humiliante situation où veulent les jeter les idées trop faibles des hommes! Ne possédant sur les consciences d'autre pouvoir direct que celui de la vertu, et la volonté hautement exprimée d'en protéger partout l'empire, que l'État exerce du moins ce pouvoir dans son étendue, qu'il prenne en main son propre sacerdoce! Qu'il soit le *ministre de Dieu*, qu'il reste à la hauteur de ces États chrétiens qui firent la grandeur et la prospérité des nations modernes! Et que l'époque, qui déjà définissait la liberté, le pouvoir de faire le bien et le mal, n'aille point prétendre que la liberté de conscience soit celle de n'avoir point de conscience, ni définir l'État, le pouvoir de laisser tout faire.

Ceux qui précipitent les choses sur cette pente malheureuse, qui prétendent que les États doivent être désintéressés dans la question de la vérité, se borner à la répression, ne comprennent donc point qu'ils les vouent au mépris?.. Les États resteront-ils victimes de l'étroitesse de nos vues, de l'affaiblissement des esprits? De vastes études nous manquent; on sent partout la nécessité de la Théologie, et pour soutenir les empires, et pour relever l'esprit humain. Ce qui perd les intelligences, c'est que loin de se fier aux grandes lois, elles se jettent sur des détails d'où elles veulent juger de l'ensemble. L'homme est trop faible, son esprit a trop peu d'étendue, pour partir de ses impressions, pour se former hors de l'histoire, et croître de son propre fond comme une fleur dans un vase. L'érudition insuffisante l'a bientôt aveuglé. Comment avertir le ciron qu'il monte contre un tertre et non contre les flancs du monde?

En politique, comme dans le reste, nous n'avons plus que de la littérature. La philosophie, fruit d'une raison devenue tout humaine, a écarté la Théologie, et une littérature issue d'une raison retombée dans l'enfance, a banni la philosophie. Comme des plantes arrachées du sol, les esprits restent privés de séve et frappés de stérilité. Ne pouvant plus produire, ils continuent d'opérer dans le vide de leurs impressions personnelles, et de là la littérature. Sans mission, sans Principes, sans instruction sérieuse, quelquefois pour gagner sa vie, on s'empare de toutes les questions, on s'adresse aux caprices, à l'opinion, aux sens, aux derniers appétits. La littérature a pris la place de la pensée, de la tradition, de l'honneur et de l'indépendance; elle a détourné le sentiment du vrai, perverti peu à peu les plus nobles instincts. Tout le mal qui s'est fait est sorti de l'erreur; celui qui se fera viendra de la littérature : nées l'une et l'autre de l'individu [1]! Toute parole estimée chez les hommes procède d'une noble science ou de la tradition : un homme procède de son sens propre, un homme ose de lui-même parler, c'est le Littérateur... Aussi quel siècle a produit plus de pages, et quel siècle en versera plus dans l'oubli?

Plus de principes, plus de génie; on ne sent plus dès lors la nécessité de retrouver l'ensemble, de vivre dans une doctrine. C'est trop le répéter, et ce n'est pas assez le dire... La liberté, la raison et la loi, l'âme, la

---

1. La Grèce eut les rhéteurs, la France a les littérateurs. Les premiers n'occupaient que le sol de la philosophie; mais ceux-ci ont pénétré partout, et changé par la rhétorique en un instrument de vanité et de mensonge, l'instrument et le gage de la vérité. Le Christianisme a triomphé du paganisme chez ces nations antiques où brillait le bon sens, où, sous le nom vénéré de coutume, régnait encore la tradition; il a triomphé du judaïsme, et de tout ce qui présentait quelque corps de doctrine. Je ne vois plus comment il pourra triompher chez nous de cette littérature, de cette pourriture de la pensée.

grâce, l'Infini, toutes les notions philosophiques sont des chiffres dont on a perdu la valeur. C'est-à-dire que les idées s'en vont; la rhétorique les a remplacées. Nous entrons en plein Bas-Empire. Le sensualisme est dans les âmes, le servilisme dans la pensée. Ce n'est plus la doctrine que l'on admire, c'est le talent. Nos pères cherchaient la vérité, c'est la dextérité que recherchent leurs fils! La thèse plate, avec la phrase ornée, captive entièrement leur âme. Il faut dérouler pour leur plaire des surfaces brillantes, des tapis d'Aubusson où la plante n'a pas de racine, où les êtres sont des couleurs...

Les hommes n'ont plus de doctrine; à peine conservent-ils des idées, c'est-à-dire des débris détachés de l'édifice des doctrines. Brisant la vérité dans les esprits qu'elle n'a pu envahir, la Révolution a partout amené l'absence de doctrines! châtiment d'une époque qui vient condamner le passé, dès lors condamner Dieu; d'une époque qui veut marcher seule, et sans donner la main à Celle qui la nourrit dans la Doctrine..... Le monde n'a plus de doctrine, et ses droits les plus chers demandent leur raison d'être. Les principes disparaissent avec les croyances, les caractères avec les principes, et le despotisme s'avance. Les esprits sont vaincus; sciences, histoire, politique, philosophie, religion même, tous les canaux de la vérité restent interrompus, et l'homme ne peut suivre aujourd'hui sa pensée sans aboutir dans le mensonge..... Les Rois, les Rois eux-mêmes n'ont plus de doctrine, et c'est le dernier coup porté au monde par la Révolution. Les éléments des nations, les aristocraties, la famille, la propriété, les ordres, les cités, tout succombe, plus rien n'a sa raison d'exister. Les lois s'en vont, les pères ne se croient plus maîtres chez eux, les armées hésitent, et les Rois tombent de leurs Trônes, parce que ceux qui les approchent sont privés de doctrines...

XXXIII.

Les Rois.

Les Rois tourneront les yeux vers le passé, ils considéreront la marche de l'histoire, et ils reprendront confiance en leur droit. Après S. Pierre, ce sont les Rois que la Providence a chargés de ses affaires en ce monde. Dans cet universel bouleversement, dans ce tremblement de la terre, l'Église, avec plus de vaillance, plus de vertus, plus de patience, plus d'ardeur, d'enthousiasme que jamais, combat à son poste sacré : les Rois quitteront-ils le leur ? Si les colonnes chancellent, l'édifice s'écroulera ; si elles sont immobiles, l'édifice se maintiendra. Plus que jamais le monde a besoin de compter sur ses Rois : et j'espère[1] ! Que ceux qui leur conseillent de descendre du trône, songent à Celui qui les y fait monter...

Que les Rois se soumettent eux-mêmes au droit de

---

1. En publiant l'héroïque défense du *Fils de la sainte*, la grande feuille catholique s'écrie :

« En écoutant les paroles qui viennent de Gaëte, on se rassure sur l'avenir de la Royauté. François II s'est révélé à l'Europe, étonnée de retrouver un Roi... Les hommes qui gardent dans leur cœur le sentiment du bien, répéteront avec lui : « L'œuvre de l'iniquité n'a « jamais duré longtemps, et les usurpations ne sont pas éternelles. »

Dieu, et qu'ils ne craignent plus de soumettre leurs peuples à leur droit! à ce droit dans lequel grandissent les nôtres et qui introduit les nations modernes dans une civilisation supérieure.

Ministre de Dieu, suivant la noble expression de l'Écriture, le Roi accomplit sa mission en ministre de Dieu, et « non en ministre du peuple. » S'il est le ministre du bien, il devient le soutien du peuple, et s'il se fait l'homme du peuple, il laissera périr le bien. S'il devait émaner du peuple, comment le peuple en aurait-il besoin? L'effet ne saurait dépasser la cause, ni la foule arriver à un degré plus élevé par celui qui sortit de son sein. Le Roi n'est point un produit de la foule, mais le don que Dieu fait à la foule, pour l'amener plus près de lui. « Donne-leur un Roi », dit l'Écriture...

Ministre de Dieu, le Roi ne vient point suivre le peuple, il vient le relever et le conduire. La Religion vénérée, le règne et le respect du bien; l'honnêteté, le droit partout; la famille, la commune, la Province et leurs besoins sincèrement représentés; la propriété, la liberté individuelle et religieuse inviolables, sacrées; l'administration paternellement établie, sagement décentralisée; dans toutes les classes, le libre accès aux honneurs, aux avantages sociaux, pour la vertu, le mérite et la loyauté, tels sont, aux yeux du Roi, les garanties de bonheur et de paix.

Ministres de Dieu, les Rois lui doivent être soumis, et demeurer pour nous des pères. Le principe du gouvernement est la paternité; paternité au reste rendue visible dans les faits. Ce sont les dynasties qui ont fondé les nations. Les nations se sont déployées dans le champ de l'histoire, en proportion de la grandeur des Familles qui les ont dirigées [1]. C'est pourquoi il leur importe de conserver ces Familles, sous peine de passer dans les mains de celui qui est mercenaire et qui n'est point Pasteur.

Ministres de Dieu pour le bien, les Rois sont appelés à le défendre et à l'accroître chez les hommes. Ce n'est point à une époque de débordement du moi, de révolte universelle de l'orgueil, qu'ils peuvent restreindre l'action sacrée de leur pouvoir. Ils redoublent alors de surveillance et de soin, de justice et de bons exemples, à la manière d'un père, devenu d'autant plus irréprochable et ferme aux yeux de ses enfants qu'ils en ont plus besoin. Les révolutions suscitent des pouvoirs plus sévères, la paix et la beauté des mœurs leur rendent les douceurs de la paternité : telle est l'heureuse loi des choses.

En 1848, il fallut bien le dire : on n'a pas le gouvernement qu'on veut, on a celui qu'on mérite. En ce moment, nous devons ajouter : plus que jamais la mission des gouvernements est sacrée; le sort de la Civilisation est entièrement dans leurs mains. Ils le voient, la Société entière est à la merci de l'erreur. Quand les grands esprits ont cédé, comment se défendraient les autres? Par leur contenance, par la Grâce d'état qu'ils reçoivent de Dieu, les Rois peuvent encore sauver le monde.

Une mission, sinon une Couronne semblable à celle

---

[1]. Les Rois sont moralement pères du peuple, mais, suivant la nature historique, ils sont les pères de la nation. On le verra dès qu'on lira l'histoire, non par l'orgueil, mais par les yeux.

de Charlemagne, appelle aujourd'hui une tête dans cette Europe envahie et déjà barbare par la pensée. Peu d'hommes d'État se sont formés au sein de ce chaos, dans ce labyrinthe de faits que reniera l'expérience. Les Souverains restent seuls pour s'élever à la hauteur de leur position difficile. Mais ce n'est pas en vain qu'ils ont été placés entre Dieu et les hommes ! Le flot du scepticisme de ce temps avili ne peut monter jusqu'à leurs lèvres ; le chant de la sirène, de la perfide popularité, ne peut arriver à l'oreille de ceux qui entendent la voix d'en-Haut et voient le nombre des âmes à sauver. Il me semble, lorsque mon âme est dans la vérité, qu'un peuple ne l'en chasserait pas !

« Un phénomène étrange de l'époque, dit un éminent écrivain, c'est la force de l'esprit d'agression contre les Trônes, et le peu de résistance qu'y opposent les souverains. Ce n'est pas le courage personnel qui manque aux Rois ; ils s'effraient de leur responsabilité, ils doutent de leurs droits [1]... » Dès lors, pour que les Rois puissent défendre la Société, il faut qu'ils sachent où et comment ils peuvent la défendre. C'est pourquoi, dans ces pages, je me suis efforcé de signaler l'erreur

---

[1]. « Un fait si général et si nouveau atteste une doctrine nouvelle. Le Catholicisme posait sur la notion du *devoir* les fonctions des Souverains. Investis d'une charge, ils ne pouvaient en décliner les obligations ; et l'abdication était interdite. La doctrine du *droit* royal, née de l'enseignement juridique, a grandi avec le Protestantisme. Elle porte en elle-même un germe d'antagonisme et de mort ; elle suppose, ne fût-ce que comme limite, un droit populaire ou individuel... Enfin, le droit étant un avantage, on renonce à un droit ; et le devoir n'admet aucune transaction. En transformant leurs *devoirs* en *droits*, sous l'impulsion des idées modernes, les souverains ont perdu la plus solide assise de leur puissance. » Coquille ; 8 août 1860.

qui produit la Révolution, conséquemment, la vérité qui parviendrait à la détruire. Ces notions, que le bon sens découvre aux premières lueurs de la Foi, sont les prolégomènes d'une Politique réelle : bien que les beaux esprits aient toujours espéré découvrir quelque chose de mieux que la Foi. Sans doute, pour l'homme d'État, l'art consiste à connaître son temps, à discerner ce que l'on doit accorder ou refuser aux hommes, à mesurer ses moyens d'action d'après les faits; mais la science, pour lui, doit être prise du point de vue qui nous occupe, du point de vue théologique de la Chute. S'il le perd, ne sachant ni pourquoi il conduit les hommes, ni pourquoi ils lui obéissent; ignorant la direction autant que l'éminence du but, l'homme d'État ne sait point la mesure suivant laquelle il faut agir; il s'embarque dans les systèmes, au sein de la nuit de plus en plus obscure des faits, sans pouvoir distinguer l'obstination de la persévérance. Si l'historien doit être loin des événements mais près des causes, l'homme d'État trop loin des causes ne saurait arriver près des faits.

Qu'ici la Politique, en comprenant son ministère, en découvre à la fois les limites et la sublimité! Née pour secourir la justice et la vérité, pour remédier à la Société impuissante, y établir de force ou de gré le droit, l'équité et la paix, elle accourt où s'arrête l'action de l'Église, elle nous aborde au sortir de la conscience, resserre de plus en plus sur l'homme l'espace qu'il veut lui dérober[1], porte un étai où les mœurs plient, fait

---

1. L'Église règne sur ceux que la conscience gouverne. Ceux qui lui échappent iraient loin, si les Codes ne resserraient l'enceinte ouverte devant eux.

éclater l'esprit d'honneur, appuie les nobles sentiments, maintient tous les niveaux : elle est le ministre de Dieu pour le bien, et, pour atteindre le bien, elle se met elle-même dans le chemin du vrai ! Hors de ce plan sublime, la Politique abuse d'elle-même, rentre dans le pouvoir païen, et aboutit au despotisme.

Ou bien encore, si l'Église mène les cœurs à Dieu, et si la Politique les ramène à ce monde, par les sentiers de la chair ou du moi, les deux forces se neutralisent et la Société s'abat. Quand l'Église est absente, le Pouvoir le comprend, la tâche retombe sur lui : tâche impossible, insurmontable, que les efforts du despotisme ne sauraient accomplir, que l'or des États ne pourrait payer, et à laquelle l'âme libre de l'homme échappe nécessairement. Il faut assurer la vie à la loi, en la puisant dans la vérité, car l'homme veut garder la conviction profonde de n'obéir qu'à la vérité : il veut trouver à la même source sa croyance et sa certitude. « Il est aisé de faire des lois, dit Démosthènes, c'est le faire vouloir qui est tout. »

Ou bien enfin, si le Pouvoir lui-même affaiblit l'action de l'Église et, par indifférence, permet à toutes nos erreurs de s'établir pour la neutraliser, le mal arrive au comble. Depuis un siècle Dieu ne soutenait plus les Rois, parce que, depuis longtemps, les Rois ne soutenaient plus Dieu. Une lettre de Mgr l'évêque de Poitiers à Mgr l'archevêque de Turin, que l'illustre exilé a daigné me communiquer, fait ressortir ce point si grave, si plein pour nous d'enseignements. « .... Depuis soixante-dix ans que les Gouvernements mettent toutes les croyances dans une même catégorie, dit cette voix qui rappelle à la France l'accent de Bossuet, Dieu a paru faire un même cas de tous les Gouvernements. La peine du talion étant la grande loi de l'histoire, Dieu a appliqué aux Pouvoirs, la règle que les Pouvoirs appliquaient à la Religion, et il leur a rendu l'indifférence qu'ils professaient envers lui. C'est ainsi qu'en ce pays où, depuis treize siècles et plus, le fond de la constitution nationale n'avait pas varié, où une Dynastie qui s'était soudée sans révolution aux précédentes, avait compté huit cents ans d'existence, nous avons vu, en deux tiers de siècle, quinze ou vingt Constitutions et révolutions, et pas un Pouvoir n'a pu atteindre un règne de vingt ans. Après s'être servi de chacun d'eux comme d'un instrument, la Providence les a tous successivement brisés ; et, si quelqu'un d'eux a duré plus que les autres, il a été rejeté ensuite avec plus de dédain et d'ignominie. On écrirait l'histoire de cette période sous ce titre de chapitre : « De l'égale protection de Dieu en« vers tous les gouvernements, depuis que la politique « proclame le droit de tous les cultes à l'égale protec« tion ». Après une expérience déjà si longue, le moment n'est-il pas venu de conclure ? N'y a-t-il pas lieu de dire avec David : *Et nunc, Reges, intelligite; erudimini qui judicatis terram!* C'est cet enseignement que M*** a merveilleusement entrepris de faire ressortir. Je ne doute point que son livre n'avance considérablement la question. Et ce nouvel écrit par lequel il établit qu'il n'y a de *Politique réelle* que celle qui s'appuie sur la Théologie, ne saurait se produire dans un moment plus opportun. Les Sociétés se meurent, l'Europe se dissout, ses tentatives en Orient avortent, parce que la séve théologique a cessé de vivifier la Politique. L'avenir, et l'avenir prochain de l'Italie[1] comme de la France, de l'Orient comme de l'Europe, dépend de la direction que sauront prendre les gouvernements à qui Dieu accordera, encore une fois, de triompher des ennemis forcenés de la Société... Espérons que le lendemain d'une révolution, qui est plus menaçante que jamais à cette heure, la Politique saura enfin demander à la Théologie les principes opposés à la Révolution. »

Trois choses, la vérité, la croyance et l'obéissance, doivent être placées en quelque sorte perpendiculairement. Sinon la loi elle-même est renversée, la conscience sacrifiée on retourne à la barbarie, l'homme cède au lieu d'obéir, et ses efforts pour échapper à la loi arbitraire, redoublant ceux des Pouvoirs pour l'y soumettre, font renaître le despotisme, lequel remplacera toujours les consciences qui ne sont plus. Il ne saurait, d'ailleurs, être réduit que par le bien. La base de la liberté, c'est la conscience, et celle-ci ne vit que par le principe religieux.

Les nations, encore une fois, retournent à la barbarie quand l'Autorité politique est la seule ; car la puissance de cette autorité aboutit en définitive à garantir le bien, et non à le faire germer de l'âme ; à empêcher les hommes de démolir la Société, et non à la produire intrinsèquement elle-même. Le comte de Maistre, qui possédait l'instinct de toutes les vérités que ne déploya pas son génie, disait : « Le pouvoir humain ne s'étend peut-être qu'à ôter ou à combattre le mal pour en dégager le bien et lui rendre le pouvoir de germer suivant sa na-

---

[1]. Lettre que la date rend prophétique (26 décembre 1858!).

ture ». Toutes les lois du monde ne réussiront qu'à empêcher de faire extérieurement le mal. Sans l'ordre politique, l'Église disparaîtrait [1]; mais, sans l'Église, la politique succomberait.

Je ne répète pas, je conclus :

On parle de la Société ; mais l'Église en fait les trois quarts, l'Autorité et les lois font le reste. On ne saurait restreindre l'Église sans accroître la force pour la remplacer. On ne veut donc pas se rappeler que l'homme est un être libre, que tous ses actes résultent de sa volonté, sa volonté de sa conscience, sa conscience de la vérité ! Diminuer les croyances, c'est diminuer l'homme et le remplacer par la Loi... Cette substitution constitue à proprement parler le despotisme ; c'est ce dont nous menacent les temps où nous voulons entrer.

Laisser faire à la Foi le plus qu'elle peut, et puis exécuter le reste, voilà la Société et voilà l'art de gouverner. Voilà aussi le chemin de la liberté. Par l'autre voie, vous allez droit au despotisme...

XXXIV.

La Politique réelle et les hommes d'État.

Le problème semble maintenant rétabli. Je ne saurais être clair, dit Rousseau, pour qui ne veut être attentif ; nous ne saurions, non plus, convaincre qui ne veut suivre la raison.

---

1. L'Église est immortelle, mais elle peut toujours nous quitter... Voyez la foi en Angleterre, en France à partir de 1789, dans les Indes, en Chine, où on l'avait portée.

Les conclusions sont là. Telle métaphysique, telle politique; telle la notion de l'homme, tel l'état de la Société. La raison et la conscience disposeront toujours de l'homme. Que la Vérité théologique, seule conforme aux faits comme à la plus puissante philosophie, vienne d'abord chasser des âmes l'illusion de Rousseau sur un état de Nature, d'où naît la thèse des Droits de l'homme ; dissiper ensuite l'illusion métaphysique correspondante, qui le pose aujourd'hui souverain dans les sphères de la Substance ; ruiner enfin, la thèse abrutissante de Hobbes, qui en est la conséquence certaine, si l'on tient à maintenir la paix dans les États autrement que par une armée sur le pied de guerre, à résister à la Révolution autrement que par les baïonnettes, à conserver la Société autrement que par le despotisme ! Reprenez position dans la pensée ; vous serez sur le terrain réel, sur celui qui maintient la victoire à la Révolution. Ici les choses seront décisives ; ce sera du gouvernement véritable. Pour rétablir l'Autorité dans sa source, et arrêter le despotisme dans la sienne, rétablissez dans les esprits la haute thèse de la Grâce, le dogme de la Création et celui de la Chute. Cela semble bien élevé, bien idéal, cependant la pratique est là... Il ne faut qu'une idée pour changer tout dans la raison ; l'histoire d'un siècle n'est que le développement d'un point de vue. C'est par la haute philosophie, c'est par les premières questions que tout mouvement se propage [1].

---

1. La question politique ne peut être résolue sans la question dogmatique, sans la question métaphysique elle-même. L'erreur est totale : il faut tout prouver d'un seul coup.

La *raison* de la Politique est dans la chute de l'homme ; son *but*, comme celui de l'Église, est de le diriger vers le bien ; mais l'homme agissant d'après ses pensées, c'est là qu'elle doit prendre son *siége*. La Politique ne peut changer ni de point de départ, ni de but, ni de siége, sans sortir de la pratique et se perdre.

De l'homme innocent et bon, naît le socialisme ; de l'homme coupable, enclin au mal, est née la Politique, telle que l'ont pratiquée les âges. Un dogme, en disparaissant, laisse écrouler le monde... On nous oppose la théorie des droits innés ; on l'oppose à la thèse des droits acquis, qui est la thèse de l'histoire.

La psychologie pure démolit la Société : le fait la rétablit tout entière. Pour sortir de la Révolution, il faut revenir dans le Dogme, éloigner le rationalisme. — Le fait ici devient palpable. Mais nous épousons la logique dès que notre intérêt s'y trouve ; nous la répudions dès que nos passions la refusent.

Un seul point de vue faux désoriente la Politique, un seul argument la ramène. L'argument est bien simple : si la raison pure était pure, l'homme ne se tromperait pas, et si la volonté était droite, la loi ne se violerait pas, et surtout cette volonté ne la détruirait pas. Quoi ! l'homme est parfait quand je le vois par l'œil de la philosophie, imparfait et méchant quand je l'observe par celui de l'expérience !

La preuve, hélas ! que nous avons péché en Adam, c'est qu'à l'instant où nous le pouvons nous péchons comme Adam[1] ! Le rationalisme n'est qu'une théorie,

---

[1]. In peccatis sumus nati, in Adamo vulnerati, et ad malum inclinati. *Prose de l'Off. de l'Imm. Conception.*

il ne peut donner lieu à une pratique réelle. Il nous parlait d'une Méthode, mais le chemin est sans issue.

Le doigt est maintenant sur la plaie...

Mon humble tâche est accomplie. Convaincu que les principes générateurs de l'ordre social sont au moment de disparaître, je me suis efforcé d'en ramener l'intelligence et l'amour. Je suis remonté à la première question, celle de la vérité, de l'Infaillibilité. Les notions qui précèdent découlent de la plus profonde métaphysique : je les crois fondées en Dieu et fondées dans les faits. Mais de nos jours, les thèses offertes par la rhétorique l'emportent sur les autres. L'art attire les esprits plus que la profondeur : la pensée est chez nous vaincue par les paroles. Si la philosophie mit ses efforts à bannir la Théologie, qui lui assurait l'existence, la littérature est venue à son tour étouffer la philosophie, comme nous l'observions tout à l'heure. Cet affaiblissement de la pensée coïncidant avec celui de l'Aristocratie [1], accroît malheureusement encore la prédominance du Pouvoir politique, et le porte à une hauteur plus dangereuse aussi pour lui. L'époque me semble bien compromise... Mais qu'attendre, quand ceux qui ont la Foi hésitent sur la Politique, et quand ceux qui ont la Politique hésitent à fonder sur la Foi ; quand les meilleurs ont besoin d'être gouvernés ? Tout est scindé, tout est rompu ; la moindre vérité provoque un scepticisme jusque chez les plus sages. Les esprits

---

1. Il s'agit de l'absence d'Aristocratie en politique et dans les mœurs : car le Clergé, qui en est la tête, et la magistrature, le membre le plus urgent, seront la gloire de notre époque.

complets sont si rares qu'ils restent broyés dans les autres. Siècle débile, où les hommes peuvent se passer de logique, surseoir aux plus grandes questions ! Se dire philosophe, entrer dans la pensée, et ne faire qu'un morceau du chemin... Vivre dans l'incomplet, est-ce d'un homme ? La plupart ne se sauvent que par l'inconséquence.

C'est la logique qui manque aux hommes. Tout panthéisme ne tombe-t-il pas devant l'idée de cause, et tout rationalisme devant l'idée du mal ? Tout panthéisme ! car si l'esprit humain entend par cause ce qui produit et non ce qui est produit, pas de Cause si elle n'est définitive et dès lors absolue : et nous voilà dans l'Infini, dont le Christianisme n'est qu'une merveilleuse application sur la terre... Tout rationalisme ! car du moment où la liberté n'est pas définitivement et en tous lieux victorieuse, en plein accord avec sa loi, il faut bien avouer que le mal a pénétré dans notre essence : et nous voilà devant la Chute, dont les effets ont de tout temps nécessité la Politique... De la logique, et vous êtes chrétiens, vous arrivez à la hauteur de Pascal et de Bossuet, vous êtes à côté des saints !

On ne saurait se méprendre sur les signes du temps. Déjà les hommes n'entendent plus la vérité ; ils se détournent, et les méchants cachent leur tête dans le pli du mensonge. Ému à la vue du péril, j'ai voulu, par une sainte liberté, désigner d'un côté l'erreur qui compromet le monde, de l'autre la lumière qui pourrait le sauver. « Notre Foi catholique, s'écrie avec angoisse le « Saint-Père, peut seule guérir une société malade, et « la relever lorsqu'elle est prête à tomber... » Mais qui protégera la lumière ? qui permettra de la mettre sur le flambeau, et qui le portera dans ses vaillantes mains ?

XXXV.

Sans franchir l'enceinte de ces Principes, car je ne suis chargé par personne d'entrer dans la politique, j'oserai néanmoins y déposer une indication.

La pratique actuelle et les hommes d'État.

Autrefois, l'histoire et les hautes sciences étaient cultivées dans l'asile du silence et de la piété ; la main qui touchait aux consciences, pénétrant dans le champ de l'érudition, y recueillait la plante délicate des faits. Foyer de la prière, du savoir et de la vertu ; pépinière de savants, d'historiens, d'hommes d'État, de saints et à peu près de tout ce qui a illustré, enseigné et dirigé l'Europe au temps de sa grandeur, telles furent nos Abbayes [1]. Alors les hommes d'État trouvaient la

---

[1] « Des entreprises littéraires qui devaient durer des siècles, disait M. de Chateaubriand, demandaient une société d'hommes consacrés à la solitude, dégagés des embarras de l'existence, nourrissant parmi eux les jeunes héritiers de leur savoir. Si j'avais le droit de proposer quelque chose, je solliciterais le rétablissement d'Ordres qui ont si bien mérité des Lettres. »

Dernièrement on a pu remarquer, dans le Concordat qui vient d'être ratifié entre le Saint-Siége et le Sénat d'Haïti, qu'après les articles fondamentaux, où il est dit par exemple : « Que la religion ca- « tholique sera SPÉCIALEMENT PROTÉGÉE ainsi que ses ministres, » et « Que les ecclésiastiques nommés aux Évêchés ne pourront exercer « *avant de recevoir* l'Institution canonique.» ; qu'après, disons-nous, ces points de première importance, vient cet Article significatif : « Dans l'intérêt, et *l'avantage* spirituel du pays, on pourra y instituer « des ordres religieux approuvés par l'Église, etc. »

science toute faite, et approchaient des sources sûres. Après avoir ôté l'enseignement au clergé, la Révolution incendia les Abbayes ; la science venue du point de vue divin fut interrompue dans son cours ; celle du siècle passa et se mit à sa place... On avait eu jusque-là une histoire du point de vue divin, une politique, une économique du point de vue divin, c'est-à-dire réel : on y substitua une histoire du point de vue humain, une politique, une morale, une économique du point de vue humain, c'est-à-dire conforme à l'état *de nature*, ou à ce qui n'existe point... Que de douleurs pour soutenir la Civilisation, depuis quatre-vingts ans, sur ces bases artificielles !

Les temps ont baissé comme les esprits, les esprits comme les études. Nos pères se préoccupaient avant tout de Théologie, c'est-a-dire des destinées véritables de l'homme [1]. De là nous sommes descendus dans la philosophie, c'est-à-dire dans un point de vue tout humain. Puis, nous sommes encore descendus dans les sciences naturelles, c'est-à-dire dans l'impasse de la matière et du temps. Autrefois, on s'occupait de Dieu d'abord, de l'homme ensuite, de la nature enfin ; la marche était rationnelle. Mais on l'a renversée. En repoussant la Théologie, les sciences morales n'ont pas tardé à retourner dans le chaos ; et les sciences physiques, qui repoussent à leur tour la philosophie, ne tarderont pas à y rentrer, comme on l'a vu dans l'antique Orient. Les

---

[1]. Autrefois on adorait Dieu ; notre peu de poésie, aujourd'hui, se tourne tout vers la nature. Dans cette altération du sens de l'âme, on a cru voir un grand progrès, sur le XVIIe siècle surtout ; nous posséderions mieux, dit-on, le *vrai sens* de la nature !!

filles aînées de la Théologie, les sciences politiques, ont déjà succombé [1]. Si l'on veut relever toutes les sciences, tous les cordages de l'immense navire, il faut replacer le grand mât.

Or, si le Christianisme est perdu dans la Société, dans les idées, dans les lois, dans les mœurs, c'est qu'il n'y a plus de théologiens. Plus de Théologiens dans une civilisation qui repose sur la Théologie!. Il faut constamment répandre dans la Société un courant d'idées vraies, si l'on veut arrêter le courant d'idées fausses, c'est-à-dire *naturelles*, que l'inexpérience humaine y verse constamment. Il faut avoir une base certaine sous les mœurs, sous les idées et sous les lois, surtout sous la Politique. Ce n'est pas dans le monde, où tout vacille, où tout se perd, où tout obéit au caprice, que l'on peut fixer cette pierre; et ce n'est point au monde que l'on peut confier la culture des premiers Principes.

Les grands principes, unique base des États, les ver-

[1]. Il y a eu dégradation successive dans les études. Au XIVᵉ siècle, l'ordre divin, dont le Christianisme n'est que la formule, en formait la base. De la Théologie on passait à la morale, ou à ce qu'on appelle aujourd'hui la philosophie; de la morale on passait à la politique et à l'économique, qui n'étaient qu'un résultat des notions précédentes. Vers le XVIᵉ siècle, au lieu de débuter par la Théologie, on s'est immédiatement placé à l'étude de la raison humaine. Toutes les lumières qui résultent de la science qui précède étaient déjà perdues: les sciences prirent la place des idées primitives. Au XVIIIᵉ siècle, au lieu de débuter par la morale, on s'est immédiatement placé à l'étude de la matière. Le point de vue de l'esprit humain fut abaissé encore: la pensée fut bornée à l'ordre du visible, la pratique à la sphère des sens. Les hommes d'État ne peuvent avoir qu'une science limitée aux études qui les ont formés. Il devait y avoir, dans le développement de leur intelligence, une dégradation analogue à celle que nous venons de remarquer...— Voir le livre de *la Restauration française*, liv. I, chap. XLI. Chez L. Hervé, 1851. (NOTE DES ÉDITEURS.)

tus élevées, source unique des mœurs, sont les plantes des sanctuaires. Mais indépendamment des grands principes et des vertus premières, il y a une raison capitale de relever les Abbayes. Dans le monde, on ne trouve jamais l'arbre entier de la vérité, ni même une de ses principales branches. Il existe une raison de ce fait. Pour posséder la vérité (secret que le monde ne peut connaître), il ne faut point cultiver son sens propre, il faut chercher celui de Dieu, ou, tout au moins être saint par l'esprit. Les religieux ont seuls découvert, dans l'obéissance, tout le secret de l'âme, c'est-à-dire le secret de l'éducation et celui de l'esprit humain. La vérité sortit toujours d'un homme que son éducation habitua à obéir, à quitter son sens propre pour chercher le bon sens. Au ton que lui donne sa modestie, on reconnaît l'homme bien élevé. Toutes les erreurs soutenues dans le monde, proviennent d'un orgueil intérieur. A la vérité philosophique, à la vérité historique, morale, politique, ajoutons donc l'éducation, et nous aurons les raisons d'État pour lesquelles il importe, non-seulement de tolérer, mais de favoriser ces précieuses institutions. Détruire les Abbayes, est, de la part d'un État, un véritable suicide.

Après avoir servi les caprices de la Révolution, puis ceux des littérateurs, en empêchant les esprits sérieux et pieux de se réunir, les Universités et la science monastique de renaître, les Gouvernements comprendront-ils assez leurs plus chers intérêts pour ramener ici l'opinion [1], au lieu de la subir? — Que faire? — Deux

---

1. Porter envie à l'Aristocratie se concevrait d'une sottise qui dé-

choses toujours simples : d'abord, favoriser les legs religieux qui ont pour but de rétablir ces asiles de la pensée et du recueillement, où se reconstituerait la science réelle ; ensuite, leur demander des hommes supérieurs pour professer dans les chaires de premier ordre. Les Gouvernements ne peuvent tout faire, mais ils peuvent tout encourager.

Qu'ils garantissent leurs propres bases! Qu'ils ne permettent plus au point de vue humain de remplacer la Foi dans leurs États, car ils reposent eux-mêmes sur le point de vue divin. La Théologie, voilà la force à entretenir. La plus puissante armée est celle qui combat pour vous dans les esprits!

Les maux qui ont détruit le Monde ancien fondent à la fois sur nous. Laissera-t-on au Christianisme les moyens d'en triompher, de sauver une fois encore la Civilisation qui se meurt? Le fléau est là : le paganisme et un rationalisme qui, partout, se verse dans le panthéisme, la double végétation de la chair et du moi. Déjà la chair prétend remplacer la vertu; la loi, remplacer notre conscience; l'orgueil, abolir tous les droits acquis. Les grandes idées succombent comme les nations; la raison s'affaiblit[1], les caractères disparaissent, l'opinion qui naissait des croyances n'existe plus, l'er-

sespère d'y parvenir; mais, porter envie à la vérité, à la vertu, c'est aussi trop montrer sa propre turpitude...

1. Que la raison se soit affaiblie, que le sens métaphysique ait baissé, je n'en veux que cette preuve commune : l'homme se montre attendri d'un service ou d'un don, il ne l'est pas de celui de son existence! Il ne dit pas à tout instant à Dieu : Quel bien! et comment vous remercier? Il ne voit point la chose qui le touche le plus, il la croit naturelle ou issue de lui-même, tant il est nul, et tant il est atteint du néant de l'orgueil... L'ingratitude lui ôte la raison!

reur est glorifiée, instituée, victorieuse; le mal a osé se nommer le bien, il s'avance, et personne ne lui oppose plus de barrières. C'est aux hommes d'État, c'est aux Rois d'y songer! Sur eux pèse la responsabilité du monde.

Il est temps! Que les hommes d'État portent leur attention, d'une part, sur ce que l'on nomme les *principes nouveaux* : liberté de conscience, de la presse, des cultes, et par suite liberté absolue en morale et en politique; d'autre part, sur ce que l'on nomme les *principes anciens* : rétablissement de la Théologie au centre de la pensée humaine, des ordres religieux au sein de nos populations, et par suite protection avérée, intelligente de l'Église. Pour passer des principes anciens à ce qu'on appelle des principes *nouveaux*, l'homme est-il donc nouveau? Pour rejeter l'expérience, et pour qualifier tout le passé d'ancien régime, l'homme a-t-il plus de sagesse que les anciens, ou plus de vertus que ses pères?...

XXXVI.

Espoir du monde dans les nouvelles générations.

En voilà peu sur la grande question, mais bien assez pour réfléchir. Pour une CONCLUSION les prémisses sont suffisamment établies; les applications seraient nombreuses, on les peut déduire aisément... Que le bien nous devient nécessaire! Que le bon sens serait utile! Que d'esprits aveuglés par le point de vue humain, entraînés par le naturalisme, s'égarent au sein d'une éternelle nuit. Philosophie, économie, morale, littérature, que de canaux versent sur nous les eaux de la Révolution ! Combien peu de législateurs travaillent à en fermer le cours ; combien peu d'historiens nous ramènent à l'expérience, et paraissent sentir le mérite incomparable du passé, la légitimité profonde de la Société chrétienne ! La Foi, abandonnée, ne peut suffire en ce moment à la sauver ; il faut que la pensée entière vienne au secours du monde, et la pensée elle-même est brisée, est en proie, je le crains, à la dernière, à la fatale Confusion...

Nous assistons à un cataclysme intellectuel ! les vérités les plus éclatantes semblent maintenant des erreurs : et des erreurs jusqu'ici inouïes semblent des vérités. Comment nier la confusion ! et comment la prendre pour l'ignorance : celle-ci se montre à l'origine, celle-là présage la fin. Si l'ignorance est ce qui précède la vérité, la confusion est ce qui lui succède, alors que les principes se décomposent, que l'homme avale cet affreux mélange où il a fait dissoudre la vérité dans ses passions ! La Confusion est l'ignorance des derniers temps... Que pourra faire Dieu ? on retourne ses dons contre lui ! S'il envoie un poëte pour célébrer, sur un mode oublié des hommes, les merveilles et la Gloire de l'Infini, le poëte lui-même change les cordes de sa lyre,

---

1. Les hommes éclairés sentent, en ce moment, dans quel impasse nous laissent les idées du siècle : ils voient qu'on ne peut faire un pas de plus sans disparaître dans la Révolution. D'où nous viendra la vérité ? et où trouver une Doctrine ? Après tant de mécomptes, il y a autre chose à faire que de chercher des systèmes nouveaux ! Pour les hommes d'esprit, la cause de la Foi est gagnée. Mais, la foule ? et sans ramener la foule, comment tirer le monde d'une pareille situation ?

et tout à coup se mêlant à la foule, nous fait entendre le chant du doute et de l'orgueil. Et s'il envoie un homme tenant la verge du prophète pour nous montrer notre avenir, cet homme est lui-même enivré des fumées du mensonge qu'il venait d'immoler, et son âme, emportée par la danse fatale, fuit enlacée dans les bras de l'erreur.

Pour comble de disgrace, chez nous, la philosophie chargée d'éclairer les hautes pensées, les jette dans son incertitude et son impasse, les conduit hors du dogme, hors des chemins de la pratique [1]! Certes, on ne peut regretter que ce siècle ait commencé à réagir par un effort vers le spiritualisme; mais cet élan a surpris des hommes encore pleins de la vieille erreur. Ils donnèrent un premier coup d'aile, mais ils comptaient conserver leur moi... Où est notre trésor, là se tient notre cœur, et là s'arrêteront nos pas. Mais j'en juge à la marche des choses, à la force de la logique, qui est toute pour nous, si ces hommes arrivaient aujourd'hui dans l'arène, ils marcheraient à côté de nous, ils marcheraient à notre tête! Qu'ils nous permettent du moins de regretter les personnes, si nous fûmes contraints d'écarter les doctrines! Dans cet horrible accès, où la France vit tomber de sa tête ses plus belles couronnes, où elle a laissé tant de sang, livré tant d'âmes, perdu quelquefois jusqu'au sentiment d'elle-même, ce n'est point sans regret qu'elle a vu descendre de son front

---

1. Voir : *Comment les dogmes finissent;* — *La Religion naturelle,* etc., etc. Fatalistes en histoire, rationalistes en philosophie, tous s'acharnent sur le grand édifice. Quand le monde périra, Dieu fera voir aux hommes que ce sont eux qui l'ont détruit...

plusieurs rayons de son génie. Il serait beau, cependant, de se lever et de combattre pour la plus grande idée du monde..... Allez au fond de la politique, allez au fond de la science, ou au sommet de la pensée, la logique est pour nous...

Et vous qui êtes armés de la Foi, une place est réservée, parmi ses Confesseurs, à ceux qui combattront dans ce siècle suprême... Combattez tous, par la vertu, par la patience, la pauvreté et la richesse, la parole et la charité, chacun au point où Dieu vous met, car il a ses desseins sur chacun de vous ! Jeunes générations, venez, combattez la Révolution. Ne vous effrayez pas du nombre de ses branches ; au fond, elle n'a qu'une racine.. Un orgueil, une erreur ! ! Il faut que l'erreur tombe, s'il y a du courage ! Venez armées contre elle du glaive de la vertu.

L'erreur n'a fait que s'accomplir. Elle commence au protestantisme, marche par divers corps de système, arrive au panthéisme, se réalise et se consomme dans le socialisme.

L'erreur ne saurait aller plus avant ; dans sa pensée elle a renversé la nature divine, elle a mis l'homme à la place de Dieu ; de là, elle a renversé la morale, la Politique, la Société. Et, cette fois, l'homme a dit dans son cœur : *mais, c'est moi qui suis Dieu!* Jamais l'erreur n'était montée si haut. Est-ce hardiesse ? est-ce génie ? Hélas ! c'est l'œuvre du maçon qui peu à peu élève un mur. Philosophies, histoires, droits naturels, théories sur l'origine de la Société, travail incessant des légistes, tout concourt à former la base longtemps inaperçue. L'homme prenait dans le silence la place qu'on ravissait à Dieu. Puis, tout à coup, des publicistes armés d'une éloquence tout humaine, des économistes avec l'appât grossier qu'on présente à la foule, servis par une nuée de romanciers, superposèrent l'un après l'autre tous les degrés de l'erreur. Une classe entière monte aujourd'hui cet escalier funeste, et le plus sot se trouve en haut... Parce qu'il voit l'abîme sous lui, il croit avoir dépassé les nues; il croit entrer dans sa propre lumière, faire lui-même partie de l'éternelle vérité; il répète la conclusion des derniers impies, le cri affreux poussé par Hégel, par Feuerbach, par Stirner, par Proudhon : *mais, c'est moi qui suis Dieu!!.* Venez, venez voir l'homme! il a pris sa chair pour de la vertu, son esprit pour la vérité même; il a pris son néant pour Dieu!

Qui brisera l'œuvre insensée? Jeunes générations, venez, détournez les malheurs qui menacent l'impie et mettent en danger le monde; écartez, renversez à son tour cette Révolution! Suivez ces Chefs incomparables dans la doctrine, si grands par la sainteté, si nobles par la charité, par la bonté, par le génie, ces Évêques que Dieu, dans les profondeurs de ses trésors et de ses dons, semble avoir tenus en réserve pour sauver aujourd'hui la France!

XXXVII.

> « J'ai peur du danger que court le monde. »
> S. Hilaire.

Qui me donnera une parole égale en moi à l'évidence? qui me donnera une force égale à mon désir? Dans le danger qui nous presse, trois faits sont à considérer : la Révolution détruit la Société humaine ; la Révolution vient d'une erreur sur l'homme ; et l'Église est la vérité... Comment celui qui possède à peine une voix dira-t-il ces trois choses aux hommes?

※

Si les hommes veulent conserver, je ne dis pas une religion qui les a aimés, comme du reste les aima son divin Fondateur, mais une Civilisation qui abrite un sol encore tout émaillé de vertus, de mérites et d'héroïsmes privés, une Société qui leur est chère, qui fait leur bonheur et leur gloire, je les conjure de combattre la Révolution... Qu'ils combattent une invasion plus redoutable, pour eux plus dangereuse que l'Islamisme : invasion dans leur âme, dans leur propre génie, et qui étouffera l'homme au cœur même de l'homme. L'Islamisme ne l'attaquait qu'avec les sens, la Révolution l'attaque avec sa raison même, renverse sa conscience, y replace l'orgueil, y tue les deux éternels gardiens de l'homme, le droit et la vérité. Que sera l'homme, quand après avoir quitté les voies de la raison, perdu ses véritables droits, il se croira en possession de tous les droits, dans le sein de toute raison? L'erreur dernière sera la pire, parce que l'homme ébranlé, avili, s'écriera : Voilà la vérité! O mensonge, erreur dernière, erreur fatale à l'homme! La Révolution lui dit : Viens à la liberté, à la richesse, au progrès, à la vie ; et elle le mène à la servitude, à la ruine, à la barbarie, à la mort. Mais elle a des secrets inconnus de la vérité.

La Révolution détruit la Société humaine.

Celle-ci le conduit à la liberté par l'obéissance, à la fortune par l'épargne, à la grandeur par la vertu ; celle-là le convie à la vertu par ses faiblesses, à la fortune par le luxe, au bonheur par ses appétits ; elle s'adresse à tous ses instincts ! Le Tentateur mettait cette thèse en un mot : En désobéissant tu seras comme un Dieu !.. Lâcheté de la Révolution ! il est aisé d'égorger l'homme avec le poignard du mensonge, difficile de l'en garantir. Voilà pourquoi l'Autorité fut commise à sa garde, et pourquoi elle lui est ravie, aussi, par la Révolution. Mais elle règnera ! l'homme lui-même veut être esclave, « il veut jouir ! » Elle seule a connu l'homme, elle seule a trouvé sa nature. Il abandonnera ses droits, sa dignité, ses foyers, ses autels ; il veut jouir, la Révolution a parlé ! Multitudes que ses erreurs ont plongées dans le paupérisme, villes qu'elle a ouvertes aux maux d'une industrie sans frein, foules abandonnées, et vous, nations que ne conduisent plus leurs Rois, accourez, et chantez les bienfaits et la gloire de la Révolution ! Vieille nature humaine, célébrée par Homère, reconnue des prophètes, sacrée par Jésus-Christ, amenée jusqu'à nous par l'histoire, tu emporteras le vieux droit, le vieil honneur, la vieille Europe avec toi......... Mensonge, erreur fatale à l'homme ! lui-même il court à la servitude, il croit entrer dans le cercle d'un Droit immense, au moment où disparaissent à la fois ses libertés les plus chères, pour lui, pour sa famille, ses biens, sa cité, et leurs droits acquis. Pas une erreur que la Révolution apporte, qui, par une voie perfide, ne descende d'une vérité et n'en prenne le nom ! Sous le prétexte de libertés plus vastes, elle a ravi aux peuples leurs libertés publiques, à l'homme ses libertés privées, ses libertés véritables ; elle a aboli les provinces, les cités, les corporations, tous les intérêts collectifs ; elle a touché à l'antique constitution de la famille, de la propriété, restreint les droits de la vérité, dispersé les abris séculaires de la science, de la prière et de la charité, démoli l'homme sur tous les points ! Le mérite est la loi de l'homme : mais, sous le nom d'égalité dans un seul Dieu, elle brise la loi sacrée du mérite, et détruit de la sorte le droit jusque dans son germe. Sous le nom cher de liberté, elle viole en lui la conscience, elle assujettit l'homme jusque dans sa famille, dans l'instruction de ses enfants. Sous le nom vénéré de justice, elle est entrée dans sa maison, y partage elle-même ses biens à ses fils, ruine son autorité paternelle, dérobe l'avenir à son sang, et le grand citoyen n'est plus maître chez lui ! Enfin, sous le nom respecté de l'État, elle s'est substituée à l'homme, à la famille, à la commune, à la cité, à la Province ; elle se substituera à la charité, elle se substituera à la Foi[1] ! Que les nations cherchent, aujourd'hui, ce qu'elles ont construit avec le travail de l'histoire, et que l'homme cherche sa place au milieu des nations ! De son mérite, de son droit, de sa conscience, de sa pensée, de sa

---

1. A l'homme, en lui ôtant les droits privés ; à la famille, en lui ôtant dans sa liberté de tester, son éternelle constitution, et l'autorité paternelle ; elle se substituera à la charité, par l'assistance publique ; à la Foi, par une religion, par une impiété nationale. — Et qu'est-ce que la Révolution prétend substituer à la famille, à la propriété et à la Foi ? Lisez les OEuvres de Fourier, et de Considerant...

grandeur, de toute son autonomie, la Révolution ne lui laissera rien. C'est le droit que la Révolution a renversé, le droit dans l'homme, le droit dans les nations! Par une logique fatale, et qui l'emporte elle-même, elle oppose le droit de corrompre les âmes au droit de les sanctifier, la prééminence d'un luxe qui nous ruine à celle du capital qui nous nourrit, la loi de la Nature à celle de Jésus-Christ, le socialisme à la Société! elle oppose une liberté fausse à la liberté vraie, un droit faux aux droits réels, une richesse fausse à la richesse vraie, une morale fausse, une société fausse, à la morale vraie, à la Société véritable! Elle veut une famille, une propriété, une commune, une justice, un pouvoir, une Foi, qui ne sont pas la véritable famille, la véritable commune, la véritable hérédité, la véritable justice, le véritable pouvoir, la véritable Foi. Progrès de la Révolution contre l'Église, progrès de la Révolution contre la Société, progrès vers une abolition de l'homme....... Aux yeux de la droite raison, comme aux yeux de la politique, la Révolution n'est pas uniquement la destruction de la Société, mais la destruction même de l'homme; destruction si violente et si savante à la fois de son esprit, de son honneur, de ses droits, de ses mœurs, de ses vertus, de son passé, de ses nobles instincts, de toutes ses affections, de ce qui l'a fait grand, de toutes ses puissances, de toutes ses énergies, de toutes ses libertés radicales, qu'elle a réveillé, chez les hommes, la pensée de ce Temps redoutable dont il est dit : *qu'il sera abrégé en faveur des élus!* Qui combattra aujourd'hui la Révolution? Qui la méprisera ainsi vêtue par le mensonge, les mains pleines de ses présents? Qui? et je l'espère encore, les Rois et les nations qu'elle a trompés, les cœurs dont elle soulève la colère, dont elle a provoqué le mépris, et auxquels elle apporte autant de pitié que d'effroi. Si les hommes ne veulent tomber dans une servitude incalculable, dans un état tel que jamais des êtres formés par le Christianisme n'ont connu le pareil, s'ils désirent sauver cette Civilisation sacrée, qui fait leur honneur et leur gloire, ah! s'ils désirent sauver le monde, je les conjure de combattre la Révolution!

* *

Mais pour que les Rois puissent défendre la Société, il faut qu'ils sachent où et comment ils peuvent la défendre; les armées ne protègent qu'un jour. Ce sont les âmes qu'il faut armer, les citoyens qu'il faut mettre en mesure de s'unir à la Société et d'en consolider eux-mêmes le vivant édifice! Que les Rois, donc, atteignent la Révolution dans son germe, la fausse idée sur l'homme laissée par le siècle dernier! Qu'ils replacent au centre des Universités cette lumière de la Théologie qui portera le jour sur les sommets de la philosophie, sur la base des lois, et dans la nature de l'homme. Que des éléments de cette science des sciences, ils fassent la condition des grades civils, des premiers emplois de l'État, restituant à la vérité son sceptre sur la

[marginal note:] La Révolution vient d'une erreur sur l'homme.

pensée humaine [1], pendant que de justes lois protégeront la croissance de ces Ordres bénis qui multiplient, au sein d'un peuple malheureux, le doux pain de l'exemple, de l'instruction et de la charité. Vérité et charité, axe et ciment de l'édifice... On ne déchargera la Politique, quoi de plus évident! on ne soulagera l'État, et l'on n'augmentera la liberté qu'en multipliant les hommes qui pensent comme le Souverain, et réalisent par eux-mêmes la Civilisation. Le catéchisme dans les masses, la Théologie dans les classes instruites : la guérison réelle ne viendra que de là. La pensée seule gouverne l'homme ! Qu'on s'attache à déployer surtout dans les jeunes intelligences l'idée de cause et l'idée de la Grâce : avec l'idée de loi et celle de liberté en l'homme, ce sont les plus importantes idées de l'âme, et celles malheureusement que les esprits ont laissé perdre. Il faut maintenir la raison dans toute sa force pour en obtenir plus aisément la Foi. Car les sciences ont laissé tomber la raison, et depuis quarante ans la philosophie est impuissante à la relever. Qu'un peu de Théologie et, pour un temps, s'il le faut, un peu moins de mathématiques dans l'enseignement supérieur, nous seraient d'un puissant secours. C'est l'homme d'abord qui entre dans la Société ! c'est d'après l'homme, l'homme réel, et tel qu'il est dans le fait, que la Société s'édifie : la notion doit en être toujours présente. Et dès l'instant que sur ce point capital, les esprits ne sont plus dirigés par la Croyance, il est urgent qu'ils le

---

1. On oublie trop que, jusqu'au milieu du XVIIIe siècle, tous les hommes instruits possédaient leur Théologie.

soient par la connaissance; il faut croire ou il faut savoir! Sinon la Politique vient opérer le fait, l'État se mettre à notre place, et les hommes perdent la liberté. Ils la perdent, parce qu'ils n'ont plus en eux la lumière, la source des déterminations. Lorsqu'ils ne marchent pas d'eux-mêmes au but, la loi, bon gré mal gré, les y amène. Ou les lumières de la Théologie, ou pas de liberté chez les hommes.......... — Quoi! les laïques feront de la Théologie? — Ne font-ils pas à tout instant de la Politique, à tout instant de la morale et de la Religion? On ne l'a point remarqué : dès qu'on franchit l'enceinte de la Théologie, qu'on sort de ses affirmations sur l'homme, on passe dans le Socialisme. Il n'existe pas de milieu : né bon, l'homme a droit évidemment à une égalité absolue, et à tout ce que l'utopie demande! Naturellement l'homme n'ira pas croire que sa nature pervertie préfère le mal au bien ; que, de là résulte la nécessité de lois morales préventives, de lois civiles restrictives, de lois pénales répressives, la nécessité de confier aux *meilleurs* ces moyens qui protégent les autres, enfin l'État surveillant tous les hommes, l'intervention de Dieu dans le Pouvoir, notre état social en un mot! Naturellement, l'homme se croira partout le maître; il voudra posséder tout ce qu'il voit, et le réclamera! c'est la Révolution... Le même danger existera tant que subsistera illusion. Ou la Théologie chez les hommes, ou le socialisme : il n'y a rien entre deux. Thèse naïve de l'ignorance, thèse éternelle de notre orgueil toujours vivant, le socialisme exige qu'on lui oppose sans cesse la thèse de la Théologie, comme sans cesse on oppose une digue au fleuve qui ne cessera de couler... Ce n'est pas tout; comme en sortant du point de vue pratique, où la Théologie avait placé la civilisation en Europe, on entre dans le point de vue théorique, dans le point de vue socialiste d'une égalité absolue; et comme, placé en dehors de notre nature réelle, le socialisme est impossible, on aboutit au despotisme, ainsi qu'y ont abouti sur la terre la plupart des nations [1]. Et là sera le résultat de la Révolution... Le despotisme règne partout où le christianisme n'éclaire pas l'esprit humain. Dès que la conscience a perdu sa règle, le pouvoir se met à sa place. Hors de la répression par soi-même, de la répression intérieure, vient la répression politique. Ou la liberté morale, c'est-à-dire le catholicisme, ou la contrainte politique; ou la Théologie ou le despotisme ! aucun homme d'État ne pourra sortir du dilemme, d'ailleurs l'expérience est là......... La Société étant construite au point de vue de la Théologie, c'est-à-dire de l'homme réel, ou tel que l'a laissé la Chute, quand cette Société succombe parce que ce point de vue s'éloigne, vous sentez ce qui reste à faire ! Reprenons donc tout le problème, et dans les termes où il fut posé au début : — La Société moderne repose sur la Théologie ; elle en a reçu son idée de Dieu, son idée du Pouvoir, son idée de la justice, son idée du droit, son idée du bien et du mal, son idée de l'homme, de son but, de sa loi, de sa liberté, de sa responsabilité, de son in-

---

1. Si le christianisme disparaissait, les écrivains se mettraient tous à lui rendre justice : il ne serait plus temps... L'orgueil, sous le nom de Révolution, amène en ce moment sur le monde moderne le même état de choses qui asservit, puis détruisit le monde ancien.

violabilité, de son obéissance sur la terre. D'une pareille Société retirer la Théologie, c'est comme si l'on retirait l'affinité d'un corps, il retombe en dissolution. Les théories ne conduisent pas loin. Ou la Société moderne succombera, soutenue encore quelques jours par un douloureux despotisme, ou on la rétablira sur la vérité : la vérité conforme au fait et conforme à notre nature, conforme à l'homme et à l'histoire, conforme au droit, conforme au bien, à notre liberté, à notre dignité, et, pour preuve dernière qu'elle est la vérité, déposée au milieu de ce monde, dans cette miraculeuse Église, surnaturellement établie, et surnaturellement conservée... Ah! que demandons-nous de plus à la Vérité?

*
* *

L'Église, c'est la vérité. Qu'est-ce que le monde sans la vérité? Voilà six mille ans qu'il existe, et l'on cherche la vérité : et cela s'appelle philosophie? L'Église, dis-je, c'est la vérité, et la vérité, la connaissance de l'homme, sa position au sein de l'être, ses rapports avec celui qui le crée, la Société, ses fins, l'explication sublime de la vie! Pourquoi créé, quel est le but? la Foi est l'axe de tout le système. Les autres questions, la pensée, la morale, le droit, la Politique, fixent le leur sur celui-là. L'Église, c'est la vérité....... Les grands esprits voient l'unité; la Création est une, c'est l'en-

[marginal note:] Et l'Église est la vérité...

semble qu'il faut posséder. Hors de là, le bien, ce monde, Dieu, la justice, tout disparaît de la pensée. On peut donner la preuve d'une intelligence vive, d'une imagination enchantée, d'un inimitable talent; mais on n'est qu'une cymbale retentissante si l'on n'a pas l'unité. D'où viendraient les hommes pratiques? C'est le tout qui subsiste, c'est le tout qu'il faut embrasser. L'Église, c'est la vérité....... Et parce qu'ils l'ont perdue, leur esprit qui croyait contenir la lumière, est tombé dans une sorte d'enfance; ils oublient les idées éternelles pour le brin d'herbe ou de sable qui se trouve à leurs pieds. La science a détruit la pensée. L'esprit de l'homme ne résistera point à une analyse qui le dissout. Déjà cette science, cette poussière de la pensée, s'évanouit dans le panthéisme, où disparurent et les sciences et la sagesse de l'Orient! Les catholiques sont les seuls qui aient sauvé la raison du naufrage. Les catholiques disent aux hommes : Où serait la vérité depuis six mille ans que le monde subsiste? Et personne n'a pu leur répondre.. L'Église, c'est la vérité..... En définitive, l'humanité dans ses plus grands esprits, dans ses cœurs les plus héroïques, ses peuples les plus nobles et les plus relevés, nous a prouvé en croyant, qu'elle pouvait croire, en marchant qu'elle a pu marcher! En présence des Cieux, de cette harmonie qui déborde, où est le sens d'un monde comme celui qui remplit notre admiration, si le but est absent, s'il est inconnu de la terre? Pour être catholique, il faut deux choses : de la vertu et du bon sens. Le sens moral ne peut se détacher de l'autre. L'Église, c'est la vérité...... On ne découvrira point les choses du côté opposé à

Dieu. Le bien nous dit sur quel point est la lumière. Mais l'homme ne réfléchit pas que l'Infini à tout instant lui donne l'être, comment songerait-il qu'il en reçoit la vérité? Comme l'enfant, l'humanité ne sait pas qui la tient. De toutes parts on lui tend les bras : ici, la famille, l'éducation, les exemples, la charité; ici, l'Autorité, la protection, la justice, la paix; et là, la vérité. L'Église, c'est la vérité....... Et c'est en rapportant la vérité parmi les hommes, en y rétablissant la conscience, la liberté et la raison, toutes trois cruellement affaiblies par la chute; en leur restituant la Grâce et la charité, ces richesses surnaturelles qui viennent non pas détruire la nature mais l'accomplir, que l'Église, comme il devait arriver, a fondé des Civilisations vraies, basées sur le développement réel de la nature humaine. C'est la raison métaphysique de la durée et de la résistance de la Civilisation parmi nous. Et comme les nations chrétiennes sont nées successivement de l'Église, elles s'en iront à mesure qu'elles s'en sépareront. Ainsi peut successivement périr toute la chrétienté... L'Église vivra jusqu'à la fin. Dans l'agonie, nos membres, les uns après les autres, se paralysent, quand le cœur agit encore. Tout est mort dès que le cœur cesse de battre... Et l'homme disparaîtra de la terre avec la vérité.......

Mais vous, ne craignez-vous pas Dieu? Hier vous désiriez que la loi fût athée, aujourd'hui vous voulez que l'Église succombe. Si vous frappez l'Église, Dieu frappera le monde; il enveloppera les hommes dans ses châtiments. Si vous frappez l'Église, craignez pour votre Civilisation ! Craignons pour nous, pour notre propre génération, si nous chassons de sa demeure Celle qui nous a élevés. Si l'Europe veut étouffer de sa main Celle qui lui a donné le jour, son infamie dépassera celle des Juifs, et ce peuple cette fois révolté, se lèvera pour Dieu. Craignons de le payer de notre âme, de faire éclater sur nous la voix du dernier jugement, de précipiter l'heure d'un monde qui ne subsiste que pour les Saints !...... Les hommes ne sentent-ils pas que, lorsqu'ils auront immolé son Église, Dieu ne les épargnera plus? Ils ont crucifié son Fils, bien que par son amour pour eux, par son cœur sans orgueil, il se soit montré Dieu. Et cependant ils ont pu dire, malgré l'avertissement des prophètes, qu'ils ne l'avaient pas connu. Mais l'Église, qui les a inondés de ses biens, diront-ils qu'ils ne l'ont point connue? Que peuvent-ils lui comparer sur la terre?. Le Verbe crucifié pardonne aux hommes, *parce qu'ils ne savent ce qu'ils font:* mais pour l'Église, une voix ne vous crie-t-elle pas qu'il ne leur pardonnera point, PARCE QU'ILS SAVENT CE QU'ILS FONT?....... Le Monde, « qui veut dominer et jouir » porte une haine d'orgueil à Celle qui lui demande de se soumettre et de souffrir. Voilà pourquoi l'Église est un objet d'horreur au monde qui triomphe. Mais le monde sera détruit lorsqu'il voudra porter le dernier coup à l'Église. Le monde périra quand sa haine fatale ne pourra plus la tolérer, parce que l'Église ne pourra plus le sauver. Le jour où les Rois et les peuples, les sages comme les insensés, où le monde entier, dont les attaques ont été jusqu'ici partielles, se lèvera pour consommer cette mort odieuse, ce jour là sera le dernier... L'homme ne peut subsister sans l'Église : l'Église, c'est la vérité.

« Seigneur du Ciel et de la terre, considérez notre humiliation ! montrez que vous n'abandonnez pas ceux qui espèrent en vous, mais que vous humiliez ceux qui se glorifient dans leurs forces. » N'entrez pas en jugement avec ce peuple, on l'a jeté depuis trop longtemps dans l'erreur, et il n'y a que votre bras qui le puisse sauver. A nous la confusion, mais à vous la miséricorde ! Faites, Seigneur, que la terre soit de nouveau remplie par votre puissance, et tous comprendront votre gloire.

FIN.

ERRATA.

Page 182, ligne 1, renversait ; *lisez :* renverserait.

Page 320, ligne 26, devers ses yeux ; *lisez :* de vers ses yeux.

Page 384, ligne 22, *lire ainsi la phrase qui suit :* Quoi ! le mal serait la conséquence inévitable d'une liberté que nous tenons de Dieu, même le mal qui détruit cette liberté ?

Idem., ligne 25, *lire ainsi les phrases suivantes :* On confond notre libre arbitre affaibli et celui qui nous vint de Dieu, c'est-à-dire la liberté atteinte et la liberté pure. Oui, de la liberté, de la causalité, pouvait naître le mal ; mais, comme à la Source infinie, c'est le bien surtout qui devait en sortir.

Page 433, à la note, ligne 3, miner le siége ; *lisez :* mener le siége.

Page 462, lignes 12 et 13, Cette précieuse séparation, par Jésus-Christ ; *lisez :* Cette précieuse séparation, fondée par Jésus-Christ.

Page 487, ligne 13, *au lieu de :* la conscience sacrifiée on retourne, *lisez :* la conscience sacrifiée, on retourne, etc.

TABLE

PREMIÈRE PARTIE.

	Pages
Lettre du R. P. Modena, Secrétaire de la Sacrée Congrégation de l'Index.	V
Avant-propos	VII
I, II, III, IV	1
Ch. Ier. De l'existence	13
Ch. II. Portée de l'existence.	15
Ch. III. De la Loi, ou de l'action de l'Infini.	17
Ch. IV. Comme être libre, l'homme doit connaître sa Loi.	19
Ch. V. Pas de Loi sans Légitimité.	21
Ch. VI. Pas de Légitimité sans Infaillibilité.	24
Ch. VII. L'Infaillibilité n'est que la souveraineté spirituelle.	27
Ch. VIII. L'Infaillibilité au point de vue du temps.	29
Ch. IX. L'Infaillibilité au point de vue de l'Absolu.	33
Ch. X. L'Église, ou l'Institution de l'Infaillibilité.	36
Ch. XI. L'Église, conception explicative	43
Ch. XII. L'Église, concordance et complément de la raison.	46
Ch. XIII. Jésus-Christ est la raison métaphysique de ce monde.	51
Ch. XIV. L'Église est la Voie, la Vérité et la Vie	58
Ch. XV. L'homme, ou l'être enseigné, ne s'explique que par l'Église.	60
Ch. XVI. L'Écriture, ou la vérité, ne s'explique que par l'Église.	67
Ch. XVII. L'homme, ou la liberté, ne s'explique que par l'Église.	70
Ch. XVIII. Ce monde ne s'explique que par l'Église.	72

DEUXIEME PARTIE.

Ch. XIX. Nécessité de l'Église par rapport au cœur humain.	75
Ch. XX. Nécessité de l'Église par rapport à la vérité.	79
Ch. XXI. Le Christianisme sans l'Église, source de nos erreurs	83

	Pages.
Ch. XXII. L'Église porte le Christianisme tout entier.	88
Ch. XXIII. Jésus-Christ, pour la dignité de l'homme, établit sa permanence dans l'Église	92
Ch. XXIV. L'Église, fondée sur Jésus-Christ et non sur l'Écriture.	96
Ch. XXV. L'Église, ou la permanence du Verbe, est une Société visible.	99
Ch. XXVI. L'Église visible, fondement de l'Église invisible	104
Ch. XXVII. Protestantisme, substitution de la raison à Jésus-Christ	110
Ch. XXVIII. L'Église est Une, Elle est Sainte, Elle est Catholique, Elle est Apostolique, Elle est Romaine	115
Ch. XXIX. Du Témoignage et de l'Autorité : par quoi les Protestants la remplacent.	119
Ch. XXX. Du sens privé : il ne peut remplacer l'Église ni passer pour le Saint-Esprit.	123
Ch. XXXI. Du libre examen : il ne peut remplacer l'Église.	127
Ch. XXXII. Raison, Révélation, Église.	129
Ch. XXXIII. Le principe d'Autorité n'est que la Présence de Jésus-Christ dans l'Église	133
Ch. XXXIV. Le principe de l'Église, base de notre Civilisation.	139
Ch. XXXV. Notre Civilisation repose sur la présence de Jésus-Christ dans l'Église	144
Ch. XXXVI. Les Protestants ne possèdent pas l'Écriture.	149
Ch. XXXVII. Les Protestants ne peuvent que protester contre eux.	154
Ch. XXXVIII. Origine de la Réformation	157
Ch. XXXIX. L'Église vit et s'avance avec nous	161
Ch. XL. L'Église préserve la Tradition et l'Écriture	167
Ch. XLI. Dans l'Église, Jésus-Christ conserve l'Écriture, la Tradition et les Pères.	171
Ch. XLII. Science apportée par l'Église; union de la métaphysique et du bon sens dans la Théologie.	175
Ch. XLIII. Des Théologiens comme école	179
Ch. XLIV. Sublime réalité de l'Église.	183

TROISIÈME PARTIE.

Ch. XLV. Hiérarchie, ou génération spirituelle.	189
Ch. XLVI. L'Institution du Pape et l'Institution des Évêques.	194

TABLE.

	Pages.
Ch. XLVII. C'est par le Pape que l'Infaillibilité est dans l'Église.	198
Ch. XLVIII. C'est par le Concile que l'Église est présente au Pape.	202
Ch. XLIX. C'est à Pierre que Jésus dit : Pais mes agneaux, pais mes brebis.	207
Ch. L. Ce que Jésus dit à Pierre, ce qu'il dit à tous les Apôtres.	213
Ch. LI. Pourquoi Jésus donne à Simon le nom de Pierre	222
Ch. LII. L'Église, bâtie sur Dieu comme le monde.	225
Ch. LIII. Les définitions des Conciles.	231
Ch. LIV. Le concile séparé du Pape	243
Ch. LV. L'appel au futur concile	253
Ch. LVI. La souveraineté, dans l'Église, ne saurait être maintenue ni exercée par les Conciles.	261
Ch. LVII. Pourquoi le Concile ?	271
Ch. LVIII. Rien n'est séparé de Pierre, ni l'Église, ni le Concile, ni les pouvoirs d'ordre, ni ceux de juridiction ordinaire.	281
Ch. LIX. Concordance en l'Église, des pouvoirs d'ordre, et du Pouvoir de haute Juridiction.	288
Ch. LX. Admirable coexistence des pouvoirs d'ordre, de haute Juridiction et d'Infaillibilité.	297
Ch. LXI. Effets sublimes de la Hiérarchie.	306
Ch. LXII. Atteinte à la hiérarchie, atteinte à notre Civilisation.	315
Ch. LXIII. Indépendance temporelle de l'Église	321
Ch. LXIV. Du droit de Dieu	331
Ch. LXV. Réflexions relatives à notre Temps	337
Ch. LXVIe et dernier. Vous êtes la Lumière du monde !	346

CONCLUSION
ou
POLITIQUE RÉELLE.

I. Base de la Société moderne	349
II. Erreur qui détruit cette base.	354
III. Comment l'erreur s'érige en doctrine.	360
IV. Le fait contredit cette erreur.	366
V. L'état de Nature.	368
VI. Il n'y a pas d'état de Nature.	370
VII. La Révolution sort de l'idée de l'état de Nature.	372
VIII. Le panthéisme, métaphysique de la Révolution.	375

TABLE.

	Pages.
IX. Faiblesse actuelle de la pensée.	379
X. L'existence du Mal dissipe les théories.	382
XI. La Politique est née du Mal.	387
XII. La Loi politique.	391
XIII. Dieu confie la politique aux Rois.	395
XIV. Position réelle de l'ordre politique.	399
XV. Ontologie de la Politique.	403
XVI. Comment la Politique peut aboutir au despotisme.	408
XVII. Qu'est-ce que les Aristocraties?	413
XVIII. Dès lors, qu'est-ce que le peuple?	416
XIX. Les peuples chrétiens développent leurs libertés.	421
XX. La Liberté humaine.	423
XXI. Usage de la liberté.	426
XXII. La liberté de la presse annule celle de l'Église.	429
XXIII. La liberté politique annule la liberté pratique.	431
XXIV. La Révolution et notre liberté.	434
XXV. La Révolution séduit plusieurs esprits chrétiens.	437
XXVI. De la Révolution naquit le néochristianisme.	441
XXVII. L'Église a droit à la protection comme à la liberté.	446
XXVIII. La Tolérance dans l'État, et non l'indifférence.	454
XXIX. La distinction des deux Puissances.	460
XXX. Les Encycliques et la liberté de conscience, de la presse et des cultes.	464
XXXI. L'homme a droit à la vérité dans les États chrétiens.	469
XXXII. Idée de l'État, son devoir.	474
XXXIII. Les Rois.	480
XXXIV. La politique réelle et les hommes d'État.	488
XXXV. La pratique actuelle et les hommes d'État.	493
XXXVI. Espoir du monde dans les nouvelles générations.	498
XXXVII. « J'ai peur du danger que court le monde. » (S. Hil.).	502
* La Révolution détruit la Société humaine.	503
** La Révolution vient d'une erreur sur l'homme.	507
*** L'Église, c'est la vérité.	511

FIN DE LA TABLE.

En vente à la librairie de E. Dentu.

DU MÊME AUTEUR

LA RESTAURATION FRANÇAISE

MÉMOIRE AU CLERGÉ ET A L'ARISTOCRATIE. 1 vol. grand in-8°; chez *L. Hervé*.

(Il ne reste que quelques exemplaires).

L'AFFAIBLISSEMENT DE LA RAISON

ET DE SA DÉCADENCE EN EUROPE. 1 vol in-18.

LA DOULEUR

1 vol. grand in-18, papier antique.

(Édition sur papier ordinaire épuisée.)

Pour paraître :

LA CHUTE

PIE IX, par *Alexandre de Saint-Albin*. 1 beau vol. grand in-18 jésus, orné d'un beau portrait et d'un fac-similé. . . . . **3 fr. 50**

CLÉMENT D'ALEXANDRIE. SA DOCTRINE ET SA POLÉMIQUE, par *l'abbé J. Cognat*. 1 vol. in-8 . . . . **6 fr.**

LETTRES DE SILVIO PELLICO, recueillies et mises en ordre par *Guillaume Stéfani*, traduites et précédées d'une introduction, par *Antoine de Latour*. 1 beau vol. grand in-18, avec portrait et fac-similé. . . . . **4 fr.**

LE RATIONALISME DEVANT LA RAISON, par *l'abbé de Cassan Floyrac*, du clergé de Paris. 1 vol. in-8. . . . . . . **3 fr. 50**

Paris. — Typographie de Firmin Didot frères, imprimeurs de l'Institut, rue Jacob, 56.

www.ingramcontent.com/pod-product-compliance
Lightning Source LLC
Chambersburg PA
CBHW071412230426
43669CB00010B/1524